彭林 嚴佐之 主編

方苞全集

第二册 周官集注

復旦大學出版社

周官集注

彭林 整理

整理説明

儒家十三經中的周禮一書，其内容和成書年代，歷來聚説紛紜，初學者往往莫衷一是。程明道説：「必有關雎、麟趾之意，然後可行周官之法度。」非對天地間學問有了然於胸的把握，絶不能有此魄力。

方望溪於三禮研究十分精深，嘗指此書乃劉歆竄改以媚王莽，並對某節某句爲歆所增，言之鑿鑿，如親眼目睹，常爲世儒所嘲笑，殊不知此正是其學問所在。陽明先生云：「禮也者，志吾心之條理節文者也。」望溪學問雖不與陽明同途，然其將禮文一一體會於心，然後發諸筆墨，其揆則一也。他説周禮皆六官程式，非記禮之文，後儒相沿誤稱，當改題爲周官。至於其注釋，連四庫館臣亦稱其「訓詁簡明，持論醇正，於初學頗爲有裨」。望溪又言周官一書，乃先王之修齊治平，此説極有見識，絶非汲汲於餖飣學問者所能窺見。其發揮朱子一路學問精神，致力於經世之心，於此可見，固與接下來風起雲湧的乾嘉學派不同，讀者當由此會心。

此次標點周官集注十二卷，以文淵閣四庫全書本爲底本整理而成，參考了清嘉慶間桐城方氏刻抗希堂十六種本，核對了部分引文，編排了目録，收入方苞全集，以使更多讀者了解方望溪的禮學。三禮學博大精深，不當之處，敬請指正。

整理者
二〇一八年六月

目録

周官集注卷二

周官集注卷三……（一四七）

周官集注卷四……（二一一）

周官集注卷七……（四一四）

周官集注卷八

周官集注卷九

周官集注卷十一……（六一〇）

周官集注卷十二……（六六一）

周官集注原序

朱子既稱「周官徧布周密，乃周公運用天理熟爛之書」，又謂「頗有不見其端緒者」，學者疑焉。是殆非一時之言也。蓋公之兼三王以施四事者，具在是書。其於人事之始終，百物之聚散，思之至精而不疑於所行，然後以禮、樂、兵、刑、食、貨之政散布六官，而聯爲一體。其筆之於書也，或一事而諸職各載其一節，以互相備；或舉下以該上，或因彼以見此。其設官分職之精意，半寓於空曲交會之中，而爲文字所不載，迫而求之，誠有茫然不見其端緒者。及久而相説以解，然後知其首尾皆備而脉絡自相灌輸，故歎其徧布而周密也。余嘗析其疑義以示生徒，猶苦舊説難自別擇，乃並纂録，合爲一編，大指在發其端緒，使學者易求。故凡名物之纖悉，推説之衍蔓者，概無取焉。蓋是經之作，非若後世雜記制度之書也。其經緯萬端，以盡人物之性，乃周公夜以繼日，窮思而後得之者，學者必探其根源，知制可更而道不可異。有或易此，必蔽虧於天理，而人事將有所窮。然後能神而明之，隨在可濟於實用其然。則是編所爲發其端緒者，特治經者所假道，而又豈病其過略也哉！康熙庚子冬十有一月，桐城方苞序。

總説

孟子曰："周公思兼三王，以施四事。其有不合者，仰而思之，夜以繼日。幸而得之，坐以待旦。"

程子曰："有關雎、麟趾之意，然後可行周官之法度。"

張子曰："周禮惟大宰職難看，蓋無許大心胸，記得此，復忘彼。其他五官便易看，止一職也。"

朱子曰："周官徧布周密，乃周公運用天理熟爛之書。"

又曰："制度之書，惟周禮、儀禮可信。周禮必竟是出於一手。"

又曰："惟周禮爲周道盛時聖賢制作之書。若國語、戴記，皆衰周文字，其間有雜入一時僭竊之禮。"

又曰："周禮好看，廣大精密，周家之法度在焉。"

又曰："看周禮，第一要見得聖人公平意思。"

又曰："胡氏父子以爲是王莽令劉歆撰此，恐不然。周禮是周公遺典也。"

又曰：「五峰以周禮爲非周公致太平之書，謂如天官冢宰，却管甚宫闈之事？其意只是見後世宰相請託宫闈，交結近習，以爲不可。殊不知此正人君治國平天下之本，豈可以後世之弊而併廢聖人之良法美意哉？又如王后不當交通外朝之説，他亦是懲後世之弊，儀禮中分明載此禮。」

又曰：「今人不信周官，若據某言，却不恁地。蓋古人立法，無所不有。天下有是事，他便立此一官。只是要不失正耳。且如女巫之職掌宫中巫祝之事，凡宫中祈祝，皆在此人。如此，便無後世巫蠱之事矣。」

又曰：「天官是正人主之身，兼統百官。地官主教民之事，大綱已具矣。春、夏、秋、冬之官，各有所掌。如太史等官屬之宗伯，蓋以祝史之事用之祭祀；職方氏等官屬之司馬，以司馬主封疆之政；最是大行人等官屬之司寇難曉，按儀禮覲禮，諸侯行禮既畢，出，『乃右，肉袒於廟門之東』，王曰：『伯父無事，歸寧乃邦。』然後再拜稽首，出自屏。此所謂『懷諸侯則天下畏之』也。所以屬之司寇。如此等處，皆是合着如此，非聖人私意。」

張南軒曰：「凡井田封建，取士建官，禮樂刑政，雖起于上世，莫備于周。是皆周公心思之所經緯，本諸三代而達之者也。周公之心，孟子發明之至矣。」

李景齊曰：「仲長統以爲：周禮，禮之經；禮記，禮之傳。蓋禮記多春秋、戰國間事，未若是書之純于周禮也。」

孫氏曰：「周官晚出，孔、孟既無明言。不幸劉歆用之而大壞，王安石用之而益壞。儒生學士，真以爲無用于後世矣。然究觀其書，以道制欲，以義防利，以德勝威，以禮措刑，藹然唐、虞、三代之意，非春秋、戰國以後所能髣髴也。學者欲知先王經制之備，舍此書將焉取之？」

條例

一、漢藝文志列周官五篇于禮家，後人因謂之周禮，其實乃成周分職命事之書也。春秋傳曰「先君周公作周禮」，而所稱則是書所無。蓋周公監于二代以定五禮，必有成書。謂之周禮，用別于夏、殷。散亡既久，其存者如儀禮十七篇，猶其支流。若是書則六官程式，非記禮之文。故復其舊，仍曰周官。

一、諸儒掇取五官近似者以補冬官，甚無義理。李耜卿云：「若本無冬官，則地官鄉師職之匠師，儀禮大射禮之工人士梓人，覲禮之嗇夫，何代之官，當係何所？」足破群疑。今一仍其舊，即一官之屬偶有意爲錯簡者，亦不敢割附他職。

一、依朱子集注例，凡承用注疏及掇取諸儒一二語串合己意者，皆不復識別。全述諸儒及時賢語，則標其姓字。正解本文者居前，總論居後，不分世代爲次。

一、注疏及諸儒之説必似是而非者，乃辨正焉。于先鄭及注疏皆分標之。諸儒舉姓字，若主是説者多則曰舊説。

一、推極義類，旁見側出者，以圈外別之。或前注通論大體，而中有字句應辨析者，辭義奇零無可附麗，雖正解本文，亦綴于後，或以圈外别之。

一、諸儒取後世政法與周官比證，其有所發明者，别爲周官餘論。是編直指本義，故弗採録。其深切治體者，略舉數端，以著聖人經理民物之實，用俾學者勿徒以資文學也。

一、字義已詁者不再見。制度名物之詳見他職及諸經者，曰「見某篇」。一字具二義，則各詁本文下。

周官集注卷一

漢河間獻王好古書，購得周官五篇，武帝求遺書得之，藏于秘府，諸儒皆莫之見。哀帝時，劉歆校理秘書，始著于録、略，以考工記補冬官之闕。歆門人河南杜子春能通其讀，鄭衆、賈逵受業于杜。漢末馬融傳鄭康成，康成所注行世。周官最後出，而起于劉歆，故後儒或疑爲僞作。然漢文帝得魏文侯時樂工獻春官大司樂章，而太史公封禪書引周官「冬日至祀天于南郊迎長日之至，夏日至祭祇皆用樂舞而神乃可得而禮」，則爲周人之書明矣。北宋程子、張子皆尊信之。朱子謂此經周公所作，但當時行之恐未能盡，後聖雖復損益可也。若肆爲排抵，則愚陋無知之人耳。

天官冢宰第一

冢，大也。宰，主也。天統萬物，冢宰統衆官，故曰天官。不言司者，不主一官之事也。宗伯亦不言司，鬼神非人所主故也。

惟王建國，辨方正位，體國經野，設官分職，以爲民極。

建，立也。辨東西南北之方，以正左祖右社、面朝後市之位。體國中之廣狹，以經野外都邑、郊關、溝涂之界。設六官之屬而分以職事。皆所以安民生、定民志而使遵王之道，所謂爲之極也。○左祖右社，面朝後市，乃正位之事，非體國也。王城面九里，畿内面五百里，近郊、遠郊、甸、稍、縣、畺之地各有所任，人有所宜，事取其便，皆量國中之體勢，以定野外之經制，五等之國以次而殺，則其野外都邑、郊關、溝涂，大小遠近，必與相稱。蓋辨方以正位，體國以經野，設官以分職，文雖對立，而義則相承也。

乃立天官冢宰，使帥其屬而掌邦治，以佐王均邦國。

總治六官之職，故曰邦治。均者，使上下、尊卑、貧富、遠邇各得其平也。凡經連言邦國者，據諸侯也。特言邦或言國者，多據王國也。不先言均王國而言均邦國者，言王國恐不兼諸侯，故舉外以包内也。

治官之屬：大宰，卿一人。小宰，中大夫二人。宰夫，下大夫四人，上士八人，中士十有六人，旅下士三十有二人，府六人，史十有二人，胥十有二人，徒百有二十人。

百官總焉則謂之家，列職于王則稱大，義各有當也。旅，衆也。下士治衆事者，自大宰至旅下士，轉相副貳，皆王臣也。府掌官契以治藏，史掌官書以贊治，皆其官長所自辟除。胥掌官叙以治叙，徒掌官以令徵令，乃民給徭役者。胥，讀如諝，謂其有才知，爲什長。○諸官皆府少而史多，府常在史上，唯御史百有二十人且在府上。以凡治者受法令，事繁且要也。凡有府兼有史者，各共其事也。或有史而無府，無所藏也。角人、羽人等則有府而無史，以藏稅物而當職文書少，事可兼也。腊人、食醫等，府、史俱無，專官行事，更無所須也。惟天府府多于史，所藏物重也。自大宰至旅下士，凡六十三人，而府史胥徒止百五十人。五官亦然。蓋吏省則其禄易給，吏有禄則人知自愛。漢猶仿此意，故賢人君子往往出于其間。後世吏胥日衆，以天下之事付之游手之民，而又奪其庸，是授以具而教之爲姦也。○李耜卿曰：「典命，大夫同四命，而此分爲中下，蓋若侯伯同七命，子男同五命，而爵則有高下耳。」典命「公之卿三命」。掌客職「士視諸侯之卿禮」，注言「士以三命而下爲差」，似據此。

宫正，上士二人，中士四人，下士八人，府二人，史四人，胥四人，徒四十人。

正，長也。序官不以尊卑爲先後，而以緩急爲次第，故宫正隸前，内宰等隸後。凡命官曰正者，總其政也；曰司者，察其事也；曰典者，守其法也；曰職者，主其業也；曰掌者，專其任也;曰師者,訓其徒也;曰氏者,世其官也;曰人者,稱其材也。其餘如宫伯、膳夫、山虞、林衡之類,則各因其職事以起義也。

宫伯,中士二人,下士四人,府一人,史二人,胥二人,徒二十人。

膳夫,上士二人,中士四人,下士八人,府二人,史四人,胥十有二人,徒百有二十人。

美物曰珍膳。膳夫,食官之長。

庖人,中士四人,下士八人,府二人,史四人,賈八人,胥四人,徒四十人。

庖之爲言苞也,裹肉曰苞苴。賈主市買,知物價。

内饔,中士四人,下士八人,府二人,史四人,胥十人,徒百人。

饔,和也。熟食須調和,故曰饔。

外饔,中士四人,下士八人,府二人,史四人,胥十人,徒百人。

亨人,下士四人,府一人,史二人,胥五人,徒五十人。

甸師，下士二人，府一人，史二人，胥三十人，徒三百人。

郊外曰甸。天子藉田在甸，故稱甸師。此官主地事而不列地官者，以天子躬耕，又共野薦，給薪蒸，故次亭人也。徒三百人者，用以耕耨，周語所謂「庶人終畝」也。

獸人，中士四人，下士八人，府二人，史四人，胥四人，徒四十人。

𪊨人，中士二人，下士四人，府二人，史四人，胥三十人，徒三百人。

鼈人，下士四人，府二人，史二人，徒十有六人。

腊人，下士四人，府二人，史二人，徒二十人。

獸肉乾曰腊。

醫師，上士二人，下士四人，府二人，史二人，徒二十人。

食醫，中士二人。

疾醫，中士八人。

瘍醫，下士八人。

獸醫，下士四人。

酒正，中士四人，下士八人，府二人，史八人，胥八人，徒八十人。

酒人，奄十人，女酒三十人，奚三百人。

凡奄不稱士者，皆府史之類也。女酒與奚爲什長，若胥徒，皆庶人之妻願給事而受稟餼者。注引漢法以爲女奴，非也。爲齍盛齊酒籩豆之實以事天地宗廟，不宜用罪人。秋官司厲，惟盜賊之女子謂之奴，入于舂槀。則女奴不共他職，而他職之女奚不得爲奴明矣。女酒及奚凡三百三十人。舂槀事校繁重，而女舂枕止二人，奚五人，女槀十有六人，奚四十人，蓋給役者，司厲所入女奴，而女舂、女槀及其奚特監視教導之。二職不列女奴及其數者，以司厲職有明文，且以罪入，數不可定也。

漿人，奄五人，女漿十有五人，奚百有五十人。

凌人，下士二人，府二人，史二人，胥八人，徒八十人。

籩人，奄一人，女籩十人，奚二十人。

醢人，奄一人，女醢二十人，奚四十人。

豆實不盡于醢，醢人所掌惟四豆之實，故主醢而不謂之豆人也。

醢人，奄二人，女醢二十人，奚四十人。

鹽人，奄二人，女鹽二十人，奚四十人。

幂人，奄一人，女幂十人，奚二十人。

巾幂，以覆飲食之物，故次飲食後。

宫人，中士四人，下士八人，府二人，史四人，胥八人，徒八十人。

掌舍，下士四人，府二人，史四人，徒四十人。

舍，行所解止之處。

幕人，下士一人，府二人，史二人，徒四十人。

掌次，下士四人，府四人，史二人，徒八十人。

大府，下大夫二人，上士四人，下士八人，府四人，史八人，賈十有六人，胥八人，徒八十人。

玉府，上士二人，中士四人，府二人，史二人，工八人，賈八人，胥四人，徒四十有八人。

内府，中士二人，府一人，史二人，徒十人。

外府，中士二人，府一人，史二人，徒十人。

司會，中大夫二人，下大夫四人，上士八人，中士十有六人，府四人，史八人，胥五人，徒五十人。

會，大計也。日計曰成。月計曰要。歲計曰會。

司書，上士二人，中士四人，府二人，史四人，徒八人。

主會計之簿書。

職内，上士二人，中士四人，府四人，史四人，徒二十人。

職歲，上士四人，中士八人，府四人，史八人，徒二十人。

不曰職出而曰職歲者，歲有豐凶，所出一以歲爲準，而不得過也。

職幣，上士二人，中士四人，府二人，史四人，賈四人，胥二人，徒二十人。

司裘，中士二人，下士四人，府二人，史四人，徒四十人。

掌皮，下士四人，府二人，史四人，徒四十人。

内宰，下大夫二人，上士四人，中士八人，府四人，史八人，胥八人，徒八十人。

内小臣，奄上士四人，史二人，徒八人。

奄人通内外之令，領女奚之屬，其事有斷不可缺者。然考周官，内小臣四人，寺人五人，其餘司服用者，通天、地二官四十五人，數既甚少，而爵以士者又不過四人，其上有内宰、宫正、小宰、大宰層累而督察之，則亦安能爲國患哉？或又以刑人不宜近嬪御，亦非也。士大夫他行皆善，而獨不能自戒于聲色者多矣。若少動于邪，既服刑而自懲艾，安在其不可改行遷善也？刑人多矣，而爲奄者不過四十五人，其近王后者不過九人，則必簡其能補前行之惡者可知矣。諸職稱奄，言其精氣之閉藏而已。惟王之正内謂之寺人，言能侍御于王，必其才行之出類者也。至内小臣稱士，則非有士行者不足以充之。

閽人，王宫每門四人，囿游亦如之。

墨者使守門。

寺人，王之正内五人。

正内，注：「路寢也。」疏謂后之正寢若王之路寢，不得稱「内」。春秋傳寺人披自稱「刑臣」，則寺人奄也。王志長曰：「冢宰一官，凡閽寺嬪御之職，服膳箢庫之司皆屬焉。自冢宰失職而後有女寵之禍，有閽寺之變，有内藏之私，有宫市之患，有奢僭百出之弊。凡先王治天下之本，莫不廢壞焉。

内豎，倍寺人之數。

童稚未有遽犯宫刑者。按春秋傳，庚宗婦人之子叔孫以爲豎，又孔氏之豎渾良夫長而美，通于伯姬，則豎非刑人也。其選入及出之于外，必有定期。豎爲未冠之稱，則將冠而出之可知矣。寺人五而豎倍之者，正内日近王后，職事親要，刑餘之人善良者不多覯，故取童稚之純一者備焉。

九嬪。

嬪，婦也。昏義曰：「天子后立六宫，三夫人，九嬪，二十七世婦，八十一御妻。」夫人不列職者，夫人之于后猶三公之于王，坐而論婦禮，無官職。或曰，以九嬪德優者攝，如三公之攝以六卿而無分職也。

世婦。

不言數者，君子不苟于色，有婦德者充之，無則闕。

女御。

昏義所謂「御妻，御猶進也，侍也」。○蜀岡陳氏曰：「世婦、女御不言數者，有其人乃有其位，故其數不可常也。以名官之義推之，世婦謂有子而可以爲王繼世之婦人也。古者婦人無子則出，卿大夫之妻名世婦，亦必有子以繼世者也。女御，謂宮中女子爲王所幸御者。蓋聖王之治，内無怨女，外無曠夫。宮中女子，必有限年出嫁之制。而世婦則義不可出，女御亦不便遽出，故列職而任之以事，必至易世之後，然後世婦之有子者或出從其子，或别宮以居之，女御則少者出嫁，而老者歸其母家。戴嬀有子，既立而弑，猶大歸于陳，則古制可知矣。」

女祝四人，奚八人。

女史八人，奚十有六人。

其職掌王后之禮職，内治之貳，以詔后治内政，則非有道藝而知禮法者莫能任也。其諸擇嬪婦之賢者而爲之與？

典婦功，中士二人，下士四人，府二人，史四人，工四人，賈四人，徒二十人。

典，主也。

典絲，下士二人，府二人，史二人，賈四人，徒十有二人。
典枲，下士二人，府二人，史二人，徒二十人。
内司服，奄一人，女御二人，奚八人。
有女御者，以衣服進，或當于王廣其禮，使無色過。

縫人，奄二人，女御八人，女工八十人，奚三十人。
染人，下士二人，府二人，史二人，徒二十人。
追師，下士二人，府一人，史二人，工二人，徒四人。
追，治玉石之名。詩云「追琢其章」。男子首服在夏官弁師者，夏時陽盛，萬物長大，長大乃冠。婦人直取首服配衣，故與衣連類列此。

屨人，下士二人，府一人，史一人，工八人，徒四人。
夏采，下士四人，史一人，徒四人。
夏翟，羽色。禹貢徐州貢夏翟之羽。後世或無，故染鳥羽象而用之，謂之夏采。
大學之道，治國、平天下必本于修身、齊家，而其原又在格物、致知、誠意、正心。蓋必如此而後表裏無隔，細大畢貫。冢宰之屬，驟視之若紛雜瑣細，而究其所以設官之意，則天子誠意、正心、修身、齊家、治國、平天下之事皆統焉，所以爲父師之任而非五官之比也。至于格物、致知之學，則師氏、保氏導養有素而隨事而究察焉者，皆是也。

大宰之職，掌建邦之六典，以佐王治邦國。一曰治典，以經邦國，以治官府，以紀萬民；二曰教典，以安邦國，以教官府，以擾萬民；三曰禮典，以和邦國，以統百官，以諧萬民；四曰政典，以平邦國，以正百官，以均萬民；五曰刑典，以詰邦國，以刑百官，以糾萬民；六曰事典，以富邦國，以任百官，以生萬民。

典，常也，經也，法也。六典，治、教、禮、政、刑、事之書也。大宰總六官，故並建之，經理之，使晝一也，紀詳理而不遺也。擾猶馴也，統合而率之也。詰，告而戒之也。糾，約而束之也。府以藏貨賄器物，故惟天、地二官曰官府。府亦云教者，稽其良苦，時其燥濕，謹其出入，皆有教也。春官雖有天府，而所掌者祖廟之守藏，與天、地二官之府異，故不言府而第舉百官也。師田之禮，昭文章，明貴賤，順少長，習威儀，進退有度，左右有局，故曰「正百官」。四丘出甲，更番征役，故曰「均萬民」。刑不上大夫，而曰「以刑百官」者，刑不爲大夫設，而有罪亦不能廢刑也。任者，屬之事以盡其力也。獨于冬官言任者，水土之政，尤勞且繁。

以八灋治官府。一曰官屬，以舉邦治；二曰官職，以辨邦治；三曰官聯，以會官治；四曰官常，以聽官治；五曰官成，以經邦治；六曰官灋，以正邦治；七曰官刑，以糾邦治；八曰官計，以弊邦治。

官屬，六官之屬也。官職，六職也。官聯，六聯也。官成，八成也。官計，六計也。俱見小宰職。官常，所領之事各有故常也。官法，小宰職所謂「以法掌祭祀、朝覲、會同、賓客之戒具」也。官刑，司寇職所謂四曰官刑，上能糾職也。弊，斷也。以分之所守言則曰官職，以事之所服言則曰官常，其實一也。上分職以授下，故曰辨；下服常以報上，故曰聽。官府八成有一定條格，故曰經。七事之法有施舍治訟，故曰正。聯與常獨曰官治，主于覈其人也。餘皆曰邦治，主于舉其事也。

以八則治都鄙。一曰祭祀，以馭其神；二曰灋則，以馭其官；三曰廢置，以馭其吏；四曰禄位，以馭其士；五曰賦貢，以馭其用；六曰禮俗，以馭其民；七曰刑賞，以馭其威；八曰田役，以馭其衆。

則亦法也。都鄙，公卿大夫采地，王子弟食邑在畿内者，以有邑，故曰都；在國之鄙，故曰鄙。祭祀有廢置，毋得僭差。都家祭祀，必致福于國。國有大故，則令禱祠，所以馭其神也。廢猶退也，退其不能者，舉賢而置之。吏即服官者，若府史之屬，則其長所自辟除，非王朝廢置所及也。法則，示以職之所守也，故曰官。廢置，覈其人之所堪也，故曰吏。士，學士也。賦，農田所入。貢，其餘諸職之貢物也。私邑之用，王朝之供，各有定分，而又時其歲之豐凶，事之繁簡，是都鄙之用，皆王朝所制也，故曰以馭其用。其封内刑賞得自專，恐妄作威福，故都家之獄訟必上于國，則賞亦不敢專行可知。雖假以威福之柄，而仍操之自上，故曰以馭其威。

以八柄詔王馭群臣。一曰爵，以馭其貴；二曰禄，以馭其富；三曰予，以馭其幸；四曰置，以馭其行；五曰生，以馭其福。六曰奪，以馭其貧；七曰廢，以馭其罪；八曰誅，以馭其過。

詔，告也。奪，奪其田禄也。廢，罷黜也。誅，責讓也。于爵禄後即繼以馭幸者，人君于嬖幸而濫以爵禄，最亂政之大者，故先之。人之行能，各有所宜，三宅六事百司，置之必當其位，所以馭也。古者刑不上大夫，故獨言宥之以生者，而不及于殺也。刑典曰以刑百官，示王章之不可犯也，而非以是馭之也。故八柄止于廢與誅，然曰生以馭其福，則罪大惡極而不免于刑禍者不必言矣。春秋傳曰「淫而無罰，福也」，故有罪而赦宥可以謂之福。古者人臣去國三年，然後收其田里。則在國者雖奪其田禄，必不使至于甚困，故曰「以馭其貧」。

以八統詔王馭萬民。一曰親親，二曰敬故，三曰進賢，四曰使能，五曰保庸，六曰尊貴，七曰達吏，八曰禮賓。

統者，統合于上而繫屬于下也。敬故，不慢舊也。賢，有德行者。能，通道藝者。保庸，安有功者。達吏，府史胥徒才行特出，則達之使爲王官也。禮賓，賓禮諸侯，所以示民親仁善鄰。○朱子曰：「通道藝則識得許多事物之理，所以屬能。」

以九職任萬民。一曰三農，生九穀；二曰園圃，毓草木；三曰虞衡，作山澤之材；四曰藪牧，養蕃鳥獸；五曰百工，飭化八材；六曰商賈，阜通貨賄；七曰嬪婦，化治絲枲；八曰臣妾，聚斂疏材；九曰閒民，無常職，轉移執事。

三農，上、中、下之等也。九穀，或曰黍、稷、秫、稻、麻、大小豆、大小麥。或曰無秫、大麥，有粱、苽。樹果蓏曰圃。園，其樊也。掌山澤之官曰虞，掌川林之官曰衡。並舉虞衡，示所作之材兼川林也。山澤之民無名號，故借虞衡以表之。澤無水曰藪。牧，地之不可田而利畜牧者。八材，八方之材也。金玉曰貨，布帛曰賄。化者，變其形以爲器物也。行曰商，處曰賈。阜，積之也。通，轉之也。八材曰飭者，引以繩墨，式以模範也。絲枲曰治者，漚樵煮練，以達其性也。嬪，有夫之婦也。不曰女婦，而曰嬪婦者，非有夫之婦，雖蠶績而不責以布帛之貢也，故閭師職曰「任嬪以女事，貢布帛」。疏材，草木根實可食者。古所謂臣妾，後世之僕婢也。春秋傳「皂臣輿，輿臣隸，隸臣僚，僚臣僕，僕臣臺」。

以九賦斂財賄。一曰邦中之賦，二曰四郊之賦，三曰邦甸之賦，四曰家削之賦，五曰邦縣之賦，六曰邦都之賦，七曰關市之賦，八曰山澤之賦，九曰幣餘之賦。

邦中，在城郭者。四郊，去國百里；邦甸，二百里；家削，三百里；邦縣，四百里；邦都，五百里。按閭師掌國中四郊之賦，任農以耕事貢九穀，任圃以樹事貢草木，任工以飭材事貢器物，任商以市事貢貨賄，任牧以畜事貢鳥獸，任嬪以女事貢布帛，任衡以山事貢其物，任虞以澤事貢其物。則農即以穀爲貢，餘七者即以所貢之物爲賦明矣。此職邦、郊、甸、稍、縣、都之田賦，則農所貢公田之九穀也，其餘賦則圃牧嬪婦之貢也。關市之賦，即商賈百工之貢也。山澤之賦，即虞衡之貢也。園圃、藪牧，即邦、郊、甸、稍、縣、都之地。農、工、商、賈、嬪、婦、臣、妾、閒民，即邦、郊、甸、稍、縣、都、關市、山澤之民。以九職制九賦，以九賦待九式，貢物之外，別無所謂賦，其義甚明。康成乃謂口率出泉，節卿鄭氏又謂即百畝私田制賦，皆未詳考經文故也。幣餘，即職幣所斂餘幣也。餘幣乃邦物，而謂之賦者，既已給之，又振之以歸于國，故亦云賦也。家、稍、縣、都皆有賦者，其地不盡爲采也。都家則各有貢，司徒職「制地貢而頒職事」是也。○關市譏而不征，乃文王治岐之政，或以九賦及關市證周禮爲僞，非也。孟子「市廛而不征」，則市有賦矣。春秋傳「偪介之關，暴征其私」，則遠關有常賦矣。

以九式均節財用。一曰祭祀之式，二曰賓客之式，三曰喪荒之式，四曰羞服之式，五曰工事之式，六曰幣帛之式，七曰芻秣之式，八曰匪頒之式，九曰好用之式。

式，謂用財之節度。芻秣，養馬牛禾穀也。匪頒，王所分賜群臣。好用，燕好所賜予。大府九賦，各有所待，用之多少，必與賦相稱，所以節之也。職内叙其財以待邦之移用，所以均之也。有用三餘一，以三十年之通制國用，尤均節之大者。九式無軍旅，蓋甲出丘甸，無養兵之費，有事則遺人致道路之委積，出畿則侯國共其資糧，此古者所以薄取于民而財不匱也。先九賦，次九式，而後及于九貢者，大府九式之用，皆以九賦待之，而九貢則别以待弔用也。○李世美曰：「九式皆有常制者，惟軍旅之用無常，故不頒爲式。」○古之師行未有用饋餉者。齊桓東伐主魯，西伐主衛，傳曰「師出陳、鄭之間，共其資糧扉屨」，當時所過，雖以爲苦，而齊師歲出，力常沛乎有餘，實由于此。若王師之出，則山澤閒田之所入，方伯連帥之所共，其儲偫必有素矣。

以九貢致邦國之用。一曰祀貢，二曰嬪貢，三曰器貢，四曰幣貢，五曰材貢，六曰貨貢，七曰服貢，八曰斿貢，九曰物貢。

邦國獨致貢，以粟米皆取之畿內，所以用利而民不勞也。祀貢，凡可共祭祀之用及旅幣。記曰「其餘無常貨，各以其國之所有」是也。器貢，銀、鐵、石、磬、丹、漆也。幣貢，玉、馬、皮、帛也。材貢，櫄幹、栝柏、篠蕩也。貨貢，金、玉、龜、貝也。服貢，織文、絺紵也。斿貢，羽毛也。物貢，雜物、魚鹽、橘柚之屬。大行人六服，因朝而貢，物各有定。此則每歲常貢，以當其田賦。所宜上供者，楚于周當在要服而苞茅，祀貢也。桃弧、棘矢，器貢也。則各以其國之所有，而物非一類可知矣。

以九兩繫邦國之民。一曰牧，以地得民；二曰長，以貴得民；三曰師，以賢得民；四曰儒，以道得民；五曰宗，以族得民；六曰主，以利得民；七曰吏，以治得民；八曰友，以任得民；九曰藪，以富得民。

兩猶耦也。民各有耦，所以繫之也。牧者，侯伯有土之君，故曰以地得民。長者，一官之尹，得自辟屬吏，故曰以貴得民。師，有德行者。儒，通道藝者。宗者，歷代故家，如懷姓九宗，殷民七族，故曰以族得民。主者，卿大夫之家有采邑而畜徒隸者。地非所專食，其土利而已，故曰以利得民。吏者，鄉邑小吏，位雖卑，當官行法，則民受其約束，故曰以治得民。友者，四民皆有之。任，即任恤之任，彼此相倚賴，則各以類從，故曰以任得民。山林川澤皆有民，而獨舉藪者，財物衆而聚民多也。九兩得民，都鄙之所同也，而獨曰繫邦國之民者，畿内公卿不世國，其民皆天子之民也。外諸侯則得私其民矣。故以九兩繫之，示牧長不過爲天子繫屬，此民與師儒以下等耳。

正月之吉，始和布治于邦國都鄙。乃縣治象之灋于象魏，使萬民觀治象，挾日而斂之。

正月，周正建子之月。吉，朔日也。和，調改也。先王通變宜民，議事以制，故每于歲終調制所當改易，即堯典所謂「平在朔易」也。象魏，闕也。從甲至甲，謂之挾日。曰象者，非惟書其事，且揭其圖，使觀者易辨也。不曰治法之象，而曰治象之法者，曰治法之象則似專縣其象，曰治象之法然後知并書其法也。大宰職不條列所以治邦國者，以六典、八法、八則、八柄、八統、九職、九賦、九式、九貢、九兩，天子所以治諸侯，與諸侯所以自治其臣民者，皆具于是矣。布治于邦國，即以典、法、則、柄、統、職、賦、式、貢、兩頒之也。

乃施典于邦國，而建其牧，立其監，設其參，傅其伍，陳其殷，置其輔。

牧，公、侯、伯、子、男守土以牧民者。監，方伯、連帥相監臨者。參謂三卿。伍謂五大夫。殷，衆也，謂衆士也。輔，府、史、胥、徒、庶人在官者。○五大夫貳三卿者各一，其二則小宗人、小司寇也。見于春秋傳者，魯季孫爲司徒，叔孫爲司馬，孟孫爲司空；宗人，則夏父弗忌、釁夏嘗爲之；司寇，則臧孫紇嘗爲之。其不言小，僭也。冢宰職尊任重，常以上卿兼攝而不别設大夫，故魯人謂季氏爲冢卿。鄭備六卿有冢宰，僭也。

乃施則于都鄙，而建其長，立其兩，設其伍，陳其殷，置其輔。

長謂公卿、大夫、王子弟食采邑者。立兩卿，殺于外諸侯也。宗伯職六命賜官，大夫四命，不合立官，而得與公卿並稱長，王子弟食邑與三公同者，在五百里畺地，與六卿同者，在四百里縣地，與大夫同者，在三百里稍地。大夫量設家吏，不得備兩卿五大夫與公卿等。

乃施灋于官府，而建其正，立其貳，設其考，陳其殷，置其輔。

正，謂冢宰、司徒、宗伯、司馬、司寇、司空也。貳，謂小宰、小司徒、小宗伯、小司馬、小司寇、小司空也。考，成也，佐成事者，謂宰夫、鄉師、肆師、軍司馬、士師也，司空亡，未聞其考。

凡治，以典待邦國之治，以則待都鄙之治，以灋待官府之治，以官成待萬民之治，以禮待賓客之治。

待謂法具于此，待事至而應之也。禮，賓禮也。

祀五帝，則掌百官之誓戒與其具修。

祀五帝，四時迎氣各祭其方之帝，並中央之帝爲五也。誓戒，百官廢職者有刑，重失禮也。具，所當供。修，掃除糞洒。冢宰、司徒所莅祀事皆首五帝者，四時迎氣之祭且莅，則昊天上帝不必言矣。知然者，宗伯以吉禮事邦國之鬼神示，首曰以禋祀祀昊天上帝；小宗伯兆五帝于四郊；司服職祀昊天上帝，則服大裘而冕，祀五帝亦如之。參伍其文，則其義顯然矣。○司士職孤卿特揖，而不言三公。與此經不言昊天上帝義同。○易大傳「帝出乎震」，則四時迎氣各祭其方之帝而以人帝配之，固有此義。屈原九章「令五帝以折中，戒六神與嚮服」，則祭五帝而以六佐配之，秦以前固有其制，非吕氏、月令之臆説也。先儒或以鄭氏据緯書之妄，遂謂五帝之稱漢以後始有之，而疑周官爲僞，誤矣。

前期十日，帥執事而卜日，遂戒。

始齊。

前期，前所諏之日也。十日，散齊七日，致齊三日。執事，宗伯大卜之屬。既卜，遂戒百官以

及執事，眂滌濯。及納亨，贊王牲事。及祀之日，贊玉、幣、爵之事。

滌濯，謂祭之前夕溉祭器及甑甗之屬，此執祀事之始也。納亨，謂鄉祭之晨納牲告殺，既殺以授亨人。凡大祭祀，君親牽牲，大夫贊之。祭天無祼，故先迎牲。若宗廟之祭，則既祼而後迎牲也。日，旦明也。玉幣，所以禮神，各如其方之色。爵，所以獻齊酒，不用玉爵，尚質也。三者執以從，王至而授之。

祀大神示亦如之。享先王亦如之，贊玉几、玉爵。

祀大神，朝日夕月之類。祀大示，則方澤大社也。注以大神示爲天地，是別有五帝之祭，列于天地宗廟之上，誤矣。蓋上帝之尊，非群祀可匹，故特言之。而後以大神、大示並列焉。玉几，所以依神。亦如之下別言贊玉几、玉爵，則天地不用玉几、玉爵也。享先王不言大者，六享皆然。

大朝覲會同，贊玉幣、玉獻、玉几、玉爵。

時見曰會，殷見曰同。大朝覲，謂同時而至者適衆多也。若至者少，則冢宰不與。小宰職「凡賓客贊受爵受幣」之事是也。玉幣，諸侯享幣也。玉獻，獻國珍異，亦執玉以致之。玉几，王所依也。玉爵，諸侯酢王之爵也。王祼諸侯，大宗伯攝，非冢宰所贊。

大喪，贊贈玉、含玉。

助嗣王也。贈玉，既窆所以送先王。含玉，死者口實，天子以玉。

作大事，則戒于百官，贊王命。

春秋傳曰「國之大事，在祀與戎」，祭祀已前見，此戎事也。贊王命，謂助王爲教令。

王眡治朝，則贊聽治。

王有三朝：外朝斷疑獄；内朝在路寢，圖宗人嘉事；惟治朝爲正朝，在路門外，司士所掌也。

眡四方之聽朝，亦如之。

謂王巡狩在外時。

凡邦之小治，則冢宰聽之，待四方之賓客之小治。

重出冢宰，見不復決于王也。如曰凡邦之小治聽之，雖謂仍復于王可也。春秋傳，趙武欲一獻，曰：「武請于冢宰矣。」以得專賓客之小治也。

歲終，則令百官府各正其治，受其會，

謂各明正其所治之事也。會，計簿也。

聽其致事而詔王廢置。

正其治者，正其所當爲之事也。聽其致事者，聽其所已爲之事也。廢，退不職者。置，仍使居職任事。

三歲，則大計群吏之治而誅賞之。

誅有以刑辟言者，司烜職「邦若屋誅則爲明竁」是也；有以詰責言者，八柄「誅以馭其過」是也；此兼二者。蓋群吏之不職者，每歲之終已廢之矣。至三歲大計，任職而有過差者則詰責之；若奸惡久而後著，則非惟廢之，或不免於刑辟也。有功止于賞者，古者能其職則終守焉，非大才德，不得驟進而居公卿之位，故惟加爵命、厚禄賜以爲勸也。

小宰之職，掌建邦之宫刑，以治王宫之政令，凡宫之糾禁。

宫刑，在王宫中者之刑。刑典大宰所建，而小宰復建宫刑者，以治王宫之政令，而習察其事情，故刑之輕重出入，得與大宰共酌定也。大司寇所掌五刑無宫刑，以小宰建之也。糾，糾其失也。禁，禁其邪也。王宫之政令，宫中之事也。凡宫之糾禁，事在宫外，而關涉于宫中者，如世婦之弔事，則有蹕衛儀法内外宗，春官世婦下及女奚之出入于王宫，則有班次，期會皆有糾禁。舊説凡宫爲后宫，非也。曰王宫，則后宫該之矣。正歲，以宫刑憲禁于王宫是也。宫刑使大宰之貳掌之，則雖天子不得私喜怒；而妃妾專妒虐下之患，不禁而自弭矣。○葉氏曰：「小宰貳太宰，首王宫之刑禁，蓋侍御僕從一有不正，出入起居一有不欽，皆足以害治，故宫刑雖以爲王宫之禁，而實以格君心之非。湯制官刑，儆于有位，三風十愆，備及于宫室之隱微。伊尹引以爲訓而繼之，曰『嗣王祗厥身念哉』，正此義也。」

掌邦之六典、八灋、八則之貳，以逆邦國、都鄙、官府之治。執邦之九貢、九賦、九式之貳，以均財節邦用。

貳，副也。逆，迎受也。大宰職賦先于貢者，論斂政之次第，則由内而達外也。此貢先于賦者，綜財用之大凡，則舉遠以及近也。

以官府之六敘正群吏。一曰以敘正其位，二曰以敘進其治，三曰以敘作其事，四曰以敘制其食，五曰以敘受其會，六曰以敘聽其情。

敘，尊卑秩次也。治，功狀也。情，或身家之私，或職業功緒，有當以情白于上者。

以官府之六屬舉邦治。一曰天官，其屬六十，掌邦治，大事則從其長，小事則專達。二曰地官，其屬六十，掌邦教，大事則從其長，小事則專達。三曰春官，其屬六十，掌邦禮，大事則從其長，小事則專達。四曰夏官，其屬六十，掌邦政，大事則從其長，小事則專達。五曰秋官，其屬六十，掌邦刑，大事則從其長，小事則專達。六曰冬官，其屬六十，掌邦事，大事則從其長，小事則專達。

達，決也，如祭祀、齊喪、賓客、饗食之陳數，庖人、内外饔之屬必禀于膳夫，若辨腥臊羶香之物及割烹煎和，則得專決也。

以官府之六職辨邦治。一曰治職，以平邦國，以均萬民，以節財用。二曰教職，以安邦國，以寧萬民，以懷賓客。三曰禮職，以和邦國，以諧萬民，以事鬼神。四曰政職，以服邦國，以正萬民，以聚百物。五曰刑職，以詰邦國，以糾萬民，以除盜賊。六曰事職，以富邦國，以養萬民，以生百物。

大宰所建之六典，即小宰所辨之六職。六典所以治官府，百官六職不覆列者，以職即官府之所守也。六職所謂節財用、懷賓客、事鬼神、聚百物、除盜賊、生百物，皆典之所該也。故于典略之，而職則詳焉。治典曰以經邦國、以紀萬民，職則曰以平邦國、以均萬民，何也？有經邦國之典，奉職者守經而不失，使各得其分願，則邦國所以平也；有紀萬民之典，奉職者循紀而不違，使各致其力庸，則萬民所以均也。教典曰以安邦國、以擾萬民，職則曰以安邦國、以寧萬民，何也？邦國式于教而安，無異義也。上之施教曰擾，故于典言之，民能服教則寧，故于職言之。政典曰以平邦國、以均萬民，職則曰以服邦國、以正萬民，何也？平者，輯大字小而無所私，故于典言之。服者，建威銷萌而不敢犯，故于職言之。均者，賦役有式，番代有常，故于典言之。正者，進退有度，左右有局，故于職言之。事典曰以富邦國、以生萬民，職則曰以富邦國，以養萬民，何也？邦國承其事而富，無異義也。生則著其所以生之理，故于典言之。養則備其所以養之事，故于職言之。春、秋二官，典與職無異辭者，禮有常經，刑有彛叙，邦國萬民，守典奉職，無異義也。治職平邦國、均萬民，與政典同辭者，政典就軍旅一事而言，治職則兼禮、樂、政、刑而言也。六典及六職皆不及都鄙者，以邦國該之。所以治官府萬民者，邦國都鄙之所同也。○懷賓客宜列于禮職，乃列于教職者，朝覲、會同、聘頫之賓客，則禮職和邦國之事該之矣。此所謂懷者，專主于教也，如諸侯歲所貢士及四方之商旅，則使慕王朝風教之隆；裔荒之貢使，則使知中國禮義之美也。聚百物列于政職者，司馬主九畿，職方制貢，各以其所有。

以官府之六聯合邦治。一曰祭祀之聯事，二曰賓客之聯事，三曰喪荒之聯事，四曰軍旅之聯事，五曰田役之聯事，六曰斂弛之聯事。凡小事皆有聯。

聯事者，一事而諸官共舉之也。六者惟斂弛事不紛，然税斂，地官之事也，而受法于司書，入于大府，則天官亦有事焉。征役之施舍，亦地官之事也，而國正不及國子，凡國之政事，諸子存游倅，則夏官亦有事焉。

以官府之八成經邦治。一曰聽政役以比居，二曰聽師田以簡稽，三曰聽閭里以版圖，四曰聽稱責以傅别，五曰聽禄位以禮命，六曰聽取予以書契，七曰聽賣買以質劑，八曰聽出入以要會。

成，謂有成籍可覆按也。聽者，或以待其治，或以決其争。政，賦也。役，均人所掌力政也。比居，五家爲比之籍也。簡稽，簡册可稽考者，謂卒伍、馬牛、車輦、兵器之要簿也。版，户籍。圖，地圖。稱責，謂貸予。傅，謂附近之鄰比爲證佐。别，謂券書兩分，朝士職「凡屬責者以地傅聽其辭」是也。舊説禮命爲九命之差等，非也。官成待萬民之治，其諸閭師、鄰長以下就鄉民而授以禄位者與？書契，謂出予入受之凡要。質劑，亦兩書一札，同而别之，大市以質，小市以劑，掌于質人。取予以一物言，出入以總數言。八成聽政役，師田、閭里而不及賦税者，公田之入有常，且時有豐凶，以出税法。其他征斂皆有經式，無争訟也。○李耜卿曰：「取予，如司徒散利，遺人施惠，官予之，民取之也。出入，如泉府賒貸，旅師春頒、秋斂之類。」

以聽官府之六計，弊群吏之治。一曰廉善，二曰廉能，三曰廉敬，四曰廉正，五曰廉灋，六曰廉辨。

官府上群吏之治狀，而小宰聽之，斷以六計也。善，德教洽也。能，政令行也。敬，不懈于位。正，行無傾邪。法，守法不失。辨，臨事不惑。○鄧氏曰：「善，德之本。能，德之用。敬、正，善之則。法、辨，能之施，而其介在廉。善、敬、正，非廉不能。能、法、辨，非廉無取。」

以灋掌祭祀、朝覲、會同，賓客之戒具，軍旅、田役、喪荒亦如之。七事者，令百官府共其財用，治其施舍，聽其治訟。

祭祀、賓客、軍旅三合，田役、荒喪爲七事。朝覲、會同即賓客之事，不得别爲二，故聯事以賓客該之也。六聯言賓客，而不言朝覲、會同。此言朝覲、會同，而復言賓客者，賓客所該甚廣，如小司徒職所謂賓客則諸侯之聘使也，王燕群臣，鄉大夫、州長興賢才，皆賓客之事。官之聯事，細大畢舉，故以賓客該之。至小宰所令，不過朝覲、會同之戒具，其他賓客之小治，有司供之，不令于小宰，故特出朝覲、會同，以示小宰所令賓客之戒具獨此二者，猶祭祀之戒具小宰通掌之，而大宰所掌獨祀五帝、祀大神示、享先王之戒具也。施舍、治訟之事紛，非小宰所能徧也。蓋亦令百官府治之、聽之。○王氏曰：「七事即六聯，獨不見歛弛，令百官府共其財用、治其施舍，則歛弛亦在其中矣。」○王介甫曰：「理其事謂之治，争其事謂之訟。」

凡祭祀，贊玉幣爵之事、祼將之事。

將，送也。王酌鬱鬯獻尸，尸受而灌地以降神，故謂之祼。天地至尊，無灌。宗廟、社稷、山川、四方皆有之。曰凡祭祀者，祀五帝、祀大神示、享先王，冢宰贊玉幣爵之事。餘祭祀則小宰贊也。祼將乃小宰通贊，知然者，大祭祀、宗伯莅玉鬯，省具，以示虔也。凡祭祀，小宗伯將瓚祼，奉器以待用也。他職無及祼事者，則贊王祼者惟小宰明矣。其不曰小祭祀者，以贊祼兼大祭祀。又或冢宰以喪與疾不得與，則大祭祀之玉幣爵亦得攝贊，故以凡祭祀該之。

凡賓客，贊祼，凡受爵之事，凡受幣之事。

宗伯職「大賓客攝而載祼」，則所贊宗伯也。王不酌賓客而有受酢，贊者受爵于賓以奉王。曰凡賓客者，大朝覲、會同，則受爵與幣，皆冢宰贊也。不曰小賓客者，以贊祼兼大賓客。又冢宰有故，則大賓客之爵與幣亦得攝贊，故以凡賓客該之。

喪荒，受其含襚幣玉之事。

春秋傳曰「口實曰含，衣服曰襚，凶荒有幣玉」者，賓客所助以禮神。

月終，則以官府之敘受群吏之要。贊冢宰受歲會。

要會，見序官司會。

歲終，則令群吏致事。正歲，帥治官之屬而觀治象之灋，徇以木鐸，曰：「不用灋者，國有常刑！」

凌人職「正歲十有二月令斬冰」，則正歲，夏之正月也。冢宰縣治象之法于正月，歲將終，民方無事也。小宰帥群吏觀治象之法于正歲，歲更始，吏將有事也。注：「據此，謂縣治象亦以正歲。」誤矣。吏觀法于官府，不必于縣之日。小司徒正歲令群吏考法于司徒以退，各憲之于其所治，則吏觀法于官府明矣。古者將有新令，必奮鐸以警衆，文事以木鐸，武事以金鐸。

乃退，以宮刑憲禁于王宮。令于百官府，曰：「各修乃職，考乃灋，待乃事，以聽王命。其有不共，則國有大刑！」

憲，謂表縣之。百官府，謂給事于王宮者，若師氏、大僕等不獨治官之屬也。大刑，非特常刑也。宮禁宜嚴，故刑有加。

宰夫之職，掌治朝之灋，以正王及三公、六卿、大夫、群吏之位。掌其禁令。

其位司士掌焉，宰夫察其不如儀。

叙群吏之治，以待賓客之令、諸臣之復、萬民之逆。

恒次叙諸吏之職事，三者之來，則使辨理之。復，反報于王也。逆，謂上書，自下而上，故謂之逆。治有以供狀言者，小宰以叙進其治，以六計弊群吏之治是也。有以職業言者，宰夫叙群吏之治、考百官府群都縣鄙之治是也。蓋職業者，所當治之事；功狀者，所已治之迹，故通以治言之。注謂宰夫主諸臣萬民之復逆，疏謂宰夫恒次叙太僕、小臣、御僕等，使辨理此復逆之事，皆非也。諸臣萬民之復逆，王與冢宰聽斷之，其事施行，必下于群吏，故叙群吏之治以待之，其文與賓客之令相次，則謂群吏待其事，而非宰夫主辨次叙復逆之事可知矣。

掌百官府之徵令，辨其八職。一曰正，掌官灋以治要；二曰師，掌官成以治凡；三曰司，掌官灋以治目；四曰旅，掌官常以治數；五曰府，掌官契以治藏；六曰史，掌官書以贊治；七曰胥，掌官叙以治叙；八曰徒，掌官令以徵令。

王有徵召，命令宰夫辨而施之，或下于其正長，或下于其屬旅也。正，即所建之正也。師，即所立之貳也。司，即所設之考也。旅，即所陳之殷也。要，大綱也。凡者，衆目之總。數，則一目中之科條也。治藏，藏文書器物也。贊治，書法令以助上布治也。治叙，次叙官中當先後之事及徒之應驅役者。徵令，趨走給呼召。正與司同曰法者，法之定，則正下于司以布之。

法之行，則司報于正以質之也。

掌治灋以考百官府、群都縣鄙之治，乘其財用之出入。凡失財用、物辟名者，以官刑詔冢宰而誅之。其足用、長財、善物者，賞之。

群都，衆采邑也。六遂五百家爲鄙，五鄙爲縣，不及六鄉者，舉外以包内也。乘猶計也。失所藏之財賄謂之失財，非所宜用而用之謂之失用，所失之物非貨賄謂之失物。辟名，謂詐爲文書以自隱避也。足用，所用無乏。長財，所藏有餘。善物，物無虧損。○王氏曰：「欲知其總數則宜言會，欲知其別數則宜言乘。此欲知失財、用、物，與足用、長財、善物者，故言乘而不言會也。」

以式灋掌祭祀之戒具與其薦羞，從大宰而眡滌濯。

薦，脯醢也。羞，庶羞、内羞。小宰以法掌祭祀之戒具，而宰夫復以式法掌之者，小宰所令，特物所當供耳，宰夫則並詳其用財之多寡，故曰式法。

凡禮事，贊小宰比官府之具。

比，校次之。凡禮事，謂賓客、軍旅、田役、荒喪之事也。祭祀則兼掌其戒，而六事則獨比其具者，祭祀多王所親莅也，故小宰戒事，而宰夫申之，惟恐其不豫也。六事小宰戒之，則承事者知庀矣。財用之式出于冢宰，故供具必宰夫比之。

凡朝覲、會同、賓客，以牢禮之灋掌其牢禮、委積、膳獻、飲食、賓賜之飧牽與其陳數。

牢禮、委積，若大行人五牢、五積、四牢、四積、三牢、三積之屬。膳獻，殷膳，大牢及上介禽獸之屬。饗禮九獻，主飲；食禮九舉，主食。賓賜，謂中間加賜，故特文以別之。

凡邦之弔事，掌其戒令，與其幣器財用凡所共者。大喪、小喪，掌小官之戒令，帥執事而治之。三公、六卿之喪，與職喪帥官有司而治之。凡諸大夫之喪，使其旅帥有司而治之。

大喪，王、后、世子。小喪，夫人以下。小官，士也。于宰夫所掌戒令曰小官，則冢宰所戒令獨大官可知矣。于三公六卿之喪曰官有司，則旅所帥爲家有司可知矣。

歲終，則令群吏正歲會；月終，則令群吏正月要；旬終，則令正日成，而以考其治。治不以時舉者，以告而誅之。

歲終，周季冬建亥之月。正，定也。旬，十日也。治不時舉者，謂違時令、失期會。

正歲則以灋警戒群吏，令修宮中之職事。書其能者與其良者，而以告于上。

贊小宰警戒宮中之群吏也。良猶善也。上，謂小宰、大宰也。歲終，冢宰詔王廢置；三年，大計群吏之治而誅賞之；凡有位者皆不遺矣。此能者、良者，蓋王宮宿衛之士庶子，宮伯所掌也。故因令宮中之職事而及之士庶子，雖未仕，以衛王宮，則亦有職事。

宮正，掌王宮之戒令、糾禁。以時比宮中之官府、次舍之衆寡，爲之版以待。

戒，戒其怠逸也。令，令所當爲也。糾，糾其過惡也。禁，禁其未然也。官府之在宮中，若膳夫、玉府、内宰、内史之屬。次，入直處。舍，退休處。官府、次舍執事宿衛之人有衆寡，宮正以時校次之。版，其人名籍也。待，待戒令及比。

夕擊柝而比之。國有故，則令宿，其比亦如之。

有故，非常也。文王世子曰：「公若有出疆之政，庶子以公族之無事者守于公宮。」夏官諸子職：「國有大事，則帥國子而致于太子，惟所用之。」既曰「夕擊柝而比之」，又曰「國有故則令宿」者，平時當夕者番代，有故則盡入宿衛也。

辨外内而時禁，稽其功緒，糾其德行，幾其出入，均其稍食，去其淫怠與其奇衺之民。

興事造業爲功，功事有倫爲緒。稍食，禄稟也。民，宫中吏之家人及司隸所掌皆是。淫，放濫也。衺，惡也。曰奇衺者，政教之行，人皆良正，有獨爲邪惡者，則奇單而無與爲伍也。○既辨外内而禁其非時出入，復幾其出入之犯禁者。

會其什伍而教之道藝。月終則會其稍食，歲終則會其行事。凡邦之大事，令于王宫之官府、次舍，無去守而聽政令。

去守，離部署也。

春秋以木鐸修火禁。

火星以春出，以秋入，故因天時以戒。此修宫中之火禁也。司烜所修，則國中之火禁。

凡邦之事蹕宫中廟中，則執燭。

蹕，禁止行者。凡邦事，王出則蹕。宫中、廟中無蹕，則執燭也。社稷、五祀之祭在宫中；先王、先公之祭在廟中。

大喪，則授廬、舍，辨其親疏貴賤之居。

廬，倚廬也。舍，堊室也。親貴居廬，疏賤居堊室。雜記「大夫居廬，士居堊室」。官府，群吏所居。次舍，士庶子宿衛者所居也。自「辨内外而時禁」，至「去其淫怠與其奇衺之民」，謂群吏也。以執事于宫中，故辨外内而譏其出入。以有職守，故稽其功緒。以有徒隸，故去其淫怠奇衺之民。會其什伍，教之道藝，謂士庶子也。以群萃于周廬，故會其什伍。以無職守，故教之道藝，月終會其稍食，歲終會其行事，則群吏士庶子之所同也。均其稍食者，時其事之煩簡、勞逸而上下之也。會其稍食者，總而計之也。于士庶子不言均其稍食者，月終則均秩，于宫伯職見之矣。

宫伯，掌王宫之士庶子，凡在版者。掌其政令，行其秩叙，作其徒役之事。

秩，禄廩也。叙，才等也。魏氏謂師氏、保氏教之已詳，故宫伯惟掌其政令，非也。師氏、保氏所教，乃與太子共學者。宫正、宫伯所掌，則宿衛之士庶子也。宫正既教之道藝，故宫伯不復掌耳。

授八次、八舍之職事。

衛王宫者必居四角四中，便徼候也。

若邦有大事，作宫衆，則令之。

作宫衆，使從太子以守衛也。

月終則均秩，歲終則均叙。

王介甫曰：「秩，秩酒、秩膳之類，日月有焉，故月終均之。勞逸劇易之叙，宜以歲時更焉，故歲終則均之。」王明齊曰：「秩，謂禄之高下。一事而功有勤惰，則爲之上下其食。叙謂位之等級，一官而才有陞降，則爲之先後其次。月終均秩，則禄有不同，故宫正因而會其稍食。歲終均叙，則能有不同，故宫正因而會其行事，此即所謂行其秩叙。」

以時頒其衣裘，掌其誅賞。

葉氏曰：「宫正、宫伯所掌，如漢之郎衛；大僕、虎賁、司隸所掌，如漢之兵衛。」宫正兼掌群吏、士庶子，故曰官府、次舍，統宫内之直廬也。宫伯掌士庶子之宿衛者，故曰八次、八舍，獨宫外之周廬也。宫正之職，在會其什伍，教之道藝，稽其功緒，糾其德行，會其行事，幾其出入，均其稍食。宫伯之職，在授以職事，行其秩叙，作其徒役，頒其衣裘，行其誅賞，如六官之有貳，其事必相須而成。正之職繁則獨舉其綱，貳之職專則并詳其目也。獨士庶子有授職事之文者，群吏當官有常職，無俟于特授也。宮正不行誅賞者，群吏之誅賞，則冢宰詔之；士庶子之誅賞，則宮伯行之。而宮正所謂會其行事者，正冢宰誅賞之所憑也。宮伯專行誅賞者，士庶子無官守，其爲誅賞也微，必以達于冢宰，則煩且瀆矣。若有位者之誅賞，雖冢宰必以詔王而不敢專也。古所謂誅，多以譴訶責讓而言。記曰「齒路馬有誅」；春秋傳「誅屨于徒人費，不得，鞭之見血」是也。

膳夫，掌王之食飲膳羞，以養王及后、世子。

凡王之饋，食用六穀，膳用六牲，飲用六清，羞用百有二十品，珍用八物，醬用百有二十甕。

六穀：稌、黍、稷、粱、麥、苽。苽，彫胡也。六清：水、漿、醴、醇、醫、酏。羞出于牲及禽獸，以備滋味，謂之庶羞。珍，謂淳熬、淳母、炮豚、炮牂、擣珍、漬、熬、肝膋也。醬，謂醯醢。此總言饋食之物有此數，非一日而盡用之也。王安石謂人主當享備物，以康成注此經辭不别白。而康成之誤，則因醢人職王舉則共醢六十甕，醯人職王舉則共醯物六十甕，遂謂王日一舉備用此數。不知醯、醢二職所共，乃朔月、月半舉盛饌時以備擇用，内饔職選百羞、醬物、珍物以俟饋是也。在禮，王與后同庖，日中而餕，不敢暴天物也。乃日備百有二十品之羞，罄百有二十甕之醯與醢物乎？況籩豆有數，豈能盡陳百有二十品之羞，而醯醢以甕共？則貯以待歲時之需，而非一朝而罄之明矣。

王日一舉，鼎十有二，物皆有俎。

殺牲曰舉。王日一舉以朝食也。鼎十有二，牢鼎九：牛一、羊一、豕一、魚一、腊一、腸胃一、膚一、鮮血一、鮮腊一；陪鼎三：膷一、臐一、膮一。牲肉熟于各鼎，升于各俎。陪鼎之實，即庶羞在豆者。無俎鼎實，經無明文。疑疏所列乃朔月、月半之饋。常日雖十有二鼎，而所用不過少牢。玉藻「天子日食少牢，朔月大牢」是也。記曰「天子無故不殺牛」，又曰「天子社稷皆大牢」，則群小祀不敢用也，而乃日以自奉乎？

以樂侑食。膳夫授祭，品嘗食，王乃食。

侑猶勸也。祭，謂刌肺脊以祭也。禮，飲食必祭，示有所先。品嘗者，每物皆嘗之，以導尊者也。

卒食，以樂徹于造。

徹于造食之處。殽羞所未徧，尚可共日中之餕也。

王齊日三舉。

或曰不食餕餘也。或曰「三」當作「不」，文誤也。

大喪則不舉，大荒則不舉，大札則不舉，天地有烖則不舉，邦有大故則不舉。

大故，寇戎之事及刑殺也。傳曰：「司寇行戮，君爲之不舉。」

王燕食，則奉膳贊祭。

燕食，謂日中與夕食奉朝之餘膳。所祭者牢肉。

凡王祭祀、賓客食，則徹王之胙俎。

賓客食，謂王與諸侯禮食于廟也。胙俎最尊，餘則其屬徹之。

凡王之稍事，設薦脯醢。

稍事，謂小事而飲酒。

王燕飲酒，則爲獻主。

龜山楊氏曰：「説者謂君臣之義不可以燕廢，故以膳夫爲主，非也。禮，受爵于君前，則降而再拜。燕所以安群臣嘉賓也，而使有登降拜揖之勞，是以犬馬畜之矣。故膳夫爲主，而王不自獻酬焉。廩人繼粟，庖人繼肉，此孟子所謂養君子之道也。」

掌后及世子之膳羞。

王則親饋，后、世子則主其饌之數，而内饔饋焉。

凡肉脩之頒賜皆掌之。

脩，脯也，加薑桂鍛治爲脩，以鹽乾之者謂之脯。

凡祭祀之致福者，受而膳之。

春秋傳「受脤」、「歸脤」。受脤，謂君祭，以肉賜大夫。歸脤，謂大夫祭，歸肉于公，王臣亦然。致福，謂歸胙于王也。王氏曰：「若畿内、都鄙、山川及四海、五嶽、四瀆，古帝王之在其國都，或王五服之親，凡以王命而祭者，皆歸胙于王。」

以摯見者亦如之。

摯，羔雁之屬。

歲終則會，惟王及后、世子之膳不會。

王后世子之膳不會，非凡用皆不會也。蓋品味有常，不敢以異物供，無所用其會。非恣其欲而不爲之限度也。故王后之服不會，飲酒不會，膳禽不會，皆以有常式也。世子則服不敢備，多寡惟王命，而服會矣。飲無常期，疏數惟王命，而酒會矣。食無加獻，有無惟王命，而膳禽會矣。惟膳則朝夕有常，故與王后同也。比事以觀，則其義顯然矣。

庖人，掌共六畜、六獸、六禽，辨其名物。

六獸：麋、鹿、熊、麕、野豕、免。或曰，獸人冬獻狼，又內則無熊，當有狼而熊不屬。六禽：雁、鶉、鷃、雉、鳩、鴿。

凡其死生鱻薧之物，以共王之膳與其薦羞之物，及后、世子之膳羞。

凡，謂計數之。薦亦進也。鱻，生肉。薧，乾肉。于王之薦羞獨曰物者，如天子牲孕不食之類。

共祭祀之好羞，

若荆州之鮭魚，青州之蟹胥，非常物也。或曰，若文王之菖歜，曾皙之羊棗之類。

共喪紀之庶羞、賓客之禽獸。

喪紀，謂虞祔。禽獸之數，見掌客職。

凡令禽獸，以灋授之，其出入亦如之。

令，令獸人也。出以付將命者，入賓客不盡用，禮終而以歸于有司者。其出也以法授將命者，其入也仍以法授獸人。

凡用禽獻，春行羔豚，膳膏香；夏行腒鱐，膳膏臊；秋行犢麛，膳膏腥；冬行鱻羽，膳膏羶。

用禽獻，謂煎和以獻于王也。行，及時而用之也。牛脂香，大膏臊，雞膏腥，羊脂羶。腒，乾雉。鱐，乾魚。犢，牛子。麛，鹿子。鱻，魚也。羽，雁也。羔豚物生而肥，犢麛物成而充，腒鱐暵熱而乾，魚雁水涸而性定。此八物者，得四時之氣尤盛，故又用休廢之脂膏以煎和之。

歲終則會，惟王及后之膳禽不會。

膳夫所掌，正膳也，故王、后、世子皆不會。禽獻爲加，則世子亦會焉。

内饔，掌王及后、世子膳羞之割亨煎和之事，辨體名肉物，辨百品味之物。

體名，脊、脅、肩、臂、臑之屬。肉物，胾燔之屬。詳見少牢及公食大夫禮。

王舉，則陳其鼎俎，以牲體實之。

初陳鼎于鑊西，取牲體于鑊以實鼎。後陳鼎于阼階下，其俎皆陳于鼎西南，取于鼎以實俎。實鼎曰脀，實俎曰載。

選百羞、醬物、珍物以俟饋。

選以俟饋，則知醢人、醯人所共百二十甕，乃奉以待饔人之選，而非一朝而罄之矣。

共后及世子之膳羞。

辨腥臊羶香之不可食者：牛夜鳴，則庮；羊泠毛而毳，羶；犬赤股而躁，臊；鳥皫色而沙鳴，貍；豕盲眂而交睫，腥；馬黑脊而般臂，螻。

庮，朽木臭也。泠，謂毛長。毳，謂總結也。皫，色無澤也。沙，澌也。貍，氣鬱也。般臂，臂毛有文。螻，螻蛄臭也。「盲視」，戴記作「望視」。

凡宗廟之祭祀，掌割亨之事，

止言割亨者，煎和所以致味。鬼神尚質，不貴褻味。

凡燕飲食亦如之。凡掌共羞、脩、刑、膴、胖、骨、鱐，以待共膳。

燕飲，與諸臣燕。燕食，日中及夕食也。掌共，「共」當爲「具」。刑，鉶羹也。胖，如脯而腥者。膴，牒肉大臠用以祭者，魚亦有之。骨，牲體也。

凡王之好賜肉脩，則饔人共之。

外饔，掌外祭祀之割亨，共其膴、脩、刑、膴，陳其鼎俎，實之牲體、魚、腊。

視内饔所共少胖、骨、鱐者，于牲體魚腊該之也。

凡賓客之飧饔、饗食之事，亦如之。

飧，客始至之禮。饔，既將幣之禮。饗食之禮，獻舉各以命數。

邦饗耆老、孤子，則掌其割亨之事，饗士庶子亦如之。

耆老，謂國老、庶老，及死事者之父祖。孤子，死事者之子。

師役，則掌共其獻賜脯肉之事。

獻，謂酌其長帥。

凡小喪紀，陳其鼎俎而實之。

亨人，掌共鼎鑊，以給水火之齊。

齊，多少之量。

職外、内饔之爨亨煮，辨膳羞之物。

職，主也。辨膳羞之物，以爲爨亨煮、久暫、緩急之齊也，其物之美惡，則饔者辨之矣。

祭祀，共大羹、鉶羹；賓客，亦如之。

大羹，肉汁不致五味。鉶羹，加鹽菜。鉶羹皆陪鼎。膷、臐、膮，牛用藿，羊用苦，豕用薇，調以五味，盛之鉶器，即謂鉶羹，于豆即謂庶羞。

甸師，掌帥其屬而耕耨王藉，以時入之，以共齍盛。

王以孟春躬耕帝藉，王三推，三公五推，卿諸侯九推，庶人終千畝，即甸師所帥胥徒也。齍，讀爲粢，稷也。穀以稷爲長。在器曰盛。

祭祀，共蕭茅，

蕭，香蒿也。詩「取蕭祭脂」，郊特牲「蕭合黍稷，臭陽達於牆屋，茅以共祭之，苴亦以縮酒」，士虞禮「束茅長五寸，立于几東，謂之苴」，戴記「縮酌用茅」。

共野果蓏之薦。

場人「凡祭祀共果蓏」，此則專薦宗廟與？

喪事，代王受眚烖。

既殯，大祝作禱辭授甸人，使以禱藉田之神，代王受眚烖。周官惟此條義難明。蓋周公以嗣王生長富貴，必知稼穡之艱難，乃能知小民之依而所其無逸。故特爲此禮，以示不躬耕帝藉，以事上帝神示，則王宜受眚烖。今以喪廢藉，非得已也，故甸師可代受焉。則無故而不親耕，以共粢盛，其爲神示所不享明矣。

王之同姓有辠，則死刑焉。

刑人于市，而王族則刑殺于甸師氏。記曰：「刑于隱者，不與國人慮兄弟也。」

帥其徒以薪蒸役外、内饔之事。

役爲給役也。木大曰薪，小曰蒸。

獸人，掌罟田獸，辨其名物。

于田中設罟，以除野獸害人物及稼者。

冬獻狼，夏獻麋，春秋獻獸物。

狼，殘物。麋，害稼。故以時罟而獻之。獸物，凡野獸皆可獻，無定物也。○李耜卿曰：「狼膏温，故于冬獻之。麋膏涼，故于夏獻之。」

時田，則守罟。及幣田，令禽注于虞中。

守罟，備獸觸擭。弊，止也。虞中，虞人所植虞旗之中也。注，聚也。

凡祭祀、喪紀、賓客，共其死獸生獸。

共其完者于庖人。

凡獸入于腊人，皮毛筋角入于玉府。

乾之以爲脯脩，不必皆完。

凡田獸者，掌其政令。

凡田獸，謂百姓之獵者。王制四時之田，天子、諸侯、大夫既殺，縱民使獵。民居山澤間者，亦不禁其取獸。角人以時徵齒角，凡骨物于山澤之農是也。其所獲，或當獻于公。及争禽之訟，皆獻人掌之。蓋天子、諸侯蒐狩之政令，掌于司馬；而獸人所掌，則百姓田獵之政令也。

𩡧人，掌以時𩡧爲梁。

梁，謂偃水兩畔，中央爲闕空，以笱承之。月令「季冬，命漁師爲梁」。

春獻王鮪。

王鮪，鮪之大者，出河南鞏縣，至春浮陽，乃入西河，至漆沮，上龍門，故周人取以獻新，獻所無也。月令「季春薦鮪于寢廟」。

辨魚物，爲鱻薧，以共王膳羞。凡祭祀、賓客、喪紀，共其魚之鱻薧。凡𩡧者，掌其政令。凡𩡧征入于玉府。

𩡧征，謂鬚骨可飾器物者。

鼈人，掌取互物。
　互，謂有甲相交互也，蕭胡龜鼈之屬。介物龜爲長，而以鼈命官，主食獻也。
以時簎魚、鼈、龜、蜃，凡貍物。
　簎，謂以杈刺泥中搏取之。兼言魚者，簎互物而適得魚，亦不棄也。貍物，藏伏于泥中者，若鱴刀、含漿之屬。
春獻鼈、蜃，秋獻龜魚。
祭祀，共蠯、蠃、蚳，以授醢人。
　蠯，蛤也，或曰蜯也。蠃，蜾蝓，或曰螺通。蚳，蟻子，白者可爲醢，國語曰「蟲舍蚳蝝」。
掌凡邦之簎事。
　凡有取于水中皆掌之。
腊人，掌乾肉，凡田獸之脯、腊、膴、胖之事。

大物解肆乾之，謂之乾肉。腊，小物全乾。

凡祭祀，共豆脯、薦脯、膴、胖，凡腊物。賓客、喪紀，共其脯、腊，凡乾肉之事。

田獵一爲乾豆，則祭祀宜有豆脯。○李耜卿曰：「胖，半體也。少牢曰『司馬升羊右胖，司士升豕右胖』。」

醫師，掌醫之政令，聚毒藥以共醫事。

藥之物恒多毒，人氣不和，必用偏勝之物以攻之，用之不當，則反害于人，曰「聚毒藥」，使醫者慎所用也。

凡邦之有疾病者、疕瘍者造焉，則使醫分而治之。

疕，頭瘍及禿。疾甚曰病。疾醫職曰：「凡民之有疾病者，分而治之。」而此職曰「邦」，蓋雖統萬民，而以王宮百官府爲主也。以是推之，則王、后、世子及公、孤、六卿之疾，必醫師親治可知矣。

歲終，則稽其醫事以制其食：十全爲上，十失一次之，十失二次之，十失三次之，十失四爲下。
十全，非謂十人皆愈，但知可治不可治者。十人皆中，則爲上耳。

食醫，掌和王之六食、六飲、六膳、百羞、百醬、八珍之齊。
食、飲、膳、羞、醬、珍，製作有常法，而食醫和其齊者，酌天時與王氣體之所宜也。

凡食齊眂春時，羹齊眂夏時，醬齊眂秋時，飲齊眂冬時。
飯且温，羹宜熱，醬宜涼，飲宜寒。

凡和，春多酸，夏多苦，秋多辛，冬多鹹，調以滑甘。
內則「棗、栗、飴、蜜以甘之，堇、苣、枌、榆、免、薧、滫、瀡以滑之」。

凡會膳食之宜，牛宜稌，羊宜黍，豕宜稷，犬宜粱，雁宜麥，魚宜苽。
會，成也，謂其味相成，或曰合也。

凡君子之食，恒放焉。

放，依也。齊和雖以王爲主，大夫以上亦依之。

疾醫，掌養萬民之疾病。四時皆有癘疾：春時有痟首疾，夏時有痒疥疾，秋時有瘧寒疾，冬時有嗽、上氣疾。

痟，酸削也。首疾，頭痛也。嗽，欬也。上氣，逆喘也。

以五味、五穀、五藥養其病。

五味：醯、酒、飴、蜜、薑桂之屬。五穀：麻、黍、稷、麥、豆。五藥：草、木、蟲、石、穀。

以五氣、五聲、五色眡其死生。

五氣：五臟所出氣也。肺氣熱，心氣次之，肝氣涼，脾氣温，腎氣寒。五聲：言語宫、商、角、徵、羽也。五色：面貌青、赤、白、黑、黄也。察其盈虚，休王吉凶可知。

兩之以九竅之變，參之以九藏之動。

陽竅七，陰竅二。竅之變謂開閉非常。正藏五，又有胃、旁胱、大腸、小腸。藏之動，謂脉至與不至也。兩者，謂九竅與所視爲兩。兩與九藏爲三。○易氏曰：「九竅見于外，睹其證之變，而有通、塞之二候，故曰兩。九藏藏于内，察其脉之動，而有浮、中、沉之三部，故曰參。」

凡民之有疾病者，分而治之；死終，則各書其所以而入于醫師。

少者曰死，老者曰終。疾醫、瘍醫各八人，以共王宫百官府之醫事，猶懼不給，豈能徧及萬民？疑萬民之疾大且危者，然後醫士治焉。其餘則受方于醫師而未列職者，皆使分治。其有功效，亦官給之食也。先王之世，不獨爵必當賢，即醫者亦不能幸而得食，所以能制百事之宜而盡萬物之性也。○王明齋曰：「先王立醫師，使掌衆醫，分治民疾，計其功而制其食。使醫者無求于病家，則心清而業精。病者不必酬醫，則藥之所及者廣而活者衆矣。」

瘍醫，掌腫瘍、潰瘍、金瘍、折瘍之祝藥、劀、殺之齊。

腫瘍，瘰癧瘤癀壅腫而不散者。潰瘍，癰疽之類。金瘍，刀創也。折瘍，踠跌者。「祝」當爲「注」，謂附著藥也。劀，刮去膿血。殺，謂以藥食其惡肉。或曰祝，素問所謂祝由也，後世有以氣封瘍而徙之者，蓋其遺法。○李耜卿曰：「此官有獸醫，夏官又有巫馬，祝藥並行，牛馬且然，則人可知。」

凡療瘍，以五毒攻之，以五氣養之，以五藥療之，以五味節之。

五毒，五藥之有毒者。節之，節成其藥之力也。舊説，五氣當爲五穀。或曰，五氣播于四時，必順時氣，人之氣乃可養。疾醫職曰「以五氣、五聲、五色視其死生」，則知爲五臟之氣矣。此曰「以五氣養之」，則知爲五行之氣矣。疾醫不及此者，以首列四時皆有癘疾，則養之宜順時氣，不必言矣。或曰，疾醫職所云亦五行之氣也。凡症，順于時氣則生，逆則死。

凡藥，以酸養骨，以辛養筋，以鹹養脉，以苦養氣，以甘養肉，以滑養竅。

以類相養也。酸，木味，木根著地中，似骨。辛，金味，金纏合異物，似筋。鹹，水味，水流行地中，似脉。苦，火味，火出入無形，似氣。甘，土味，土含載四者，似肉。滑物，通利往來，似竅。

凡有瘍者，受其藥焉。

獸醫，掌療獸病，療獸瘍。

畜賤于人，故病與瘍同醫。

凡療獸病，灌而行之以節之，以動其氣，觀其所發而養之。節之，視其驟趨之節也。其氣動于内，則病之形發見于外，然後可以得養之之宜。

凡療獸瘍，灌而劀之以發其惡，然後藥之、養之、食之。既曰灌之，而又曰藥之，以藥傅其外也。獸病，則第以藥灌，而遂養之。

凡獸之有病者、有瘍者，使療之；死則計其數以進退之。

周官集注卷二

酒正，掌酒之政令，以式灋授酒材。

式法，作酒之法式也。月令：「乃命大酋，秫稻必齊，麴糵必時，湛饎必潔，水泉必香，陶器必良，火齊必得。」授酒材，以授酒人也。

凡爲公酒者，亦如之。

謂鄉射飲酒以公事作酒者，亦以式法及酒材授之，使自釀。

辨五齊之名：一曰泛齊，二曰醴齊，三曰盎齊，四曰緹齊，五曰沈齊。

泛者，成而滓浮泛泛然。醴猶體也，成而汁滓相將。盎猶翁也，成而翁翁然葱白色。緹者，成而紅赤。沈者，成而滓沈。自醴以上尤濁，以茅縮而酌之。盎以下差清。謂之齊者，每有祭祀，以度量節作之。

辨三酒之物：一曰事酒，二曰昔酒，三曰清酒。

事酒，因事而造旋用之。清酒，則滓汁少澄。昔酒，則舊醳之酒也，酒酋久則愈明潔。記謂「明清與醆酒于舊醳之酒」，則其品尤貴可知矣。五齊，祭祀所用，不致其味，故曰辨名。三酒，人所飲，務致其實，故曰辨物。

辨四飲之物：一曰清，二曰醫，三曰漿，四曰酏。

清，謂醴之泲者。醫，内則所謂或以酏爲醴也。凡醴濁釀，酏爲之則少清。漿，舊説亦酒之類，漢時名爲截漿。或曰梅漿，蔗漿之類也。内則有黍酏、酏飲、粥稀者之清也。五齊止用醴爲飲者，取醴恬味不似酒。

掌其厚薄之齊，以共王之四飲、三酒之饌，及后、世子之飲與其酒。

五齊、三酒、四飲，皆酒人、漿人所作。酒正惟辨其厚薄之齊。饌，陳設也。后、世子不言饌，亦不言飲與酒之數者，不具設也。

凡祭祀，以灋共五齊、三酒以實八尊。大祭三貳，中祭再貳，小祭一貳，皆有酌數。惟齊酒不貳，皆有器量。

大祭，王服大裘、衮冕所祭也。中祭，王服鷩冕、毳冕所祭也。小祭，王服希冕、玄冕所祭也。貳，副貳也。三貳、再貳、一貳，皆謂三酒、五齊獻神，神有定位，獻有定數，無副益之尊。酌數，獻酬之數也。三酒，雖有貳尊，而獻酬則有定數，八尊及貳尊所容，皆有限量。

共賓客之禮酒，共后之致飲于賓客之禮，醫酏糟，皆使其士奉之。

糟，醫酏不泲者。士謂酒人、漿人、奄士。奉，捧持之也。

凡王之燕飲酒，共其計，酒正奉之。

共其計者，獻酬多少，度當足也。鄭剛中曰：「不參計于禮飲，而奉于燕飲，使王知戒。」

凡饗士庶子，饗耆老、孤子，皆共其酒，無酌數。

以醉爲度。

掌酒之賜頒，皆有灋以行之。

法，尊卑之差。

凡有秩酒者，以書契授之。

有秩酒者，謂老臣。王制九十日有秩。○王介甫曰：「授以書者，使知所得之數。授以契者，使執以取酒。」

酒正之出，日入其成，月入其要，小宰聽之。

謂所出之酒，日有成，月有要也。必小宰聽之者，治王宫之政令，則自后、世子、夫人、嬪御、群王子，皆不得妄取矣。○王介甫曰：「特謹其出，異于餘物，毖酒之意也。」

歲終則會，惟王及后之飲酒不會。以酒式誅賞。

誅賞，作酒之美惡者。

酒人，掌爲五齊三酒，祭祀則共奉之，以役世婦。

獨言以役世婦者，王之祼獻，冢宰、小宰贊之。故用此，見后之祼獻，春官宫卿世婦贊之也。

知非天官世婦者，天官世婦所掌，獨女宫之具、内羞之物，而宫卿世婦則比祭祀之具，詔王后之禮事也。以給世婦廟中之役，故酒人用奄。

共賓客之禮酒、飲酒而奉之。

禮酒，饗燕所用。飲酒，食時酳口者。二者酒人自奉之。若王不親饗食，而使人以酬幣侑幣致之，則共酒以往，與陳酒同。

凡事，共酒而入于酒府。

凡事，謂王之三酒之饌、燕飲之酒以及后、世子之饌，士庶子、耆老、孤子之饗，賜頒之行，秩酒之授，凡酒正所掌者。酒府，酒正之府也。入于酒府，以酒正掌其法，或自奉之，或使屬士，或令掌事者，及其人自取，别于祭祀賓客，酒人必自奉之，或自共酒以往也。

凡祭祀，共酒以往。

前曰祭祀則共奉之，以役世婦，蓋王及后所親之祭祀也。此共酒以往而不言奉，則王所不親。

賓客之陳酒亦如之。

謂饗餼之酒自有奉之者，以酒從往。

漿人，掌共王之六飲，水、漿、醴、涼、醫、酏，入于酒府。

醴即四飲之清也。涼，冰水也，暑月用之。酒正不辨水涼，無厚薄之齊也。或曰漿以水和米而煮之，去滓存汁。醫即内則所謂醷，梅漿也。酏即飴，和湯可飲。

共賓客之稍禮。

稍禮，非飧饔，王間以給賓客者。

共夫人致飲于賓客之禮，清醴醫酏糟而奉之。

醴則清醫。酏則糟也。注謂后屈于王，故無醴；夫人不體，王得備之，非也。王之致于賓客者，酒也。后之致飲于賓客者，醫、酏之糟也。醫、酏非酒人所掌，故特見其文。若漿人職共六飲，賓客之稍禮且共之，則王燕饗后致飲之正禮不必言矣。故獨載夫人致飲之禮也。后致飲，獨載醫酏者，酒正屬士，所奉止此也。其四飲，皆漿人奉之，于夫人之致飲奉之，則后不必言矣。〇疑后六飲皆致，夫人止致其三耳。蓋王致飧，牢委積；后致籩豆壺漿。凡賓客所需之物，無不備矣。使水漿醴涼不致，賓客安從取之？掌客職諸侯相爲賓，夫人致八壺，則不止三飲矣，況王后乎？既有后致飲之禮，復設夫人致飲之禮者，或后崩而夫人攝内治，則宜有賓客之事。又或來朝聘者，爲夫人父母之邦，則雖后在，彼此亦得致禮也。

凡飲共之。

謂凡禮事之飲。

凌人，掌冰正。歲十有二月，令斬冰，三其凌。

係十有二月于正歲者，明爲夏正之十有二月也。凌，冰室也。三其凌，謂三倍其冰，爲消釋度也。

春始治鑑，凡外内饔之膳羞，鑑焉。凡酒、漿之酒醴亦如之。

鑑，如甀，大口，以盛冰，置食物于中，以禦温氣。酒、漿，酒人、漿人也。

祭祀，共冰鑑。賓客，共冰。

不以鑑往，嫌使停膳羞。

大喪，共夷槃冰。

夷之言尸也。實冰于夷槃，置尸牀下，所以寒尸。大喪，王及后、世子也。獨言共大喪之冰者，賓食皆用冰，則宫中之小喪共冰不必言矣。頒冰及國之老疾，則卿大夫士之喪浴不必言矣。經于他事，多舉下以該上。以舉上，則疑于下之不得用也。此獨舉上，以該下，不疑也。不曰凡喪共冰者，曰凡喪共冰，不知大喪之用夷槃也。曰大喪共夷槃冰，則凡喪共冰而不用夷槃具見矣。春秋傳命夫、命婦喪浴用冰，及孟獻子所稱，皆侯國之制也。天子之士，比侯國卿大夫，得用冰可知。〇夷，舊説訓尸，以義測之。夷，等也。喪大記曰：「自小斂以往用夷衾。」蓋大斂衣物加多，衾必更寬大，與相等，然後可徧覆。夷槃，疑亦稱斂衣之多寡而爲之制。記曰：「君設大盤造冰焉，大夫設夷盤造冰焉。」則夷不宜以尸訓明矣。此統曰夷槃者，或以兼后、世子，或記所稱非周制也。

夏，頒冰掌事。秋，刷。

刷，除冰室。

籩人，掌四籩之實。

籩，竹器，如豆，其容實皆四升。

朝事之籩，其實麷、蕡、白、黑、形鹽、膴、鮑魚、鱐。

戴記「建設朝事」，宗廟薦血腥之事也。熬麥曰麷。蕡，枲實也。稻曰白。黍曰黑。形鹽，築鹽爲虎形也。春秋傳曰：「鹽，虎形。」膴，牒，生魚爲大臠。鮑，于福室中糗乾者。鱐，析乾之。

饋食之籩，其實棗、㮚、桃、乾䕩、榛實。

饋食，薦熟也。今吉禮存者，特牲、少牢，諸侯之大夫士祭禮也。不裸、不薦血腥而自薦熟始，是以皆云饋食之禮。乾䕩，乾梅也。榛，似栗而小。

加籩之實，蔆、芡、㮚、脯，蔆、芡、㮚、脯。

加籩，謂尸既食，后亞獻尸所加之籩。重言之者，以四物爲八籩也。蔆，芰也。芡，雞頭也。

羞籩之實，糗餌、粉餈。

按少牢賓長致爵受酢，宰夫羞房中之羞于尸，天子之禮賓長受酢後，亦當設此内羞，以籩盛之，故曰羞籩。糗，熬大豆與米也。粉，豆屑也。或曰此二物皆粉稻米黍米所爲，合蒸曰餌，餅之曰餈。或曰餌粉餅也。説文餌屑米爲粉，然後水調之。餈，稻餅也，謂炊米爛而擣之。粉餈，以豆爲粉糝餈上也。

凡祭祀，共其籩薦羞之實。

凡祭祀，謂四時禘祫等。薦、羞皆進也。未食、未飲曰薦。據朝踐饋獻時，未獻前所薦之籩豆。羞則尸食後酳尸訖所進，即加籩之實也。

喪事及賓客之事，共其薦籩羞籩。

喪事之籩，謂殷奠時。祭祀曰籩，薦羞之實。賓喪則曰薦籩羞籩者，天官世婦「帥女宫而濯摡」，則祭祀之籩豆掌于世婦，籩人獨掌其實耳。若賓喪，則并掌其器也。知女宫所濯摡不兼賓喪之器者，以下曰「及祭之日，莅陳女宮之具」也。蓋喪事則世婦有著位焉，不暇莅濯摡。賓客事紛，則有司共之可矣。内宗薦加籩豆，佐傳籩豆兼賓客之饗食，何也？共薦傳而不共濯摡也。且春官世婦職，惟大賓客之饗食，王、后乃與。則薦傳之事亦僅矣。

爲王及后、世子共其内羞。

王及后、世子或有私親燕賜，則爲共有内羞也。注謂「共王后世子飲食」，則經文當曰「共王及后世子之内羞」，臨川王氏謂，王及后、世子以此内羞共禮事，而籩人、醢人爲之共，又引世婦職，以爲此内羞所共爲祭事。果爾，則獨爲后共，而不得曰爲王及世子共；且祭祀、喪紀、賓客之事，即爲后共，不應别見此文。

凡籩事，掌之。

薛氏謂：「供奉之職，官府敬君有素，故先王而後祭祀；内人朝夕王所，故先祭祀而後王。」非也。膳饔所以養生，故先言王而後及于祭祀。籩豆所以奉鬼神，故先言祭祀而後及于王，義各有當也。且膳夫祭祀徹王之胙俎，非以共神也。庖人共祭祀之好羞，非犧牲之正也。内外饔、亯人職在掌王、后、太子朝夕常膳，其于祭祀獨掌割亯、奉牲獻血，登薦之重禮不與也。故先言其本職，而後及其兼事。至酒之肇本爲元祀，故先五齊。醯、鹽、齊菹並籩豆之實，故先祭祀。漿非所以共神，故六飲皆以奉生人，皆于其職事別之，而以官府内人爲義，則不可通矣。

醢人，掌四豆之實。

有籩人而無豆人者，籩實果、穀、魚、鹽、脯、膴皆易成，故統于一官。豆實醢物、醯物，雜而難成，非一官所能共，而豆實又不盡于醯醢之物也。鹽亦籩實，而別列一職者，共百事之鹽，籩實其一耳。

朝事之豆，其實韭菹、醓醢、昌本、麋臡、菁菹、鹿臡，茆菹、麇臡。

豆，木器。薦豆節數與四籩同時，皆后設之。醓，肉汁也。昌本，昌蒲根。三臡，亦醢也。作醢及臡者，必先膊乾其肉，然後莝之，雜以粱麴及鹽漬，以美酒塗置瓶中，百日而成。有骨爲臡，無骨爲醢。凡不言菹者，皆韲、昌本之類是也。菁，蔓菁也。茆，鳧葵，即莕菜也。凡菹醢皆以氣味相成，其詳未聞。

饋食之豆，其實葵菹、蠃醢，脾析、蠯醢，蜃、蚳醢，豚拍、魚醢。

脾析，牛百葉也。蜃，大蛤。「拍」，或曰當爲「膊」。豚脇蠃蠯蚳，見鼈人職。

加豆之實，芹菹、兔醢，深蒲、醓醢，箈菹、雁醢，筍菹、魚醢。

芹，楚葵也。蒲，蒻，入水深，故曰深蒲。菭，水中魚衣。筍，竹萌，或曰，深蒲，蒲始生衣中子。箈，箭萌。

羞豆之實，酏食、糝食。

酏，饘也。内則曰：「取稻米，舉糔溲之，小切狼臅膏，以與稻米爲饘」，又曰「糝取牛羊豕之肉，三如一，小切之，以稻米二、肉一，合以爲餌煎之」。

凡祭祀，共薦羞之豆實，賓客、喪紀亦如之。爲王及后、世子共其内羞。王舉，則共醢六十甕，以五齊、七醢、七菹、三臡實之。

齊當爲韲。五韲：昌本、脾析、蜃、豚拍、深蒲也。七醢：醓、蠃、蠯、蚳、魚、兔、雁醢。七菹：韭、菁、茆、葵、芹、菭、筍菹。三臡：麋、鹿、麇臡也。凡醢醬所和，細切爲韲，全物若牒爲菹。

菜肉通祭祀不復曰豆薦羞之實。賓客喪紀亦不復曰薦豆、羞豆者，義已具於籩人也。此以下與籩人異，以王舉不共籩實，惟有豆實。

賓客之禮，共醢五十罋。

按掌客，上公之禮醯醢百二十罋，侯伯百罋，子男八十罋。此共醢五十罋，并醯人所共爲百罋，乃侯伯饔餼之禮，舉中言之。

凡事共醢。

醯人，掌共五齊、七菹，凡醯物。以共祭祀之齊菹，凡醯醬之物。賓客，亦如之。

連言醬者，合醯與醬而成之，物則醯人掌之也。下云賓客之禮，據饔餼。此云賓客，據饔食及以幣致之。

王舉，則共齊菹醯物六十罋。共后及世子之醬齊菹。賓客之禮，共醯五十罋。凡事共醯。

曰共齊菹醯物六十罋，則知醢人五齊、七菹爲醬物矣，則知醯物之無醢與醬矣。

鹽人，掌鹽之政令，以共百事之鹽。

政令，謂斂散收藏之法。

祭祀，共其苦鹽、散鹽。

「苦」讀爲「鹽」，謂出于鹽池，不湅治而可用者。散鹽，煮水爲之。

賓客，共其形鹽、散鹽。

王之膳羞，共飴鹽；后及世子亦如之。

飴鹽，鹽之恬者。

凡齊事，鬻鹽以待戒令。

齊事，和五味之事。煮鹽湅治之。

幂人，掌共巾幂。

祭祀，以疏布巾幂八尊，

八尊，即酒正所實八尊，注：「以疏布者，天地之神尚質。」

以畫布巾冪六彝。

注：「布畫雲氣，宗廟可以文。」疏：「天地亦有秬鬯之彝，用疏布。」宗廟亦有八尊，用畫布，互舉以明義。俱未知何據。

凡王巾，皆黼。

凡四飲、三酒、籩豆、俎簋之屬，巾皆用黼。黼者，繪以斧形，近刃白，近銎黑。

宮人，掌王之六寢之修。

路寢一，小寢五。路寢以治事，小寢以燕息。修，埽除也。

爲其井匽，除其不蠲，去其臭惡。

井，漏井，所以受水，今之滲坑也。匽謂匽豬，蓋霤下之池，受畜水而流之者，今之陰溝也。蠲猶潔。

共王之沐浴。凡寢中之事，埽除、執燭、共鑪炭，凡勞事。四方之舍事亦如之。

從王適四方及會同所舍，六寢勞褻之事，皆以士人共之。使王出入起居，罔有不欽也。

設之。

掌舍，掌王之會同之舍。設梐枑再重。

梐枑，謂行馬，聯三木交互樹之，以爲遮列。再重者，以周衛有内外列也。車宫、壝宫止宿則

設車宫，轅門。

王行，止宿險阻之處，備非常，次車以爲藩，則仰車以轅表門。

爲壇壝宫，棘門。

王行，止宿平地，築壇。壇邊低垣圍繞者曰壝，棘門以戟爲門。

爲帷宫，設旌門。

王行晝止，有所展肆，或食息，張帷爲宫，則樹旌以表門。車宫曰設，陳列之也。壇壝，則築土

地堳埒，帷則置楃杙繫綱，故並曰爲于帷宫。獨曰設旌門者，恐疑帷宫本具旌門，故加設以明異事。

無宫則共人門。

王行有所逢遇，若往遊觀，陳列周衛，則立長大之人以表門。

凡舍事，則掌之。

幕人，掌帷、幕、幄、帟、綬之事。

王出宫，則有是事。在旁曰帷，在上曰幕。幕施于帷上，皆以布爲之，四合象宫。室曰幄，幄設于帷幕之内，王所居之帳也。帟，王在幕若幄中，坐上承塵。幄、帟皆以繒爲之。綬，條也。凡四物者，皆以綬連繫焉。○王氏曰：「王在宫，則幕人掌其事，自朝覲會同以下，則共之而掌次張焉。」

凡朝覲、會同、軍旅、田役、祭祀，共其帷、幕、幄、帟、綬。

大喪，共帷、幕、帟、綬。

爲賓客飾也。帷以帷堂，或與幕張于庭。帟在柩上，承塵。

三公及卿大夫之喪，共其帟。

士無帟，王加惠則賜之。檀弓「君于士有賜帟」，此舉三公不及諸侯與孤，下掌次舉諸侯與孤不及三公者，諸侯再重，則三公不必言矣；孤卿大夫不重見掌次，故幕人職略焉。

掌次，掌王次之灋，以待張事。

法，大小丈尺，或曰即下所列設張之物與其數也。

王大旅上帝，則掌氈案，設皇邸。

大旅，大宗伯職「國有故，則旅上帝及四望」是也。舉大旅，則圜丘之祭不必言矣。氈案，設牀于幄内而加氈也。邸，後版也，即屏風，染羽象鳳凰色以飾之。

朝日，祀五帝，則張大次、小次，設重帟、重案；合諸侯，亦如之。

入之總，辨其用而不受其物，外府則所掌惟邦布。

凡官府都鄙之吏及執事者，受財用焉。

執事，謂爲官執掌其事，有營造合用官物。

凡頒財，以式灋授之：關市之賦，以待王之膳服；邦中之賦，以待賓客；四郊之賦，以待稍秣；家削之賦，以待匪頒；邦甸之賦，以待工事；邦縣之賦，以待幣帛；邦都之賦，以待祭祀；山澤之賦，以待喪紀；幣餘之賦，以待賜予。

待猶給也。膳服即羞服也。稍秣即芻秣也。賜予即好用也。大宰九式並言喪荒，此獨言喪者，荒之用出于三十年之所積故也，以九賦待九事，亦總其大略，可以贍給，非截然不相通。蓋材物泉布可以互易，盈歉多寡可以酌劑，職内所謂「叙其財，以待移用」是也。邦中、四郊、削甸、縣都之賦，皆粟米也。古者以粟米易百物，故匪頒、工事、幣帛皆用粟米。其賓客、祭祀、稍秣上得轉移而用之者，不必言矣。

凡邦國之貢，以待弔用。凡萬民之貢，以充府庫。

弔用，凶禮之五事也。注疏謂九貢之外别有九賦，爲口出泉據此。不知此以邦國之貢而並及之也。蓋邦國之九貢與畿内九職所貢，其物多同，彼以待四方之事，此則充府庫以待畿内之事，即上九式之用也。

凡式貢之餘財，以共玩好之用。

必禁王之有玩好，勢將不行，以餘財共之，則知不可以耗天下之經費矣。

凡邦之賦用，取具焉。

賦用，用賦也。凡邦之賦用，如軍旅、田役、施惠，以及百府有司禄廩之類，九式所不載者。

歲終，則以貨賄之入出會之。

玉府，掌王之金玉、玩好、兵器，凡良貨賄之藏。

共王之服玉、佩玉、珠玉。

戴記「大圭長三尺，天子服之」，玉藻「天子佩白玉而玄組綬」，詩傳「佩玉上有葱衡，下有雙璜、衝牙、蠙珠以納其間」。珠玉，琢玉爲珠，以貫冕弁。王五冕，旒數不同，而玉皆十有二；又有皮弁、韋弁、冠弁，其會玉亦十二。

王齊，則共食玉。

王齊食玉屑。

大喪，共含玉、復衣裳、角枕、角柶。

含玉，璧形而小以實口。復，始死招魂也。衣裳，生時所服。角枕，以枕尸。角柶，角匕也，以楔齒，令可飯含。

掌王之燕衣服、衽席、牀笫，凡褻器。

燕衣服，謂巾絮、寢衣、袍襗之屬。笫，簀也。衽席，卧席也。褻器，清器，虎子之屬。王之燕衣服，凡褻器皆掌于玉府，則冢宰、小宰得檢察。雖以良貨賄共之，而毋敢作淫巧以蕩上心矣。

若合諸侯，則共珠槃、玉敦。

敦，槃類，珠玉以爲飾，合諸侯割牛耳取其血，歃之以盟。珠槃，以盛牛耳，尸盟者執之。敦，盛血。

凡王之獻金玉、兵器、文織、良貨賄之物，受而藏之。

文織，畫及錦繡，或曰凡織而有文者。九貢、九賦、九功及四方幣獻並入内府，故舊説玉府所受乃群下私獻于王者。然聘禮私覿，亦幣獻之常，未聞别有私獻于王之禮。蓋内府所受，百工所成，王命獻之而以爲善，則藏于玉府，以待王用耳。曰物者，良貨賄所成之物，而非貨賄也。

凡王之好賜，共其貨賄。

内府，掌受九貢、九賦、九功之貨賄、良兵、良器，以待邦之大用。

受，受之大府也。大用，九式及弔用也。九賦亦有貨賄者，角人、羽人、掌葛，皆徵其物以當邦賦。則知周官和通上下，備法以利民，凡有貨賄者，皆得入以代賦，不獨山澤之農。

凡四方之幣獻之金玉、齒革、兵器，凡良貨賄入焉。

諸侯朝聘所獻國珍，先入掌貨賄，入其要于大府，乃通于内府。○陳及之曰：「金玉、兵器、良貨賄，分掌于二官者，玉府所掌乃貢式餘材所作，及獸人、漁人所入之物，專以共王玩好及賜予。内府則通掌九貢、九賦、九功之貨賄及四方幣獻，以待邦之大用也。」○九貢、九賦、九功之貨賄，不言良者，良苦兼受也。兵與器獨言良者，其不良者司兵及用器者受之也。幣獻之貨賄獨言良者，庭實非良不薦也。貨賄皆良，則兵與器不必言矣。邦之大用，貨賄則良苦各有所待。若兵與器之錫，則必褒有德、勞有功，是以非良不用也。聘物好賜，必以良貨賄共奉，亦此義也。凡邦國之貢以待弔用，故聘物好賜，亦于幣獻取之。

凡適四方使者，共其所受之物而奉之。

王所以遺諸侯者。

凡王及冢宰之好賜予，則共之。

冢宰待四方賓客之小治，或有所善，亦賜予之外府，掌邦布之入出，以共百物而待邦之用，凡有灋者。

布，泉也。其藏曰泉，其行曰布，義取于水泉之流布也。共百物者，或作之，或買之。百物有賦貢所不及者，則以布市焉。布之出者，賜予市齎也；其入者，國所鼓鑄，廛人所斂，閭師所入，及民當出粟米絲麻，而或以布代者。

共王及后、世子之衣服之用。

王、后、世子衣服用泉布者，按典婦功職共王及后之用者，惟内嬪婦之功，或有所不能備也。邦國之嬪貢，九職之婦功，成于外工者多矣，而不以共，何也？王、后、世子之衣服，非内嬪婦之功則不用，其有不備，轉以布市之，亦所以示節制，防廣侈也。

凡祭祀、賓客、喪紀、會同、軍旅，共其財用之幣齎、賜予之財用。

齎，行道之財用也。聘禮「問幾月之幣齎」，幣即布也。禹發莊山金鑄幣濟民，不曰共其幣齎，而曰財用之幣齎者，量所應用財物而給之，幣以爲齎也。曰賜予之財用者，若王命賜以宫室衣服，而無夙成者，亦量其所用財物而給以布。

凡邦之小用，皆受焉。

皆受，皆來受也。布權百物而通之，故小用皆取給于此。

歲終則會，惟王及后之服不會。

司會，掌邦之六典、八灋、八則之貳，以逆邦國、都鄙、官府之治。以九貢之灋致邦國之財用，以九賦之灋令田野之財用，以九功之灋令民職之財用，以九式之灋均節邦之財用。

閭師掌國中四郊之賦，而所列皆貢物，且農之九穀與諸職之物同曰貢，明貢之外，別無所謂賦也。縣師掌邦國、都鄙、稍甸、郊里之貢賦，別無任民令貢之法者，一同于閭師所掌也。注疏謂九賦爲口出泉據此。既云以九賦之法令田野之財用，復云以九功之法令民職之財用，似分而爲二，不知財用之最多者莫如九穀，而皆出于田野。惟關市、幣餘無九穀。國中山澤亦有耕者，故舉其多而以田野爲主，皆徵其九穀也。至于園圃、山澤、藪牧、關市，既非穀土，虞衡、圃牧、工商、嬪婦、臣妾、閒民又非農者，所執之業既殊，所貢之物亦異，不得不別而爲二。非既徵其貢，又責以賦，如漢以後口率出泉之制也。

掌國之官府、郊野、縣都之百物財用凡在書契版圖者之貳，以逆群吏之治而聽其會計。野，甸稍也。書，記録簿書也。契，取予、斂散所執以爲驗也。版，户籍。圖，土地形象，田野廣狹。

以參互考日成，以月要考月成，以歲會考歲成。以周知四國之治，以詔王及冢宰廢置。凡事之用財，有分用者，有總司者，並出財者，各有簿書，所謂參以考之也。官有聯事，彼此互見，所謂「互以考之」也。惟日成紛雜，易于抵冒。參互以得其實，則月要、歲會，雖大積而無誤矣。此承上官府、郊野、縣都百物財用而爲言也。而繼以周知四國之治者，司會掌六典、八法、八則之貳，以逆邦國都鄙官府之治，是邦國各上其計于歲終也。月令，每歲季秋，制諸侯來歲所賦于民輕重之法，貢職之數，則古者邦國之日成、月要、歲會，皆達于天子可知矣。蓋必知其年之豐凶，而後可酌其所賦于民輕重之法。必知其國用之多寡，而後可定其貢職之數也。詔王及冢宰廢置，總上群吏之治四國之治而言之。

司書，掌邦之六典、八灋、八則、九職、九正、九事邦中之版，土地之圖，以周知入出百物，以叙其財，受其幣，使入于職幣。

九正，即九職之賦貢也。變文言正，以著其惟正之供也。九事即九式也。以用財言之則曰式，以用財所爲之事言之則曰事。叙，比次也。受其幣，謂受録其餘幣而爲之簿書也。知九正不兼侯國之貢者，以下言邦中之版圖，及知夫家、器械、六畜，凡掌税斂者受法，皆畿内之事也。司會所掌有九貢，而司書無之者，邦國之貢，其大經該于六典，至于民財、器械、田野、夫家、六畜之數，則非王朝之吏所能及也。山林、藪澤之數，則具在職方矣。司會統財用之計，故九貢、九賦、九功皆會焉，其職與司書異矣。

凡上之用財用，必考于司會。

凡上之用財用，謂九式外若王及冢宰好賜予之類。必考于司會者，司會以九式鈞節財用，苟其事不當得執奏。

三歲，則大計群吏之治，以知民之財器械之數，以知田野、夫家、六畜之數，以知山林川澤之數，以逆群吏之徵令。

民之財，所積粟米、絲麻、百物也。山林、川澤，童枯則不税。凡逆治狀，則以迎受。言逆財用，則以鈎考言。此恐群吏濫徵，故知其本數以鈎考之。

凡税斂，掌事者受灋焉。及事成，則入要貳焉。
税斂掌事者，若地官閭師、旅師等。九賦之外別無九貢，著于閭師職者甚明。舊説乃謂貢賦之外別有税斂，誤矣。此及小司徒職所謂税斂之事，即税斂九賦、九貢之事也，詳見地官。

凡邦治，考焉。
考其法于司書。

職内，掌邦之賦入，辨其財用之物而執其總，以貳官府、都鄙之財入之數，以逆邦國之賦用。
掌賦入者，九貢、九賦、九功之入皆掌之。賦乃總名，下言賦者，皆此類也。辨財用之物，處之使種類相從。總，謂簿書之種別與大凡。官府財入，謂内府、外府凡入貨賄者皆是。都鄙財入，留于郊里野鄙，甸稍縣都以待用者，其副皆在職内。賦入獨曰邦者，以入于王朝者言之也。賦用曰邦國者，九賦所待半用之于侯國也。前曰以逆邦國之賦用者，預計其當用之數也。後曰以逆職歲與官府財用之出者，鈎考其已用之數也。

凡受財者，受其貳令而書之。

受財，受大府之頒而藏之者，若内府、外府、玉府是也。大府以其令之貳下職内，故受而書之。注謂受于職内以給公用，非也。凡出財用，皆受法于職歲。疏謂職内亦有留貨賄之府，故得出給。益誤矣。

及會，以逆職歲與官府財用之出，

并鈎考職歲出財之數，及各官府所用之數也。財入之數并言官府都鄙，而財用之出獨言官府者，以守藏言，則官府都鄙異所，不可以無别；以出用言，則都鄙之財亦官府出而用之也。

而叙其財以待邦之移用。

九式之用，各有所當。一歲中九賦之入有盈歉，所待之用有多少，則移其有餘以濟不足，故叙以待之。注獨主餘見之財，非也。蓋並本歲所入之財叙之。

職歲，掌邦之賦出，以貳官府都鄙之財出賜之數，以待會計而考之。

九貢、九賦、九功之入，或藏于官府，以待王朝之用；或貯于都鄙，以待畿内之用。出之數，九式有經制者，下文「凡官府、都鄙、群吏之出財用，受式法」者是也。賜之數，下文「凡上之賜予，以叙與職幣授之」者是也。

凡官府、都鄙、群吏之出財用，受式灋于職歲。

凡上之賜予，以叙與職幣授之。

及會，以式灋贊逆會。

助司會鈎考群吏之計。

職幣，掌式灋以叙官府、都鄙與凡用邦財者之幣，

所斂之幣，謂給公用之餘。

振掌事者之餘財。

振，收也。掌事，謂以王命有所作爲。上斂幣者，日用經費之餘也。此振財者，有興作之事而餘也。

皆辨其物而奠其録，以書楬之，以詔上之小用、賜予。

奠，定也。録，籍也。楬，標其上也。

歲終則會其出。凡邦之會事，以式灋贊之。

司裘，掌爲大裘，以共王祀天之服。

大裘，黑羔裘服，以祀天，示質也。大裘之上又有玄衣，與裘同色。○李耜卿曰：「宋元祐時議北郊，皆以五月服大裘爲難行。」按司服職祀昊天上帝則服大裘而冕，祀五帝亦如之。若以五月祀帝不可服大裘，則四月祀赤帝，六月祀黄帝，又可服乎？楊氏曰：「蒼璧黄琮以象天地之性者，不容不異冕服。王之所服以事天地者，不容不同，但夏至不用大裘耳。屨人之屨，猶辨四時之宜，則冕服可知矣。」

中秋獻良裘，王乃行羽物。

良，善也。中秋鳥獸毛毨，因其良時而用之。行羽物，謂賜群臣。中秋鳩化爲鷹，中春鷹化爲鳩，順其始殺，與其將止而大頒羽物，故羅氏職中春亦行羽物。

季秋獻功裘，以待頒賜。

功裘，人功微麤，謂狐青麛裘之屬。功裘以待頒賜，則良裘王所服不待言矣。

王大射，則共虎侯、熊侯、豹侯，設其鵠；諸侯則共熊侯、豹侯，卿大夫則共麋侯，皆設其鵠。

大射，謂王將有郊廟之事，以射擇朝覲諸侯與群臣及邦國所貢之士，以助祭也。此經諸侯，謂三公及王子弟封于畿内者。不言孤，孤六命與卿同。自大夫以上將祀其先祖，亦與其臣射以擇之。士不大射，無臣可擇也。凡大射，各于其射宫。侯者，其所射也，以虎、熊、豹、麋之皮飾其側，又方制之，以爲準，謂之鵠，著于侯中。王之大射，自射虎侯，諸侯射熊侯，卿大夫以下射豹侯。諸侯之大射，自射熊侯，群臣射豹侯。卿大夫之大射，則君臣共麋侯焉。謂之侯者，以警不寧之諸侯。謂之鵠者，取小鳥難中。用虎、熊、豹麋之皮，示服猛，討迷惑者。或曰，春秋書多麋，害稼之物。

大喪，廞裘，飾皮車。

廞，興也，若詩之興，謂象似而作之。凡爲神之偶衣物，必沽而小。或曰，與廞樂同義，陳之也。皮車，遣車之革路。

凡邦之皮事，掌之。歲終則會，惟王之裘與其皮事不會。

以此知婦人之不裘也。

掌皮，掌秋斂皮，冬斂革，春獻之。
革需揉治，故至冬乃斂皮革，逾歲乾久乃可用。獻之，謂獻其良者于王，以入司裘給王用。

遂以式灋頒皮革于百工，
式法，作物所用多少故事。百工，冬官裘氏、韋氏、函人之類。

共其毳毛爲氈，以待邦事。
毳，毛細縟者。

歲終則會其財齎。
財，謂所入皮革本數，及出給所餘。齎則出給之數也。○齎，疑謂泉布也。經于掌皮曰「會其財齎」，于典婦功曰「授女功之事齎」，蓋練治皮物絲麻所用物瑣細，故給以布使自備之也。外府掌邦布，凡祭祀、賓客、喪紀、軍旅，共其財用之幣，齎亦用以通百物與？

內宰，掌書版圖之灋以治王內之政令，均其稍食，分其人民以居之。

人民，奄、奚之屬。王內之職，惟內小臣奄四人爲上士，則其餘皆人民也。在版之奄、奚，其執事有常，在圖之宫寢，其居處有列，所謂版圖之法也。王之後宫，非外臣所得入也，故繪其圖，然後可以分人民之所居。鄭剛中謂「小宰所治之王宫，乃王之六寢；內宰所治之內宫，乃后夫人所居」，非也。凡宫正、宫伯所掌者，王宫之群吏士庶子，或布周廬，或次宫內，不與嬪婦相接者也。內宰所治者，奄、奚之屬，與嬪婦時接者也，小宰兼掌之，故統之曰王宫。內宰分掌之，故别之曰王內耳。

以陰禮教六宫，以陰禮教九嬪。以婦職之灋教九御，使各有屬，以作二事；正其服，禁其奇衺，展其功緒。

陰禮，婦人之禮。后象王，立六宫，亦正寢一、燕寢五。教者不敢斥言之，謂之六宫。九御，女御也。九九而御于王，因以號焉。使各有屬者，自夫人下至女御，三三爲屬。二事，絲枲之事。展，録也。緒，業也。三夫人分掌六宫曰教六宫，則后夫人兼之矣。二十七世婦分屬九嬪曰教九嬪，則世婦視此矣。特出九御之婦職者，以世婦以上無絲枲之功事也。○內官不列三夫人，而漿人掌夫人致飲于賓客之禮，則知次于后而居九嬪之上者有夫人矣。猶師氏、保氏不言教太子，而諸子職國有大事，帥國子而致于太子，惟所用之，則知師氏、保氏所教國子，乃與太子共學者，而太子亦在其中矣。

大祭祀，后祼獻，則贊；瑶爵亦如之。

大祭祀，謂祭宗廟。王既祼，后乃從後祼也。祭統曰君執珪瓚祼尸，大宗執璋瓚亞祼，乃夫人不與而攝耳。獻，謂王薦腥、薦熟后從後獻。瑶爵，謂尸卒食，王既酳尸，后亞獻，其爵以瑶爲飾。○鄭剛中謂「禮三獻至九獻后皆用瑶爵」，未知何據。

正后之服位，而詔其禮樂之儀。

薦徹之禮，當與樂相應。位，謂房中、户内及阼所立處。

贊九嬪之禮事。

助九嬪贊后之事，九嬪贊后薦玉齍，薦徹豆籩。

凡賓客之祼獻、瑶爵，皆贊。

謂王同姓及二王後來朝覲爲賓客者，后亞王而祼以禮賓。獻，謂王饗燕亞王獻賓也。瑶爵，亞王酬賓也。坊記曰：「陽侯殺繆侯而竊其夫人，故大饗廢夫人之禮。」

致后之賓客之禮。

賓客，謂諸侯來朝覲，及畿内同姓諸侯之夫人會見王后者，禮如致飲之類。

凡喪事，佐后，使治外内命婦，正其服位。

内命婦，謂九嬪、世婦、女御、外命婦、卿大夫之妻。或曰，士妻亦爲命婦。喪言凡，則王及后、世子以下皆是。注謂使其屬之上士，非也。蓋詔后使春官世婦、内宗、外宗治之。又謂王命其夫，后命其婦，亦非也。記曰：「夫人之不命于天子，自魯昭公始也。」凡爵命必統于天子。

凡建國，佐后立市，設其次，置其叙，正其肆，陳其貨賄，出其度量淳制，祭之以陰禮。

王立朝，后立市，陰陽之義也。次，謂吏所治思次、介次。叙，市行列也。正其肆者，物各異肆，正之，使不雜也。淳，謂幅廣。制，謂匹長。天子巡守禮，制幣丈八尺，純四咫。陰禮，婦人之祭禮。始立市，體地道，以后主之。既立，則無復與其事，夫人過市有罰是也。

中春，昭后帥外内命婦始蠶于北郊，以爲祭服。

歲終，則會内人之稍食，稽其功事。

内人，謂九御。

佐后而受獻功者，比其小大與其麤良而賞罰之。

獻功者，九御之屬。典婦功曰：「及秋獻功。」○王介甫曰：「小大比其制，麤良比其功。」

會内宮之財用。

據膳夫、庖人、内饔職所共，獨王及后、世子之飲食膳羞，則夫人以下皆各使女奚治之。故内宰會其財用，均其稍食。蓋必如此，然後事不冗而人皆得其節。適先王之政，所以即人之心，而無微不達也。「内宮」當作「内官」，文誤也。周語「内官不過九御」。凡内，對外而言也。無外宮而曰内宮，則義無所處矣。

正歲，均其稍食，施其功事，憲禁令于王之北宮而糾其守。

均，猶調度也。施，猶頒也。北宮，后之六宮。謂之北宮者，繫于王，明用王之禁令，令之守宿衛者。

上春，詔王后帥六宮之人而生穜稑之種，而獻之于王。

上春，亦謂正歲。以春事將興，故曰上春。夫人以下分居后之六宮，每宮九嬪一人，世婦三人，女御九人，其餘九嬪三人、世婦九人、女御二十七人從后，惟其所燕息焉。從后者五日而沐，其次又上，十五日而徧云。先種後熟謂之穜，後種先熟謂之稑。王耕藉后生種而獻之，以共郊廟，不敢不親，且使知稼穡之艱難也。○鄭剛中曰：「穜稑，該九穀之先種後熟、後種先熟者，非穀名也。」

內小臣，掌王后之命，正其服位。

命，謂使令所爲。或言王、后，或言后，通耳。

后出入，則前驅。若有祭祀、賓客、喪紀，則擯，詔后之禮事，相九嬪之禮事，正內人之禮事，徹后之俎。

擯，爲后傳辭，有所求爲。曰詔，曰相，曰正，異尊卑也。俎謂后受尸之爵，飲于房中之俎。

后有好事于四方，則使往；有好令于卿大夫，則亦如之。

后于其族親所善者，使往問遺之。好事以物問遺也，好令以言問勞也。

掌王之陰事陰令。

陰事，群妃御見之事。漢時掖庭令晝漏不盡八刻，日録所記，推當御見者。陰令，王所求爲于北宫。

閽人，掌守王宫之中門之禁。

王有五門：外曰皋門，二曰庫門，三曰雉門，四曰應門，五曰路門。路門，一曰畢門。中門，于外内爲中，雉門也。序官言每門，此言中門者，蓋舉中以例之。或曰每門者，中門内之三門也。其外二門，則虎賁及司隸之屬守之。鄭剛中曰：「外二門，臣民皆得入。雉門内則不得妄入，故于此有禁。」

喪服、凶器不入宫，潛服、賊器不入宫，奇服、怪民不入宫。

凶器，明器也。潛服，若衷甲者。賊器，器之可以戕人者。怪民，狂易。

凡内人、公器、賓客，無帥則幾其出入。以時啓閉。

三者出入，當須使者符節乃行。時謂漏盡。

凡外内命夫命婦出入，則爲之闢。

辟行人，使無干也。内命夫，卿大夫士之在宫中者。

掌埽門庭。大祭祀、喪紀之事，設門燎，蹕宫門廟門。

燎，地燭也，以百葦布纏之，蠟塗其上。天子百，公五十，侯、伯、子、男皆三十。

凡賓客，亦如之。

賓客饗食在廟，燕在寢。

寺人，掌王之内人及女宫之戒令，相道其出入之事而糾之。

内人，女御也，女宫、女奚之屬。

若有喪紀、賓客、祭祀之事，則帥女宫而致于有司，佐世婦治禮事。掌内人之禁令，

有司，謂春官宫卿、世婦。佐世婦，則二十七世婦也。

凡内人弔臨于外，則帥而往，立于其前而詔相之。

從世婦所弔，或自哭其親族，立其前者，賤也。賤而必詔相之者，出入于王宫，不可闕于禮。

内豎，掌内外之通令。凡小事。

内，后六宫，外，卿大夫所通，獨小事之令也。知然者，王之陰事陰令，内小臣掌之。不曰掌通内外小事之令，而曰掌内外之通令，凡小事者所掌，不獨内外小事之令，而兼給小事也。使童豎者，以其無與爲禮，出入便疾。

若有祭祀、賓客、喪紀之事，則爲内人蹕。

三事爲内人蹕者，皆謂在廟時。祭祀在廟，禘、祫、四時之祭也。賓客在廟，饗食時也。喪紀在廟，喪朝廟，及祖奠、遣奠時也。

王后之喪，遷于宮中，則前蹕；及葬，執褻器以從遣車。

喪遷者，將葬朝于廟。褻器，振飾頮沐之器。遣車，載遣奠牲體，置于椁四隅者。

九嬪，掌婦學之灋以教九御婦德、婦言、婦容、婦功，各帥其屬而以時御敘于王所。

婦德，謂貞順。婦容，謂婉娩。九嬪既習于德、言、容、功，又備于從人之道，是以教女御也。群妃御見之法，卑者先，尊者後。女御八十一人當九夕，世婦二十七人當三夕，九嬪當一夕，三夫人當一夕，后當一夕，十五日而徧，自望後反之。孔子曰：「『日者天之明，月者地之理。』陰契制，故月上屬爲天，使婦從夫，放月紀。」○蜀岡陳氏曰：「女御職掌御敘于王之燕寢，乃當夕也。此經以時御敘于王所，乃時節以禮見，或有慶慰，九嬪各帥其屬以進見耳。曰王所者，或于王之燕寢，或于后宮，無定所也。」

凡祭祀，贊玉齍，贊后薦、徹豆籩。

玉齍，玉敦，受黍稷器。注謂后進之而不徹，非也。無徹豆籩而玉簋乃不徹者。贊后之文，設于贊玉齍之下者，如曰贊后玉齍薦徹豆籩，則似贊后進玉齍而自薦徹豆籩也。

若有賓客，則從后。大喪，帥敘哭者亦如之。

諸侯來朝，王親饗燕，后從王。帥猶道也。后哭，衆次敘者乃哭。

世婦，掌祭祀、賓客、喪紀之事，帥女宮而濯摡，爲齍盛。

摡，拭也。爲猶差擇。祭祀，黍稷舂人舂之，饎人炊之，皆不使世婦，故知爲乃差擇也。

及祭之日，莅陳女宮之具，凡内羞之物。

莅，臨也。内羞，房中之羞。

掌弔臨于卿大夫之喪。

王、后所不親弔，則使世婦往。不言公、孤，不必言也。后與賓客之事，而弔事多不親者，入諸臣之家也。女巫職若王、后弔，則與祝前。蓋若后之父母，王之周親，則不容不親弔也。知非掌王后弔臨之禮事者，女御職從世婦而弔于卿大夫之喪。

女御，掌御敘于王之燕寢。

于王之燕寢，則王不息。后宮使女御掌御叙，卑者不敢專妒也。

以歲時獻功事。

絲枲成功之事。

凡祭祀，贊世婦。

助其帥莅女宮。

大喪，掌沐浴。

男子不死于婦人之手。王喪之沐浴，則止共湯物也。

后之喪，持翣。

翣，棺飾也。漢制翣方扇，以木爲匡，廣二尺，兩角高二尺四寸，柄長五尺，以布覆之，天子八翣，后同。

從世婦而弔于卿大夫之喪。

女祝，掌王后之内祭祀，凡内禱祠之事。

内祭祀，宫中竈、門、户。禱，疾病求瘳。祠，報福。

掌以時招、梗、襘、禳之事，以除疾殃。

以時者，謂隨其事時，不必要在四時也。招，謂招取善祥。梗，捍禦惡之未至也。襘猶刮也，刮去見在之災。禳，攘也，推却見在之變異。鬼神之事，婦人信之尤酷，聖人因人情之所不能已，制爲正祀，領于禮官，則淫祀不禁而自止矣。

女史，掌王后之禮職，

于后所行之禮命之曰職，而女史掌之，使朝夕恪勤凛然于職之不易盡，則驕肆懈惰之習無自而生矣。

掌内治之貳，以詔后治内政。逆内宫。書内令。

内治之法，本在内宰，書而貳之。逆内宫者，謂六宫所有功事，及所用財物粟米皆鈎考之。内令，后令也。内宫，亦當作内官。

凡后之事，以禮從。

亦如太史之從王。

典婦功，掌婦式之灋，以授嬪婦及内人女功之事齎。

婦式，婦人事之模範。嬪婦，九嬪、世婦。

凡授嬪婦功，及秋獻功，辨其苦良，比其小大而賈之，物書而楬之。以共王及后之用，頒之于官府。

作二事者，女御授功乃獨言嬪婦者，内宰以婦職教九御，使各有屬，以作二事。九御分屬九嬪、世婦，故授功專責之嬪婦，使各監省其屬也。苦讀爲盬，觕也。大小，長短、廣狹也。賈，估其直也。知此職所授受獨内嬪婦之功者，以獨共王與后之用；又外嬪婦之功，典絲、典枲受之也，非宫中所繅績。王與后不用，而所用兼苦良，亦所以勸内職，彰女教也。疏謂以待王及后之用，故藏于内府，非也。内府都受九貢、九賦、九功之貨賄，非王及后之私藏也。蓋凡絲枲布帛皆藏于内府，其成于内人者，則以共王及后之用。若夫邦國所貢，九職所入，成于外工者，則以共邦之百用耳。王之燕衣服，玉府掌之。蓋既成而後，以入于玉府。

典絲，掌絲入而辨其物，以其賈楬之。

絲入，謂九職嬪婦所入，及邦國之嬪貢。

掌其藏與其出，以待興功之時。

時者，若温煖宜縑帛，清涼宜文繡。

頒絲于外内工，皆以物授之。

以物授之者，若縑帛則授以素絲，文繡則授以綵絲。内工，注謂「女御」，非也。典婦功授嬪婦及内人功，則内人即女御可知矣。此曰工，所以别于内官，蓋女酒、女漿之屬及其奚也。列于天官職者，奚女近千人，其無事之時，必頒功而授齎可知矣。外工，黄氏謂諸侯夫人、大夫妻，亦非也。王禮事所用縑帛組文，非内工及外命婦所能具，必頒于閭閻之嬪婦，故謂之外工。

凡上之賜予，亦如之。

謂賜以絲物。

及獻功，則受良功而藏之，辨其物而書其數，以待有司之政令、上之賜予。

後鄭謂「良當爲苦」[一]，非也。典枲「受苦功而藏之」，當爲良耳。不惟典絲所共喪祭之物宜用良功，即典枲所待頒賜，亦不宜用苦功也。其苦功不言所頒受者，内府掌受九貢、九賦、九功之貨賄，而典婦功所楬良苦之功並頒于内府，則内府受之不必言矣。

凡祭祀，共黼畫組就之物。

黼畫，衣服及依巾幂也。組就，以組爲就，冕旒也。白與黑謂之黼。采色一成曰就。

喪紀，共其絲纊組文之物。

絲以給線縷，纊以充衣縟。組者，士喪禮「握手，玄纁裏，著組繫」，内則曰「屨著綦」，綦，屨繫，

[一]「後鄭」，原作「先鄭」，據周禮注，此爲鄭玄注，據改。

是用組之事也。青與赤謂之文。

凡飾邦器者，受文織絲組焉。

謂茵席、屏風之屬。

歲終，則各以其物會之。

典枲，掌布緦縷紵之麻草之物，以待時頒功而授齎。

緦，十五升布抽其半者。白而細疏曰紵。縷，線也。草，葛蔶之屬。典絲職曰「掌絲入」者，以別于內嬪婦之獻繭也。此職不曰枲入者，麻草皆九職所貢，不必言也。曰掌布緦縷紵之麻草之物者，麻草之物，不獨用于布緦縷紵，而典枲所掌惟此也。授齎，注謂給麻草，非也。頒功則已給麻草矣。蓋給以泉布，使自具練治麻草之器物，兼償其勞也。于頒絲曰「內外工」，則枲可知也。于頒枲曰「授齎」，則絲可知也。

及獻功，受苦功，以其賈楬而藏之，以待時頒。

注謂絲爲良功，枲爲苦功，非也。果爾，則既分二職，第曰受其功可矣。

頒衣服，授之，賜予亦如之。

帛言待有司之政令，布言頒衣服，互文。

歲終，則各以其物會之。

内司服，掌王后之六服：褘衣、揄狄、闕狄、鞠衣、展衣、緣衣、素沙。

「狄」，當爲「翟」，雉名。伊雒而南，素質，五色皆備成章曰翬。江淮而南，青質，五色皆備成章曰摇。王后之服，刻繒爲之形而采畫之，綴于衣以爲文章。褘衣，畫翬者。揄狄，畫摇者。闕狄，刻而不畫。此三者皆祭服。從王祭先王則服褘衣，祭先公則服揄狄，群小祀則服闕狄。鞠衣，黄桑服也，色如鞠塵，象桑葉始生。月令季春薦鞠衣于先帝，告桑事。「展」，當作「襢」，以禮見王及賓客之服。詩曰：「瑳兮瑳兮，其之展也。」「緣」，當作「褖」。御于王之服亦以燕居，褘衣玄，揄狄青，闕狄赤，展衣白，褖衣黑，素沙，白縛也。六服皆袍制，以白縛爲之裏。王之吉服九，韋弁以下常服三，與后鞠衣以下三服同，但王之祭服六，而后惟三。翟以天地、山川、社稷之祀，后、夫人不與也。玉藻：「王后褘衣，夫人揄狄。君命闕翟，再命鞠衣，一命襢衣，士褖衣。」

辨外内命婦之服：鞠衣、展衣、緣衣，素沙。

内命婦之服：鞠衣，九嬪也；展衣，世婦也；褖衣，女御也。外命婦，其夫孤則鞠衣；卿大夫則展衣；士則褖衣。三夫人及公之妻，其闕狄以下乎？侯伯之夫人揄狄，子男之夫人亦闕狄，惟二王後褘衣。

凡祭祀、賓客，共后之衣服，及九嬪、世婦凡命婦，共其衣服；共喪衰亦如之。

凡命婦，謂女御及外命婦也。再命受服則下士之妻不共。外命婦唯王祭祀、賓客，以禮佐后，得服此上服，于其家則降焉。外命婦爲王服齊衰，于后無服。九嬪以下及女御于王服斬衰，于后服齊衰。○疏「外命婦于后無服」，據儀禮喪服傳，但義有未安。春官司服凡喪爲天王斬衰，爲王后齊衰。昏義爲后服齊衰，服母之義也，恐宜通内外命婦言之。○注「于其家則降焉」，据特牲少牢禮，大夫妻不服展衣。

后之喪，共其衣服，凡内具之物。

后喪所共衣服，襲時十二稱，小斂十九稱，大斂百二十稱，内具紛帨、線纊、鞶袠之屬。

縫人，掌王宫之縫線之事，以役女御，以縫王及后之衣服。

女御裁縫王及后之衣服，則爲役助之，餘則專焉。王昭禹謂「女御非王宫八十一之數」，非也。王后之衣必内人典司，非于八十一女御取之，則並謂之女工可矣。惟係内人而非女工之比，故奄人爲之役。

喪，縫棺飾焉，

喪大記曰：「飾棺，君龍帷，三池，振容，黼荒，火三列，黼三列，素錦褚，加帷荒，纁紐六，齊五采，五貝，黼翣二，黻翣二，畫翣二，皆戴圭，魚躍拂池。君纁戴六，纁披六。」此諸侯之禮也。禮器曰：「天子八翣，諸侯六翣，大夫四翣。」

衣翣柳之材。

柳即帷荒，或曰柳車也。翣與柳皆先纏衣其材，乃以張飾。或曰翣亦以柳木爲之。

掌凡内之縫事。

不獨衣服。

染人，掌染絲帛。凡染，春暴練，夏纁玄，秋染夏，冬獻功。

暴練，練其素而暴之。纁，絳也。土託位南方，赤與黄共爲纁。玄纁，天地之色，以爲祭服。石染當及盛暑熱潤始湛研之，三月而後可用。染纁術，見考工記鍾氏。染玄無考。夏翟羽，備五色，染以象之。

掌凡染事。

追師，掌王后之首服，爲副、編、次，追衡、笄，爲九嬪及外内命婦之首服，以待祭祀、賓客。

副之言覆，所以覆首爲之飾，服之以從王祭祀。編，編列髮爲之，服之以桑。次，次第髮長短爲之，所謂髲髢，服以見王。王后燕居，亦纚笄總而已。追猶治也，詩云「追琢其章」。衡，維持冠者。笄，卷髮。王后之衡笄，皆以玉爲之，唯祭服有衡垂于副之兩旁當耳，其下以紞懸瑱。外内命婦衣鞠衣，展衣者服編，衣褖衣者服次，非祭祀、賓客佐后，于其家亦降焉。據此，則詩曰「副笄六珈」，記曰「夫人副褘」，皆周禮之末失也。豈二王之後用之而其後列國皆僭，如醆斝之及尸君與？曰外内命婦者，既舉九嬪，則内命婦、世婦以下也，不可以先公卿之妻。内官職正喪之服位，則曰内外命婦者，兼夫人及九嬪也。凡並舉命夫命婦則曰外内者，命夫之貴者多在外也。此經不統之曰内外命婦者，正服位、辨舄屨及出入，可統稱内命婦。若追師之設，本以共后、夫人、九嬪之首服，而因及于外内命婦，故别言之也。○注據少牢饋食禮「大夫妻不服編次。」

喪紀，共笄經亦如之。

屨人，掌王及后之服屨，爲赤舄、黑舄，赤繶、黄繶，青句、素屨，葛屨。

曰服屨者，明服各有屨也。複下曰舄，禪下曰屨，句當爲絇，著舄屨之頭以爲行戒。繶，縫中紃也。凡屨舄，皆有繶、有絇、有純，三者同色。云赤繶、黄繶、青絇者，雜互言之。素屨，大祥時所服，無絇、繶、純。葛屨，自赤舄以下，夏則用葛爲之，冬則用皮。列素屨下者，見素屨亦用葛與皮也。○凡屨舄各象其裳之色。士冠禮玄端黑屨、青絇、繶純素積，白屨，緇絇繶純。爵弁，纁屨黑絇繶純是也。王吉服九舄有三等，赤舄爲上，冕服之舄也。下有白舄、黑舄。王后吉服六，唯祭服有舄，玄舄爲上，褘衣之舄也。下有青舄、赤舄，鞠衣以下皆屨耳。凡舄之飾，如繢之次。赤繶者，王黑舄之飾。黄繶者，王后玄舄之飾。青絇者，王白舄之飾。王及后之赤舄，皆黑飾。后之青舄白飾。凡屨之飾，如繡次，黄屨白飾，白屨黑飾，黑屨青飾。天子、諸侯吉事皆舄，其餘唯服冕衣翟著舄；士爵弁，纁屨，黑絇繶純，尊祭服之屨，飾從繢也。○按詩，周公「赤舄几几」，韓侯「玄衮赤舄」，豈皆王之加賜與？

辨外内命夫命婦之命屨、功屨、散屨。

自大夫以上有命舄，獨言命屨者，舉下以包上也。命屨與服而俱命者，功屨，人功細緻，若掌裘之功裘。散屨，則常所服用及喪屨也。命夫、命婦，謂再命以上受服者。注疏之説，于經無考，姑闕疑焉。○鄭志趙商問：「司服王后六服之制目不解，請圖之。」答曰：「大裘、衮衣、鷩衣、毳衣、絺衣、玄衣，此六服皆纁裳赤舄。韋弁衣以韎，皮弁衣以布，此二弁皆素裳白舄。冠弁服黑衣裳而黑舄，冠弁玄端，褘衣玄舄，首服副，從王見先王。揄狄青舄，首服副，從王見先公。闕翟赤舄，首服副，從王見群小祀。鞠衣黄屨，首服編，以告桑。襢衣白屨，首服編，以禮見王。褖衣黑屨，首服次，以御于王。后服三翟，則著三舄，玄、青、赤，服鞠衣以下則著三屨，黄、白、黑。婦人質，不殊裳。屨舄皆同裳色也。」○追師職曰「爲九嬪及外内命婦之首服」，此職第曰辨者命屨，初命時官給之，其後則與功屨散屨皆自爲，與衡笄用玉石可服上賜以終身者異，故第辨其法式也。

凡四時之祭祀，以宜服之。

祭祀而有素屨、散屨者，惟大祥時。王光遠曰：「夏葛冬皮，此隨時之宜。吉祭用赤舄命屨之等，喪祭有素屨、散屨，此隨事之宜。」

夏采，掌大喪以冕服復于太祖，以乘車建綏復于四郊。

太祖，始祖廟也。乘車，玉路。「綏」，當作「緌」，以旄牛尾爲之，注于干首。于太廟以冕服，不出宮也。四郊以綏，出國門所建也。復者各依命數，天子則十二人，各服朝服。祭僕復于小廟，隸僕復于小寢、大寢。而太祖四郊之復則屬夏采者，太祖四郊，爲祭之最尊，王莅事。贊王者冢宰。故特設此職于天官以領復事，而他無所掌也。○復者，人之終也。春秋傳晉侯有疾，秦醫和謂趙孟曰：「國之大臣，榮其寵禄，任其大節，有災禍興而無改焉，必受其咎。今君至于淫以生疾，將不能圖恤社稷，禍孰大焉。主不能禦，吾是以云也。」王之宮寢内外，起居飲食，無一不關于冢宰。必君之身終，而後師保之責盡焉。此天官之屬所以終于夏采也。

朱子曰：「冢宰一官，兼領王之膳服、嬪御，此最設官之深意。蓋天下之事，無重于此。」又曰：「冢宰一篇，周公輔道成王，垂法後世，用意最深切處。欲知三代人主正心、誠意之學，于此可見其實。」○李耜卿曰：「冢宰貳王統百官，均四海，而諸官所掌不越居處、服御、財賦、絲麻之事。嗚呼！此聖人之議道自己者也。蓋飲食男女，人之大欲存焉。自公卿以下至于庶人，或有所制而不敢縱，或有所求而未必遑。若尊爲天子，富有四海，何求而不應哉？何憚而不爲哉？以是大欲而勢足以恢其邪心，于以治天下國家焉，吾不知其可也。周公知百官之得其統，四海之得其均，其要在王身，是故先以宮室安其身焉，次以飲食理其體焉，繼以賦式節其用焉，終以内宫佐其德焉。析其事，則至纖至悉，若無關于政治之要；而觀其用意，本末兼修，内外交飭，以正君身，其至醇至備者乎？一之以大宰之權，分之以小宰、内宰之任，一起居、一飲食、一貨用、一擇採，進御多寡、豐約、用舍、去取，大臣皆得與聞之，而天子不得以自私，女子小人不得以竊惑，而司是職者必名德之選。是以上知之君就焉而益正，中材之主守焉而寡過。蓋正心、誠意之實功，而治天下國家之本統也。」

周官集注卷三

地官司徒第二

徒，衆也。地載萬物，司徒任地教，擾萬民，故曰地官。

惟王建國，辨方正位，體國經野，設官分職，以爲民極。乃立地官司徒，使帥其屬而掌邦教，以佐王安擾邦國。

擾，馴習也。以地官掌教者，禮官所教，秀民而已。土地、人民，皆隸于地官，而親民之吏屬焉。必地官掌教，乃能盡天下而無一人之不教。古之聖人所以務明明德于天下，而非漢、唐之治所及也。

教官之屬，大司徒，卿一人。小司徒，中大夫二人。鄉師，下大夫四人。上士八人，中士十有六人，旅下士三十有二人。府六人，史十有二人，胥十有二人，徒百有二十人。

鄉師，每二人分掌三鄉之事，相左右也。

鄉老，二鄉則公一人。鄉大夫，每鄉卿一人。州長，每州中大夫一人。黨正，每黨下大夫一人。族師，每族上士一人。閭胥，每閭中士一人。比長，五家下士一人。

老，尊稱也。春秋傳劉文公自稱「天子之老」。王畿附郭百里内爲六鄉，外爲六遂。三公與王論道，因以道明民，故使鄉民觀德焉。正、師、胥，皆長也。正之言政也。師之言帥也。胥，有才知之稱。自族師以下，即其里之賢者，民自推擇，因而秩之，所謂使民興能，入使治之也。○何氏曰：「六鄉不過七萬五千家，而官則萬九千餘，何以禄之？蓋比長即上農夫，閭師則受二家之田，族師則受四家之田，皆自耕以給衣食。黨正、州長以上，然後官賦之禄耳。」

封人，中士四人，下士八人，府二人，史四人，胥六人，徒六十人。

聚土曰封。春秋傳楚城沂，使封人慮事，以授司徒。此職文「凡封國，設其社稷之壝，封其四疆」，則宜爲地官之屬明矣。

鼓人，中士六人，府二人，史四人，徒二十人。

其職兼掌金而曰鼓人者，所掌四金，皆以節鼓也。

舞師，下士二人，胥四人，舞徒四十人。

鼓舞乃民間通用之樂，必屬地官，于教民乃便。

牧人，下士六人，府一人，史二人，徒六十人。

掌牧六牲，以共祭祀，亦地事也。

牛人，中士二人，下士四人，府二人，史四人，胥二十人，徒二百人。

司徒物土，土爰稼穡，故牛人屬焉。宗伯典禮，禮以時行，故雞人屬焉。司馬主兵，軍行饗餽，莫便于羊，故羊人屬焉。司寇掌刑，獄有守禁，故犬人屬焉。而祭祀因各共其事。○王明齋曰：「牧人兼六牲，而官爲下士，爲職止芻牧，故與雞人、羊人、犬人同爵。牛人雖主一牲，然其用不止于牲事，所掌財賦爲大，故官爲中士。馬之用尤重于牛，故校人爲下大夫也。」

充人，下士二人，史二人，胥四人，徒四十人。

充，博碩肥腯也。牧人養牲于田野，充人養牲于國中。

載師，上士二人，中士四人，府二人，史四人，胥六人，徒六十人。

載之言事也，以地事任民而税之。

閭師，中士二人，史二人，徒二十人。

鄉官有州、黨、族、閭、比，以閭名官者，徵民之税，宜督其親民者，故閭胥徵之，而閭師掌其徵之令也。凡貢物入大府，穀入倉人。

縣師，上士二人，中士四人，府二人，史四人，胥八人，徒八十人。

徵野賦貢名曰縣師者，自六鄉至邦國，縣居中也。

遺人，中士二人，下士四人，府二人，史四人，胥四人，徒四十人。

均人，中士二人，下士四人，府二人，史四人，胥四人，徒四十人。

均猶平也，主平水土之政令。

師氏，中大夫一人，上士二人，府二人，史二人，胥十有二人，徒百有二十人。

保氏，下大夫一人，中士二人，府二人，史二人，胥六人，徒六十人。

與師氏同教國子，而別置官與府史者，所掌小學，館舍異所。

司諫，中士二人，史二人，徒二十人。

司救，中士二人，史二人，徒二十人。

調人，下士二人，史二人，徒十人。

調，和合也。

媒氏，下士二人，史二人，徒十人。

媒之言謀也，謀合異姓，使爲婚姻。

司市，下大夫二人，上士四人，中士八人，下士十有六人，府四人，史八人，胥十有二人，徒百有二十人。

質人，中士二人，下士四人，府二人，史四人，胥二人，徒二十人。

廛人，中士二人，下士四人，府二人，史四人，胥二人，徒二十人。

民居及市中屋舍通曰廛，此所掌廛在市中者。

胥師，二十肆則一人，皆二史。賈師，二十肆則一人，皆二史。司虣，十肆則一人。司稽，五肆則一人。胥，二肆則一人。肆長，每肆則一人。

自胥師及司稽，皆司市所自辟除。胥及肆長，市中給繇役者。

泉府，上士四人，中士八人，下士十有六人，府四人，史八人，賈八人，徒八十人。

故書「泉」或作「錢」。

司門，下大夫二人，上士四人，中士八人，下士十有六人，府二人，史四人，胥四人，徒四十人。每門下士二人，府一人，史二人，徒四人。

主王城十二門。

司關，上士二人，中士四人，府二人，史四人，胥八人，徒八十人，每關下士二人，府一人，史二人，徒四人。

王畿面五百里，界首面置三關，亦十二關。

掌節，上士二人，中士四人，府二人，史四人，胥二人，徒二十人。

遂人，中大夫二人。遂師，下大夫四人，上士八人，中士十有六人，旅下士三十有二人，府四人，史十有二人，胥十有二人，徒百有二十人。

注：「六遂之地，自遠郊達于畿中，有公邑、家邑、小都、大都。」非也。小司徒、鄉大夫掌六鄉之政教禁令，遂師、遂大夫各掌其遂之政令禁戒，而縣師職曰：「掌邦國、都鄙、稍、甸、郊、里之地域，而辨其夫家人民田萊之數，及其六畜車輦之稽。」又曰：「凡造都邑，量其地，辨其物，而制其域，以歲時徵野之賦貢。」則稍、縣、畺公邑、私邑乃縣師所掌也。六遂獨百里至二百里地，遂人掌造縣鄙溝涂形體之灋，故曰以達于畿，非畿内通爲遂地也。縣師所掌地域、人民、田萊之數，兼甸、郊、里者，爲受法于司馬，以作衆庶會卒伍。

遂大夫，每遂中大夫一人。縣正，每縣下大夫一人。鄙師，每鄙上士一人。酇長，每酇中士一人。里宰，每里下士一人。鄰長，五家則一人。

鄉大夫、遂大夫以下，皆無府、史、胥、徒者，鄉大夫乃六卿，不與民治；州長、遂大夫以下則其屬吏轉而相承，身親其事，無所用之。

旅師，中士四人，下士八人，府二人，史四人，胥八人，徒八十人。

孫氏曰：「先王之民，入有保受，出有節傳，豈容浮游旅寄于四方？今民以羈爲名，官以新甿爲職，豈非自狹徙寬，移偏聚之民于廣闊之野？上之人，當勞來安集之乎？」

稍人，下士四人，史二人，徒十有二人。

委人，中士二人，下士四人，府二人，史四人，徒四十人。

土均，上士二人，中士四人，下士八人，府二人，史四人，胥四人，徒四十人。

草人，下士四人，史二人，徒十有二人。

稻人，上士二人，中士四人，下士八人，府二人，史四人，胥十人，徒百人。

土訓，中士二人，下士四人，史二人，徒八人。

誦訓，中士二人，下士四人，史二人，徒八人。

山虞，每大山中士四人，下士八人，府二人，史四人，胥八人，徒八十人。中山，下士六人，史二人，胥六人，徒六十人。小山，下士二人，史一人，徒二十人。

虞，度也。度知山之大小及所生者。

林衡，每大林麓下士十有二人，史四人，胥十有二人，徒百有二十人。中林麓，如中山之虞。小林麓，如小山之虞。

衡，平也。竹木生平地曰林，山足曰麓。

川衡，每大川下士十有二人，史四人，胥十有二人，徒百有二十人。中川，下士六人，史二人，胥六人，徒六十人。小川，下士二人，史一人，徒二十人。

川，流水也。

澤虞，每大澤大藪中士四人，下士八人，府二人，史四人，胥八人，徒八十人。中澤中藪，如中川之衡。小澤小藪，如小川之衡。

澤，水所鍾也。水希曰藪。于林麓總言之，于澤藪分言之者，麓多爲林，而澤藪地各異也。

迹人，中士四人，下士八人，史二人，徒四十人。

迹之言迹也，知禽獸處。春秋傳「迹人來告：逢澤有介麋焉」。

卝人，中士二人，下士四人，府二人，史二人，胥四人，徒四十人。

卝之言礦也。金、玉未成器曰礦。

角人，下士二人，府一人，徒八人。

羽人，下士二人，府一人，徒八人。

掌葛，下士二人，府一人，史一人，胥二人，徒二十人。

掌染草，下士二人，府一人，史二人，徒八人。

掌炭，下士二人，史二人，徒二十人。

掌荼，下士二人，府一人，史一人，徒二十人。

掌蜃，下士二人，府一人，史一人，徒八人。

囿人，中士四人，下士八人，府二人，胥八人，徒八十人。

場人，每場下士二人，府一人，史一人，徒二十人。

春夏爲圃，以種菜蔬。至季秋，始築爲場。

廩人，下大夫二人，上士四人，中士八人，下士十有六人，府八人，史十有六人，胥三十人，徒三百人。

藏米曰廩。藏穀曰倉。

舍人，上士二人，中士四人，府二人，史四人，胥四人，徒四十人。

倉人，中士四人，下士八人，府二人，史四人，胥四人，徒四十人。

司禄，中士四人，下士八人，府二人，史四人，徒四十人。

司稼，下士八人，史四人，徒四十人。

舂人，奄二人，女舂抌二人，奚五人。

舂人職領以女奚，數甚少。蓋夫人親舂，以供齍盛，故女奚助以終事。若牢禮饗食，則女奴入舂稾者共之，而女奚特差擇之耳。抌，抒臼也。

饎人，奄二人，女饎八人，奚四十人。

故書「饎」作「饎」。

稾人，奄八人，女稾每奄二人，奚五人。

稾，讀爲犒師之犒，主冗食者，故謂之犒。稾人職領以女奚者，婦人主饋，且官吏人民給事宫中者，必女奚共食。乃便，而因通給外朝之食也。士庶子宿衛王宫，故女奚共其食，而耆老、孤子之饗亦兼焉。其事春秋各一舉，不足特設官也。

大司徒之職，掌建邦之土地之圖與其人民之數，以佐王安擾邦國。

必知土地之宜、人民之數，然後可定民之居，制民之産，以安其身而教擾之。安擾邦國之民，即所以安擾邦國也。

以天下土地之圖，周知九州之地域廣輪之數，辨其山林、川澤、丘陵、墳衍、原隰之名物；

周之九州：揚、荆、豫、青、兖、雍、幽、冀、并也。東西爲廣，南北爲輪。積石曰山，竹木曰林，注瀆曰川，水鍾曰澤，土高曰丘，大阜曰陵，水崖曰墳，下平曰衍，高平曰原，下濕曰隰。名物者，十等之名與所生之物。

而辨其邦國都鄙之數，制其畿疆而溝封之，設其社稷之壝而樹之田主。各以其野之所宜木，遂以名其社與其野。

畿，限也。疆猶界也。溝，穿地以爲阻固也。封，起土界也。社稷，后土及田正之神。壝，壇與堳埒也。田主，田神，詩人謂之田祖。木各有宜，若以松爲社，則名松社之野。

以土會之灋辨五地之物生：一曰山林，其動物宜毛物，其植物宜皁物，其民毛而方；二曰川澤，其動物宜鱗物，其植物宜膏物，其民黑而津；三曰丘陵，其動物宜羽物，其植物宜覈物，其民專而長；四曰墳衍，其動物宜介物，其植物宜莢物，其民晳而瘠；五曰原隰，其動物宜贏物，其植物宜叢物，其民豐肉而庳。

會，計也。九州之域，各有五土，故別其類而總計之，謂之土會之灋。毛物，貂、狐、貒、貉之屬，縟毛者。鱗物，魚、龍之屬。津，潤也。羽物，翟雉之屬。覈物，梅李之屬，專圜也。介物，龜、鼈之屬，水居陸生者。莢物，薺、莢、王棘之屬。晳，白也。瘠，臞也。贏物，虎、豹、貔、貙之屬，淺毛者。叢物，萑葦之屬。庳猶短也，一曰皁物，柞、栗之屬。膏物，楊柳之屬，理致且白如膏。一曰「膏」當爲「櫜」，蓮芡之實有櫜韜。

因此五物者民之常，而施十有二教焉：一曰以祀禮教敬，則民不苟；二曰以陽禮教讓，則民不爭；三曰以陰禮教親，則民不怨；四曰以樂禮教和，則民不乖；五曰以儀辨等，則民不越；六曰以俗教安，則民不偷；七曰以刑教中，則民不虣；八曰以誓教恤，則民不怠；九曰以度教節，則民知足；十曰以世事教能，則民不失職；十有一曰以賢制爵，則民慎德；十有二曰以庸制禄，則民興功。

五地所生之民，形貌既殊，則性質剛柔、輕重、遲速亦異，故必因其常性而施教，以變化之。陽禮，鄉射、飲酒之禮也。内宰以陰禮教六宫，家人相怨，多起于婦人，故以陰禮教親。曰樂禮者，樂必依禮而作也。儀謂拜跪、揖讓、坐立之儀。以俗教安，即下經所謂「以本俗六安萬民」也。民得生養之樂，有戚黨之歡，然後勤于作業而不偷。民畏刑，然後能自易其惡以至于中，故不暴。恤謂災危相憂，即下經黨相救、州相賙之類。誓以憂樂相同，彼此共之，則民知恤人，即所以利己而不怠矣。度謂宫室、車服之制。世事，士、農、工、商不遷其業也。庸，功也。

〇李耜卿曰：「上言五地，此言五物者，以形言曰地，以地所生言曰物。」

以土宜之灋辨十有二土之名物，以相民宅而知其利害，以阜人民，以蕃鳥獸，以毓草木，以任土事。

十有二土，謂分野十二邦，上繫十二次，或曰即古十二州也。土各有宜。相，占視也。任，謂就地所生，因民所能。

辨十有二壤之物而知其種，以教稼穡樹藝。

壤亦土也。以萬物自生焉則言土，土猶吐也。以人所耕而樹藝焉則言壤，壤，和緩之貌。藝猶蒔也。

以土均之灋辨五物九等，制天下之地征，以作民職，以令地貢，以斂財賦，以均齊天下之政。

均，平也。五物，五地之物也。九等，草人所辨騂剛、赤緹之屬。辨五物九等，名曰土均之灋者，田有一易、再易，地有五而當一、十而當一，必辨其等，乃可均也。制天下之地征以作民職，王畿、侯國之所同也。令地貢者，邦國之九貢也。斂財賦者，畿内九賦、九功也。以致邦國，故曰令。以徵畿内，故曰斂。不曰貢賦而曰財賦者，曰財然後可以該諸職之貢物與門市之泉布也。以均齊天下之政者，土均職「邦國都鄙之政令、刑禁與其施舍，禮俗、喪紀、祭祀，皆以地之美惡爲輕重」而均齊之。

以土圭之灋測土深、正日景，以求地中。日南則景短多暑，日北則景長多寒，日東則景夕多風，日西則景朝多陰。

土圭，所以致四時日月之景也。土深，謂地形之高下。舊説周公營洛于陽城，置中表，四面各置一表，距中表皆千里。于晝漏半驗之，景短于中表，其地于日爲近南；景長于中表，其地于日爲近北；中表景得正時，東表日已跌，是謂景夕，西表日尚未中，是謂景朝。

日至之景尺有五寸，謂之地中：天地之所合也，四時之所交也，風雨之所會也，陰陽之所和也。然則百物阜安，乃建王國焉，制其畿方千里而封樹之。

土圭長尺有五寸，以夏至之日立八尺之表，其景適與土圭等，謂之地中，潁川、陽城皆然。樹木溝上，所以表助阻固也。○河間王氏曰：「西北多山，東南多水，惟地中平壤爲天地之所合。北極下半歲爲晝夜，赤道下一歲再冬夏，惟地中爲四時之所交。日東近海多風，日西連山恒雨，惟地中乃風雨之所會。日南近日多暑，日北遠日多寒，惟地中乃陰陽之所和。」○于王畿曰封樹者，規方千里，包高山大陵，不可以溝限。惟起封界，樹木以表之。故造都鄙則曰封溝。以室數計畝制地，其域狹也。篇首總言「制邦國都鄙之畿疆曰溝封」，後分言制都鄙之地域則曰封溝者，邦國封疆廣狹不齊，地勢所宜或可溝，或止起封界，與都鄙計畝制域封必以溝者異也。

凡建邦國，以土圭土其地而制其域：諸公之地，封疆方五百里，其食者半；諸侯之地，封疆方四百里，其食者參之一；諸伯之地，封疆方三百里，其食者參之一；諸子之地，封疆方二百里，其食者四之一；諸男之地，封疆方百里，其食者四之一。

土其地者，度穀土之多少也。制其域者，兼所包山林、川澤也。必以土圭土其地者，知境内東西南北之高下，然後可以計穀土之多寡，定國邑之面勢也。詩曰「揆之以日，作于楚室」，是以土圭定國邑也。又曰「景山與京」，是以土圭度四野也。○以詩及春秋傳所言魯、衛封略計之，似周官封國之數爲可據。覈其實，與孟子所言亦不甚相遠。蓋周官所言者，制其域也，兼名山大川、附庸閒田在其封内者而言也。顓臾，魯附庸，而孔子曰「在邦域之中」是也。所謂食者，則其實封食其土利者也。惟諸公土田陪敦諸男不能五十里，與孟子不合。然見于春秋，公惟宋，男惟許、宿，則建國甚稀。至于分土惟三，以諸侯之地方四百里計之，爲方百里者十六，其食者三之一，爲方百里者五，方十里者三十三，方里者三十三，山陵、林麓、川澤、溝瀆、城郭、宮室、塗巷，三分去一，餘方百里者三，方十里者五十五，方里者五十四，以一易、再易之田相減，并藪牧疆潦之五而當一、十而當一者計之，其爲穀土，亦約百里耳。蓋孟子言頒祿，故止計穀土。周官言所食，則并其山澤之毛至邦域之數，則包名山大川、附庸閒田之在其封内者耳。如今大州縣，包絡山河，動數百里，而計畝徵賦入籍者不過數十里，周官、孟子封國異數正類此。

凡造都鄙，制其地域而封溝之。以其室數制之：不易之地家百畝，一易之地家二百畝，再易之地家三百畝。

春秋侵伐，及邊境則書「四鄙」。傳曰「都城過百雉」，又曰「邑有先君之廟曰都」，蓋都所居鄙則界也，制其地者計穀土也，制其域者兼疆潦藪牧也。以室數制之者，計城邑之室數，于野授田。王制「凡居民量地以制邑，度地以居民」，地邑民居必參相得也。不易之地，歲種之。一易之地，休一歲，乃復種，再易之，地休二歲。

乃分地職、奠地守、制地貢而頒職事焉，以爲地灋而待政令。

注「定地守，謂衡麓虞候之所守」，非也。山澤、藪牧並列九職，則衡麓虞候于作民職具之矣。按夏官司險「設國之五溝五涂而樹之林，以爲阻固，皆有守禁」，掌固「頒士庶子之守」，「凡守者受灋焉，以通守政」，「若造都鄙，則治其固，與其守灋」，乃此經及均人、土均職所謂「地守」

也。此經所謂分地職、制地貢，與上經所謂作民職、令地貢義異。民職，九職也。地職，則其地所當承之職事，如當津要，則服輸將給賓客師旅；近川防，則共浚築。以所職各異，或一事而比邑共承之，故曰分也。上經令地貢，侯國之貢也。此則都邑之貢。寰内食采者，地非所專，故不曰令，而曰制也。頒職事，即下經所頒職事十有二也。九職已具其中，故知地職非九職也。分地職、奠地守、制地貢，皆地灋也。而復言以爲地灋者，以待政令言之也。都鄙有遠近，其地有饒瘠，其事有劇易，故所以待王朝之政令者，灋各有宜，而不可以一致也。〇春秋傳曰：「取于有閻之土，以供王職。取于相土之東都，以會王之東蒐。」東蒐，亦王事也，而别言王職者，時康叔入爲司寇，必其畿内采邑之職事也。

以荒政十有二聚萬民：一曰散利，二曰薄征，三曰緩刑，四曰弛力，五曰舍禁，六曰去幾，七曰眚禮，八曰殺哀，九曰蕃樂，十曰多昏，十有一曰索鬼神，十有二曰除盜賊。

散利，貸種食也。弛力，息繇役也。舍禁，山澤不禁也。去幾，謂關市去税而幾之。知然者，司關職「國凶札無關門之征」，猶幾也。眚禮，殺吉禮也。殺哀，殺凶禮也。宗伯職「以凶禮哀邦國」。殺哀者，節喪弔、禬恤之財用，以賑凶荒也。蕃樂，閉藏樂器而不作也。多昏，使娶者不備禮也。索鬼神，求廢祀而修之，詩所謂「靡神不舉」也。饑饉則盜賊多，不可以緩刑而縱之。眚禮、蕃樂，似無與民事而以聚萬民者，遇災而懼，以勤恤民，則民之心聚矣。

以保息六養萬民：一曰慈幼，二曰養老，三曰振窮，四曰恤貧，五曰寬疾，六曰安富。慈幼，若産子三人，公與之母；二人，公與之餼；十四以下不從征。養老，謂引年之禮。窮，謂鰥、寡、孤、獨，寬疾若廢疾，非人不養者，一人不從政之類。民有田里樹畜，則能自養矣。而老者、幼者、孤獨、鰥寡者，以事故耗敗者，疾病無依者，上更有以保息之。管子九惠之教，一曰老老，二曰慈幼，四曰養疾，七曰通窮，八曰振困，蓋本于此。陸贄曰：「先王制賦，不以殖産厚其征，安富之義也。」

以本俗六安萬民：一曰媺宫室，二曰族墳墓，三曰聯兄弟，四曰聯師儒，五曰聯朋友，六曰同衣服。

此六者，風俗之根本也。媺，善也。墓大夫職「令國民族葬」，父之黨爲宗族。母與妻黨爲兄弟。同師曰朋。同志曰友。同衣服，謂雖有富者，衣服不得獨異也。媺宫室，爲本俗之首者，有寢有廟，民安其居，然後樂事勸功而重去其鄉。終于同衣服者，民志定，然後禮俗型也。

正月之吉，始和布教于邦國都鄙。乃縣教象之灋于象魏，使萬民觀教象，挾日而斂之。乃施教灋于邦國都鄙，使之各以教其所治民。

布教于邦國、都鄙，布以上諸大綱也。施教灋于邦國、都鄙，施以下諸細目也。

令五家爲比，使之相保；五比爲閭，使之相受；四閭爲族，使之相葬；五族爲黨，使之相救；五黨爲州，使之相賙；五州爲鄉，使之相賓。

五家暱近，故奇衺使之相保。二十五家則宅舍多矣，故有故而寄託者，使之相受。百家則財力贍矣，故葬具喪役，使之相共。五百家則勢衆强矣，故寇盜使之相救。二千五百家則蓄積厚矣，故禭札使之相賙。萬二千五百家則秀民聚矣，故使之賓其賢者。興賢，國典也，而曰相賓者，鄉飲酒禮「主人就先生而謀賓介」，是使鄉人自相推擇而賓禮之也。所謂使民興賢，出使長之，使民興能，入使治之也。○相保、相受、相葬、相救、相賙、相賓，及十有二職、三物、八刑，獨列于「布教于邦國都鄙」之後，與諸職異者，前所列土會、土宜、土均之灋，皆地灋也。土圭之灋，以制王畿，建邦國，造都鄙也。荒政有十二，保息六，本俗六以聚萬民、養萬民、安萬民也。惟十有二教主于教民，而皆教之大綱，故與諸大政並列于前。此四者，乃教之細目，親民之吏所奉守者，故詳于「施教灋于邦國都鄙，使各以教其所治民」之後也。

頒職事十有二于邦國都鄙，使以登萬民：一曰稼穡，二曰樹藝，三曰作材，四曰阜蕃，五曰飭材，六曰通財，七曰化材，八曰斂材，九曰生材，十曰學藝，十有一曰世事，十有二曰服事。前九事，即九職所任，增其三者，國用制于冢宰，故九職所任，皆財賦所從出也。司徒頒教則秀民之學藝、巫史醫卜之世事、庶人在官之服事者，其職事不可缺矣。

以鄉三物教萬民而賓興之：一曰六德，知、仁、聖、義、忠、和；二曰六行，孝、友、睦、婣、任、恤；三曰六藝，禮、樂、射、御、書、數。

物猶事也。興猶舉也。教成，鄉大夫舉其賢者、能者，以飲酒之禮賓之。聖通而先識五常之德，惟禮不列者，該于六行六藝也。聖者，知之無不通也，以淺深别之也。忠者，信之積于中也。和者，信之達于外也。以體用别之也。睦，親于九族。婣，和于外親。任，信于朋友。恤，振憂貧者。五禮：吉、凶、軍、賓、嘉。六樂：雲門、大咸、大韶、大夏、大濩、大武。五射：白矢、參連、剡注、襄尺、井儀。五御：鳴和鸞、逐水曲、過軍表、舞交衢、逐禽左。六書：象形、會意、轉注、處事、假借、諧聲。九數：方田、粟米、差分、少廣、商功、均輸、方程、贏不足、旁要，漢時又有重差、夕桀、句股。白矢者，貫侯而見其鏃。白參連者，前放一矢，後三矢連中故處，詩所謂「四矢反」也。剡注，謂羽頭高鏃低而去剡剡然。襄尺，謂臣與君射，退一尺而立。井儀，謂四矢貫侯如井。和在式，鸞在衡，韓詩外傳「升車則馬動，馬動則鸞鳴，鸞鳴則和應」。逐水曲，謂隨水勢之屈曲而不墜水也。穀梁傳「艾蘭以爲防，置旃以爲轅門，以葛覆質以爲槷，流旁握，御轚者不得入」，是謂過軍表。舞交衢，謂行四達之道，車旋應于舞節也。逐禽左，謂御驅逆之車逐禽，使趨君之左，以待射。象形，日、月之類。會意，武、信之類，人言爲信，止戈爲武，會合人意也。轉注，考、老之類。建類一首，而文意相授，左右相注。處事，上、下之類，人在一上爲上，人在一下爲下。假借，令、長之類，一字兩用。諧聲，江、河之類。方田，以御田疇界域。粟米，以御質劑變易。差分，以御貴賤廩税。少廣，以御冪積方圓。商功，以御功程積實。均輸，以御遠近勞費。贏朒，以御隱雜互見。方程，以御錯糅正負。勾股，以御廣遠高深。

以鄉八刑糾萬民：一曰不孝之刑，二曰不睦之刑，三曰不婣之刑，四曰不弟之刑，五曰不任之刑，六曰不恤之刑，七曰造言之刑，八曰亂民之刑。

亂民，亂名改作，執左道以亂政者。不任、不恤亦有刑者，背朋友之付託則不義，安鄰里之危困則不仁，此而不懲，則民俗日以偷矣。易不友曰不弟，且退列于不睦、不婣之下者，曰不友則專于兄弟，曰不弟則不遜弟于族婣鄉黨者，該此矣。八者所犯小，則扑以教之；所犯大及不悛，則歸于士。〇王東巖曰：「三物、八刑皆言鄉者，教法始于六鄉故也。」

以五禮防萬民之僞，而教之中。以六樂防萬民之情，而教之和。

六藝中有禮樂，不過秀民習之耳，此則通乎萬民，故復列之。禮者，稱情以立文，所以防民之僞。而老、莊、荀氏乃以爲化性而起僞，蓋溺于俗而不達于先王之禮意也。

凡萬民之不服教而有獄訟者，與有地治者聽而斷之；其附于刑者歸于士。

有地治，謂鄉州之治都鄙者附麗也。士，司寇、士師之屬。

祀五帝，奉牛牲，羞其肆，享先王，亦如之。

奉，奉承之也。羞，進也。肆，腥解骨體，所謂豚解也。郊，先全蒸，後豚解。宗廟之祭，則無全蒸，先豚解，次爓而熟之，謂之體解。不言祭地者，禮與祭天同。

大賓客，令野修道委積。

令，令遺人。少曰委，多曰積，所以給賓客。

大喪，帥六鄉之衆庶屬其六引，而治其政令。

屬，合聚也。引，謂引喪車索也。六鄉主六引，六遂主六紼。在棺曰紼，言繩體也。行道曰引，言用力也。

大軍旅，大田役，以旗致萬民，而治其徒庶之政令。

旗畫熊虎。

若國有大故，則致萬民于王門，令無節者不行于天下。

古者謀及庶人故也。大故，即小司寇所掌詢國危、詢國遷、詢立君也。王崩，苟無他故，及尋常寇兵，無爲致萬民于王門，注誤。節，小行人所達六節。

大荒、大札，則令邦國移民、通財、舍禁、弛力、薄征、緩刑。

大札，大疫也。于荒政十二之中，獨舉其四者，貢賦，天子所制也，故舍禁、弛力、薄征必待司徒之令；刑章，天子所定也，故緩刑必待司徒之令；若有利而自散之，以及眚禮、殺哀、蕃樂、多昏、索鬼神，皆邦國所得自主也。不及去幾者，其政微也。不及除盜賊者，盜賊承饑凶而作，乃非常之變，勢在必除，無可疑也。于荒政十二之外增其二者，移本國之民與鄰國通財，其事尤大，非天子之命不敢專也，故首列之。

歲終，則令教官正治而致事。正歲令于教官曰：「各共爾職，修乃事，以聽王命。其有不正，則國有常刑！」

小宰所令于百官府者，王宮之事也，故于職曰修，于灋曰考，于事曰待，而不用命者曰不共。司徒所令于教官者教事也，故于職曰共，于事曰修，而不用命者曰不正。

小司徒之職，掌建邦之教灋，以稽國中及四郊、都鄙之夫家、九比之數，以辨其貴賤、老幼、廢疾，凡征役之施舍，與其祭祀、飲食、喪紀之禁令。

五官之長佐太宰建五典，而教灋獨小司徒建者，以主六鄉而親民事，猶小宰之建宮刑也。夫家，謂男女既配耦者，以是知周之征役，不及單丁、女户、餘夫、處女也。九比，九職之人數也。貴，謂卿大夫士。賤，謂庶人在官，即鄉大夫職所謂服公事者。征，謂稅之。役，謂繇役。施當作弛。或曰，征役獨力役之征也。

乃頒比灋于六鄉之大夫，使各登其鄉之衆寡、六畜、車輦，辨其物，以歲時入其數，以施政教，行徵令。及三年，則大比；大比則受邦國之比要。

登，升而載于册也。衆寡，謂民之多少。駕牛馬曰車，人挽曰輦。物，謂弓矢、甲楯、楨幹、旗物之屬，即大比所謂兵器也。旗物有度式，什器有良苦，故辨之。注疏並誤。頒比灋舉六鄉，則甸、稍、縣、都、邦國視此矣。受比要舉邦國，則鄉、郊、甸、稍、縣、都可知矣。畿内，則歲時入其數。侯國，則三年入其要。内外詳略，各有宜也。

乃會萬民之卒伍而用之：五人爲伍，五伍爲兩，四兩爲卒，五卒爲旅，五旅爲師，五師爲軍，以起軍旅，以作田役，以比追胥，以令貢賦。

先王因農事而定軍令，欲其恩足相恤，義足相救，服容相別，音聲相識。追，逐寇也。胥，伺捕盜賊也。追胥曰比者，卒伍既定，則各以所居遠近相次而追胥也。

乃均土地以稽其人民而周知其數：上地家七人，可任也者家三人；中地家六人，可任也者二家五人；下地家五人，可任也者家二人。凡起徒役，毋過家一人，以其餘爲羨；惟田與追胥竭作。

一家男女七人以上則授之以上地，所養者衆也。五人以下則授之以下地，所養者寡也〇可任，謂丁壯任力役者。羨，饒也。竭作，盡行也。田獵盡行，更番調發，使習于軍事也。追胥盡行，守望相助，非遠違其閭井也。

凡用衆庶，則掌其政教與其戒禁，聽其辭訟，施其賞罰，誅其犯命者。凡國之大事，致民；大故，致餘子。

大事，戎事也。大故，意外不測之變也。餘子，羨也。

乃經土地而井牧其田野：九夫爲井，四井爲邑，四邑爲丘，四丘爲甸，四甸爲縣，四縣爲都，以任地事而令貢賦，凡税斂之事。

方里而井，九夫所治之田也。四井爲邑，方二里。四邑爲丘，方四里。四丘爲甸，方八里，旁加一里，以治溝洫，則方十里爲一成。四甸爲縣，方二十里，四縣爲都，方四十里，四都方八十里，旁加十里，乃得方百里爲一同。井牧其田野者，有井則有牧，井牧相間，然後六畜有所養而不傷稼穡也。凡税斂之事，如徵納之期，收掌之人，廩藏之所，委輸存貯之數，皆是也。即税斂貢賦之事，宜非貢賦外別有税斂。上經會卒伍而令貢賦者，征役有繁簡，則貢賦有乘除也。此經制井牧而令貢賦，凡税斂之事者，地邑有衝僻，收穫有早晚，道路輸將有遠近，則税斂之事必隨地而制其宜也。小司徒專掌六鄉，而所載乃井、邑、丘、甸、縣、都之制者，比、閭、族、黨、州、鄉之灋，大司徒職具之矣。故獨載井灋，以示内而六鄉，外而六遂，以及都邑。名雖各異，其地灋則皆以九夫爲井、四井爲邑，積累而區分之也。任土比民之灋，錯見諸職。大司徒職載邦國、封疆、都鄙、室數，次及比、閭、族、黨、州、鄉之法。小司徒職載井、邑、丘、甸、縣、都之灋，載師職載任土之法，閭師職載任民作貢之灋，縣師職載賦兵之灋，遂人職載溝洫之灋。其授田，則大司徒職載不易、一易、再易之田所授多寡之數，小司徒職載上地、中地、下地之人所任多寡之數，皆各舉其一，彼此互備也。○注謂此造都鄙，采地制井田，異于鄉遂，非也。井、邑、丘、甸、縣、都以田數計之而出税灋也，溝、洫、澮、川以經界言之而通水道也，此經曰九夫爲井者，以出税灋，故止計所耕之地也。遂人曰十夫有溝者，以定經界，故并計所占之地也。井間之溝，溝上之畛，以及疆場之瓜，八家之場圃，皆取于所加百畝之中。且四井爲邑，量地制邑，亦必取于四井之中，非每井而加百畝，勢不能備。然則遂人所謂十夫，即此經所謂九夫。而溝洫澮川之制，井、邑、丘、甸、縣、都之灋，乃鄉遂都鄙之所同也，審矣。鄭氏之誤，起于謂匠人溝澮之數與遂人不同，不知實無二灋，特考之未審耳。詳見「匠人爲溝洫」解。○康成爲鄉遂用貢，都鄙用助之説，朱子終不敢易者，一則以九與十起數之異也。然匠人之灋止九夫，與遂人十夫異耳，其有溝有洫、有澮有川同也。九夫、十夫取數雖異，而占地大小相去無幾，其不可爲以十起數之溝澮者，亦不可爲以九起數之溝澮也。且謂鄉遂多平曠，則最宜于畫井矣。謂都鄙包陵麓，則最不宜于畫井矣。況建國或在中原，或阻山澤，即鄉遂多平曠，都鄙包陵麓之説，亦不可通哉。一則以四與五起數之異也。然四與五之起數名異，特以異鄉遂都鄙之號名耳。必異其號名者，以師田旗物易辨耳，其實田制未嘗異也。蓋鄉遂以五起數計室數也，都鄙以四起數計田數也。以田之不易、一易、再易計之，一家所占率二百畝，是合二井而約八九家，積至四甸千一百餘家，在都鄙則名之曰縣，在鄉遂則合九甸之地，約二千五百家，而名之曰州，名之曰縣。自是以上，都鄙則合四縣而名之曰都，鄉遂則合十有一縣之地，約萬二千五百餘家，而名之曰鄉、名之曰遂。室數、田數未嘗不符，何不可通行井灋哉？經曰「乃經土地而井牧其田野」，蓋通王畿、邦國皆用此灋，而中舉縣都以見例耳。且制地授田，出税賦役，稽夫家畜産之灋，見于司徒、見于小司徒、見于鄉師及鄉遂群吏之職，叠出互備，不厭其繁。使鄉遂用貢，都鄙用助，經界水道彼，此各異。是地灋之最大，宜特書而詳見者，乃竟無一語及此，則爲康成之臆説明矣。至孟子所云，尤不可以此注證。蓋遂當爲野，而鄉不可以爲國中也。○成周之灋，注乃以開方計之，然畫井必因地勢，非必萬夫之地截然齊一而爲井。春秋傳所謂「牧臯隰，井沃衍」，管子所謂「五而當一，十而當一」，其遺灋也。

乃分地域而辨其守，施其職而平其政。

分地域，謂建邦國、造都鄙、制鄉遂也。辨其守，辨其城郭、溝涂之守瀍也。職謂九職。政，當作征，税也。知此經所謂施職與大司徒分地職異者，大司徒既曰「分地職」，又曰「頒職事」，所頒職事十有二，其九即九職之事，則分地職不得爲九職明矣，故曰地職，蓋以別于民職也。此經上言分地域而辨其守，下言平其政，則爲施九職之事明矣。

凡小祭祀，奉牛牲，羞其肆。小賓客，令野修道委積。大軍旅，帥其衆庶。小軍旅，巡役，治其政令。大喪，帥邦役，治其政教。

小祭祀，王玄冕所祭。小賓客，諸侯之使臣。大軍旅，謂天子親行帥，帥而致于大司徒也。役，謂築軍壘，修城塹之役。大喪曰帥邦役者，對遂師道野役而爲言也。

凡建邦國，立其社稷，正其畿疆之封。

畿，職方所掌九畿也。

凡民訟，以地比正之；地訟，以圖正之。

地比，田畔邑居相鄰接者。

歲終，則考其屬官之治成而誅賞，令群吏正要會而致事。

曰治成者，所治職事之狀，所以別于計簿之成也。屬官，謂官中大夫、士及諸職執事王朝者。群吏，謂鄉遂、公邑之吏，及家削、縣都、私邑之吏，以不盡屬于司徒，故別言之。令群吏正要會而致事者，使達于治官，不自考而誅賞之也。

正歲，則帥其屬而觀教象之灋，徇以木鐸，曰：「不用灋者，國有常刑！」令群吏憲禁令，修灋糾職以待邦治。

憲，表縣之。觀教象之灋則曰「帥其屬」，以教灋縣于象魏，在外之群吏不能徧觀也。憲禁令則曰「令群吏」，俾各縣于所治也。縣師掌都鄙稍甸郊里之治，三年大比，以考群吏詔廢置。小司徒所令，即縣師所考。

及大比六鄉、四郊之吏，平教治，正政事，考夫屋及其衆寡、六畜、兵器，以待政令。

四郊者，六鄉之餘地，宅田、士田、賈田、官田、牛田、賞田、牧田是也。司馬灋：「畝百爲夫，夫三爲屋，屋三爲井。」小司徒稽國中、四郊、都鄙之夫家九比之數，而大比獨六鄉、四郊之吏者，家、稍、縣、都之吏，則考之者縣師也。頒比灋于鄉大夫，不及兵器，至大比六鄉、四郊之吏則有兵器者，鄉大夫、州長、黨正職主于教。族師以下，始有簡兵器之文，體有所宜事，取其便也。古者卒伍，兵器皆自具。而漢世有禁民挾弓矢者，可謂昧于治體矣。

鄉師之職，各掌其所治鄉之教而聽其治。

鄉師，每二人共主三鄉，故曰各掌其所治鄉也。遂之教治獄訟，皆遂大夫掌之，而鄉則鄉師掌之者，鄉大夫六卿也，豈暇聽鄉之教治獄訟哉？其于教，則正月頒之鄉吏而已。其于治，則歲終令群吏會政致事而已。至獄訟，則一聽之鄉師而不與者，體當然也。

以國比之灋，以時稽其夫家衆寡，辨其老幼、貴賤、廢疾、馬牛之物，辨其可任者與其施舍者，掌其戒令糾禁，聽其獄訟。

曰國比之灋者，五家爲比，乃國中屬民之灋，而因以施于鄉邑者。稽夫家，辨征役施舍，小司徒之職也。而復列于鄉師者，小司徒通掌國中及四郊都鄙，而鄉師分掌六鄉，遂師分掌六遂，縣師掌都鄙也。馬牛之物，蓋該六畜車輦而言。小司徒職既曰六畜車輦，而又曰辨其物，故知爲旗物及兵器、役器也。

大役，則帥民徒而至，治其政令；既役，則受州里之役要，以考司空之辟，以逆其役事。至，至營作之地也。役要，所遣民徒之數。辟，功作章程。

凡邦事，令作秩叙。

邦事，凡有營作征行之事，皆是也。秩，常食也。叙，功次也。凡功作之事，其食之多少、功之次叙，皆令監督者計而作之。

大祭祀，羞牛牲，共茅蒩。

大司徒職奉牛牲羞其肆，鄉師復羞牛牲者，若宗廟之祭，大司徒羞豚解，則鄉師羞體解。又大神示之祀，大司徒不與，或鄉師共之也。知非佐大司徒者，宰夫從大宰視滌濯，贊小宰比官府之具，皆特文以見也。蒩，或讀爲藉，易曰「藉用白茅」。或曰即士虞禮所謂苴，刌茅長五寸，束之，以承隋祭之物者。○鄭剛中曰：「甸師所共之茅，以縮酒也。鄉師所共之茅，以藉也。」

大軍旅、會同，正治其徒役與其輂輦，戮其犯命者。

輂馬駕，輦人挽，所以載任器也。軍止，則以爲藩營。司馬灋曰：「夏后氏謂輦曰余車，殷曰胡奴車，周曰輜輦。輦，一斧、一斤、一鑿、一梩、一鉏。周輦加二版、二築。」又曰：「夏后氏二十人而輦，殷十八人而輦，周十五人而輦。」徒役輂輦，稍人帥以至鄉師，正治之而已。

大喪用役，則帥其民而至，遂治之。及葬，執纛，以與匠師御匶而治役。及窆，執斧以莅匠師。

匠師，事官之屬。鄉師主役，匠師主匠，共主葬引纛翳也。以指麾輓柩之役，正其行列進退。窆，下棺也。執斧，恐或助匠師。

凡四時之田：前期，出田灋于州里，簡其鼓鐸、旗物、兵器，修其卒伍。及期，以司徒之大旗致衆庶，而陳之以旗物；辨鄉邑，而治其政令刑禁；巡其前後之屯，而戮其犯命者；斷其爭禽之訟。

田灋，所起人徒及所具器物也。大司馬職禁圍之地，前後有屯百步，車徒未列，及既弊後所止也，故鄉師巡之。

凡四時之徵令有常者，以木鐸徇于市朝。

徇于朝，使群吏布于六鄉也。徇于市，戒國中之民也。

以歲時巡國及野，而賙萬民之囏阨，以王命施惠。

以王命施惠者，其職代王巡行，見民囏阨，即以王命發倉廩，出泉布，而無所壅遏，不待奏請報可。此聖人慮事之詳，憂民之切也。

歲終，則考六鄉之治，以詔廢置。

告王及冢宰。○以是知六鄉之吏，小司徒不自考而誅賞之也。六遂，則遂大夫主之。其餘，縣師主之。

正歲，稽其鄉器，比共吉凶二服，閭共祭器，族共喪器，黨共射器，州共賓器，鄉共吉凶禮樂之器。

吉，祭服。凶，弔服。祭器，簠、簋、鼎、俎之屬。喪器，夷槃、素俎、楬豆、輁軸之屬。射器，弓、矢、楅、中之屬。賓器，尊、俎、笙、瑟之屬。鄉大夫備集此四者，爲州、黨、族、閭有故而不共也。鄉器旁使相共，則民無廢事，上下相補，則體行而教成。

若國大比，則考教察辭，稽器展事，以詔誅賞。

此大比群吏之治。考教，乃考其教之行否，如教行于二十五家，然後閭胥爲得其職。若三年大比，興賢能，考德行道藝，則鄉大夫之職也。察辭，視吏言事，察其情實。

鄉大夫之職，各掌其鄉之政教禁令。正月之吉，受教灋于司徒，退而頒之于其鄉吏，使各以教其所治，以考其德行，察其道藝。

州長、黨正皆曰「教治政令」，而鄉大夫則曰「政教禁令」者，鄉大夫六卿也，用其體望以統六鄉，而不與治民之事，故曰「受教灋于司徒，退而頒之于其鄉吏，使各以教其所治」，又曰「令群吏考灋于司徒，各憲之于其所治之國」。蓋州長、黨正始有民治，故鄉大夫職不言治也。非惟不治民，亦不聽群吏之治。鄉師職「各掌其所治鄉之教而聽其治」是也。遂大夫則兼聽治訟，以無王朝之事也。○魏氏曰：「鄉大夫，六卿也，而同受司徒之灋，蓋在朝則冢宰重，在鄉則大司徒重，在軍則大司馬重。」○王氏詳說曰：「鄉大夫云『政教禁令』，州長云『教治政令』，黨正云『政令教治』，族師云『戒令政事』，閭胥云『閭之徵令』，比長云『比之治』。命官之意，其輕重皆在一字間。大司徒之職，掌邦教而兼土地之圖、人民之數；小司徒則掌建邦之教灋；鄉師則各掌其所治鄉之教，而兼聽其治矣。若乃六鄉之吏，閭胥、比長，則于政教之事不足稱也，不過掌閭之徵令，比之治而已。鄉大夫、州長則詳于教，黨正、族師則詳于政，此政教之所以異也。禁令，爲上政令次之，戒令又次之，徵令爲下，比長則于令亦不足稱也。」

以歲時登其夫家之衆寡，辨其可任者。國中自七尺以至六十，野自六尺以及六十有五，皆征之。其舍者，國中貴者、賢者、能者、服公事者、老者、疾者，皆舍。以歲時入其書。

征，力役之征也。舍，謂復除，不給役事。晚征而早免之，以國中役事多也。早征而晚舍之，以野外役事少也。入其書，謂入于大司徒。所舍獨言國中者，公、卿、大夫、士及庶人在官者皆聚于國中。鄉遂之吏，則當官奉職，不在弛舍之列。鄉、遂大夫所屬無府、史、胥、徒，又升于司徒者，始不征于鄉，則賢能在鄉，遂者亦不應舍，故止以國中言之。至老疾，則本無可任之理。言國中，而野可知矣。小司徒頒比灋于鄉大夫，使簡稽而登諸籍，故曰「入其數」。鄉大夫既登諸籍，故曰「入其書」。

三年則大比，考其德行、道藝，而興賢者、能者。鄉老及鄉大夫帥其吏與其衆寡，以禮禮賓之。

衆寡，謂衆賓，蓋鄉人來觀禮者多少無定數也。興者，自是而興起出其曹也。

厥明，鄉老及鄉大夫、群吏獻賢能之書于王，王再拜受之，登于天府，内史貳之。

厥，其也。天府，掌宗廟之寶藏者。

退而以鄉射之禮五物詢衆庶，一曰和，二曰容，三曰主皮，四曰和容，五曰興舞。

凡射，衆耦皆合，揖讓相先，故取其能和。勝不勝相形，娼嫉易生，故取其有容。主皮，貫革也。和容，容體比于禮也。興舞，節比于樂也。于獻賢能之書後，即以此爲詢者，所以興起群士，爲後舉之本也。賢能，德行、道藝既成者，故謀于鄉先生。五物，材質可造者，故詢于衆庶。

此謂使民興賢，出使長之；使民興能，入使治之。

出，謂進而爲王朝之官也。入，謂退而爲鄉遂之吏也。蓋興其才德之大者而進于王朝，則將爲公卿大夫，以臨長之。興其行能之小者而爲鄉遂之吏，則遂治其比、閭、族、黨之民。此三王之世所以不患選舉之不公，而百官得其宜，萬事得其序也。

歲終，則令六鄉之吏皆會政致事。

凡州之大祭祀、大喪，皆莅其事。

大祭祀，謂州社稷及山川，因國之在其境内者。

若國作民而師田、行役之事，則帥而致之；掌其戒令與其賞罰。

致之于司徒也。自黨正以下不復言致者，皆州長之所帥也。掌其戒令賞罰，則是于軍，因爲師帥。

歲終，則會其州之政令。正歲，則讀教灋如初。

黨正以下，皆會政致事。州長獨會政而無致事之文者，致所治職事，廢興、誅賞行焉。故使群吏各自致于鄉大夫。會政，則財用之計苟無侵冒，賞罰不行于其間，故先會而鈎考之，然後以達于鄉大夫。曰「會其州之政令」者，凡用財，或以政之常經，或出于一時之令也。

三年大比，則大考州里，以贊鄉大夫廢興。

興者，或遷其爵命，或重其事任也。

黨正，各掌其黨之政令教治。及四時之孟月吉日，則屬民而讀邦灋以糾戒之。春秋祭禜，亦如之。

彌親民者，于教亦彌數也。于州曰「治教政令」，于黨曰「政令教治」者，州長掌讀教灋，考德行道藝，故先教黨正掌讀邦灋，申戒禁作、師田、行役，故先政也。邦灋者，鄉八刑及師田行役之灋也。禜，謂雩禜水旱之神。

國索鬼神而祭祀，則以禮屬民，而飲酒于序以正齒位：一命齒于鄉里，再命齒于父族，三命而不齒。

國索鬼神而祭祀，謂大蜡也。正齒位，鄉飲酒義「六十者坐、五十者立；侍六十者三豆、七十者四豆、八十者五豆、九十者六豆」是也。民三時務農，將闕于禮，故于農隙而教之尊長養老。凡射及飲酒，鄉民雖爲卿大夫，必求觀禮。齒于鄉里者，以年與衆賓相次也。齒于父族者，異姓雖有老，得居其上也。不齒者，席于尊東，所謂「僎」也。鄉飲酒，國事也，故兼尚爵，非私居燕飲之禮。○朱子曰：「古人貴貴、長長，並行不悖。雖曰不齒，亦不相壓，故别設一位。」

凡其黨之祭祀、喪紀、昏冠、飲酒，教其禮事，掌其戒禁。凡作民而師田、行役，則以其灋治其政事。

亦于軍，因爲旅帥。

歲終，則會其黨政，帥其吏而致事。

黨正以下不曰政令者，凡鄉大夫有令，皆州長布之，故曰會。其州之政令，黨正以下則奉令承事而已，故第曰會政也。然黨之所統尚多，故曰會其黨政，謂合計五族之政也。閭胥以下，無復政之可會，故族師職第曰會政致事，而不復曰會其族政也。

正歲，屬民讀灋，而書其德行道藝。

以歲時莅校比。及大比，亦如之。

校比，族師職所謂邦比之灋也。族師校比，而黨正莅之。

族師，各掌其族之戒令政事。月吉，則屬民而讀邦灋，書其孝、弟、睦、婣、有學者。春秋祭酺亦如之。

酺，或曰爲人物裁害之神，或曰即校人職所謂祭馬步，或曰祭社畢而民飲酒也。族長無飲酒之禮，因祭醻而與其民以長幼相獻酬焉。族師所掌無教者，雖書孝弟、睦婣、有學者，而教事非所能任也。觀此，則黨正以上掌教治者，必德行、道藝足以表衆可知矣。記曰「能爲師，然後能爲長」，此古之民所以易于觀感興起而政教無壅也。官以師名而曰不足以任教事者，凡知其事而相督察皆曰師，胥師、賈師之類是也。

以邦比之灋，帥四閭之吏，以時屬民而校，登其族之夫家衆寡，辨其貴賤、老幼、廢疾、可任者，及其六畜、車輦。

邦比之灋，閭師以下由族師而定，黨正以上據族師而行，故于此詳言比灋。

五家爲比，十家爲聯；五人爲伍，十人爲聯；四閭爲族，八閭爲聯；使之相保相受，刑罰慶賞相及相共，以受邦職，以役國事，以相葬埋。

比長之治，有罪奇衺相及者，五家而已。此合四閭、八閭而賞罰相共者，蓋軍政也。故既曰五家爲比、十家爲聯，復曰五人爲伍、十人爲聯，明後所言乃軍政耳。四閭爲族，八閭爲聯，不復曰百人爲卒、二百人爲聯者，省文也。惟軍灋進退有度，左右有局，故不死。乘伍有刑，一夫先登，而合軍同賞，非此不足以致果毅、禁冒慢也。以受邦職以下，則因軍政而連及之耳。受邦職則共簡其游惰，役國事則衆察其逋逃，相葬埋則互糾其避匿。非此不足以齊衆，非如秦瀍鄰里相坐也。以八閭爲限者，過是則難稽也。○刑罰則相及，慶賞則相共。○王明齋曰：「苟定于比，即爲伍家取一人，則無居守者。蓋比、閭、族、黨、州、鄉，教訓其居民之瀍，伍、兩、卒、旅、師、軍，乃部署其勇力，又自會而用之。」○小司徒職「凡起徒役，無過家一人」。事急役重則然，尋常征役，必每減可知矣。此經聯瀍，恐即其制也。蓋聯十家而出五人，聯八閭而出百人，合羨卒計之，乃用其一而存其四，使得居守且無廢穡事也。其必聯以八閭，何也？軍旅之伍，必以近而合，使與其類相依，與其長相習，然後以守則固，以戰則强。但役必更番，合畿內計之常數，十年而後一從徵發，故八閭之人亦不以同時並調爲困耳。

若作民而師、田、行、役，則合其卒伍，簡其兵器，以鼓鐸、旗物帥而至，掌其治令、戒禁、刑罰。

亦于軍，因爲卒長。

歲終，則會政致事。

閭胥，各掌其閭之徵令。以歲時各數其閭之衆寡，辨其施舍。凡春秋之祭祀、役政、喪紀之數，聚衆庶。既比，則讀灋。書其敬、敏、任、恤者。

祭祀，謂州社、黨禜、族酺也。役，田役也。政，力政也。喪紀，大喪及四閭相葬也。閭胥于民尤切，但聚衆庶則讀灋，不及軍旅者，教民在平時，軍旅事棘，既徵發則不必復教之矣。二十五家人民寡，孝友、睦婣、有學者，未易數覯也，故第書其敬、敏、任、恤者，比耦而耕，同井相友，則敬、敏、任、恤者迹可驗矣。

凡事，掌其比觵撻罰之事。

觵，用酒。撻，扑也。皆失禮之罰。既舉祭祀、役政、喪紀，而又曰凡事掌其比者，上該軍旅徵發，下該民間相受、相葬、相救、相賙，以及合耦、興耡、移民、救稼之事也。

比長，各掌其比之治。五家相受，相和親；有辠奇衺，則相及。

比長，即耦耕之民，而曰掌其比之治者，五家有所欲治于上，上有所治于五家，比長必與之俱也。

徙于國中及郊，則從而授之。若徙于他，則爲之旌節而行之。若無授無節，則惟圜土内之。

徙于他，謂出居異鄉也。圜土，獄城也。鄉中無授，出鄉無節，所過則呵問，繫之圜土。

封人，掌設王之社壝，爲畿封而樹之。

大司徒職「設其社稷之壝」，此經于封國亦舉社稷，又曰「令社稷之職」，而首言王之社壝，獨不舉稷者，明祀稷即于社，别無壇壝也。王國外四面五百里，各置畿限，畿上有封，又樹木爲阻固。○鄭剛中曰：「王自爲立社曰王社，爲民立社曰大社。大社與稷配，此獨設社壝，謂王社也。」

凡封國，設其社稷之壝，封其四疆。造都邑之封域者亦如之。

天子封五色土爲社，建諸侯則各割其方色土與之，使立社，燾以黄土，苴以白茅。

令社稷之職。

諸有職事于祭祀者，皆冢宰、小宰令之。封人所令，其諸守社稷之壇壝，以及修築灑掃之職與？

凡祭祀，飾其牛牲，設其楅衡，置其絼，共其水槀。

飾，刷治潔清之也。絼，著牛鼻繩。楅衡，所以持牛，令不得抵觸。楅設于角，衡設于鼻。水槀，給殺時洗薦之用也。

歌舞牲，及毛炮之豚。

君牽牲入廟，隨而歌舞之以歆神。春秋傳奉牲以告曰「博碩肥腯，毛炮豚」者，爓去其毛而炮之，以備八珍。

凡喪紀、賓客、軍旅、大盟，則飾其牛牲。

大盟，會同之盟。

鼓人，掌教六鼓、四金之音聲，以節聲樂，以和軍旅，以正田役。

單出曰聲，雜比曰音。記曰：「鼓無當于五聲，五聲弗得不和，故以節聲樂。」

教爲鼓，而辨其聲用：

教爲鼓，教擊鼓者大小之數，又别其聲所用之事。或曰，教韗人爲之。

以雷鼓鼓神祀，以靈鼓鼓社稷，以路鼓鼓鬼享，以鼖鼓鼓軍事，以鼛鼓鼓役事，以晉鼓鼓金奏，

雷鼓，八面鼓也。神祀，祀天神。靈鼓，六面鼓也。社祭，祭地示。路鼓，四面鼓也。鬼享，享宗廟。大鼓謂之鼖，長八尺。鼛鼓，長丈二尺。晉鼓，長六尺六寸。磬師掌教編鐘，鐘師掌鐘，鎛師掌鎛，皆金奏也。○春秋傳「魯叔孫豹如晉，金奏肆夏之三」。「晉郤至如楚，金奏作于下」。鎛師掌金奏之鼓。凡祭祀，鼓其金奏之樂饗食。賓射，亦如之。饗食、賓射，皆賓客之事，是金奏用于賓客爲多也。此經于祭祀、軍事、役事外，别出金奏，亦主賓客之事。但祭祀之樂雖用雷鼓、靈鼓、路鼓，至中有金奏，則亦以晉鼓鼓之耳。

以金錞和鼓，以金鐲節鼓，以金鐃止鼓，以金鐸通鼓。

錞，錞于也，圜如碓頭，大上小下，樂作鳴之。鐲，鉦也，形如小鐘，即春秋傳所謂丁寧。鐃，如鈴，無舌，有秉，執而鳴之。鐸，大鈴也。四金皆師田所用。地官與司馬聯事，故鼓人兼掌之。

凡祭祀百物之神，故兵舞帗舞者。

兵，謂干戚。帗，列五采繒爲之，有秉。

凡軍旅，夜鼓鼜，軍動則鼓其衆，田役亦如之。

鼜，夜戒守鼓也。動，行也。司馬瀍曰：「昏鼓，四通爲大鼜，夜半三通爲晨戒，明旦五通爲發昫。」

救日月，則詔王鼓。

王親鼓者，重天變也。

大喪，則詔大僕鼓。

始崩及窆時也。

舞師，掌教兵舞，帥而舞山川之祭祀；教帗舞，帥而舞社稷之祭祀；教羽舞，帥而舞四方之祭祀；教皇舞，帥而舞旱暵之事。

羽，析白羽爲之，形如帗。四方之祭，祀四望也。旱暵之事，雩也；暵，熱氣。皇，析五采羽爲享牛，正祭之牛。求牛，繹祭之牛。繹曰索祭，故其牲謂之求牛也。職人，謂牧人、充人，職當繫牛而養之者。

凡賓客之事，共其牢禮積膳之牛；

積，所以給賓客之用。在途，則遺人職「候館有積」是也。在館，則掌客職「上公，飧五牢，饔餼九牢，五積。侯伯，飧四牢，饔餼七牢，四積。子男，飧三牢，饔餼五牢，三積。」膳，所以問禮賓客。公、侯、伯，殷膳皆太牢。

饗食、賓射，共其膳羞之牛；

軍事，共其犒牛；喪事，共其奠牛。

喪所薦饋曰奠，以未葬無尸，直薦舍于神前也。

凡會同、軍旅、行役，共其兵車之牛與其牽徬，以載公任器。

牽徬，在轅外輓牛也。居前曰牽，居旁曰徬。任猶用也。四丘出甲，凡卒乘之牛，民自共之。此兵車之載官用器，故官共其牛。

凡祭祀，共其牛牲之互與其盆、簝以待事。
互，懸肉格。盆，以盛血。簝，受肉籠。

充人，掌繫祭祀之牲牷。祀五帝，則繫于牢，芻之三月。
牢，閑也。必有閑者，防禽獸觸齧。凡大祭祀之牲牷，皆繫養之，特不至三月耳。周官言祭祀，多首五帝。蓋舉四時迎氣之祭，則圜丘、方澤、明堂等而上者不必言也。

享先王亦如之。凡散祭祀之牲，繫于國門，使養之。
散祭祀，謂司中、司命、山川之屬。不言牷者，兼用尨也。

展牲則告牷。
展牲，當在祭之前夕。特牲饋食禮曰：「宗人視牲告充，舉獸尾告備。」〇李耜卿曰：「展牲亦兼祭義所云『朔月、月半君巡牲』。穀梁子曰：『郊牛，日展斛角而知傷，展道盡矣。』告牷，告完具無傷也。」

碩牲則贊。

贊，助也。碩牲，謂馬牛，防其奔駭，故助持之。按司馬職「喪祭奉詔馬牲」，校人職「凡將事于四海山川，則飾黄駒」。充人亦當助牽。經于六牲皆各指其物，而此曰碩牲，正以兼馬牛二物耳。不曰贊王以喪祭，並贊司馬也。

載師，掌任土之灋以物地事，授地職，而待其政令。

任土者，任其力勢所能生育也。物，物色之，以知其所宜也。授地職，即司徒所分地職，謂其地所承于王朝之職事，鄉遂、公邑、都家皆有之。知非九職之事者，授民以九職，閭師所掌也。且百工、商賈、臣妾、閒民之所任，不得謂地職。故經于非九職之事者，則以地職別之。如郊之日，汜埽反道，鄉爲田燭，即六鄉之地職，餘可類推。○雁門馮氏曰：「任土，謂某田當在某地也。」

以廛里任國中之地，以場圃任園地，以宅田、士田、賈田任近郊之地，以官田、牛田、賞田、牧田任遠郊之地，以公邑之田任甸地，以家邑之田任稍地，以小都之田任縣地，以大都之田任畺地。

廛，市中地里、民居也。宅田，或曰居郭外者之宅地，以備民之益多；或曰致仕者之家所受田也。士田，所以養升于太學之士也。士庶子，宿衛王宫者，宫伯行其秩。而大司樂、樂師、大胥無及學士之秩者，則別有以養之可知矣。賈田，在市之賈人，其家所受田也。官田，庶人在官者，其家所受田也。牛田、牧田，畜牧者之家所受田也。公邑，謂六遂餘地，天子使大夫治之。稍、縣、畺，采邑外餘地亦然。五百里甸服，故鄉遂都家之餘田爲公邑者，通謂之甸。王畿千里，積百同，九百萬夫之地也。山陵、林麓、川澤、溝瀆、城郭、宫室、涂巷，三分去一，餘六百萬夫。又以田不易、一易、再易相通，定受田者三百萬家。遠郊之内，地居四同，三十六萬夫之地也，三分去一，其餘二十四萬夫。六鄉之民七萬五千家，通不易、一易、再易，一家受二夫，則十五萬夫之地。其餘九萬夫，廛里也、場圃也、宅田也、士田也、賈田也、官田也、牛田也、賞田也、牧田也，九者亦通受一夫，則半農人也。定受田，共十二萬家。甸、稍、縣、都，合居九十六同，八百六十四萬夫之地。城郭、宫室差少，涂巷又狹于三分所去，六而存一，以十八分之十三率之，餘六百二十四萬夫之地，通上中下六家，而受十三夫，定受田，一百八十八萬家，其在甸七萬五千家，爲六遂，餘則公邑。

凡任地，國宅無征，國廛二十而一，近郊十一，遠郊二十而三，甸、稍、縣、都皆無過十二，惟漆林之征二十而五。

上經以廛里任國中之地。國宅，謂列居國中者，所謂里也。故無征與廛之在市者，異征稅，輕近而重遠，近者多役故也。漆林加重，以自然而生，不假人力也。論者多以周官甸、稍、縣、都之十二爲疑。然孟子言三代皆十一。特所出粟米外，此尚有力役之征。禹貢「百里賦納總，二百里納銍，三百里納秸服」，則外此不輸穗秸服輸將者，賦必有加可知矣。此經所謂近郊十一，即公田之入也。自遠郊二十而三，以及甸、稍、縣、都之十二，皆量其力役之繁簡，而以他貢物足之。其九穀之貢，則不過公田所入，春秋傳所謂「穀出不過藉」也。角人、羽人、掌葛職凡山澤之農，徵其齒角、骨物、羽翮、葛材、草貢，以當邦賦之政令。則凡九穀及力役之征，皆可以他物充。

凡宅不毛者，有里布。凡田不耕者，出屋粟。凡民無職事者，出夫家之征。

宅不毛，不種桑麻也，故罰以嬪貢之布。屋粟，三家之稅粟也。夫家之征，一夫百畝之稅，及其家所出士徒車輦繇役也。周之徹灋，亦八家同養公田。而有屋粟者，亦取公田之入，以八計而稅其三耳。

以時徵其賦。

徵賦者，閭師、遂師。而以時令徵者，載師也。

閭師，掌國中及四郊之人民、六畜之數，以任其力，以待其政令，以時徵其賦。

掌六畜之數者，農事之本也。

凡任民：任農以耕事，貢九穀；任圃以樹事，貢草木；任工以飭材事，貢器物；任商以市事，貢貨賄；任牧以畜事，貢鳥獸；任嬪以女事，貢布帛；任衡以山事，貢其物；任虞以澤事，貢其物。

草木，謂葵韭果蓏之屬。曰以時徵其賦而所列皆九職之貢物，則貢之外别無賦明矣。特以地計則曰九賦，以職言則曰九貢耳。

凡無職者出夫布。凡庶民不畜者祭無牲，不耕者祭無盛，不樹者無椁，不蠶者不帛，不績者不衰。

載師、閭師之罰，輕重不同。朱子謂前以待士大夫之有土者，後乃庶民。薛氏謂載師所罰乃都家之長、公邑之吏，皆非也。蓋載師凡民無職事者出夫家之征，謂醫、卜、巫、覡、媒、妁之掌，任民之灋也。縣師所掌，賦兵之灋也。三職皆曰「時徵其賦」，而載師、縣師通掌畿内之地事，蓋掌其徵之令，非親徵之也。里宰職曰「以待有司之政令而征其財賦」，遂師職曰「以徵財賦」，則知六遂之財賦里宰徵之，而遂師執其總矣。六鄉之財賦，必閭胥徵之，而閭師執其總矣。公邑都家之財賦，必其二十五家之長徵之，而公邑之吏都家之宰執其總矣。族師、鄰長職皆曰「作民而師田行役，則帥而至」，稍人職曰「以縣師之灋作其同徒車輦以帥而至」，則丘乘卒伍之政，縣師亦不親也。

遺人，掌邦之委積，以待施惠；鄉里之委積，以恤民之囏阨；門關之委積，以養老孤；郊里之委積，以待賓客；野鄙之委積，以待羈旅；縣都之委積，以待凶荒。

鄉里，通鄉、遂、甸、稍、縣、都而言。民之囏阨，無地無之，故知通乎畿内也。縣都之委積最多，故以待凶荒，且便于内外移用也。不言甸、稍之委積者，委人掌甸稍之聚，而軍旅共其委積薪芻，則甸稍之委積並掌于委人，以共師旅可知矣。遺人掌待施惠，故軍旅之委積不列也。道路之委積，又以師役與賓客會同並列者，共之者委人，而遺人掌其頒之令也。待賓客羈旅，既列遺人職，復列委人職者，遺人頒委積，委人共薪芻也。大府，邦中四郊、甸、稍、縣、都之賦，各有所待，而此職郊、野、縣、都之委積，委人職甸稍之委積，又各有所待，何也？歲賦不盡輸于王朝，其存者各貯其地，以爲委積。

凡賓客、會同、師役，掌其道路之委積。凡國野之道：十里有廬，廬有飲食；三十里有宿，宿有路室，路室有委；五十里有市，市有候館，候館有積。

廬，可暫止。路室，可止宿。候館，則樓可觀望者也。

凡委積之事，巡而比之，以時頒之。

巡者，所掌非一地也。六鄉之賦，閭師徵之；六遂之賦，遂師徵之；縣都之賦，其邑宰徵之；甸稍之賦，委人斂之。則委積各貯于有司，以待遺人之比頒可知矣。道路之積穀，共之者倉人，治之者廩人，則凡委積可知矣。

均人，掌均地政，均地守，均地職，均人民、牛馬、車輦之力政。

均地政者，均所征財賦也。均地守者，司險、掌固所頒守法，凡民皆有任焉。而其事有劇易，守者有衆寡，故必通計一國一都應守之人，或私助財役，或輕重其力政、賦貢以相準。司險職所謂「移甲役財用」，亦其一端也。均地職者，所承職事雖有常，而亦時有劇易也。司徒制地子，太子之事父母也，師保奉之，動必以禮，于孝行無由顯悖，故特教以孝之實得於心者，使知于父母之教陽奉而陰違，則爲逆；偷爲不義，則爲惡。而太子之逆惡不可糾結也。故伸其教於國子，猶周公之抗世子法於伯禽也。師氏無教太子之文者，古者太子入學，與胄子齒，故以國子該之也。國子本宜學於大學，以太子故教於虎門之左，則教太子不必言矣。賢良，即同學之秀出者。師教以道藝者，師氏、大樂正、小樂正之類是也。長司其政令者，諸子、宫正、宫伯之類是也。○知、仁、聖、義、忠、和之德，乃養以道藝而後成者。此曰以爲道本，則知以天命五常之德粹然至善者言也。孝行以敬爲先，而此獨曰以親父母者，王公之子於父母，多尊而不親也。○以此經次第觀之，首曰「以三德教國子」，似以太子群王子而言；繼曰「掌國中失之事以教國子弟」，似兼王之族姓而言；繼曰「凡國之貴遊子弟學焉」，乃言公卿大夫之子弟。舊説相承既久，今姑仍之。

居虎門之左，司王朝。

虎門，路寢門也。王日視朝於路寢之門外。司，察也。察王之視朝有善道可行，則前以詔王。

掌國中、失之事，以教國子弟，

中，得禮也。失，失禮也。不曰凡中、失之事，而曰國中、失之事者，以先世王太子、王子弟善敗之迹告之，使知鑒戒也。

凡國之貴游子弟學焉。

游，謂無職司。師氏、保氏所教，皆未冠，與太子齒相次以共學者。故國之選俊不與。若太子既冠成人，則必博選天下孝悌、博聞有道術者，使與居處出入，而不專於貴遊子弟矣。

凡祭祀、賓客、會同、喪紀、軍旅，王舉則從；

舉猶行也，故書作「與」，讀去聲。○職專於教太子及國子，而王舉則從者，祭祀、軍旅、喪紀，國子必從太子；而會同、賓客，諸子亦作群子以從王。故師氏、保氏帥之以觀於政事，亦所以爲教也。

聽治亦如之。

謂王於野外聽朝。

使其屬帥四夷之隸，各以其兵服守王之門外，且蹕。

門外，中門之外。東方、南方，其服布、其兵劍。西方、北方，其服旃、其兵弓矢。王門以夷隸守之者，使王朝夕出入惕於德失政散，則四夷弗賓，又使荒裔之人知朝廷禮義之盛，以爲聲教也。

朝在野外，則守内列。

内列，藩營之在内者。

保氏，掌諫王惡，

未有孅而詔之，故曰以孅詔王，有惡而後諫，故曰掌諫王惡。○天子師、保有公、孤，師氏中大夫，保氏下大夫，蓋專爲教太子設者，而其職首曰以孅詔王諫王惡，何也？使太子益嚴於師、保也。王且以孅詔王之惡且諫，則所以詔諫太子者不可玩忽明矣。春秋傳晉侯問楚子鍾儀，對曰：「其爲太子也，師、保奉之，以朝於嬰齊而夕於側也」，則職專於教太子可知。

而養國子以道。乃教之六藝：一曰五禮，二曰六樂，三曰五射，四曰五馭，五曰六書，六曰九數。

乃教之六儀：一曰祭祀之容，二曰賓客之容，三曰朝廷之容，四曰喪紀之容，五曰軍旅之容，六曰車馬之容。

戴記，祭祀之容，齊齊皇皇。賓客之容，穆穆皇皇。朝廷之容，濟濟翔翔。喪紀之容，纍纍顛顛。軍旅之容，暨暨詻詻。車馬之容，匪匪翼翼。

凡祭祀、賓客、會同、喪紀、軍旅，王舉則從，聽治亦如之。使其屬守王闈。

闈，宮中之巷門。

司諫，掌糾萬民之德而勸之朋友，正其行而强之道藝，巡問而觀察之，以時書其德行道藝，辨其能而可任于國事者；

興賢、興能，學校之政備矣。復設司諫之官，以察萬民之德者，恐野有遺賢也。如農夫之孝弟、强果者，胥徒之淳實、廉幹者。幼未知學，不得列於庠序而賓興之，故勸之朋友，使近學士；正其行，使知大人之事；强之道藝，使務學以自廣；久之而德修行進，道通藝習，則可任國事矣。惟其未列於庠序，故勸之朋友。惟所習者小人之事，故正其行，惟時過而學，故道藝必强之而後能此。先王所以立賢無方，而國無廢事也。〇管仲治齊，鄉長五屬，大夫復事，公親問賢才，猶用周官遺意。然聰明質仁，爲義好學者，與拳勇股肱之力同問，則知其時學校之政已廢矣，故曰王者之迹熄也。○以非學士，故第以能而可任於國事爲言。其德行道藝出衆而爲賢者，未易數覯也。

以考鄉里之治，以詔廢置，以行赦宥。

廢置以吏言，赦宥以民言。罷民之出圜土而反於國中者，三年不齒。其坐嘉石而役諸司空者，鄉里任之，則宥而赦之。司諫巡問觀察，果能改其前行之惡，然後行赦宥也。

司救，掌萬民之衺惡過失而誅讓之，以禮防禁而救之。

衺惡，其性質不良而未麗於罪者。過失，則已形於事者。古者重刑且責讓之，未即罪也。

凡民之有衺惡者，三讓而罰，三罰而士加明刑，恥諸嘉石，役諸司空。

罰，謂撻擊之也。加明刑者，去冠飾而書其衺惡之狀，著之背也。嘉石，朝士所掌。

其有過失者，三讓而罰，三罰而歸于圜土。

司市，掌市之治教、政刑、度量、禁令。

禁物靡；亡者使有，利者使阜，害者使亡，靡者使微，以及僞飾之禁，過市之罰，屬游飲食之禁，皆所以教也。治，謂在民出入交易之事。政，謂在官幾征斂散之灋。度，丈尺也。量，豆、區、斗、斛之屬。

以次叙分地而經市，

經，界也。次叙，見内宰職。

以陳肆辨物而平市，

陳猶列也。物同，使列肆於一區，則美惡相校易辨，而市價自平矣。即肆長職所謂「名相近者相遠，實相近者相爾也」。

以政令禁物靡而均市，

物靡者，易售而無用争取。靡者，則常貨或滯，而市不均矣。

以商賈阜貨而行布，

布謂泉也。

以度量成賈而徵價，

價，買也。物有定價，則買者有所徵。

以質劑結信而止訟，

以賈民禁僞而除詐，

賈民，胥師、賈師之屬。僞以物言，詐以人言。

以刑罰禁虣而去盜，

以泉府同貨而斂賒。

民貨不售，斂而買之。民無貨賒，貰而予之。則以貨來者同得售，而不至于折閲。貨之積者同得散布，而民賴其用，故曰同貨。

大市日昃而市，百族爲主；朝市朝時而市，商賈爲主；夕市夕時而市，販夫販婦爲主。

主，言其多者也。大市者，鄉邑之民以百物交易，必日昃，遠邑乃可至。商賈市以朝者，商以貨來而賈居之，或求貨于賈，成議轉物，每窮日之力，必以朝乃便。販夫販婦市以夕者，所販乃朝夕所求之物。市之者，亦近市之人也。

凡市入，則胥執鞭度守門，市之群吏平肆、展成奠賈，上旌于思次以令市。市師莅焉，而聽大治大訟。胥師、賈師莅于介次，而聽小治小訟。

市入，市者入也。鞭度，一物二用，其幹刻丈尺，繫鞘于上以爲鞭。展成，謂既成議者，則展其物，以待判決。奠賈，謂未售者則定其賈，以待求索，即賈師所掌也。上旌，懸之。市師，司市也。

凡萬民之期于市者，辟布者、量度者、刑戮者，各于其地之叙。

期，謂欲賣買，取決于市也。辟，開通也。泉府掌以征布斂不售之貨于市。辟布，疑謂民之欲受泉而納財物者。量度者，謂處斗斛及丈尺之牙儈。

凡得貨賄、六畜者亦如之，三日而舉之。

亦如之，亦各于地之叙也。舉之，謂登諸册籍，使逾時而求者可驗也。春秋傳「仲尼使舉是禮也，以爲多文辭」。管子「時簡稽馬牛之肥瘠，其老而死者皆舉之」。

凡治市之貨賄、六畜、珍異，亡者使有，利者使阜，害者使亡，靡者使微。

使有，使阜起其價以徵之也。使亡、使微，抑其價，以却之也。害，謂奇器、異物，無當于民用者。作無益害有益，故使之無。靡者尚可，用但費財而導侈，故使之微。周官詳于市政，即此一節，足以消游惰、阜百物、備天災、厚民俗，非細故也。

凡通貨賄，以璽節出入之。

璽節，印章也。

國凶、荒、札、喪，則市無征而作布。

古者作錢幣以救凶荒，以耕九餘三，穀粟之積者多也。若無穀粟，則泉布無權，後世兵火水旱，貴人富商有抱其金玉錦繡而死者。政無常經，民非本富故也。

凡市僞飾之禁，在民者十有二，在商者十有二，在賈者十有二，在工者十有二。

潛谿鄧氏曰：「在民，若以水和米麻代絲之類。在商，若以石爲玉、冀産爲揚産之類。在賈，若飾今爲古、飾陳爲新之類。在工，陶中甂、銅和錫之類。」

市刑，小刑憲罰，中刑徇罰，大刑扑罰，其附于刑者歸于士。

憲罰，播其肆也。徇，偏巡以示衆也。扑，撻也。

國君過市，則刑人赦；夫人過市，罰一幕；世子過市，罰一帟；命夫過市，罰一蓋；命婦過市，罰一帷。

鄧氏曰：「刑人赦者，士師協日刑殺。君欲免之，則會其期而赦之。蓋非是無過市也。舉國君，則王可知。」

凡會同、師役，市司帥賈師而從，治其市政，掌其賣價之事。

市司，司市也。

質人，掌成市之貨賄、人民、牛馬、兵器、珍異。

人民，奴婢也。平物賈者，賈師。質人專掌質劑。所謂成者，兩人交易，入質劑于質人，則一成而不可變。其欺僞相負者後得質訟，治之各有程期。○書曰「臣妾逋逃」，詩曰「人有民人，女覆奪之」，即奴婢也。古者盜賊之子女始爲奴，豈罪隸、舂槀之外或以賜群臣，故得相鬻與？百里奚自鬻于秦養牲者，則鬻身者，周時亦間有之，但秦、漢間始名爲奴婢耳。

凡賣儥者質劑焉，大市以質，小市以劑。掌稽市之書契，

大市，人民、牛馬之屬，用長券。小市，兵器、珍異之屬，用短券。民自貿易，則曰質劑。官取予于市，則曰書契。賈師掌國之賣儥，則官有取予于市可知矣。

同其度量，壹其淳制，巡而考之，犯禁者舉而罰之。

犯禁者，不獨罰之，且書其所犯于册籍，使懼而不敢再也。淳制，見内宰職。

凡治質劑者，國中一旬，郊二旬，野三旬，都三月，邦國期；期内聽，期外不聽。

野，甸、稍也。

廛人，掌斂市絘布、總布、質布、罰布、廛布而入于泉府。

絘布，列肆之税。總布，或曰總當爲儳，無肆立持者之税也。或曰讀如租穟之穟，守斗斛銓衡者之税也。質布，犯質劑者所罰。罰布，犯市令者所罰。廛布，諸物邸舍之税。○既有廛布、絘布，不應又爲列肆之税。絘從次，思次、介次，皆聽治訟之所也，豈訟于市者必先入布，如束矢鈞金之類與？總布，疑即民買賒官物之泉，肆長分收而總會于廛人，故以總名。

凡屠者，斂其皮角筋骨，入于玉府。

以當廛布，有餘則以布斂之。

凡珍異之有滯者，斂而入于膳府。

珍異，四時食物也。

胥師，各掌其次之政令，而平其貨賄，憲刑禁焉。察其詐僞、飾行、儥慝者而誅罰之。

儥，當作賣。慝，惡物也。賣慝而曰飾行者，今市中賣僞物，多使老弱疾者詐爲有急，而使人不疑，所謂飾行也。

聽其小治小訟而斷之。

賈師，各掌其次之貨賄之治，辨其物而均平之，展其成而奠其賈，然後令市。

辨其物之良苦，使各有等差。良苦相均，始得其平。

凡天患，禁貴儥者，使有恒賈。

三代聖王所以恤民惠商，其濾曲備。而穀物之積，所在皆有之，故遇天患，可禁貴賣者。後世救荒，則以增價招商爲善政，時勢各有宜也。儥當作賣。

四時之珍異，亦如之。

薦宗廟之物。

凡國之賣儥，各帥其屬而嗣掌其月。

嗣，以次更代也。

凡師役、會同，亦如之。

司虣，掌憲市之禁令，禁其鬭囂者與其虣亂者、出入相陵犯者、以屬遊飲食于市者。若不可禁，則搏而戮之。

以屬遊，群聚而遊也。

司稽，掌巡市，而察其犯禁者與其不物者而搏之。

不物，衣服視占不與衆同，及所操物不如品式。

掌執市之盜賊以徇，且刑之。

徒徇者不必刑，若盜賊則必以徇且刑之，所謂「附于刑者歸于士」也。市之大刑扑罰。又曰「凡有罪者撻戮而罰之」，則歸于士者，惟盜賊可知矣。

胥，各掌其所治之政，執鞭度而巡其前。掌其坐作出入之禁令，襲其不正者。

市有坐作之禁令者，有司稽巡，當起立襲掩捕也。

凡有罪者，撻戮而罰之。

罰，使出布。

肆長，各掌其肆之政令。陳其貨賄，名相近者相遠也，實相近者相爾也，而平正之。

爾亦近也。均是物也，而其賈或倍蓰十百千萬，故必辨其名實。

斂其總布，掌其戒禁。

賈師職曰「凡國之賣價，各帥其屬而嗣掌其月」，賈師之屬，肆長也。買賒官物之布，必肆長斂之可知矣。其或日終而總計之，或旬終而總計之，以會于廛人，故曰「總布」與？

泉府，掌以市之征布，斂市之不售、貨之滯于民用者，以其賈買之，物楬而書之，以待不時而買者。買者各從其抵，都鄙從其主，國人、郊人從其有司，然後予之。

抵，故賈也。于此見聖人愛民之實，而後世平準、均輸藉以浚民者，不得假託也。買貨必從所司者，官收滯貨，本以利民，必實有需用，然後予之。若遠商大賈，轉貨逐利，則不予也。貨之滯者，逾時必騰躍，故設禁如此。

凡賒者，祭祀無過旬日，喪紀無過三月。

賒，貰也。

凡民之貸者，與其有司辨而授之，以國服爲之息。

民有急貸于官，第歸其本而服國事，以當其息也。禹貢三百里納秸服，周官服公事者，他如服勞服役，皆以任其力爲義，而鄭氏以王莽之受息釋之，誤矣。○貴與馬氏曰：「賒貸者，三代之瀆也。三代之時，非直周公之聖可行，雖中主能行之。三代之後，非直王莽之矯詐，介甫之執愎不可行，雖賢哲亦不能行。其故何也？蓋三代之時，寰宇悉以封建，天子所治不過千里，公侯則自百里，以至五十里，卿大夫又各有食邑，分土而治。上之所以治其民者，不啻祖父之于子孫，家主之于臧獲，雖諸侯卿大夫不必皆賢，然既世守其地與民，則不容不視爲一體，故姦弊無由生，而良法可以世守。自封建變爲郡縣，人君宰制六合，穹然于上，郡守縣令，更代無常，發政施令，不過受成于胥吏。不獨賖貸一事，凡瑣細繁密之制，執而行之，必反爲民病。世儒治周官，不能識其大本，求其精意，而好舉其制之瑣細繁密者以爲疑，所謂不通時變也。」

凡國事之財用，取具焉。歲終，則會其出入而納其餘。

凡國事之財用，取具于泉府，以在市而通百物也。外府、泉府爲通職。外府職曰「凡祭祀、賓客、喪紀、會同、軍旅，共其財用之幣齎，賜予之財用」。蓋九職貢物所無而爲邦用所必需者，則外府共其布，泉府市其物也。納其餘，入于職幣也。

司門，掌授管鍵，以啓閉國門。

管，籥也。鍵，謂牡。用管以啓，用鍵以閉。

幾出入不物者，正其貨賄。凡財物犯禁者舉之，

正，當讀征，謂稅其物也。財物犯禁者，如木不中伐，布帛不中數量，用器不中度之類，言舉而不言罰者，門近于市矣，故舉之使受罰于質人也。○陳及之曰：「即司市所謂飾僞之禁，在民、商、賈、工者各十有二是也。」

以其財養死政之老與其孤。

謂門關之委積死政、死國事者。

祭祀之牛牲繫焉，監門養之。

散祭祀之牲繫于門。監門，門徒也。

凡歲時之門，受其餘。

受祭門之餘。

凡四方之賓客造焉，則以告。

造，至也。

司關，掌國貨之節，以聯門市。

貨節，璽節也。

司貨賄之出入者，掌其治禁與其征廛。

廛人斂廛布，司關復有征廛者，或留貨于關，以待野鄙之交易，而不入于門市也。

凡貨不出于關者，舉其貨，罰其人。

暫舉其貨，俟詰問或撻其人，或罰以布而仍還其貨也。司圜職「凡圜土之刑人也不虧體，其罰人也不虧財」。司市職「有罪者撻戮而罰之」。凡罰，多以財言也。若舉，爲悉没其貨，則財之虧逾量矣。而復罰以財，必無是濾也。○王氏曰：「出」下疑脱「入」字。

凡所達貨賄者，則以節傳出之。

商或取貨于山澤、野鄙，而無司市之璽節。至關，關爲之璽節及傳以出之。其有璽節者，亦爲之傳。傳，如後世移過文書。

國凶札，則無關門之征，猶幾。

凡四方之賓客敂關，則爲之告。

敂猶至也。

以土地之圖經田野，造縣鄙形體之灋。五家爲鄰，五鄰爲里，四里爲酇，五酇爲鄙，五鄙爲縣，五縣爲遂，皆有地域，溝樹之。使各掌其政令刑禁，以歲時稽其人民，而授之田野，簡其兵器，教之稼穡。

遂之鄰、里、酇、鄙、縣，與鄉之比、閭、族、黨、州同灋，而異其名者，師田行役，各以旗物帥其衆庶，而至異其名乃便識別耳。

凡治野：以下劑致甿，以田里安甿，以樂昏擾甿，以土宜教甿稼穡，以興耡利甿，以時器勸甿，以彊予任甿，以土均平政。

變民言甿，異内外也。致猶會也。雖受上田、中田及會之以下劑爲率，謂可任者家二人也。樂，如酺蜡之類。昏，謂嫁娶之禮。興耡者，地有豐凶，興起群甿，使彼此相助，則交得其利。若移用其民以救其時事，及五黨相賙之類是也。「彊」當作「疆」，古者疆場有瓜，口衆者多予之，所以任其力。「政」讀爲「征」，以土之肥墝，均平其税及力役之征。

辨其野之土：上地、中地、下地，以頒田里：上地，夫一廛，田百畮，萊五十畮，餘夫亦如之；中地，夫一廛，田百畮，萊百畮，餘夫亦如之；下地，夫一廛，田百畮，萊二百畮，餘夫亦如之。

萊，謂休不耕者。餘夫亦如之，謂所受之田亦有萊也。鄉受田無餘夫之文，以輸將、服公事者皆近取于鄉也。鄉之上地無萊，以近城郭人畜多，易糞也。

凡治野：夫間有遂，遂上有徑；十夫有溝，溝上有畛；百夫有洫，洫上有涂；千夫有澮，澮上有道；萬夫有川，川上有路，以達于畿。

遂、溝、洫、澮，深廣見匠人。徑容牛馬，畛容大車，涂容乘車。一軌道容，二軌路容，三軌曰達于畿，則家稍、公邑、縣都溝洫之制，皆遂人主之。○曰治野，以作溝洫畛涂言也，故計所占之地而曰十夫。其實耕者乃一井九夫之地耳。匠人所謂「方十里爲成」，即此經千夫之地，而耕地則九百夫。匠人所謂「方百里爲同」，即此經萬夫之地十，而耕地則九萬夫。詩曰「十千維耦」，蓋舉其成數，猶三十三里少半里，而曰「終三十里」也。不足據以破周禮。○明齋王氏曰：「凡疏導之瀍，輓漕之便，皆于是在。而封植以息爭端，設險以限戎馬，實寓其中矣。自遂、溝、徑、畛而下，民自治之。至洫、涂、澮，必上之人創之，合衆力修治，若川與路，則非一方之民所能辦，必損府庫之積移用其民乃可成。軍禮所謂『大役任衆』者也。」○浚儀王氏曰：「禹盡力乎溝洫，濬畎澮距川。遂人五溝五涂之制，因乎古也。溝洫之成，自禹至周，非一人之力。溝洫之壞，自周至秦，非一日之積。」

以歲時登其夫家之衆寡及其六畜、車輦，辨其老幼、廢疾與其施舍者，以頒職作事，以令貢賦，以令師田，以起政役。

老幼廢疾，不可任者也。其可任而施舍者，蓋貴賤賢能也。而不列言之者，鄉近國中，多君子；遂遠郊，多野人，不惟貴者，服公事者不若六鄉之多，即賢能之興，亦甚少。故遂大夫及群吏職，皆無稽貴賤賢能之文，而于遂人略言之職。九職事兼學藝、世事、服事。政役，謂土功及輸將所用，即師田徒旅，而事則異，故更列之。下經所謂「凡事致野役，而師田作野民」是也。

若起野役，則令各帥其所治之民而至，以遂之大旗致之，其不用命者誅之。

役，謂師田若有功作也。遂之大旗，熊、虎也。遂人、遂大夫合用鳥隼之旗以致衆，故得與大司徒同用大旗。

凡國祭祀，共野牲，令野職。

共野牲入于牧人，以待事也。

凡賓客，令野修道而委積。

委積，于廬宿市令令遺人也。凡賓客，兼大司徒、小司徒所令。

大喪，帥六遂之役而致之，掌其政令；及葬，帥而屬六綍；及窆，陳役。

致役，致于司徒給墓上事及窀也。綍，舉棺索也。大喪之正棺，殯啓朝及引，六鄉役之；載及窆，六遂役之。

凡事，致野役，而師田作野民，帥而至，掌其政治禁令。

凡事，謂力政之事。

遂師，各掌其遂之政令戒禁。以時登其夫家之衆寡、六畜、車輦，辨其施舍與其可任者。經牧其田野，辨其可食者，周知其數而任之，以徵財征。作役事，則聽其治訟。

辨其可食者，如牧地則不可食也。遂人辨上地、中地、下地之等，而遂師則周知其數。遂人令貢賦，而遂師徵財征。遂人起政役，而遂師作役事。遂人令師田，而遂師掌軍旅、田獵之政令。或舉其綱，或詳其目也。不曰井牧而曰經者，井瀍，遂人之所掌也。○項氏曰：「可任者

若將用野民師、田、行、役、移執事，則帥而至，治其政令。

移執事，即遂師職所謂「移用其民以救其時事」也。

既役，則稽功會事而誅賞。

稽功者，每人而分考其程也。會事者，合計其功事以爲役要也。

鄙師，各掌其鄙之政令、祭祀。

凡作民，則掌其戒令。以時數其衆庶，而察其媺惡而誅賞。

察衆庶之媺惡，將以助遂大夫興甿也。鄙師所掌獨無農事者，其大綱則遂大夫、縣正董之，其細目則酇長、里宰親之。

歲終，則會其鄙之政而致事。

酇長，各掌其酇之政令，以時校登其夫家，比其衆寡，以治其喪紀、祭祀之事。

校，差次之也。

若作其民而用之，則以旗鼓兵革帥而至。若歲時簡器，與有司數之。
有司，遂大夫所委屬吏也。遂大夫簡器，豈能徧數？舊説誤。

凡歲時之戒令皆聽之，趨其耕耨，稽其女功。
聽，謂受而行之也。○古者，王内之政令内宰治之，民家之女功酇長稽之。所以上下、男女各警其職，而事無不舉，教無不行也。

里宰，掌比其邑之衆寡與其六畜、兵器，治其政令。
以歲時合耦于耡，以治稼穡，趨其耕耨，行其秩叙，以待有司之政令，而徵斂其財賦。
耜廣五寸，二耜爲耦，耕必以耦。人之少長、老疾、死喪不齊，故以歲時合之。耡者，里宰所治處，于此合耦，使相助，因放而爲名。秩叙，受耦相佐助之次第。

鄰長，掌相糾相受。凡邑中之政相贊。徙于他邑，則從而授之。
鄰長即耦耕之民，故所掌無農事。

旅師，掌聚野之耡粟、屋粟、閒粟而用之。

屋粟，有田不耕者所罰三夫之稅粟。閒粟，閒民無職事者所出一夫之征粟。耡粟，民自相助之粟也。古者以政成民，建設長利，不僅恃上之賑恤也。易曰「君子以勞民勸相」，春秋傳曰「務穡勸分」，蓋使民自相助，則所濟者博。故司徒職「五黨爲州，使之相賙」，司稼職「均萬民之食而賙其急」，遂人職「以興耡利甿」，皆使民自相助也。此經所謂耡粟，即所興以相助者。○耡粟、屋粟、閒粟，皆非公田所入，故特設旅師以掌之，各貯其鄉里，以賑貸平民、給新甿。注疏謂主斂縣師所徵賦穀，誤矣。

以質劑致民，平頒其興積，施其惠，散其利，而均其政令。

興積，即三者之粟。賑者、貸者，皆平頒之，不得偏有多少。施其惠者，不責以償也。散其利者，春頒而秋斂之也。貸者則有質劑，均其政令者，頒斂之期，亦不得偏先後也。

凡用粟，春頒而秋斂之。

凡新甿之治皆聽之，使無征役，以地之媺惡爲之等。

新甿，來徙家者。治，謂有所乞求也。以地媺惡爲之等，計口而授以上中下之田也。○李倫曰：「無征役，暫耳。以地孅惡爲之等者，不易之地一年後征役之，一易者二年，再易者三年。」○遺人、委人所待，羈旅以疾病、事故滯留者。旅師所掌，乃新甿來徙家者，將治而教之，故官以師名。

稍人，掌丘乘之政令。

丘出馬，四丘出車一乘，故曰丘乘。蓋掌賦兵之政令也。

若有會同、師田、行役之事，則以縣師之灋作其同徒、輂輦，師而以至，治其政令，以聽于司馬。

縣師通掌邦國、都鄙、稍甸，郊里，將有軍旅、會同、田役之戒，則受灋于司馬，以作其衆庶及馬牛、車輦，使皆備其旗鼓兵器以帥而至。鄉之帥而至者，州長也。遂之帥而至者，縣正也。家邑則其吏，公邑則其長也。稍人掌丘乘之政令，故以縣師之灋作之，而因通帥焉。曰以至者，以州長、縣正之屬至也。同猶調也。凡起役皆更番以人數調之，行役非畿内之土功也。如仲山甫城齊、召伯城謝之類，故不聽于司空，而聽于司馬。

大喪，帥蜃車與其役以至，掌其政令，以聽于司徒。

委人，掌斂野之賦，斂薪芻，凡疏材、木材，凡畜聚之物。

舊說，委人所掌惟薪芻、疏材而無粟米，非也。果爾，則曰掌斂野之薪芻，凡疏材、木材，凡畜聚之物可矣。其曰斂野之賦者，蓋甸稍之米粟亦委人掌之也。知然者，遺人所掌無甸稍之委積，委人兼掌甸稍之聚，而軍旅共其委積、薪芻也。薪芻、疏材、木材獨于甸稍斂之者，居王畿之中而環郊遂，便委輸也。凡蓄聚之物，謂瓜、瓠、葵、芋禦冬之具。

以稍聚待賓客，以甸聚待羈旅。

曰稍聚、甸聚者，獨共其薪芻而無粟米也。遺人職「郊里之委積以待賓客，野鄙之委積以待羈旅」，而此職賓客共其芻薪，軍旅共其委積、薪芻，則賓客無委積可知矣。羈旅者，賓客之細也。舉賓客則羈旅可知。軍旅用廣，故甸稍之委積並蓄以待共，而後不虞其乏匱也。

凡其余聚以待頒賜。

余，當爲餘。

以式法共祭祀之薪蒸木材。賓客，共其芻薪。喪紀，共其薪蒸木材。軍旅，共其委積薪芻凡疏材，共野委兵器與其野囿財用。

式灋，故事之多少也。薪蒸，給炊及燎。木材，給大次、小次之張事。野委，謂委積之分貯四野者。有守者，故共其兵器。野囿之財用，謂苑囿藩籬之材。

凡軍旅之賓客，館焉。

凡軍旅之士衆，惟供其物。而將帥之爲賓客者，則授館也。詩曰「敦彼獨宿」，亦在車下，則士衆不可徧館明矣。凡賓客、會同、師役，遺人掌其道路之委積，而委人復掌之者，遺人掌其頒之令，而委人則供其物也。

土均，掌平土地之政，以均地守，以均地事，以均地貢，

土地之政，邦國、都鄙所征于民也。地貢，所貢于王朝也。均人曰「均地政」，鄉遂、公邑並征其財賦也。土均曰「均地貢」，邦國無粟米之征，都鄙自委積而外，所征亦貢物爲多也。若九職之事，則無所用其均。且均侯國之九職，亦非王官所能及也。此職「地事」與均人所謂「地職」略同，而變職言事者，畿内會同、師田、力役之事，皆承職于王朝，故均人曰「地職」，土均兼掌邦國，則師田、力役、賓旅，有自爲其國事而非王朝之職事者矣，故統之曰「地事」也。

以和邦國都鄙之政令、刑禁與其施舍。禮俗、喪紀、祭祀，皆以地𡒫惡爲輕重之灋而行之，掌其禁令。

政令、刑禁、施舍，及民之禮俗、喪紀、祭祀，皆以地𡒫惡制其輕重之灋，則地守、地事、地貢不必言矣。

草人，掌土化之灋以物地，相其宜而爲之種。

化土使𡒫，漢時氾勝之術，其遺也。物地，占其形色也。種各有宜，詳見管子地員篇。

凡糞種，騂剛用牛，赤緹用羊，墳壤用麋，渴澤用鹿，鹹潟用貆，勃壤用狐，埴壚用豕，彊㯺用蕡，輕㶆用犬。

糞種，燒獸骨爲灰，或擣蕡子以漬其種也。騂剛，色赤而性剛。赤緹，縓色也。墳壤，墳起而解散也。渴澤，故水處潟鹵也。貆，貒也。勃壤，粉解者。埴壚，黏疏者。彊㯺，强堅者。輕㶆，輕脆者。

稻人，掌稼下地。

下地，水澤之地也。

以豬畜水，以防止水，以溝蕩水，以遂均水，以列舍水，以澮寫水，以涉揚其芟，作田。

偃豬者，畜流水之陂也。防豬，旁隄也。遂，田首受水小溝也。列，田之畦畤也。澮，田尾去水大溝也。其用水也，自防之水門以入于溝，自溝以入于遂，舍于列而灌溉通焉。水過大，則以澮瀉之于川，而毋使害稼也。所芟草積田中，恐其根附土復生，故舍水于列中，以涉播揚而反之，使其根在上，則槁而澌腐，可以糞田。

凡稼澤，夏以水殄草而芟荑之。

此始變澤地爲田之瀍也。澤中草盛，根著于土，雖芟荑，復生甚易。惟夏月積水土柔，可因水力而絶其本根，然後芟荑蘊崇之，則草不復生而可稼也。

澤草所生，種之芒種。

楊慎曰：「即江湖間葑田也。」葑菰根繁而糾結，上著泥土可耕種。郭璞江賦「播匪藝之芒種，挺自然之嘉蔬」，蓋謂此耳。滇南亦有葑田，名曰海簰。芒種，稻有芒者。

旱暵，共其雩斂。喪紀，共其葦事。

雩斂，雩事所發斂也。稻急水，故稻人共之，葦所以闔壙。

土訓，掌道地圖，以詔地事。道地慝，以辨地物而原其生，以詔地求。王巡守，則夾王車。

道，説也。地慝，若瘴蠱及所産惡物害人者。原其生以詔地求，謂物生有時，地所無及物未生則不求。○王志長曰：「地事謂形勝阨塞、邊腹衝僻之類。辨地物而原其生，如湍水人輕，濁水人重，幽燕沉勁，吴楚剽疾之類，而物産亦在其中。」

誦訓，掌道方志，以詔觀事。掌道方慝，以詔辟忌，以知地俗。王巡守，則夾王車。

方志，四方記舊事之書，如春秋傳所謂「不出鄭志」是也。觀事，省方觀民設教之事也。方慝，其政俗之惡而宜革者。辟忌，避其語言所忌。

山虞，掌山林之政令，物爲之厲而爲之守禁。

物爲之厲，每物有蕃界也。爲之守禁，爲守者設禁令也。守者，即其地之民，占伐林木者，林自有衡。此兼言林者，山内之林，即山虞兼掌之。或曰林衡亦受法于山虞也。

仲冬斬陽木，仲夏斬陰木。

陽木，春夏生者。陰木，秋冬生者。或曰生山南爲陽木，生山北爲陰木。冬斬陽，夏斬陰，則堅濡調。

凡服耜，斬季材，以時入之。

服，牝服，即車箱有鑿孔，以軫子貫之，故謂之牝服。季猶稚也。服與耜尚柔刃，宜用稚材。或曰，季，木之老者，車農器最勞，非稚木可任。

令萬民時斬材，有期日。

王制「草木零落，然後入山林」。

凡邦工入山林而掄材，不禁。

掄猶擇也。

春秋之斬木，不入禁。

萬民春秋需材，僅可斬四野之木，不得入山林厲禁。

凡竊木者，有刑罰。

間師職「不樹者無槨」，則宅舍無棄地。此職竊木有刑罰，則原野無耗材。古之治天下至纖至悉也，故蓄積足恃，皆此類也。

若祭山林，則爲主而修除，且蹕。

爲主，主辨護之，若供時用相禮儀也。修除，治道路、場壇。

若大田獵，則萊山田之野；及弊田，植虞旗于中，致禽而珥焉。

萊者，將田于是，則不除其草萊，使禽獸得生息也。弊田，田者，止也。山虞有旗以主山，得畫熊、虎，其仞數則短。珥者，取禽左耳以效功也。

林衡，掌巡林麓之政令而平其守，以時計林麓而賞罰之。

平其地之民，守林麓之部分。

若斬木材，則受法于山虞，而掌其政令。

川衡，掌巡川澤之禁令而平其守。以時舍其守，犯禁者執而誅罰之。

澤與川連者，則川衡兼掌之，三時皆可漁。惟别孕之時，則官舍止其所守之地，以伺察其犯禁者。林材可時計，網罟之入無可稽尋，非止于其地不可。

祭祀、賓客，共川奠。

川奠，籩豆之實，魚鱐，蜃蛤之屬。山林不舉奠物者，惟田獵以共乾豆。川澤之奠物，則不出于田獵也。川衡、澤虞不言祭，則爲主者于山林舉之，則川澤從可知也。田獵則于澤，復特舉者，澤水所鍾，不特舉不知澤野之可以田也。

澤虞，掌國澤之政令，爲之厲禁。使其地之人守其財物，以時入之于玉府，頒其餘于萬民。

獨澤言國者，稻人掌稼下地，則澤可稼者仍頒于民，其餘乃澤虞之所守耳。財物之入于玉府者，犀角、象齒、珠貝之類也。金玉生于山，而山虞不言入其財物于玉府者，丱人取之入于職金，而後職金以入于玉府也。

凡祭祀、賓客，共澤物之奠。

亦籩豆之實，芹茆菱芡之屬。

喪紀，共其葦蒲之事。

蒲以爲席。

若大田獵，則萊澤野；及弊田，植虞旌以屬禽。

澤，鳥所集，故注析羽之旌。

迹人，掌邦田之地政，爲之厲禁而守之。凡田獵者受令焉。

令謂田獵之時與地。

禁麛卵者與其毒矢射者。

丱人，掌金玉錫石之地，而爲之厲禁以守之。若以時取之，則物其地，圖而授之。巡其禁令。

「卝」，古「礦」字。金未鎔、玉在璞曰礦。物地，占其形色也。

角人，掌以時徵齒角凡骨物于山澤之農，以當邦賦之政令。

賦，十一之税也。政令，師田、力役也。觀此，則九職貢物之外别無九賦益明矣。山澤間皆有耕者，特其田不井，因使散處以守財物。

以度量受之，以共財用。

骨入漆浣者，以量受其餘，以度度所中。

羽人，掌以時徵羽翮之政于山澤之農，以當邦賦之政令。

翮，羽本。

凡受羽，十羽爲審，百羽爲摶，十摶爲縳。

爾雅：「一羽謂之箴，十羽謂之縳，百羽謂之緷。」其名音俱相近。

掌葛，掌以時徵絺綌之材于山農，凡葛征，徵草貢之材于澤農，以當邦賦之政令。以權度受之。

凡葛征，謂征其已織者。草貢，蕒紵之屬可緝績者。古者王畿四面各五百里，而骨物、羽翮、葛材、草貢物皆輕細，徵以當賦，乃所以利民。後世郡縣萬里，而置均輸、平準，且凡物皆取焉。轉輸出納，吏得爲奸，而民困于無告矣。

掌染草，掌以春秋斂染草之物，以權量受之，以待時而頒之。

染草，茅蒐、槖蘆、豕首、紫茢之屬。

掌炭，掌灰物炭物之徵令，以時入之。以權量受之，以共邦之用，凡炭灰之事。

凡炭灰、蜃灰、烟煤之類，以共甃砌、澣練、黝堊之用。

掌荼，掌以時聚荼，以共喪事。

以著物也。既夕禮「茵著用荼」。

徵野疏材之物以待邦事，凡畜聚之物。

荼，疏材之類，因使掌焉。徵于山澤，入于委人。

掌蜃，掌斂互物、蜃物，以共闉壙之蜃。

互物，蚌蛤之屬。闉猶塞也。壙，穿中也。將井椁，先塞下，以蜃禦濕也。春秋傳「宋文公卒，始厚葬，用蜃炭」。

祭祀，共蜃器之蜃。

以飾祭器也。鬯人職曰：「凡四方山川用蜃器。」春秋傳「天王使石尚來歸脤」，盛以蜃器，因名焉。

共白盛之蜃。

盛猶成也，謂飾牆使白，惟宗廟用之。

囿人，掌囿游之獸禁。牧百獸。祭祀、喪紀、賓客，共其生獸、死獸之物。

以共喪祭、賓客，則不畜珍禽奇獸可知矣。○吴氏曰：「生獸、死獸之物，獸人共者，田獵所獲也；囿人共者，苑囿所養也。」

場人，掌國之場圃，而樹之果蓏珍異之物，以時斂而藏之。

凡祭祀、賓客，共其果蓏，享亦如之。

舊説，享謂朝事之籩豆。或曰，每月朔薦。非也。祭祀已該此二節，不宜曰「亦如之」。外饗職于祭祀、賓客後，繼以邦饗耆老、孤子、士庶子。稾人職「凡饗耆老、孤子、士庶子，共其食」，此職所共，亦謂是與？

廩人，掌九穀之數，以待國之匪頒、賙賜、稍食。

匪，讀爲分，謂委人所頒諸委積也。賙賜，王所賜予給好用之式也。稍食，廩禄。

以歲之上下數邦用，以知足否，以詔穀用，以治年之凶豐。

數猶計也。○王志長曰：「以税入之多少制國用之數，此成周賦法之所以善。以國用之多少制取民之數，此後世賦法之所以不善也。」

凡萬民之食食者，人四鬴，上也；人三鬴，中也；人二鬴，下也。

六斗四升曰鬴，皆謂一月所食。

若食不能人二鬴，則令邦移民就穀，詔王殺邦用。

凡邦有會同、師役之事，則治其糧與其食。

古者師行無饋餉，所謂治糧與食者，令道所經有司共之。委人職「軍旅共其委積」，倉人職「凡國之大事，共道路之穀積」是也。注「行道曰糧」，疏引「乃裹餱糧」以證之，恐未安。書曰「峙乃糗糧」，非行者所自齎可知矣。公劉遷豳之事，未可爲行師常法。食，疑謂蔬菜、六畜凡食物也。

大祭祀，則共其接盛。

接，讀爲一扱、再扱之「扱」。扱以授舂人舂之。大祭祀之穀，籍田所收，藏于神倉者，不以給小用。○春秋傳曰：「魯祭周公，何以爲盛？周公盛，魯公燾，群公廩。」解者曰：「燾謂下故上新各半也，廩謂全用舊穀少覆以新。」然則謂之接盛者，豈有取于新故之相接續與？

舍人，掌平宮中之政，分其財守，以法掌其出入。

政，謂用穀之政。分其財守，謂計當用之數，分送宫正、内宰，使守而頒之。出，謂出米于廩人。入，謂還收其空缺者。○李耜卿曰：「財即米也。」喪大記：「納財，朝一溢米、暮一溢米。」

凡祭祀，共簠簋，實之，陳之。賓客，亦如之，共其禮：車米、筥米、芻禾。方曰簠，圓曰簋。車米、筥米、芻禾之數，見掌客職。舂人共祭祀之米，饎人爲盛，然後舍人實之簠簋而陳之。舂人共賓客牢禮之米，差擇之也。舍人則實之筥，載之車，故曰共其禮。

喪紀，共飯米、熬穀。飯，含飯也。熬穀，舊説錯于棺旁，以惑蚍蜉。豈誘之出而掘去其窟穴與？喪大記：「熬，君四種八筐，大夫三種六筐，士二種四筐，加魚腊焉。」士喪禮：「設熬，旁一筐，乃塗。」

以歲時縣穜稑之種，以共王后之春獻種。縣之者，欲其風氣燥達也。

掌米粟之出入，辨其物。

九穀中，黍、稷、稻、粱、苽、大豆皆有米，麻、小豆、小麥無米。辨其物，則知其用所宜。

歲終，則會計其政。

倉人，掌粟入之藏。

穀不去殼，則可久藏。

辨九穀之物，以待邦用。若穀不足，則止餘灋用；有餘則藏之，以待凶而頒之。

餘法用，謂賙賜之類，道路之委積不可止也。舊説誤。

凡國之大事，共道路之穀積、食飲之具。

委人軍旅共其委積，此復共穀積者，曰凡國之大事，則兼大喪、大祭，不獨軍旅也。倉人通掌畿内粟入。道路之委積，遺人令之，倉人出之，廩人治之，委人共之，故四職爲聯事，而委人、倉人並曰「共」也。

司稼，掌巡邦野之稼，而辨穜稑之種，周知其名與其所宜地，以爲灋而縣于邑閭。

巡野觀稼，以年之上下出斂灋。

掌均萬民之食，而賙其急，而平其興。

均萬民之食而賙其急，使民自相賙也。豐穰更事，彼此相通，則交得其利。司徒職所謂「五黨爲州，使之相賙」是也。平其興，猶旅師所謂「平頒其興積」也。先王之于農事，始則移用其民以相救，終復均調其食以相賙，則天患之小者舉不足以病民矣。

舂人，掌共米物。

米物者，其質之美惡、舂之精粗非一類也。

祭祀，共其齍盛之米。賓客，共其牢禮之米。凡饗食，共其食米。掌凡米事。

饎人，掌凡祭祀共盛，

盛，炊而共之。

共王及后之六食。凡賓客，共其簋簋之實，饗食亦如之。

六食，謂六穀之飯。

稾人，掌共外内朝冗食者之食。

冗食，謂留治文書及給事者。謂之冗食，以其人自有廩禄，因給事内外朝，不暇自爲食，而官共之也。

若饗耆老、孤子、士庶子，共其食。

掌豢祭祀之犬。

不豢于饎人者，共至尊，潘瀾、戔餘，不可褻也。

李耜卿曰：「冢宰掌邦治，舉其要耳。其僚屬庶尹，皆經理王宫之政，至于遂生復性、以寵綏斯民者未遑也。故設司徒之職，舉天王作君、作師之事而致之于民，乃順承天，萬物資生，故曰地官也。教始于郊里，故自小司徒至比長八職，專主六鄉，而牧田、牛田在鄉者，故封人、牧人、牛人、充人四職次之。鄉之政有二：曰征役施舍，曰德行道藝。載師至均人五職，詳征役施舍之事也。師氏至媒氏六職，詳德行道藝之教也。然則教養之道備矣，施之天下，何以加兹。故曰觀于鄉而知王道也。王國面朝後市，王門十二在六鄉之内，十二關門則臨畿上，今次于鄉之下、遂之上者，市雖在國，容五百里疆界中，凡五十里之市皆在焉。門關則連于市以達貨賄者，關市有譏，用節爲多，故司市至司關十二職爲一類，而掌節附焉。遂人至里宰專及田野之制，稼穡之緒，與六鄉互見爲義。旅師如鄉之閭師也，稍人如鄉之縣師也，委人、土均如鄉之遺人、均人也。而鄉有封人、載師、縣師，遂有稍人、土均，則通公邑、都鄙、邦國之政皆舉之矣。草人、稻人詳穡事，養民之原也。土訓、誦訓，通土俗，教民之本也。四職所掌，鄉遂、都鄙、邦國皆有焉，故次于土均之後也。若夫山林、川澤，賦貢之所出，國用賴焉，故自山虞至場人十有五職又次之。冢宰所列九職、九貢之目盡于此矣。賓祭之所取，軍旅、喪紀之所共，膳羞禄廩，凡爲九式，用財者將于是乎在，故廩人至槀人職終焉。司徒敷教，而教職惟鄉官、師保等十數人，其間所措理者，養民之事居多。先儒疑爲司空之錯簡，是不然。夫先王之世，辨物居方，秀者爲士，而樸者爲農，下及工商，各有常居，皆有瀍守，使之父以教其子，兄以教其弟，習其耳目而定其心思，閑其道藝而世其家業，無非以道率民，豈必東膠西序始名教哉？孟子曰『無恒産而有恒心者，惟士爲能』，故制民之産，然後驅而之善。若生者不得其情，死者不盡其常，瞿瞿然喪其降衷秉彝之心。其鈍頑無恥者，固相率而歸于悖戾，不可復制。

即常性未移者，亦頽墮委靡，消沮而不復振，則道之不行，從可知矣。此司徒一篇，所以聯教養爲一事也。然則司空之職何與？周禮爲書，委曲周詳，無不備者。獨至壇兆、廟社之瀍，井田長廣之方，附庸、閒田所餘之多寡，山林、川澤、城郭、宫室、涂巷三分之乘除。天時有生，耕穫何以無失其序；地理有宜，高下何以無拂其性。山川沮澤，民居有度焉。興事任力，遠近有量焉。宫室之制，器皿之宜，舟車之用，凡數事者雖略見于諸官，而未詳其規度，宜皆列職于司空。而春秋、戰國之世，開阡陌、盡地力，相兼以力，相侈以僭。司空一篇，尤其所深病而急欲去其籍者也，其失蓋亦久矣。後儒竄綴紛紜，離散全經。區區之心，竊病其援周公以從己也。」

周官集注卷五

春官宗伯第三

天地中和之氣備于春。宗伯掌禮以教民中，掌樂以教民和，故曰春官。宗，尊也。伯，長也。

惟王建國，辨方正位，體國經野，設官分職，以爲民極。乃立春官宗伯，使帥其屬而掌邦禮，以佐王和邦國。

禮謂五禮，其别三十有六。舜命伯夷典三禮，曰「汝作秩宗」，國語曰：「使名姓之後，能知四時之生，犧牲之物，玉帛之類，采服之宜，彝器之量，次主之度，屏攝之位，壇場之所，上下之神祇，氏姓之所出，而率舊典者爲之宗。」

禮官之屬：大宗伯，卿一人。小宗伯，中大夫二人。肆師，下大夫四人，上士八人，中士十有六人，旅下士三十有二人，府六人，史十有二人，胥十有二人，徒百有二十人。

肆，猶陳也。肆師，佐宗伯陳列祭祀之位及牲器粢盛。

鬱人，下士二人，府二人，史一人，徒八人。

鬱，鬱金香草也，以和鬯。

鬯人，下士二人，府一人，史一人，徒八人。

鬯，釀秬爲酒，芬芳條暢于上下也。秬如黑黍，一稃、二米。

雞人，下士一人，史一人，徒四人。

司尊彝，下士二人，府四人，史二人，胥二人，徒二十人。

彝亦尊也。實鬱鬯者曰彝。彝，法也，言爲尊之灋也。

司几筵，下士二人，府二人，史一人，徒八人。

筵亦席也。鋪陳曰筵，藉之曰席。尚書敷重底席，禮記天子之席三重，則筵亦可通謂之席。

天府，上士一人，中士二人，府四人，史二人，胥二人，徒二十人。

府以天名，尊所藏若天物然。

典瑞，中士二人，府二人，史二人，胥一人，徒十人。

瑞，信節也。其職曰「掌玉瑞、玉器之藏」，事神所用爲多，故列于禮官。

典命，中士二人，府二人，史二人，胥一人，徒十人。

命，謂王命官册書。古者命賜群下必于祖廟。故冢宰詔王以爵禄馭群臣，而典命、司服則列于禮官。

司服，中士二人，府二人，史一人，胥一人，徒十人。

典祀，中士二人，下士四人。府二人，史二人，胥四人，徒四十人。

守祧，奄八人，女祧每廟二人，奚四人。

遠廟曰祧，藏遷主焉。廟祧之辨，鄭氏、王氏説，詳見禮記王制孔疏。守祧用奄與女奚者，豈祭祀雖無女尸而先后朝祭服及遺器亦藏于祧與？○疏：天子七廟，通姜嫄廟爲八。奄，每廟一人。

世婦，每宫卿二人，下大夫四人，中士八人，女府二人，女史二人，奚十有六人。

此女官設府于内，以掌后宫之禮者，上自王后，下及内外宗，皆其所教。以外命婦有齒德者爲之，所謂女傅也。内宰自外而治内，春官世婦自内而達外，必如此法制乃備。或以爲即天官之世婦，誤矣。

内宗，凡内女之有爵者。

内女，王同姓之女有爵適大夫及士者。曰凡，無常數也。

外宗，凡外女之有爵者。

外女，王諸姑姊妹之女、九嬪、世婦、女御爲治官之屬。内外宗爲禮官之屬，皆制禮之精意。

冢人，下大夫二人，中士四人，府二人，史四人，胥十有二人，徒百有二十人。

冢，封土爲丘隴，象冢而爲之。爾雅：「山頂曰冢。」

墓大夫，下大夫二人，中士八人，府二人，史四人，胥二十人，徒二百人。

職喪，上士二人，中士四人，下士八人，府二人，史四人，胥四人，徒四十人。

職，主也。○莊渠魏氏曰：「孝子荒迷中弗能如禮，故特設官相之，先王之體群臣可謂至矣。」

大司樂，中大夫二人。樂師，下大夫四人，上士八人，下士十有六人，府四人，史八人，胥八人，徒八十人。

大胥，中士四人。小胥，下士八人，府二人，史四人，徒四十人。

大師，下大夫二人。小師，上士四人。瞽矇，上瞽四十人，中瞽百人，下瞽百有六十人。眡瞭，三百人。府四人，史八人，胥十有六人，徒百有二十人。

無目眹謂之瞽，有目眹而無見謂之矇，有目無眸子謂之瞍。瞭，目明者。樂歌必用瞽者，以其審于聽也。

典同，中士二人，府一人，史一人，胥二人，徒二十人。

同，陰律也。不以陽律名官者，同者，同于律也。曰典，律不足以包同；曰典同，則律可知矣。

磬師，中士四人，下士八人，府四人，史二人，胥四人，徒四十人。

鍾師，中士四人，下士八人，府二人，史二人，胥六人，徒六十人。

笙師，中士二人，下士四人，府二人，史二人，胥一人，徒十人。

鎛師，中士二人，下士四人，府二人，史二人，胥二人，徒二十人。

鎛，如編鍾而大，視大鏞則小，獨在一簴。國語曰：「細鈞有鍾無鎛，尚大故也。大鈞有鎛無鍾，尚細故也。」

韎師，下士二人，府一人，史一人，舞者十有六人，徒四十人。

韎，東夷之樂。鞮鞻氏掌四夷之樂，而特設韎師。蓋周起岐雍，其化先行于南，次及于北，而東方獨阻風教。商奄既誅，淮夷、徐戎尚爲魯患，故特設一官，肄東夷之樂以志王化之難成。職方首揚州，亦此義也。

旄人，下士四人，舞者衆寡無數，府二人，史二人，胥二人，徒二十人。

旄，旄牛尾，舞者所持以指麾。

籥師，中士四人，府二人，史二人，胥二人，徒二十人。

籥，舞者所吹。

籥章，中士二人，下士四人，府一人，史一人，胥二人，徒二十人。

吹籥以爲詩章。

鞮鞻氏，下士四人，府一人，史一人，胥二人，徒二十人。

「韃」，讀如「屨」。鞮韃，四夷舞者之所扉也。

典庸器，下士四人，府四人，史二人，胥八人，徒八十人。

庸，功也，古者有功多鑄器以銘之。春秋傳：「季武子以所得于齊之兵作林鐘，而銘魯功焉。」

司干，下士二人，府二人，史二人，徒二十人。

干舞者，所持謂楯也。春秋傳：「萬者何？干舞也。」

大卜，下大夫二人。卜師，上士二人。卜人，中士八人，下士十有六人，府二人，史二人，胥四人，徒四十人。

問龜曰卜。

龜人，中士二人，府二人，史二人，工四人，胥四人，徒四十人。

工攻龜。

菙氏，下士二人，史一人，徒八人。

燋焌用荆菙之類，即士喪禮所謂楚焞也。

占人，下士八人，府一人，史二人，徒八人。

占，蓍龜之卦兆吉凶。

簭人，中士二人，府一人，史二人，徒四人。

問蓍曰簭，其占易。

占夢，中士二人，史二人，徒四人。

眡祲，中士二人，史二人，徒四人。

祲，陰陽相侵漸成祥者。春秋傳魯梓慎曰：「吾見赤黑之祲。」

大祝，下大夫二人，上士四人。小祝，中士八人，下士十有六人，府二人，史四人，胥四人，徒四十人。

喪祝，上士二人，中士四人，下士八人，府二人，史二人，胥四人，徒四十人。

甸祝，下士二人，府一人，史一人，徒四人。

詛祝，下士二人，府一人，史一人，徒四人。

司巫，中士二人，府一人，史一人，胥一人，徒十人。

古者民之精爽不攜貳者，神明降之，在男曰覡，在女曰巫。聖人用之，使制神之處位次主。

男巫，無數。女巫，無數。其師，中士四人，府二人，史四人，胥四人，徒四十人。

大史，下大夫二人，上士四人。小史，中士八人，下士十有六人，府四人，史八人，胥四人，徒四十人。

王氏詳説曰：「玉藻曰：『左史書動，右史書言。』以左傳考之，左史即大史，右史即内史。襄二十五年載齊太史書崔杼之事，非書動乎？僖二十八年載王命内史策命晉侯，非書言乎？」

馮相氏，中士二人，下士四人，府二人，史四人，徒八人。

馮，乘也。相，視也。世登高臺，以視天文之次序。天文屬太史。月令曰：「乃命太史司天日月星辰之行。」

保章氏，中士二人，下士四人，府二人，史四人，徒八人。

保，守也，世守天文之變。

内史，中大夫一人，下大夫二人，上士四人，中士八人，下士十有六人，府四人，史八人，胥四人，徒四十人。

孫偉夫曰：「史官爲宗伯之屬，以宗廟典籍具存，非博通之士莫能勝任也。」

外史，上士四人，中士八人，下士十有六人，胥二人，徒二十人。

御史，中士八人，下士十有六人。其史百有二十人，府四人，胥四人，徒四十人。

巾車，下大夫二人，上士四人，中士八人，下士十有六人，府四人，史八人，工百人，胥五人，徒五十人。

巾猶衣也。

典路，中士二人，下士四人，府二人，史二人，胥二人，徒二十人。

路，王所乘車。

車僕，中士二人，下士四人，府二人，史二人，胥二人，徒二十人。

王志長曰：「戎僕已列五僕中，而春官復設車僕，專掌戎路之政，意者先王以禮齊天下，而師旅之事，彊力先發爲尚，故特以屬禮官與？」

司常，中士二人，下士四人，府二人，史二人，胥四人，徒四十人。

都宗人，上士二人，中士四人，府二人，史四人，胥四人，徒四十人。

家宗人，如都宗人之數。

凡以神士者無數，以其藝爲之貴賤之等。

王氏曰：「藝，即掌三辰之法，以猶鬼神示之居，辨其名物。」

大宗伯之職，掌建邦之天神、人鬼、地示之禮，以佐王建保邦國。

李耜卿曰：「邦禮有五，獨言掌吉禮者，禮有五經，莫重于祭。舉首以該終也。建，立也。保，安也。正倫理則立，篤恩義則安，上下各得其所而皆安，故曰建保邦國也。」

以吉禮事邦國之鬼神示：

國家無故，上下和睦，以事天地、宗廟、百神，乃人事之最吉者，故曰吉禮。喪疾、禍亂，則祀事不能舉矣。都家、鄉邑皆有鬼神示之祀，此不言者，統于邦國也。○丘氏曰：「上言神鬼，示上下也。此言鬼神，示内外也。」

以禋祀祀昊天上帝，以實柴祀日月星辰，以槱燎祀司中、司命、飌師、雨師。

禋之言煙，周人尚臭，煙，氣之臭聞者。實柴，實牛柴上也。槱，積也。詩曰：「芃芃棫樸，薪之槱之。」司中，三能、三階也。司命，文昌宮星；或曰虚宿下有司命星，主人壽夭。飌師，箕也。雨師，畢也。三祀皆積柴、實牲體，燔燎而升煙，各舉其一，互相備也。冢宰、司徒所莅祀事皆首五帝者，舉五帝則昊天上帝不必言矣。此不及五帝者，舉昊天上帝，則五帝可知也。司寇職禋祀五帝則戒日。○程子曰：「天與帝一也，天言其體，帝言其主。」○朱子曰：「説上帝是總説帝，説五帝是五方帝，説昊天上帝只是説天。」○張氏曰：「尚書曰『明禋』，國語『精意以享曰禋』，鄭氏取義于升煙。誤矣。」

以血祭祭社稷、五祀、五嶽。以貍沉祭山林川澤，以疈辜祭四方百物。

不言祭地，此皆地示，祭地可知也。陰祀自血起，貴氣臭也。社稷，土穀之神，有德者配食焉。共工氏之子曰句龍，食于社。厲山氏之子曰柱，食于稷，湯遷之而祀棄。五祀者，五官之神，四時迎五行之氣于四郊而祭，五德之帝亦食此神焉。少昊氏之子曰重，爲句芒，食于木。該爲蓐收，食于金。修及熙爲元冥，食于水。顓頊氏之子曰黎，爲祝融，食于火。句龍爲后土，食于土。五嶽，東曰岱宗、南曰衡山、西曰華山、北曰恒山、中曰嵩高山。祭山林曰貍，川澤曰沉，順其性之含藏也。疈，剖牲胸也。疈而磔之，謂磔攘及蜡祭。郊特牲曰：「八蜡以記四方」，又曰「蜡之祭也，主先嗇而祭司嗇也。祭百種以報嗇也，饗農及郵表畷、禽獸，仁之至，義之盡也。」○李耜卿曰：「祀天神、祭地示，其時、其地，詳見大司樂。而此經以蒼璧禮天、以黄琮禮地，典瑞職『四圭有邸以祀天旅上帝，兩圭有邸以祀地旅四望』，王制『天子祭天地，諸侯祭社稷』，則地示之祭，自不得以社當之。然此經序祭有社無示，司徒鼓人職『以雷鼓鼓神祀，以靈鼓鼓社祭』，亦言社而不及示。典瑞職『以圭璧禮諸神』，祀地之外不著社稷。大司樂分樂以祭，亦不别著社稷。于祭地之後，二者又言示而不及社，似乎彼此互見，而示祭社祭禮無殊也。」○勉齋黄氏曰：「社祭土，稷祭穀，土穀之祭達于上下，故方丘與社皆祭地也。而宗伯序祭有社無示，舉社則其禮達于上下，舉示則天子獨用之。」鼓人職不曰祭示而曰社祭，亦以其禮達乎上下也。大司樂「靈鼓靈鼗以祭地示」，則示祭社祭其用同矣。此説較之賈疏所謂以小該大者，尤爲長于理，而合于經也。祭法王有大社，又有王社。張子曰：「大社祭天下之地示，王社祭京師之地示」，説本白虎通。竊意大社立于王宫，乃祭京師之地示。京，大也。師，衆也。京師之社，固可稱大。王者無外社，繫以王，則祭天下之地示也。此禮惟王有之，諸侯以下則否。王社所在，書傳無文，其即澤中之方丘與？○王志長曰：「五祀在社稷之下、五嶽之上，則非門户等可知。但鄭氏注五官之神，從五帝而祀于四郊，則天神之屬不宜血祭。」○祀則首舉昊天上帝而不及五帝，祭則不言地示而首社稷者，五帝之祀已前見矣，而昊天上帝未見，故舉之以見其爲天神之首祀。地示則上經已見，故獨舉社稷以下也。不及四瀆者，上舉五嶽，下及山林川澤，則四瀆從五嶽之禮不必言矣。在天爲四時，在地爲五行，豈四郊迎氣祀五帝于上，而用禋祀祭五官于下，而用血祭與？抑別祭而不于迎氣之日與？

以肆獻祼享先王，以饋食享先王，以祠春享先王，以禴夏享先王，以嘗秋享先王，以烝冬享先王。

舊説宗廟之祭有此六享，肆獻祼、饋食在四時之上，則是祫也、禘也。肆者，進所解牲體，謂薦熟時也。獻，獻醴，謂薦血腥也。祼之言灌，灌以鬱鬯，謂始獻尸，求神時也。祫言肆獻，禘言饋食，互相備也。○四時常祭之外，莫重于祫、禘，莫多于月祭。肆獻謂祫也，祼謂禘也。不曰祫而曰肆獻者，時祭亦有祫。惟大祫徧獻及毁廟之主也。不曰禘而曰祼者，獻之屬莫重于祼，周道也。求神于陰、于極遠之祖，尤以祼爲合莫之主也。凡祭皆有祼，而獨以言禘者，猶六宗皆禋，而獨于昊天上帝言禋祀。凡祭皆有血腥爓熟，而曰郊血大饗腥也。饋食疑即周語所謂月祀，戴記所謂月祭也。薦新、朔奠其禮略，故自饋食始而薦血、燔膋之節不備。如注疏，則當曰「以祼肆獻饋食享先王」，不當分而爲二矣。且小宰贊祼將，司徒奉牛牲，羞其肆，籩人掌饋食之籩，皆已前見，無爲復舉于此，以見祭之有此三節也。蓋舉祫則無以別于時祭之祫，舉月祭則不足以該朔奠與薦新。既以肆獻言大祫，以饋食言月祭，故于禘亦不得獨舉祭名而稱祼耳。饋奠之禮所以仁死喪，以三虞後即爲吉祭，故朔奠可入吉禮。○肆，陳也，列也，而考尚書「眚災肆赦」，春秋「肆大眚」，韓非子「慮事廣肆」，似兼周徧之義。大祫徧于列祖，故曰肆獻。大祝肆享，亦謂大祫也。

以凶禮哀邦國之憂：以喪禮哀死亡，以荒禮哀凶札，以弔禮哀禍烖，以禬禮哀圍敗，以恤禮哀寇亂。

喪禮，親者服焉，疏者含襚。凶歲、凶札、疫厲、禍烖，謂水火。春秋傳「宋大水，魯使人弔，許不弔烖，君子譏之」。禬者，使鄰國會合貨財以恤之，小行人職「若國師役，則命犒禬之」是也。寇，如春秋傳「晉欒盈、宋魚石自外入而爲賊」者。亂，如魯慶父、齊無知自内而作者。恤者，與之同憂而匡救之也。

以賓禮親邦國：春見曰朝，夏見曰宗，秋見曰覲，冬見曰遇，時見曰會，殷見曰同，

六服之内，以時分來，遞更而徧。來以春，則曰朝；來以秋，則曰覲。無四方之别。時見無常期。王將有征討之事，特召其州方伯連帥爲壇于國外而命事焉，春秋傳有事而會是也。殷，

衆也。舊説十二歲王如不巡守，則六服盡朝，四時分來，歲終而徧，王亦爲壇而命政焉。所命之政，如王巡守，辯見秋官掌客職。

時聘曰問，殷頫曰視。

時聘無常期。諸侯或以故不得朝，則遣問起居。殷頫，則王室有故，慶喜弔憂，而六服皆使人來視也。

以軍禮同邦國：大師之禮，用衆也；大均之禮，恤衆也；大田之禮，簡衆也；大役之禮，任衆也；大封之禮，合衆也。

同，謂威其不協、僭差者。簡衆，稽閲車徒之數也。合衆者，地有定域，民有常主，所以合其志。大均屬軍禮，惟均乃可以作師徒，賦馬牛、車輦也。大役屬軍禮，古者城築即屬役于師旅也。大封屬軍禮，示侵敗王略則六師及之也。○春秋傳魯賦于吴八百乘，邾賦六百乘。若爲子男，則將半邾以屬于吴，而如邾以事晉。蓋不獨徵兵以車乘爲差，田役、貢賦之數亦如之。故大均屬軍禮。平丘之會，子産争承，曰：「鄭伯，男也，而使從公侯之貢，懼不給也。」則不均之病衆明矣。

以嘉禮親萬民：以飲食之禮親宗族兄弟，以昏冠之禮親成男女，以賓射之禮親故舊朋友，以饗燕之禮親四方之賓客，以脤膰之禮親兄弟之國，以慶賀之禮親異姓之國。

嘉，善也，因人心所善而爲之制。飲食之禮，謂族食也。文王世子篇「族食，世降一等」。親，謂昏禮。成，謂冠禮。射禮，雖王亦立。賓主，王之故舊，爲世子時共在學者。脤膰，社稷、宗廟之祭肉也。雖主賜兄弟之國，二王後及異姓有大勳勞者亦得賜。春秋傳「王使宰孔賜齊侯胙」，又曰「宋，先代之後，天子有事膰焉」。大行人云「賀慶以贊諸侯之喜」，則亦兼同姓可知。饗燕、脤膰、賀慶之禮達乎諸侯，賓射之禮達乎卿大夫士。惟飲食、昏、冠之禮下逮庶人，而統曰以親萬民者，詩曰「爾之教矣，民胥傚矣」。凡用于朝廷、邦國者，皆所以使民觀感而親睦也。古者君之于臣，皆謂之朋友，詩曰「我有嘉賓」，又曰「朋友攸攝」，書曰「太史友」是也。

以九儀之命正邦國之位：壹命受職，再命受服，三命受位，四命受器，五命賜則，六命賜官，七命賜國，八命作牧，九命作伯。

每命異儀，貴賤之位乃正。壹命，始命爲正吏也。列國之士，于子男爲大夫；王之下士亦一命。受職，治職事也。列國之大夫再命，于子男爲卿。卿大夫自玄冕而下如孤之服。王之中士亦再命，則爵弁服。列國之卿三命，始有列位于王，爲王臣。王之上士亦三命。公之孤四命，始得具祭器。禮運曰「大夫祭器不假」，非禮也。王之下大夫亦四命。則者，地未成國之名。王之下大夫四命出封爲子男，加一等，五命，賜以方百里二百里之地。或曰爲寰内諸侯，賜以八則也。王之卿六命，得自置其臣治家邑如諸侯。王之卿六命，出封加一等，七命爲侯伯。方三百里以上爲成國，侯伯有功德者加命，得專征伐，爲州牧。王之三公亦八命。上公有功德者加命爲二伯，得征五侯九伯。○李耜卿曰：「職服位器皆曰受者，自下言之。則與官、國皆曰賜者，自上言之。牧與伯皆曰作者，必有過人之功德，乃可作而居此位也。」○春秋傳管仲辭卿禮曰「有天子之二守高、國在。」。欒盈之奔曰「陪臣盈得罪于王之守臣」。晉鞏朔獻捷于周，王使詰曰「未有職司于王室」。以是知列國之卿必受命于王，然後爲有位也。

以玉作六瑞，以等邦國：王執鎮圭，公執桓圭，侯執信圭，伯執躬圭，子執穀璧，男執蒲璧。瑞，信也。等，差之也。鎮，安也，圭長尺有二寸，以四鎮之山爲瑑飾，王祭時所執。公、二王之後及三公雙植謂之桓圭，長九寸，以桓爲瑑飾，象宫室之有桓楹，所以安其上也。信當爲身，信圭、躬圭皆長七寸，象人形，爲瑑飾而以屈伸爲之别。穀，所以養人。蒲，爲席，所以安人。二璧皆徑五寸，而瑑飾異。○李耜卿曰：「雜記贊大行云『博三寸，厚半寸，剡上，左右各寸半。』圭之形也，璧形圜，内有孔，謂之好；孔外謂之肉，肉倍好謂之璧。」

以禽作六摯，以等諸臣：孤執皮帛，卿執羔，大夫執雁，士執雉，庶人執鶩，工商執雞。

摯之言至，所執以自致也。皮帛者，束帛而表以虎豹之皮。羔，取其群而不失其類。雁，取其候時而行。雉，取其耿介而文明。鶩，取其不飛遷。雞，取其知時。曲禮曰「飾羔雁者，以繪」，士相見禮「卿大夫執摯以布」，而不言繪，蓋諸侯之臣與王臣異也。然則天子之孤飾摯以虎皮，公之孤以豹皮與？自雉以下，執之無飾。爵同則摯同，不以命數，故士相見禮侯國卿大夫士所摯與此同，但飾異耳。凡摯，無庭實。○雁非家禽，不時得，又不可畜，蓋舒雁也，取其安舒而潔白。膳夫受摯以爲膳，則皆恒用之物可知矣。

以玉作六器，以禮天地四方：以蒼璧禮天，以黃琮禮地，以青圭禮東方，以赤璋禮南方，以白琥禮西方，以玄璜禮北方。皆有牲幣，各放其器之色。

禮，謂始告神時薦于神坐。書金縢「周公植璧秉珪」是也。宗廟薦玉與祼同節，祭天宜當實柴之節也。此圜丘、方澤及四郊迎氣之祭，所用璧圜，象天；琮八方，象地；圭銳，象春物始生；半圭曰璋，象夏物半死；琥猛，象秋嚴；半璧曰璜，象冬閉藏，地上無物，惟天半見。幣以從爵，若人飲酒有酬幣。○不曰四郊而曰四方，疑五嶽、四鎮、四瀆禮神之玉及牲幣皆然。

以天産作陰德，以中禮防之。以地産作陽德，以和樂防之。

天産，六牲之屬。地産，九穀之屬。祭之始，薦血燔膋，以求神于幽所，以作陰德也。此近于鬼道，故以禮儀爲節，所以防其過。薦黍稷内羞，以養神于顯所，以作陽德也。此純乎人道，故以和聲合奠，所以防其過。

以禮樂合天地之化、百物之産，以事鬼神，以諧萬民，以致百物。

李耜卿曰：「此推言禮樂之功用也。人君建中和之極，萬民服中和之教，則氣之所感，天地訢合，陰陽相得，煦嫗覆育萬物，草木茂，句萌達，羽翼奮，角觡生，蟄蟲昭蘇。胎生者不殰，卵生者不殈，所謂合天地之化，百物之産也。致百物，謂致物産之祥。」○以禮樂合天地之化，如春禘秋嘗、春合舞秋合聲之類。合百物之産，如上經所謂以天産作陰德，以地産作陽德，及菹醢以水草、陸産相間之類。致百物，大司樂「六變而諸物皆致」是也。

凡祀大神、享大鬼、祭大示，帥執事而卜日，宿，眡滌濯，莅玉鬯，省牲、鑊，奉玉齍，詔大號，治其大禮，詔相王之大禮。

玉鬯，所以灌也。玉齍，所以盛黍稷也。二者惟宗廟社稷用之，注以玉爲禮神之玉，非也。知然者，大宰職「祀五帝贊玉幣爵之事，祀大神示亦如之」，則禮神之玉贊奉者大宰也，其職于享先王後特言「贊玉几玉爵」，蓋惟以人道享之，乃有几與玉爵也。大宰既贊玉几、玉爵，故宗伯所掌惟玉鬯、玉齍也。于玉齍曰奉，于玉鬯曰莅者，小宰贊祼，宗伯惟莅玉鬯而已。鑊，所以烹牲。大號，六號之大者，以詔大祝爲祝辭。治，猶簡習也。○宿，祭之前夕也，注訓申戒，似因大宰視滌濯，然不害宗伯與大宰並視也。

若王不與祭祀，則攝位。

攝，代也。王不與祭祀，謂疾與喪。

凡大祭祀，王后不與，則攝而薦豆籩，徹。

外祀，后不與。曰大祭祀者，禘、祫及四時之祭也。

大賓客，則攝而載果。

載，爲也。果，宜作祼。君無酌臣之禮，故王拜送而代王酌獻。大行人職曰「上公之禮再祼而酢」，則后祼亦攝爲之。或曰，惟后不與，則攝也。

朝覲會同，則爲上相。大喪，亦如之。王哭諸侯，亦如之。

出接賓曰擯。入詔禮曰相。相者五人，卿爲上相，或王或嗣王，爲喪主拜賓。宗伯亦爲上相。哭諸侯，謂薨于其國，爲位而哭之；若來朝而薨，則王爲之緦麻。檀弓「天子之哭諸侯也，爵弁絰，紂衣」。

王命諸侯，則儐。

儐，進之也。王將出命，假于祖廟，立依前，南鄉，儐者進當命者，使登，内史由王右以策命之，降，再拜稽首。登，受策以出。諸侯爵禄其臣則于祭焉。

國有大故，則旅上帝及四望。

故，謂凶災。曰上帝，該昊天上帝與五方帝也。旅，陳也，陳其祭事以祈焉，禮不如祀之備。○旅，山祭也。上帝而曰旅者，徧用事于四郊，所祭非一帝也。春秋傳鄭子産「禳火祈于四鄘」，蓋其遺制。

王大封，則先告后土。

后土，土神也。

乃頒祀于邦國、都家、鄉邑。

頒其所當祀及其禮。鄉邑，公邑也。鄉邑之祀，如社禜酺之類。先邦國，次都家，次鄉邑，與外以及内也。

宗伯職獨無「正月之吉，始和布禮于邦國都鄙」云云者，治、教、政、刑，隨時損益，禮則一定而不可易。無事，每歲和而布之也。禮不下庶人，閭門、鄉黨之禮則夫人而習之矣。若郊廟、朝廷、邦國之禮，則當官者自肄之。無事，縣于象魏，使萬民觀之也。

小宗伯之職，掌建國之神位，右社稷，左宗廟。

庫門内、雉門外之左右。

兆五帝于四郊，四望、四類亦如之。

兆，爲壇之營域。黄帝亦于南郊，類有事而特祭也。依四郊四望之禮，故曰四類，即大宗伯職所謂「旅上帝及四望」也。社稷、宗廟，非時而祭皆曰類，則四郊、四望亦可類明矣。

兆山川、丘陵、墳衍，各因其方。
山該林，川該澤。無原隰之兆者，原隰，平土也。社通于上下，爲土祭之最盛矣。

掌五禮之禁令與其用等。
用等，牲器尊卑之等。

辨廟祧之昭穆。
自始祖之後，父曰昭，子曰穆。

辨吉凶之五服、車旗、宫室之禁。
丘氏曰：「九章、七章、五章、三章、一章，此吉服也。斬衰、齊衰、錫衰、緦衰、疑衰，此凶服也。」

掌三族之别，以辨親疏，其正室皆謂之門子，掌其政令。
三族，謂父、子、孫。喪服小記曰：「親親以三爲五，以五爲九。」正室，適子也，將代父當門，故謂之門子。政令，謂分族屬，明宗法，不得以卑代尊，以孽代宗之類。

毛六牲，辨其名物而頒之于五官，使共奉之。

毛，擇毛也。惟大宰不奉牲，總贊王牲事。

辨六齍之名物與其用，使六宫之人共奉之。

六齍即六穀。祭有大小，則用有多寡。

辨六彝之名物，以待果將。辨六尊之名物，以待祭祀、賓客。

六彝：雞彝、鳥彝、斝彝、黄彝、虎彝、蜼彝。「果」，讀爲「祼」。六尊：獻尊、象尊、壺尊、著尊、大尊、山尊。按司尊彝惟祭祀陳六彝、六尊，此兼言賓客，則饗賓客于廟。陳六尊，亦依祭禮四時所用。若在野外饗，則不用祭祀之尊，故春秋傳云「犧象不出門」也。六彝，專以待祭祀、賓客之祼，故别言之。○項氏曰：「名六者之名物所實之物。」

掌衣服、車旗、宫室之賞賜。

掌四時祭祀之序事與其禮。

序事，序六官之屬所當執之事也。

若國大貞，則奉玉帛以詔號。

問事之正，曰「貞」。國語「貞于陽卜大貞」，謂卜立君、卜大封也。玉帛所以禮神。詔，詔大祝也。號，神號、幣號。

大祭祀，省牲，眡滌濯。祭之日，逆齍，省鑊，告時于王，告備于王。

逆齍，受饎人之盛以入也。省鑊，視亨腥熟。

凡祭祀、賓客，以時將瓚果。

將，送也，猶奉也，祭祀以時奉而授王，賓客以時奉而授宗伯。天子圭瓚，諸侯璋瓚。○小宰贊祼將之事，實鬱鬯以授王也。小宗伯將瓚祼，送瓚于小宰，使實之以祼也。舊説小宗伯以瓚授王，王以授尸，則無所用小宰之贊矣。

詔相祭祀之小禮。凡大禮，佐大宗伯。

小禮，謂王有故不親，而使大宰宗伯攝者。或曰，大禮交神之大節，小禮又其中之節目也。未至職末輒言此者，以此下皆小宗伯專行事，不佐大宗伯，故于中言之以結上也。

賜卿、大夫、士爵，則儐。

賜猶命也。

小祭祀，掌事，如大宗伯之禮。大賓客，受其將幣之齎。

謂所齎來貢獻之財物也。凡朝覲禮畢，于廟致貢，行三享之禮。以玉幣致享既訖，其庭實之物，小宗伯受之。○小宰贊王受玉，小宰受幣，其以幣將之財物則小宗伯受之。財物而使禮官受者，庭實旅百，皆所以享宗廟。禮器所載大饗之禮，各以其國之所有，而無常貨是也。此經之齎與賫同義。

若大師，則帥有司而立軍社，奉主車。

有司，大祝也。王出軍，必先有事于社。及遷廟，載其主以行。春秋傳「軍行祓社，釁鼓，祝奉以從」。禮記曾子問篇「天子巡守以遷廟主，行載于齊車」是也。社之主，用石爲之。鄢陵之戰，晉張幕虔卜于先君，以主車在軍故也。

若軍將有事則與祭，有司將事于四望。

「若軍將有事則與祭」句，蓋軍中之祭，小宗伯與焉。若所征之地近五嶽、四瀆，則使有司將事而不親也。非徧祭四望。如有事于東方，則祭海岱，即肆師職祭兵于山川是也。

若大甸，則帥有司而饁獸于郊，遂頒禽。

「甸」，讀爲「田」。有司，甸祝也。饁，饋也。以禽饋四方之神于郊，郊有群神之兆也。頒禽，謂以予群臣。禮記「頒禽隆諸長者」，詩傳「禽雖多，取三十焉」。其餘以予大夫士，以習射于澤宫而分之。以禮官與軍事者，軍旅不可以無禮也。以禮官與甸事者，田獵不可以無禮也。大宗伯不行者，天地、宗廟、社稷之事爲重也。

大烖，及執事禱祠于上下神示。

曰有司者，專司其事者也。曰執事者，非一官之屬。求福曰禱，得求曰祠。

王崩，大肆，以秬鬯淠。

大肆，大浴也。或曰始陳尸伸之。淠或讀爲泯，謂浴尸也。大祝以肆鬯淠，小祝贊淠，小宗伯蓋察其不如儀。

及執事莅大斂、小斂，率異族而佐。

執事，大祝之屬。莅，臨也。親斂者，當爲事官之屬。異族佐斂，同姓當序哭也。

縣衰冠之式于路門之外。及執事眡葬獻器，遂哭之。

眡葬，眡其地也。器，明器也。獻素、獻成，皆于殯門外。王哭，則獻器者亦哭。

卜葬兆，甫竁，亦如之。既葬，詔相喪祭之禮。

兆，墓塋域。甫，始也。竁，謂穿壙。喪祭，虞、祔也。

成葬而祭墓，爲位。

祭墓，祭其地之土神也。位，壇位也。

凡王之會同、軍旅、甸役之禱祠，肄儀爲位。國有禍烖，則亦如之。

肄，習也。○李耜卿曰：「禱祠，即上文將事四望餢獸于郊之類。肄儀爲位，至此始言之者，文相足也。禍烖，即上文所謂大烖。上言禱祠，此言肄儀爲位，亦文相足也。」

凡天地之大烖，類社稷宗廟，則爲位。

類，依其正禮而爲之，無祭天地之文者，與篇首所謂四類互相備也。因天地之烖，而類及社稷、宗廟，則四郊、四望之類不必言矣。

凡國之大禮，佐大宗伯。凡小禮，掌事，如大宗伯之儀。

凡言大禮者，王親之。小禮，群臣攝。

肆師之職，掌立國祀之禮，以佐大宗伯。立大祀，用玉帛、牲牷。立次祀，用牲幣。立小祀，用牲。

此立侯國之祀也。王國天神、地示、人鬼之禮，則大宗伯建之矣。其曰佐者、立之者，肆師定而頒之者，大宗伯也。此三事雖侯國之禮，而立之者肆師，故首列焉。以歲時序其祭祀以下，則王朝之祭祀，奉宗伯所建之成法而宣布焉耳。諸侯不祭天地，則無實柴之祀。其宗廟之祭，無旅幣，無方之奠，未賜珪瓚，則不敢爲鬯。雖賜樂，不敢備六代之舞。故大祀止于玉帛、牲牷。若天子，則圭璧以祀日月星辰，璋邸射以祀山川，不得云次祀用牲幣矣。

以歲時序其祭祀及其祈珥。

易彦祥曰：「小子職『珥于社稷，祈于五祀』，羊人職『祈珥共羊牲』，與此文同。至秋官士師職則曰『凡刉珥奉犬牲』，後鄭並改『祈』爲『刉』，且以珥當從血爲衈，引雜記釁羊之説。然羊人、小子職釁積，釁邦器、軍器，皆直謂之釁，不應宫兆始成之釁獨謂之祈珥。」劉中義云：「珥、弭，字之誤也。祈，謂小祝之祈福祥。弭，謂小祝之弭兵災。今從之。」

大祭祀，展犧牲，繫于牢，頒于職人。

職人，謂充人及監門，職當繫牲而養之者。

凡祭祀之卜日、宿爲期，詔相其禮，眡滌濯亦如之。

滌濯，溉拭各有節次，故亦詔相之。

祭之日，表齍盛，告潔；展器陳，告備；及果，築鬻。相治小禮，誅其怠慢者。
簠以盛稻粱，簋以盛黍稷。有蓋，不知其實，故以徽識表之。陳，陳列也。築鬻，築鬱金煮之以和鬯。○築與築防、築城之築同義。

掌兆中、廟中之禁令。凡祭祀禮成，則告事畢。
兆壇，塋域。

大賓客，莅几筵，築鬻，贊果將。
酌鬱鬯授大宗伯載裸。

大朝覲，佐儐。共設匪罋之禮。饗食，授祭。
大朝覲，謂大會同時之朝覲也。若四時常朝，則小行人爲承儐。公食大夫禮「若不親食，使大夫以侑幣致之，豆實實于罋，簋實實于筐」。「匪」或「筐」，字之誤也。肆師不掌飲食，蓋掌其禮而使掌客等共設之。授祭，授賓祭肺也。大宰職大朝覲與會同並列，則爲四時常朝者衆。此不言會同，則爲大會同時之朝覲也。

與祝侯禳于畺及郊。

侯禳，小祝職也。侯，候迎善氣。

大喪，大渳以鬯，則築鬻。

后世子喪，浴皆以鬯。

令外内命婦序哭。禁外内命男女之衰不中灋者，且授之杖。

外命男，六鄉以出也。内命男，朝廷卿大夫士也。其妻爲外命女。喪服「爲夫之君齊衰不杖」。内命女，王之三夫人以下。諸侯喪禮，三日授子杖，五日授大夫杖，七日授士杖。天子之喪禮未聞。

凡師甸，用牲于社宗，則爲位。

社，軍社也。宗，遷主也。〇李耜卿曰：「甸字疑衍。」

類造上帝，封于大神，祭兵于山川，亦如之。

造，即也。爲兆以類禮，即祭上帝也。封，謂壇也，大神社及方嶽也。山川，蓋軍之所依止。上經用牲于社宗，據在軍；下云師不功，據敗退後。則此經其克勝後，告天及社之事與？

凡師不功，則助牽主車。

助大司馬。

凡四時之大甸獵，祭表貉，則爲位。

貉，師祭也。于立表之處祭始造軍法者，其神蓋蚩尤，或曰黄帝。四時之田獵有曰大者，豈王或不親而使司馬即事則爲小與？王之會同、軍旅、甸役之禱祠，小宗伯爲位，而肆師復爲師甸祭祀之位者，小宗伯所掌者特有祈請，肆師所掌則師甸之常祭也。將戰而用牲于社宗，既勝而告于上帝、大神、山川，田獵而祭表貉，皆常祭也。特有祈請，則其禮宜簡于常祭，而乃使小宗伯爲位者，其事非常，則所以斟酌其儀位者，非禮官之師不敢專也。肆師則遵循故典而已。師甸，大宗伯不與，故小宗伯專其禮。

嘗之日，莅卜來歲之芟。

薙草而預卜之，何也？月令大雨時行，燒薙行水，利以殺草。稻人職以涉揚其芟作田，蓋雨行以時，則所芟之草可化爲糞，故預卜之。

獮之日，涖卜來歲之戒。

問後歲兵寇之備。

社之日，涖卜來歲之稼。

卜來歲之稼則社宜爲秋祭。

若國有大故，則令國人祭。歲時之祭祀亦如之。

大故，謂水旱、凶荒。所令祭者，社及禜酺。國人，鄉遂、都邑之有司及其民也。歲時之祭祀，月令「仲春命民社」之類。

凡卿大夫之喪，相其禮。

易氏曰：「非相其家禮，相國之喪禮，職喪聽之者。」

凡國之大事，治其禮儀，以佐宗伯。凡國之小事，治其禮儀而掌其事，如宗伯之禮。

統言宗伯者，或佐大宗伯，或佐小宗伯也。國之大事，小宗伯既佐大宗伯，而肆師復佐之，何也？肆師兼治禮儀。又或小宗伯有故不得與，則攝而佐大宗伯也。國之小事，小宗伯掌之，而肆師復掌之，何也？亦攝小宗伯也。如大師、小宗伯一人在行，一人在喪與疾，則祭祀、賓客不得不以肆師攝矣。不曰大事佐大宗伯、小事佐小宗伯，何也？設王有疾，而大宗伯攝祭，則大宗伯之事不得不以小宗伯攝。大宗伯有喪與疾亦然。設小宗伯各有事故，則小宗伯之事亦或以大宗伯攝。

鬱人，掌祼器。

謂彝及舟與瓚。

凡祭祀、賓客之祼事，和鬱鬯以實彝而陳之。

凡祼玉，濯之、陳之，以贊祼事，詔祼將之儀與其節。

祼玉，謂圭瓚、璋瓚。

凡祼事，沃盥。

上經既言濯祼玉，則此主共祼者，沃盥之水與器也。

大喪之湃，共其肆器；

肆器，陳尸之器。喪大記君「設大盤造冰焉。設牀襢第，有枕」，此之謂肆器。

及葬，共其祼器，遂貍之。

遣奠之彝與瓚也。貍于祖廟階間，明奠終于此。或曰，乃明器納之壙中者。

大祭祀，與量人受舉斝之卒爵而飲之。

斝，受福之嘏，聲誤也。王酳尸，尸嘏王，此其卒爵也。受飲卒爵必與量人者，鬱人贊祼時，量人制從獻之脯燔，事相成。

鬯人，掌共秬鬯而飾之。

秬鬯，未和鬱者。飾之，謂設巾。

凡祭祀，社壝用大罍，禜門用瓢齎，廟用脩。凡山川四方用蜃，凡祼事用概，凡疈事用散。

罍，瓦器。春秋傳「日月星辰之神，則雪霜風雨之不時，于是乎禜之。山川之神，則水旱厲疫之災，于是乎禜之」。門，國門也。瓢，謂瓢蠡也。「齎」，讀爲「齊」，取甘瓢割去抵以齊爲尊，脩蜃概散，皆漆尊也。「修」，或讀爲「卣」。蜃，飾以蜃者。概尊以朱帶者，無飾曰散。○首社壝，天地之祀無鬯也。灌鬯以求神也。天地之神無所不在，社有主則可以人道求之矣。先儒以大宗伯有莅玉鬯之文，遂謂天地亦用鬯，非也。大宰職祀五帝及大神示贊玉幣爵之事，故宗伯職特出莅玉鬯、奉玉齍，以瀴所掌王事，獨此二者，乃宗廟社稷所用，不得據此謂天地亦用鬯也。其文總承祀大神、享大鬼、祭大示之後者，以卜日宿眡滌濯、省鑊、詔號，乃三禮之所同耳。凡祼事，謂賓客之祼事也。不曰賓客用概者，王弔臨共介鬯，則弔臨亦用祼也。鬱人統言祭祀、賓客之祼事，則凡祼事沃盥謂祭祀、賓客也。此經既條列祭祀所用，而又曰凡祼事用概，則謂賓客弔臨之祼可知矣。冠禮亦有祼，故以「凡」該之。「廟」，疑當作「望」。廟用六彝，已見司尊彝職。而此經備列諸祼事，不宜遺五嶽、四瀆。舊説「祼」當爲「埋」，非也。上列四望，下列山川，則埋祭已具矣。○李耜卿曰：「以疈辜祭四方百物，今既有四方，又曰疈事者，蓋專指百物，以用器有異，故別言之耳。」○表記「天子親耕，粢盛、秬鬯，以事上帝」。或因郊祀以稷配，降神用鬯，連類而及之，尤不足據。

大喪之大渳，設斗，共其釁鬯。

斗，所以沃尸也。釁鬯，釁尸之鬯酒也。

凡王之齊事，共其秬鬯。

給淬浴。

凡王弔臨，共介鬯。

以尊適卑曰臨。曲禮「摯，天子鬯。王至尊，介爲致之」。檀弓曰「臨諸侯畛于鬼神，曰有天王某甫」。蓋王適四方，舍諸侯祖廟，祝告其神之辭，介于是進鬯。

雞人，掌共雞牲，辨其物。

大祭祀，夜嘑旦以嘂百官。凡國之大賓客、會同、軍旅、喪紀，亦如之。

凡國事爲期，則告之時。

告其有司主事者，不曰告之日，而曰告之時者，用事有早暮，如春朝朝日，秋暮夕月之類。

凡祭祀，面禳，釁，共其雞牲。

面禳者，侯禳于畺及郊，四方皆用事焉。釁，釁廟之屬。

司尊彝，掌六尊、六彝之位，詔其酌，辨其用與其實。

位，所陳之處。酌，泲之使可酌，即下經鬱齊獻酌等。用，謂四時祭祀，所用各異，實鬱及醴齊之屬。

春祠、夏禴，祼用雞彝、鳥彝，皆有舟。其朝踐用兩獻尊，其再獻用兩象尊，皆有罍。諸臣之所昨也。秋嘗、冬烝，祼用斝彝、黄彝，皆有舟。其朝獻用兩著尊，其饋獻用兩壺尊，皆有罍。諸臣之所昨也。凡四時之間祀、追享、朝享，祼用虎彝、蜼彝，皆有舟。其朝踐用兩大尊，其再獻用兩山尊，皆有罍。諸臣之所昨也。

朝踐，謂薦血腥，酌醴，始行祭事后，于是薦朝事之豆籩，既又酌獻。朝獻，謂尸卒食，王酳之。其變朝踐爲朝獻者，尊相因也。再獻者，王酳尸之後，后酌亞獻，諸臣爲賓。又次后酌盎齊，備卒食之三獻。饋獻，謂薦熟時后薦饋食之豆籩。其變再獻爲饋獻，亦尊相因也。凡此九酌，王及后各四，諸臣一，祭之正也。雞彝、鳥彝，謂刻畫其形舟尊下臺。「獻」，讀爲「犧」。犧尊飾以翡翠。或曰，畫犧牛形，象尊飾以象骨。明堂位「犧象，周尊也」。「昨」，讀爲「酢」。尊以獻神，罍則諸臣獻尸後所酌以自酢者。尸酢王后，即用醴齊、盎齊，尊故也。「斝」，讀爲「稼」。斝彝，畫禾稼也。黄彝，以黄金爲目。明堂位「夏后氏以雞彝，殷以斝，周以黄目」。郊特牲「黄目，鬱氣之上尊也」。著尊，著地無足」。明堂位「著，殷尊也」。壺者，以壺爲尊。春秋傳「尊以魯壺，追享禘祫也」。朝享，月朔之祭。春秋傳「閏月不告月，猶朝于廟」。蜼，禺屬，卬鼻而長尾。大尊，大古之瓦尊。山尊，山罍也，亦刻畫爲雲山之形。彝與尊各用二者，鬱鬯與齊皆配以明水。或曰，王與后各酌其一也。○追享，謂大祫及禘，皆追遠之祭，即宗伯職所謂「肆獻祼」也。朝享，謂月朔朝廟之祭，即宗伯職所謂「饋食」也。但此經朝享亦有朝踐，而宗伯職獨言饋食，似從饋食始。豈月朔之祭，自饋食以下禮皆備，而朝踐之禮減略，遂獨舉饋食以爲名，猶凡祭皆有血腥爓孰，而曰郊血大饗腥，三獻爓，一獻孰與，周官每同事而異詞，所以互發其義也。蓋因此經以見宗伯職所謂「肆、獻、祼」，乃大祫與禘追享遠祖之祭；所謂「饋食」，乃月朔朝廟之祭。又因宗伯職以見大祫異于時祫，以偏陳毁廟之主，及禘以祼爲主；月祭以饋食爲主之義也。五齊以實彝尊，則罍之實爲三酒可知矣。罍爲諸臣所自酢，則尸酢王與后即用所獻之齊，諸臣獻尸亦得以齊可知矣。曰鬱齊獻酌，則鬱合鬯而仍和以齊可知矣。舊説，惟大事于太廟備五齊三酒，非也。酒正職「凡祭祀，以法共五齊三酒，以實八尊」，以義推之，祼用鬱齊，朝踐饋食所用者其四齊也。祼用二彝，器異而齊同也。朝踐饋食，各用二尊，器同而齊異也。每用二者，禮器「君西酌犧象，夫人東酌罍尊」，夫婦不相襲也。三酒亦當用三罍，賓禮九獻不數祼，則祭祀可知。疑朝踐、饋食及酳尸，皆王、后各一獻，諸臣各一獻也。諸臣之三獻，當以同姓、異姓、嗣舉奠爲次，故用三酒。如舊説，王與后各四獻，諸臣一獻，則于皆有罍之義不可通矣。

凡六彝、六尊之酌，

凡，如凡其死生、鱻薨之凡，謂別而次之也。下有凡酒，而此不言罍者，省文也。

鬱齊獻酌，醴齊縮酌，盎齊涚酌，凡酒脩酌。

禮運「玄酒在室，醴醆在户，粢醍在堂，澄酒在下」，以五齊次之，則醆酒，盎齊也。「獻」，讀爲摩莎之「莎」。煮鬱和秬鬯，以盎齊摩莎泲之，出其香汁。郊特牲所謂「汁獻涗于醆酒」也。醴齊尤濁，和以明酌泲之，以茅縮去滓，所謂「縮酌用茅」也。盎齊差清，和以清酒泲之，所謂「醆酒涗于清」也。其餘三齊，泛從醴緹沉從盎。凡酒，謂三酒也。「脩」，讀如滌濯之「滌」，滌酌以水和而泲之。祼用鬱齊，朝用醴齊，饋用盎齊。諸臣自酢用凡酒。

大喪，存奠彝，大旅亦如之。

存，省也，謂大遣時，奠者朝設夕乃徹。天地至尊不裸，此得用彝者，亦奠之而已。○文義與國子存游倅同，蓋存而不用也。虞而立尸，始以神道事焉。魄體尚在殯，故不忍遽以神道求之。四望本宜用裸，以與五帝同祀，且徧于上下百神，故不用裸，此禮義之所以深而通也。

司几筵，掌五几、五席之名物，辨其用與其位。

凡大朝覲、大饗射，凡封國、命諸侯，王位設黼依，依前南鄉，設莞筵紛純，加繅席畫純，加次席黼純，左右玉几。

依制如屏風。黼依者，以絳帛爲質，繡斧于依前，左右設几，優至尊也。紛，白繡也。純，緣也。莞，細葦也。繅，讀爲藻率之藻，削蒲蒻展之，編以五采畫。畫，雲氣也。次席，桃枝席，有次列成文。

祀先王、昨席，亦如之。

「昨」，讀爲「酢」，謂祭祀及王受酢之席。尸卒食，王酳之，卒爵，祝受之，又酌，授尸，尸酢王于是席，王于户内。

諸侯祭祀席，蒲筵繢純，加莞席紛純，右彫几。

繢，畫文也。

昨席莞筵紛純，加繅席畫純。筵國賓于牖前亦如之，左彤几。

別言左彤几于筵國賓之後者，示昨席無几也。人道尚左，鬼神尚右。○王昭禹曰：「分布采色曰繢，摹成物體曰畫。」考工記曰「青與白相次，赤與黑相次」，所謂繢也。又曰「山以章，水以龍」，所謂畫也。○于諸侯言祭席、酢席之異，則王之祭、酢同席可知矣。于諸侯言祭席、賓筵之異，則王之賓祭同席可知矣。于諸侯舉賓筵，于王不言者，諸侯之席再重。知諸侯相爲賓之筵，則王之筵諸侯可知矣。于王先舉朝覲、饗射、封國、命諸侯，而後及祭席、酢席，文當然也。若先列祭席，而曰酢亦如之，朝覲、饗射、封國、命諸侯亦如之，則贅矣。禮器「鬼神單席」，豈異代之禮與？

甸役，則設熊席，右漆几。

謂有司祭表貉所設席也。

凡喪事，設葦席，右素几。其柏席用萑黼純，諸侯則紛純，每敦一几。

喪事，謂凡奠也。萑，如葦而細。柏席，迫地之席，葦加其上。或曰載黍稷之席，或曰「柏」，「槨」字之訛，槨席，藏中神坐之席也。「敦」，讀爲「燾」，燾，覆也。棺在殯則槨燾。周禮雖合葬，若同時在殯則異几，故曰每敦一几也。黼純，兼上三席，諸侯則以紛別之。

凡吉事變几，凶事仍几。

仍，因也。吉事，謂王祭宗廟，祼于室，饋食于堂，繹于祊，每事易几。凶事，謂凡奠，朝夕相因。

天府，掌祖廟之守藏與其禁令。

始祖之廟也。禁令，謂防守及陳藏之法。

凡國之玉鎮，大寶器藏焉。若有大祭、大喪，則出而陳之；既事，藏之。

大祭，禘、祫也。

凡官府鄉州及都鄙之治中，受而藏之，以詔王察群吏之治。

治中，治職事之簿書，謂之中者，示合于經制也。

上春，釁寶鎮及寶器。

凡吉凶之事，祖廟之中沃盥，執燭。季冬，陳玉，以貞來歲之媺惡。

陳玉以禮神也。

若遷寶，則奉之。

若國遷，則奉寶以之新廟也。

若祭天之司民、司禄而獻民數、穀數，則受而藏之。

司民，軒轅角也。司禄，文昌第四星，或曰下能也。地官獻賢能之書，秋官計獄弊訟及邦之盟書，皆登于天府而不見于本職，何也？此職載受藏，治中以詔王察群吏之治也。載受藏民數、穀數，以祭天之司民、司禄，陳玉而與執事也。若賢能之書，獄訟之計，盟約之文，其得失當否，天府既不糾察，又不與執事，是以散見于二官，而不詳于本職耳。○李耜卿曰：「秋官有司民之職，孟冬祀司民，司寇獻民數于王。然則地官有司禄之職，獻穀數者必司徒也。」

典瑞，掌玉瑞、玉器之藏，辨其名物與其用事，設其服飾。

人執以見曰瑞，禮神曰器。瑞，符信也。服飾，謂繅藉。天府所藏玉，先王之遺物。典瑞所藏，則時王所用。

王晉大圭，執鎮圭，繅藉五采五就，以朝日。

「晉」，讀爲「搢」，插于衣帶間。繅，所以藉玉也，木爲中幹，用韋衣而畫之。或曰，冕繅織絲爲之，圭繅亦然，一匝爲一就，五就五匝也。天子春分朝日，秋分夕月，圭制俱見玉人職。

公執桓圭，侯執信圭，伯執躬圭，繅皆三采三就。子執穀璧，男執蒲璧，繅皆二采再就，以朝覲、宗遇、會同于王。諸侯相見，亦如之。

三采，朱、白、蒼。二采，朱、緑也。覲禮曰「侯氏入門，右坐，奠圭，再拜稽首」。于王舉朝日，則祀天地宗廟不必言矣。于諸侯舉朝覲、宗遇、會同，則祭祀不必言矣。

瑑圭、璋、璧、琮，繅皆二采一就，以頫聘。

璋以聘后夫人，以琮享之。瑑有圻鄂瑑起，遣臣聘不得執。君之圭璧，無桓信躬與蒲穀之文，直瑑之而已。

四圭有邸，以祀天、旅上帝。

邸，本也。于中央爲璧，圭本著于璧，而其末四出，一玉俱成。祀天，圜丘之祭。不曰旅五帝，而曰旅上帝者，四時迎氣及國有大故，徧祀五帝、孟春之郊、季秋明堂之享，皆用之也。

兩圭有邸，以祀地、旅四望。

祀地，方澤之祭也。○李耜卿曰：「大宗伯六器，與六瑞、六摯相次，則蒼璧、黃琮，或初致其神，奠玉而禮之，如執摯以見者，故曰禮天、禮地。此四圭有邸、兩圭有邸，與祼圭有瓚爲類，則邸當亦瓚屬。表記曰『秬鬯以祀上帝』，則此邸疑或注秬鬯者，雖不以祼，而奠以享神，故曰『祀天』、『祀地』。推之下文，圭璧者，是于圭頭爲器，如璧璋邸射者。是于璋頭爲器，如邸而射皆挹鬯爵也。鄭氏見大宗伯有蒼璧、黃琮之文，此官無之，而别云四圭有邸、兩圭有邸，遂以蒼璧所禮者冬至圜丘之祀，四圭則夏正郊天，黃琮所禮者崑崙之祭，兩圭則神州之神，又合而一之。曰『蒼璧爲邸四圭託焉，黄琮爲邸兩圭託焉』，更無他據，今且闕之。」

祼圭有瓚，以肆先王，以祼賓客。

于圭頭爲器，可以挹鬯祼祭，謂之瓚。于先王言肆，于賓客言祼者，宗伯職「以肆獻祼享先王」，以祼代禘，故于此言肆，以明凡祭皆有祼也。祭之祼，灌地以降神，故直言祼賓客，以示無灌地之禮。

圭璧，以祀日月星辰。

圭，其邸爲璧，取殺于上帝。

璋邸射，以祀山川，以造贈賓客。

射，剡也。璋有邸而射，取殺于四望。造贈賓客，謂致稍餼時造館贈之，使還贈賄亦執以將命。或以周官每以四望與山川並舉，疑非五嶽四瀆，非也。山林、川澤、丘陵、墳衍皆有兆，而五嶽、四鎮、四瀆，尤地示之尊者，故别言之。小宗伯職「有司將事于四望」曰「于」，則以地言之，而不得泛指他神示明矣。

土圭以致四時日月，封國則以土地。

珍圭以徵守，以恤凶荒。

「珍」，故書或爲「鎮」，以徵守者，以徵召守國諸侯。恤者，開府庫振救之，亦謂侯國之有凶荒者。○李耜卿曰：「掌節之節，守國行道之用也。典瑞之瑞，作事之信也。先儒或謂瑞即節，誤矣。」

牙璋以起軍旅，以治兵守。

牙璋，瑑以爲牙齒。牙，兵象。

璧羨以起度。

羨，隋圓也。此璧本徑九寸，旁減一寸，以益上下，故高一尺，横徑八寸。十寸之尺，十之則爲丈。八寸之尺，十之則爲尋。從横皆可爲度。

駔圭、璋、璧、琮、琥、璜之渠眉，疏璧琮以歛尸。

「駔」，當爲「組」。渠眉，玉飾之溝瑑也。以組穿聯六玉溝瑑之中，于大歛加焉。圭在左，璋在首，琥在右，璜在足，璧在背，琮在腹，蓋取象于方明，神之也。六玉兩頭皆有孔，又于孔間爲溝渠。于溝之兩畔稍高爲眉瑑。疏璧琮義未詳。

穀圭以和難，以聘女。

穀，善也，其飾若粟文然。和難，如春秋魯宣公及齊侯平莒及郯，晉侯使瑕嘉平戎于王，其聘女則以納徵焉。

琬圭以治德，以結好。

諸侯有德，王命賜之。大行人職「時聘以結諸侯之好」。○所條列無學校之事，則以治德者，豈視學、養老之所執與？

琰圭以易行，以除慝。

使易惡行而爲善，則以此圭責讓喻告之。大行人職「殷頫以除邦國之慝」。

大祭祀，大旅，凡賓客之事，共其玉器而奉之。

玉器，四圭、裸圭之屬。

大喪，共飯玉、含玉、贈玉。

飯玉，碎玉以雜米。含玉，柱左右顛及在口中者。贈玉，蓋璧也。贈用玄纁束帛，天子加以璧。

凡玉器出，則共奉之。

玉器出，謂王所好賜也。奉之送以往，遠則送于使者。○祭祀、賓客，則始終奉之，俟事畢而藏焉。若王所好賜，及聘使所執，有司所用，喪紀所需，則惟出之時共奉之，以付其人。其應反者，則俟其人之事畢，而自反之也。

典命，掌諸侯之五儀、諸臣之五等之命。

五儀，公、侯、伯、子、男之儀。五等，謂孤以下四命、三命、再命、一命、不命也。或言儀，或言命，互文也。

上公九命爲伯，其國家、宮室、車旗、衣服、禮儀皆以九爲節。侯伯七命，其國家、宮室、車旗、衣服、禮儀皆以七爲節。子男五命，其國家、宮室、車旗、衣服、禮儀皆以五爲節。

上公，謂王之三公加命爲二伯，與二王之後。國家，謂城與宮之制，公之城方九里、宮方九百步。侯、伯、子、男降殺以兩。餘見司服、巾車、大行人職。

王之三公八命，其卿六命，其大夫四命；及其出封，皆加一等，其國家、宮室、車旗、衣服、禮儀亦如之。

四命，中、下大夫也。王之上士三命，中士再命，下士一命。

凡諸侯之適子，誓于天子，攝其君，則下其君之禮一等；未誓，則以皮帛繼子男。

誓，命而戒之也。誓與未誓，皆據父在而言，若父卒後得誓者，得與諸侯序。○明齋王氏曰：「立適，周之達禮，然猶兼象賢之意。必賢，足以繼世，天子乃命爲世子，而不得擅易也。」

公之孤四命，以皮帛眡小國之君，其卿三命，其大夫再命，其士一命，其宮室、車旗、衣服、禮儀各眡其命之數；侯伯之卿、大夫、士亦如之。子男之卿再命，其大夫一命，其士不命，其宮室、車旗、衣服、禮儀各眡其命之數。

視小國之君者，列于卿大夫之位，而禮如子男也。周官公、孤不列職，而其名散見于他職，此曰公之孤，則知凡曰孤卿者，乃王之三孤矣。

司服，掌王之吉凶衣服，辨其名物與其用事。

王之吉服，祀昊天上帝，則服大裘而冕，祀五帝亦如之；享先王，則衮冕；享先公、饗、射，則鷩冕；祀四望山川，則毳冕；祭社稷、五祀，則希冕；祭群小祀，則玄冕。

六服同冕，首飾尊也。先公，謂稷之後、太王之先，不窋至諸盩。群小祀，丘陵、墳衍、四方百物之屬。大裘，羔裘也。衮卷，龍衣也。古者冕服十二章，益稷日月、星辰、山龍、華蟲作繢、宗彝、藻火、粉米、黼黻絺繡。至周，以日月、星辰畫于旌旗，春秋傳所謂「三辰旂旗」是也。冕服止九章，登龍于山，登火于宗彝，尊其神明也。九章，初一曰龍，次二曰山，次三曰華蟲，次四曰火，次五曰宗彝，皆畫以爲繢；次六曰藻，次七曰粉米，次八曰黼，次九曰黻，皆絺以爲繡。衮之衣五章，裳四章，凡九。鷩，畫以雉，謂華蟲也，衣三章，裳四章，凡七。毳，畫虎、蜼，衣三章，裳二章，凡五。希刺、粉米無畫，衣一章，裳二章，凡三。玄者，衣無文，裳刺黻而已。凡冕服，皆玄衣、纁裳。「希」，讀爲「絺」；或作「黹」，字之誤也。○劉執中曰：「書稱舜曰

『予欲觀古人之象』，則天子衣裳之章十有二，其來遠矣。且交龍爲旂，周之衣不去龍。熊虎爲旗，周之裳不去虎蜼。何獨日月爲常，而去衣章之日月星辰乎？典命『上公九命』，以九爲節，推而上之，天子衮冕十有二章明矣。」○享先王以衮冕，則祀天地之服備十二章可知矣。不敢服日月星辰之章以祀先王，與不敢以衮祀先公，其義一也。

凡兵事，韋弁服。

以靺韋爲弁，又以爲衣裳。

眡朝，則皮弁服。

皮弁服，十五升白布衣，積素以爲裳。王受諸侯朝覲于廟，則衮冕。

凡甸，冠弁服。

甸，田獵也。冠弁，委貌，即玄冠也。其服緇布衣，亦積素以爲裳。諸侯則以視朝。

凡凶事，服弁服。

服弁，喪冠也，其服斬衰、齊衰。

凡弔事，弁絰服。

弁絰者，如爵弁而素，加環絰，其服錫衰、緦衰、疑衰。

凡喪，爲天王斬衰，爲王后齊衰。王爲三公六卿錫衰，爲諸侯緦衰，爲大夫、士疑衰，其首服皆弁絰。

君爲臣服弔服也。錫，麻之滑易者，十五升去其半，有事其布，無事其縷。緦亦十五升去其半，有事其縷，無事其布。疑衰，十四升。疑之言擬，擬于吉也。不見婦人弔服者，與夫同喪服。大夫弔于命婦錫衰，命婦弔于大夫亦錫衰。喪服注「凡婦人弔服，吉笄無首，素總。」○王爲士服，蓋同姓五服内及故舊。

大札、大荒、大烖，素服。

公之服，自衮冕而下，如王之服。侯伯之服，自鷩冕而下，如公之服。子男之服，自毳冕而下，如侯伯之服。孤之服，自希冕而下，如子男之服。卿大夫之服，自玄冕而下，如孤之服；其凶服，加以大功、小功。士之服，自皮弁而下，如大夫之服，其凶服亦如之。其齊服有玄端、素端。自公之衮冕至卿大夫之玄冕，皆其朝聘天子及助祭之服。諸侯非二王後，皆玄冕而祭于己。雜記曰「大夫冕而祭于公，弁而祭于己。士弁而祭于公，冠而祭于己」。大夫爵弁自祭家廟惟孤耳。其餘皆玄冠，與士同。玄冠自祭其廟者，其服朝服玄端。諸侯之自相朝聘，皆服皮弁，乃天子日視朝之服也」。喪服天子、諸侯齊斬而已。卿大夫加以大功、小功，士亦如之，又加緦焉。齊服自公以下至士同，吉則玄衣，凶則素衣，皆謂之端，言其幅之正也。士之衣袂皆二尺二寸而屬幅，是廣袤等也。其袪尺二寸，大夫以上侈之，蓋半而益一焉。○鄭剛中曰：「子男毳而下如侯伯，則上不服鷩可知。侯伯自鷩而下如公，則上不服衮可知。公自衮而下如王，則上不服日月星辰可知。經文謂自衮而下如王之服，則衮冕而上之章非日月星辰而何？」

凡大祭祀、大賓客，共其衣服而奉之。

大喪，共其復衣服、斂衣服、奠衣服、廞衣服，皆掌其陳序。

奠衣服，如後世坐上魂衣。廞，陳也。廞衣服，藏于槨中者。○周官之文多舉下以該上，惟喪浴之冰及復斂奠廞之服，獨舉上以該下者，不疑于小喪之不共也。

典祀，掌外祀之兆守，皆有域，掌其禁令。
外祀，即小宗伯所兆四郊已下。

若以時祭祀，則帥其屬而修除，徵役于司隸而役之。及祭，帥其屬而守其厲禁而蹕之。

守祧，掌守先王先公之廟祧，其遺衣服藏焉。
先公之遷主藏于后稷之廟，先王之遷主藏于文、武之廟。遺衣服，大斂之餘也。

若將祭祀，則各以其服授尸。
尸，當服卒者之上服。○程子曰：「古人祭祀用尸極有意。人之魂氣既散，必求其類而依之。人與人既爲類，骨肉又爲一家之類。己與尸各既心齊潔，至誠相通，以此求神，宜其享之。後世直以尊卑之勢，遂不肯行。」○朱子曰：「神主之位東鄉，尸在神主之北。」

其廟，則有司修除之；其祧，則守祧黝堊之。
修除，黝堊互相備。有司恒主修除，守祧恒主黝堊。黝，黑也。堊，白也。爾雅曰：「地謂之黝，牆謂之塈。」○近廟，每祔則新之，故止于修除。祧遠，歲久漫漶，故黝堊。祖廟遠，宜從祧。

既祭，則藏其隋與其服。

隋，尸所祭肺脊、黍稷之屬，藏之以依神。

世婦，掌女宮之宿戒及祭祀，比其具。

天官世婦「祭之日，莅陳女宮之具」，此職又校比之。

詔王后之禮事。帥六宮之人共齍盛。

天官世婦「帥女宮濯摡爲齍盛」，所帥女奚也。此則帥世婦、女御而共之于正祭之日。

相外内宗之禮事。

外宗，佐后薦徹豆籩。内宗，佐傳豆籩。

大賓客之饗食，亦如之。大喪，比外内命婦之朝莫哭不敬者，而苛罰之。

苛，譴也。

凡王后有摔事于婦人，則詔相。

春秋傳「二王後、天子有喪，拜焉。」設其夫人家在畿内，值王喪，赴弔。及后之母，王之世母、叔母、姑姊妹，王師傅之妻，以禮見后，皆當答拜。

凡内事有達于外官者，世婦掌之。

以是知爲公卿、大夫、士之妻有齒德者備官王宫，而非王之妃嬪也。

内宗，掌宗廟之祭祀，薦加豆籩。及以樂徹，則佐傳豆籩。

薦，加爵之豆籩也。尸既食，后亞獻爲加爵。佐傳，佐外宗。

賓客之饗食，亦如之。王后有事，則從。

大喪，序哭者；

次序内外宗及命婦也。

哭諸侯亦如之。

天子雖絶期，然王之伯叔兄弟之喪，則宫中必爲位而哭也。疏泛言諸侯來朝而薨，未安。内宗所序六宫之哭位，非王之周親，王哭之而已，非内宗職之所及也。

凡卿大夫之喪，掌其弔臨。

注疏「卿大夫卑，王后不弔臨，故遣内宗掌之」，非也。若王之尊屬、周親、后之父母，無問爵之尊卑，后必弔臨。其餘卿大夫之喪，爲王之同姓婣親者，則使世婦往弔，而内宗掌其禮事，以佐之也。王后之弔，僅一見于女巫職，而他無及焉，何也？内宰正后之服位，而詔其禮樂之儀。内小臣祭祀、賓客、喪紀擯，詔后之禮事，則后之弔事具矣。

外宗，掌宗廟之祭祀，佐王后薦玉豆，眡豆籩；及以樂徹，亦如之。王后以樂羞齍，則贊。

凡王之豆、籩，皆玉飾之。不言籩，文略也。眡豆、籩者，謂在堂東未設時，眡其實也。齍，黍、稷也。齍不言贊徹者，豆、籩且贊徹，則齍可知矣。薦徹豆籩，九嬪、内、外宗三職俱佐后者，九嬪始徹，内宗受之，以傳于外宗，然後以授有司。故内宗職曰：「佐傳豆、籩也。」不曰及徹亦如之，而曰及以樂徹；不曰王后羞齍則贊，而曰王后以樂羞齍則贊者，明群小祀不用樂，則薦豆羞齍，后或不親，而外宗亦不贊也。

凡王后之獻，亦如之。王后不與，則贊宗伯。

獻，獻酒于尸。

小祭祀，掌事；賓客之事亦如之。

小祭祀，謂宫中門、户、竈之類。賓客，謂女賓客之進見于后宫者。若外賓客饗食之事，則内宰掌之。

大喪，則叙外内朝莫哭者，哭諸侯亦如之。

内，内外宗。外，外命婦。若内命婦，則九嬪叙之。序内哭者與内宗聯事，外則其專職也。○

注「及」字乃「外」字之誤。

冢人，掌公墓之地，辨其兆域而爲之圖。先王之葬居中，以昭穆爲左右。

此昭穆謂繼世而王者。

凡諸侯居左右以前，卿、大夫、士居後，各以其族。

謂王子孫爲畿内諸侯、王朝卿大夫士者。舊説，居王墓前後之左右，非也。王以昭穆序葬于大祖之左右，其兆域有定，而子孫無窮，將無地以容。且君臣同域，非所以爲禮也。蓋一王之子孫，各爲兆域，雖以昭穆分左右，而諸侯之兆則稍前，卿大夫士則稍後耳。

凡死于兵者，不入兆域。

死于兵，謂罪在大辟，及身爲不義而見戕者。若執干戈以衛社稷，可轉絶其兆域乎？

凡有功者，居前。

前者，昭穆之中央。

以爵等爲丘封之度與其樹藪。

王公曰丘，諸侯曰封。

大喪既有日，請度甫竁，遂爲之尸；

請度，請所穿廣袤之度也。甫，始也。始起土爲竁，祭土神則爲之尸。

及竁，以度爲丘隧，共喪之窆器；

隧，羨道也。丘與隧，大小廣袤各有度。窆器，所以下棺，豐、碑之屬。

及葬，言鸞車象人；

遣車亦設鸞旗，象人，俑也。語巾車之官，將鸞車及象人向壙。

及窆，執斧以莅；遂入，藏凶器。正墓位，蹕墓域，守墓禁。

鄉師執斧以莅匠師，則此亦莅匠師。葬事大，故二官共臨。凶器，明器也。禁，所爲塋限。

凡祭墓，爲尸。

或始竁，或復土後祭墓域之土示，皆冢人爲尸也。先儒以是徵古有墓祭，誤矣。凡祭祖考，無以異姓爲尸者，以其氣不相屬也。以冢人爲尸，則外祀可知矣。

凡諸侯及諸臣葬于墓者，授之兆，爲之蹕，均其禁。

此即王子孫之爲諸侯、卿、大夫者，疏謂統同異姓，誤矣。外諸侯則自有家人。畿内異姓卿大夫，則彼各有祖宗兆域，依昭穆而葬，墓大夫之所掌也。墓大夫職獨言令國民族葬，而不及卿大夫者，卿大夫之祖宗皆國民也。以貴而立廟，尚不敢自主其祭，而使宗子主之，況敢去先人之兆域，而别葬哉？墓大夫職「正其位，掌其度數」，則兼卿大夫士，而非獨庶人可知矣。變卿大夫士而曰諸臣者，兼王族之無爵者而言也。以葬于王墓之左右，故無尊卑，皆爲之蹕。

墓大夫，掌凡邦墓之地域，爲之圖。令國民族葬，而掌其禁令；

族葬，謂五服之内共葬一所，遠者别塋。春秋傳「同族于禰廟」，禮記「絶族無移服」，親者屬也，故知以服内爲限。

正其位，掌其度數，使皆有私地域。凡争墓地者，聽其獄訟。

私地域者，萬民墓地同處而分之，使各有區域，得以族葬也。

帥其屬而巡墓厲，居其中之室以守之。

厲，塋限遮列處。中之室，官寺在墓中者。

職喪，掌諸侯之喪及卿、大夫、士凡有爵者之喪，以國之喪禮蒞其禁令，序其事。

喪禮，今存者喪服、士喪、既夕、士虞，餘亡。事，謂小斂、大斂、葬。曰國之喪禮者，自士以上，國皆致禮焉，與庶人異也。

凡國有司以王命有事焉，則詔贊主人。

有事，謂含、襚、贈、賵之屬。國有司，謂奉王命以至者。

凡其喪祭，詔其號，治其禮。凡公有司之所共，職喪令之，趣其事。

公有司，公家之有司也。喪在鄉，則鄉之有司共其物。在國，則國中之有司共其物。各有定制。不待王命者，則職喪以其制令之、趣之。

大司樂，掌成均之灋，以治建國之學政，而合國之子弟焉。

董子曰：「成均，五帝之學。」法謂教之、簡之之法。曰治建者，國之學政如鄉三物，則司徒所建，大司樂特治之而已。其絃誦之時，歌舞之節，教學之數，則大司樂建之而又治之也。曰合國之子弟者，王子弟、公、卿、大夫之適子，國子之倅，國之俊選，皆造也。國子之教于虎門，國子之倅掌于諸子者，春秋合舞、合聲，皆入于成均。惟士庶子宿衛者，宫正教之道藝，宫伯行其秩序，不復隸大司樂耳。竊疑王宫之士庶子即國子，與其倅始常入于成均者，考其德行道藝，上不足任卿大夫，而下不至與不帥教者等，故使宿衛于王宫，所以因材而任其力也。

凡有道者、有德者，使教焉；死則以爲樂祖，祭于瞽宗。

必有道德，乃使爲大司樂以主教。而凡有道德者，皆使爲之佐也。

以樂德教國子：中、和、祗、庸、孝、友。

興賢能以進于王，要其學之成也，故必備六德、六行。始學樂者，自養其德性，則以中、和爲先，而知、仁、聖、義不可遽求也。以孝、友爲先，而睦姻、任恤不能徧及也，不敬則心不一，無恒則業不精，故合祗、庸以爲六德焉。

以樂語教國子：興、道、諷、誦、言、語。

疏引作詩之義以詁六語，非也。曰以樂德教國子者，非謂樂有此六德，謂以樂教人，所以養其六德也。以樂語教國子者，非謂樂之語有此六類，謂以樂教人，欲其達此六語也。興者，引彼物以興此事，如春秋傳趙孟曰「吾兄弟比以安尨也，可使毋吠」，穆叔曰「小國爲蘩，大國省穡而用之」是也。道者，述古而道其義，如德正應和曰類，故能載周以至于今之類是也。諷者微吟，誦者朗讀。言者，賦詩以自言其情。語者，賦詩以答人之意也。古之人不必親相與言也，以禮樂相示而已。觀春秋傳，列國君臣賦詩贈答，彼此各喻其意，非達于六語，何能相應如響耶？故曰「不學詩，無以言」。

以樂舞教國子舞雲門、大卷、大咸、大磬、大夏、大濩、大武。

雲門、大卷，黄帝樂也。大咸、咸池，堯樂也。大磬，舜樂也。大夏，禹樂也。大濩，湯樂也。大武，武王樂也。獨不及文王之樂者，六樂皆陳帝王功德，故用之于祭祀。二南所稱，多后夫人之事，故用之閨門、鄉黨、邦國，以化天下也。蓋以騶虞、采蘋、采蘩爲射節，而諸侯之射也，先行燕禮；卿大夫士之射也，先行鄉飲酒之禮；其合樂，皆終于二南，則無地而不用，無人而不聞，視六樂之用，尤切以偏矣。

以六律、六同、五聲、八音、六舞，大合樂以致鬼神示，以和邦國，以諧萬民，以安賓客，以説遠人，以作動物。

六律，合陽聲者。六同，合陰聲者。十二律以銅爲管，轉而相生。黄鐘爲首，其長九寸，各因而三分之，上生者益一分；下生者去一焉。國語曰：「律所以立均出度也。古之神瞽考中聲而量之，以制度律均鍾。」言以中聲定律，以律立鍾之均也。動物，羽、蠃之屬。大合樂，乃成均習樂之事，其用之則可以格鬼神，動民物，如下文所列祭祀、饗燕之類是也。

乃分樂而序之，以祭，以享，以祀。

乃奏黄鍾，歌大吕，舞雲門，以祀天神。

以黄鍾之鍾、大吕之聲爲均者，黄鍾爲陽聲之首，大吕爲之合。

乃奏大蔟，歌應鍾，舞咸池，以祭地示。

大蔟，陽聲第二，應鍾爲之合。地示，謂大社。

乃奏姑洗，歌南吕，舞大磬，以祀四望。

姑洗，陽聲第三，南吕爲之合。祀，當爲祭。典瑞職「兩圭有邸，以祀地旅四望」，尚書「望于山川」，春秋傳「江漢雎漳，楚之望也」，則不得爲天神之祀明矣。祀天神之樂一，而祭地示之樂三者，神之在天者無形，不可以分；示之在地者異所，不容無辨也。六樂所致，地示五而天神則一，義亦如此。

乃奏蕤賓，歌函鍾，舞大夏，以祭山川。

蕤賓，陽聲第四，函鍾爲之合。函鍾，一名林鍾。

乃奏夷則，歌小吕，舞大濩，以享先妣。

夷則，陽聲第五，小吕爲之合。先妣，姜嫄也。周特立廟祀姜嫄，謂之閟宫。蓋諸侯不敢祖天子也。商頌推契之自出而舉有娀，義亦如此。

乃奏無射，歌夾鍾，舞大武，以享先祖。

無射，陽聲之終，夾鍾爲之合。夾鍾，一名圜鍾。曰奏者，用樂器也。曰歌者，用人聲也。

凡六樂者，文之以五聲，播之以八音。

言六者，其均皆待五聲、八音乃成也。播，被也。○清溪李氏曰：「每二律歌奏，則成二調。然通謂之一樂者，所用同也。凡此二律者，特爲宮耳。其餘四聲，蓋各以其律從，以成一調，而爲八音之節。六樂者，調也。五聲者，聲也。知聲調之分，則知古人作樂之法矣。

凡六樂者，一變而致羽物及川澤之示，再變而致臝物及山林之示，三變而致鱗物及丘陵之示，四變而致毛物及墳衍之示，五變而致介物及土示，六變而致象物及天神。

變猶更也，樂成則更奏也。象物，舊説麟、鳳、龜、龍。或曰日、月、星、辰成象于天者。或曰風、雲、雷、雨之類。每變所感各異，其義未聞。

凡樂，圜鍾爲宮，黄鍾爲角，大蔟爲徵，姑洗爲羽，靁鼓靁鼗，孤竹之管，雲和之琴瑟，雲門之舞；冬日至，于地上之圜丘奏之，若樂六變，則天神皆降，可得而禮矣。凡樂，函鍾爲宮，大蔟爲角，姑洗爲徵，南吕爲羽，靈鼓靈鼗，孫竹之管，空桑之琴瑟，咸池之舞；夏日至，于澤中之方丘奏之，若樂八變，則地示皆出，可得而禮矣。凡樂，黄鍾爲宮，大吕爲角，大蔟爲徵，應鍾爲羽，路鼓路鼗，陰竹之管，龍門之琴瑟，九德之歌，九磬之舞；于宗廟之中奏之，若樂九變，則人鬼可得而禮矣。

先奏是樂以致其神，禮之以玉而祼焉，然後合樂而祭之。孤竹，竹特生者。孤竹，竹枝根之末生者。陰竹，生于山北者。雲和、空桑、龍門，皆山名。春秋傳「六府、三事謂之九功」，九功之德皆可歌也。謂之九歌，朱子曰：「五音無一則不成樂。周禮祭祀非無商音，但無商調，先儒謂商調是殺聲，鬼神畏商調。」○管子曰「商聲如離群羊，然則其音最悲，非祭祀所宜也」。○天之體動，故其感較速。地之體静，故其感較遲。然天地皆見在之氣，而人鬼則已屈之氣，故致之爲尤難也。上言五變而致土示，此言八變而地示皆出，何也？上經列序五地土示者，原隰之示耳。記曰「大旅具矣，不足以饗帝」，則方澤之祭校之原隰之示，其感召必有難易可知矣。或謂上分樂而爲六，用之分祭時；此合六而爲三，用之合祭時，非也。圜丘、方澤，專禮天、地，無合祭衆神示之義。所謂天神皆降、地示皆出者，謂和氣足以動天地，則神示無不來格耳。所用樂與上異，其義未聞。

凡樂事，大祭祀，宿縣，遂以聲展之。

宿縣，前夕豫縣樂器也。以聲展者，省其完否、善惡也。獨舉大祭祀者，視瞭掌大師之縣，則凡事用樂以聲展者皆大師，而大司樂弗親也。

王出入，則令奏王夏；尸出入，則令奏肆夏；牲出入，則令奏昭夏。

三夏，皆樂章名。獨令奏三夏者，祭祀之樂大師令奏。

帥國子而舞。

當用舞者，則帥而往。大司樂帥國子而舞，非貴游子弟弗用也。樂師帥學士而歌，徹凡學士皆得與也。大胥職「凡祭祀之用樂者，以鼓徵學士」，則學士蓋兼國子與俊選。

大饗不入牲，其他皆如祭祀。

此賓客之大饗也。牲殺于廟門外，亯之，升鼎乃入，故曰「不入牲」。

大射，王出入，令奏王夏；及射，令奏騶虞。詔諸侯以弓矢舞。

騶虞，召南之卒章。舞，謂執弓挾矢、揖讓進退之儀。此諸侯來朝，將助祭，預于大射者。

王大食，三侑，皆令奏鍾鼓。王師大獻，則令奏愷樂。

大食，朔月、月半之饋。大獻，獻捷于祖。愷，獻功之樂。

凡日月食，四鎮五嶽崩，大傀異烖，諸侯薨，令去樂。大札、大凶、大烖、大臣死，凡國之大憂，令弛縣。

四鎮，謂揚州之會稽，青州之沂山，幽州之醫無閭，冀州之霍山。五嶽，岱在兖州，衡在荆州，嵩在豫州，華在雍州，恒在并州。傀猶怪也。大傀異烖，謂天地奇變，若星辰奔霣，地震裂之類。大烖，水火也。疏去樂據廟中而言，弛縣據路寢常縣之樂而言，恐未安。去樂者，屏而不作，其日暫也。弛縣者，日久也。知然者，諸侯之喪衆多，去樂不能久也。大臣則數少而情戚。春秋傳知悼子未葬，杜蕢諫鼓鍾。雜記君于卿大夫，比卒哭不舉樂，是以弛縣也。日月食，四鎮、五嶽崩，大傀異烖變，雖大，一日之事也。大札、大凶、大憂，非可一日而弭也，則屏樂期有久暫，必矣。○侯國卿大夫數少，故皆以卒哭爲期。此經所謂大臣，乃孤卿以上，注疏兼大夫，亦未安。

凡建國，禁其淫聲、過聲、凶聲、慢聲。

過，謂高躁之聲。慢，謂懈惰之聲。凶，謂殺伐之聲。

大喪，莅廞樂器；及葬，藏樂器，亦如之。

樂器，明器也。廞，興也。笙師、鎛師、籥師、司干及眡瞭，各主興作所掌樂器，而大司樂莅之也。

樂師，掌國學之政，以教國子小舞。

小舞，即下帗舞以下是也。分教以一節，故謂之小。合之，即以舞六樂。

凡舞，有帗舞，有羽舞，有皇舞，有旄舞，有干舞，有人舞。

帗舞、羽舞、皇舞，見舞師職。旄，旄牛之尾。干，兵器。皆舞者所執。人舞無所執，以手袖爲儀。社稷以帗，辟廱以旄，四方以羽，宗廟以人，山川以干，旱暵以皇。○鄭剛中曰：「旄即旄人所教之舞也。夷樂、散樂，賓客之燕樂，用之辟廱。用旄，無所考。」

教樂儀，行以肆夏，趨以采齊，車亦如之。環拜，以鍾鼓爲節。

樂儀，凡行趨、登車、環拜，其節應乎樂者皆是也。肆夏、采齊，皆樂名。人君行步，以肆夏爲節。趨疾于步，以采齊爲節。爾雅曰：「堂上謂之行，門外謂之趨。」然則王出，至堂而肆夏作，出路門而采齊作。其反入至應門、路門，亦如之。此謂步迎賓客。若車出，則登車于大寢西階之前，反降于阼階之前。尚書傳曰「天子將出，撞黄鍾之鍾，右五鍾皆應。入，則撞蕤賓之鍾，左五鍾皆應。大師于是奏樂」。環拜，謂群臣環列而拜也。朝位，東西及南三面，環向天子。

凡射，王以騶虞爲節，諸侯以貍首爲節，大夫以采蘋爲節，士以采蘩爲節。

采蘋、采蘩，見召南。貍首見射義。皆樂章。射義曰：「騶虞者，樂官備也。貍首者，樂會時也。采蘋者，樂循法也。采蘩者，樂不失職也。」其節見射人職。

凡樂，掌其序事，治其樂政。

凡國之小事用樂者，令奏鍾鼓。

大事，則大司樂令奏。

凡樂成，則告備。

凡奏，樂八音皆備，一曲終則爲一成。

詔來瞽皋舞；及徹，帥學士而歌徹；令相。

來瞽，詔眡瞭扶瞽者。來，入也。皋之言號，告國子當舞者舞也。令相，令眡瞭扶工以退也。

樂師帥學士而歌徹，承上文小事用樂而言也。小師歌徹，承上文大祭祀而言也。曰帥，則樂師不自歌也。小事，故使學士即事以習聲容。

饗食諸侯，序其樂事，令奏鍾鼓，令相，如祭之儀。

不曰饗食亦如之，而覆舉序樂事令奏鍾鼓。令相者，明歌徹則不與也。蓋小師職之。

燕射，率射夫以弓矢舞。樂出入，令奏鍾鼓。

總上祭祀、饗食、燕射，凡其樂之出入，皆令奏鼓鍾。

凡軍大獻，教愷歌，遂倡之。

師還未至，預教瞽矇愷歌。入祖廟，則倡之。

凡喪，陳樂器，則帥樂官；及序哭，亦如之。

哭此樂器亦序而帥之。

凡樂官，掌其政令，聽其治訟。

周官集注卷六

大胥，掌學士之版，以待致諸子。春，入學，舍采，合舞。秋，頒學，合聲。學士之版，合國子及鄉之選俊而言也。而所致惟諸子，何也？蓋國子或入太學，大司樂教之。或在虎門，師氏、保氏教之。國子之倅，或宿衛于王宫，宫伯掌之。或修業于鄉學，諸子掌之。國子之在虎門，及國子之倅修業于鄉學者，春合舞，秋合聲，則並入太學，與衆學士比校，而大胥掌致之。舍，即釋也。菜，蘋、蘩之屬。釋之以禮先師，頒學分示，以所當學。如春、秋以禮、樂，冬、夏以詩、書之類。

以六樂之會正舞位，以序出入舞者，不曰節而曰會者，舞之節必與聲會也。荀卿曰：「目不自見，耳不自聞也。而治俯仰、詘伸、進退、遲速，莫不廉制盡筋骨之力，以要鼓鍾之節，而靡有悖逆者。」此言舞與聲會之難也。入，入于綴兆也。出，退休也。凡奏樂合舞，人有定數。學士習舞，則更代而徧，故出入無常。

比樂官，展樂器。凡祭祀之用樂者，以鼓徵學士。

饗燕之樂，則歌舞皆以工。

序宮中之事。

清溪李氏曰：「兼序宮中之事，其意深矣。商書曰『敢有恒舞于宮，酣歌于室』，此所以大爲之防也。」

小胥，掌學士之徵令而比之，觵其不敬者，巡舞列而撻其怠慢者。

徵，則召之使來。令，則使之有爲。

正樂縣之位，王宮縣，諸侯軒縣，卿大夫判縣，士特縣，辨其聲。

樂縣，謂鍾磬之屬縣于筍虡者。宮縣四面，象宮室。軒縣去南面，如軒。判縣又空北面。特縣，縣于東方或階間。

凡縣鍾磬，半爲堵，全爲肆。

編鍾磬，十六枚而縣一虡，謂之堵。鍾一堵、磬一堵，謂之肆。半之者，謂諸侯之卿、大夫、士也。諸侯之卿、大夫，半天子之卿、大夫，西縣鍾，東縣磬。士亦半天子之士，縣磬而已。不言鼓鎛者，鼓鎛惟縣一。十二辰之零鍾亦惟縣一，于正樂縣之位該之矣。編縣貴賤有等，全半有數，故特見之。

大師，掌六律、六同，以合陰陽之聲。陽聲：黄鍾，大蔟，姑洗，蕤賓，夷則，無射。陰聲：大吕，應鍾，南吕，函鍾，小吕，夾鍾。皆文之以五聲：宫、商、角、徵、羽。皆播之以八音：金、石、土、革、絲、木、匏、竹。

以合陰陽之聲者，聲之陰陽各有合。黄鍾，子之氣也，十一月建焉，而辰在星紀。大吕，丑之氣也，十二月建焉，而辰在玄枵。太蔟，寅之氣也，正月建焉，而辰在娵訾。應鍾，亥之氣也，十月建焉，而辰在析木。姑洗，辰之氣也，三月建焉，而辰在大梁。南吕，酉之氣也，八月建焉，而辰在壽星。蕤賓，午之氣也，五月建焉，而辰在鶉首。林鍾，未之氣也，六月建焉，而辰在鶉火。夷則，申之氣也，七月建焉，而辰在鶉尾。中吕，巳之氣也，四月建焉，而辰在實沈。無射，戌之氣也，九月建焉，而辰在大火。夾鍾，卯之氣也，二月建焉，而辰在降婁，辰與建交錯，貿處如表裏然，是其合也。其相生，則以陰陽六體爲之：黄鍾初九也，下生林鍾之初六，林鍾又上生大蔟之九二，大蔟又下生南吕之六二，南吕又上生姑洗之九三，姑洗又下生應鍾之六三，應鍾又上生蕤賓之九四，蕤賓又下生大吕之六四，大吕又上生夷則之九五，夷則又下生夾鍾之六五，夾鍾又上生無射之上九，無射又下生中吕之上六。同位者象夫妻，異位者象子母，所謂律娶妻而吕生子也。黄鍾長九寸，其實一籥。下生者三分去一，上生者三分益一，五下六上，乃一終矣。文之者，以調五聲，使之相次如錦繡之有文章。播，猶揚也。金，鍾鎛也。石，磬也。土，塤也。革，鼓鼗也。絲，琴瑟也。木，柷敔也。匏，笙也。竹，簫管也。○天籟、人聲本有陰陽，而以同律合之也。

教六詩：曰風，曰賦，曰比，曰興，曰雅，曰頌；

風，言上之教化動于民者。雅，正也，正樂之歌也。頌者，容也，美盛德之形容。賦者，敷陳其事而直言之。比者，以彼物比此物。興者，先言他物，以引其所詠之辭。詩之起莫先于風謡，有風則有賦、比、興之三體，由是有雅、頌之二部，故以爲序。

以六德爲之本，以六律爲之音。

注疏謂有知、仁、聖、義、中、和之德，始可教以樂歌，非也。教國子以樂德，且不備知、仁、聖、義，況以求瞽矇乎？蓋以中、和、祗、庸、孝、友爲詩教之本，使知凡播于樂歌者，皆以興起人之六德也。以六律爲詩之音，所謂律和聲，比音而樂之也。知此爲教瞽矇者，學士之于詩，則小學之教已成矣。

大祭祀，帥瞽登歌，令奏擊拊；下管，播樂器，令奏鼓朄。

登歌，歌者在堂上，貴人聲也。下管，吹管者在堂下也。特言管者，貴人氣也。拊形如鼓，以韋爲之，著以糠。朄，小鼓也。擊拊，瞽乃歌。鼓朄，管乃作。故大師帥瞽登歌則令奏擊拊，及堂下奏管播衆樂器時，又令奏鼓朄也。先儒或謂大師令奏而擊拊者乃小師，非也。與下令奏鼓朄不應同文而異義。

大饗亦如之。

疏謂祭饗賓射之鍾鼓皆大祝令之，非也。大祝所令，獨逆牲、逆尸、侑尸之鍾鼓耳。樂事之鍾鼓，乃大司樂、樂師令之。

大射，帥瞽而歌射節。

大師，執同律以聽軍聲而詔吉凶。

兵書曰：「王者出軍之日授將弓矢，士卒振旅。將張弓大呼，大師吹律合音，商則戰勝，軍士强；角則軍擾多變，失士心；宮則軍和，士卒同心；徵則將急數怒，軍士勞；羽則兵弱少威明。」

大喪，帥瞽而廞，作匶，謚。

廞，興也，興言王之行。或曰陳也，陳其生時行迹也。曰作謚，義已備矣，而加柩者，記曰：「卒哭而諱，生事畢而鬼事始也。」疑夏、殷以前，皆卒哭始諱，至周則在柩即作謚而諱名。故以柩謚顯此義也。不曰既殯作謚，而曰作柩謚者，大喪兼王及后、世子。在棺曰柩，舉柩則義足以包其人及爲在殯時也。

凡國之瞽矇，正焉。

小師，掌教鼓鼗、柷、敔、塤、簫、管、弦、歌。

出音曰鼓。鼗，如鼓而小，持其柄而摇之，旁耳還自擊。柷，如漆筩，方二尺四寸，深一尺八寸，中有椎，樂始作，橦其底及左右，擊以起樂。敔，如伏虎，背有七十二刻，別有木長尺，櫟之以止樂。塤，燒土爲之，大如雁卵，鋭上平底，有六孔以發聲。簫，編以竹，長尺四寸。頌簫尺二寸，象鳥翼，有吹處，大者二十四管，小者十六管。管，如篴而小，六孔，併兩而吹之。弦，謂琴瑟，歌依詠詩也。知鼓非樂器者，以六鼓之聲音，皆鼓人教之也。

大祭祀，登歌擊拊；下管，擊應鼓；徹，歌。

應，鼙也。應與鞕及朔皆小鼓，其所用別未聞。○小師亦登歌擊拊者，或大師有故而攝，猶國之大事，小宗伯既佐大宗伯，而肆師復佐之。國之小事，小宗伯既掌事，而肆師復掌之，皆攝也。令奏擊拊既攝，則并攝鼓鞕，不必言矣。下管擊應鼓，則其本職事也。周官人數多寡，皆量職事以制之。師氏、保氏各一人，事不分也。大師二人，一以備軍事也。小師四人，雖或攝大師，仍有自共其職者，故事不缺。

大饗，亦如之。大喪，與廞。凡小祭祀、小樂事，鼓鞕。

王饗諸侯，徹亦歌雍。戴記徹以振羽，諸侯自相饗也。

掌六樂聲音之節與其和。

王昭禹曰：「六樂之作，其先後曲直則有節，而大小、清濁相應而不相陵則和矣。國語曰『聲應相保曰和』，又曰『大昭小鳴，和之道也』。」

瞽矇，掌播鼗、柷、敔、塤、簫、管、弦、歌。

瞽矇所播止此者，塤與簫管之空可按，弦有徽可循，柷敔一聲，鼗可執而摇之。若他鼓及鍾磬，擊之必于其所，非無目者所能任也，故眡瞭掌之。

諷誦詩，世奠繫，鼓琴瑟。

諷誦詩，蓋以諷諫，國語「瞍賦矇誦」是也。世奠繫，先世所定譜牒，國語曰「教之世，爲之昭明德而廢幽昏焉」。故人君燕閒，瞽矇誦詩并世繫以勸戒之，又鼓琴瑟，以和平其心志也。

掌九德、六詩之歌，以役大師。

眡瞭，掌凡樂事播鼗，擊頌磬、笙磬。

兼播鼗者，或樂節應用鼗，而瞽矇方各奏他音，則攝代也。磬在東方者曰笙，在西方者曰頌。「頌」，或作「庸」，大射禮「樂人宿縣于阼階東，笙磬西面，其南笙鍾，其南鑮，皆南陳」，又曰「西階之西頌磬，東面，其南鍾，其南鑮，皆南陳」。

掌大師之縣。凡樂事，相瞽。

觀此則知凡宿縣皆大師莅之，而大祭祀則大司樂以聲展之也。

大喪，廞樂器；大旅亦如之。

凡瞽矇所掌者，眡瞭皆代廞之。磬師、鍾師無廞器之文，而眡瞭擊笙磬、頌磬，且掌大師之縣，則廞之者亦眡瞭與？

賓、射，皆奏其鍾鼓；鼜、愷獻，亦如之。

賓、射皆奏，則祭祀不必言矣。

典同，掌六律、六同之和，以辨天地四方陰陽之聲，以爲樂器。

律，述氣者也。同，助陽宣氣與之同。大師所掌者，制律以合聲。典同所掌者，依律辨聲以爲樂器也。四方之聲，如管子及呂氏、月令所載。

凡聲，高聲䃔，正聲緩，下聲肆，陂聲散，險聲斂，達聲贏，微聲韽，回聲衍，侈聲筰，弇聲鬱，薄聲甄，厚聲石。

高，謂鍾形上大。䃔，讀爲衮，謂聲上藏衮然旋如裹也。正，謂上下直。下，謂鍾形下大。陂，謂偏侈。險，謂偏弇。達，謂其形微大。贏，聲有餘也。微，謂其形微小。韽，聲小不成也。回，謂其形微圜，衍聲淫衍，無鴻殺也。侈，謂中央約筰聲迫。筰，出去疾也。弇，中央寬也。鬱，聲鬱勃不出也。甄，猶掉也。石，謂叩之如石。○黄氏曰：「考工記鍾人固曰『已厚則石，已薄則播，侈則柞，弇則鬱』。然磬人亦曰『已上則磨其旁，已下則磨其耑』，豈非謂聲之甚高甚下者乎？然則高、正、下、陂、險、達、微、回、侈、弇、薄、厚，皆言聲也。䃔、緩、肆、散、斂、贏、韽、衍、筰、鬱、甄、石，皆其聲之形容也。不然，則聲之病也，不得專以鍾言之。」

凡爲樂器，以十有二律爲之數度，以十有二聲爲之齊量。

數度，廣長也。齊量，侈弇之所容。齊，與食醫所和之齊同義，謂其分之所際也。蓋以十有二律之數爲衆器之度，以十有二聲之齊爲衆器之量，度必以律之。數者，記所謂百度，得數而有常也。中之所容雖同，而形之回、筰、弇、侈異，則音亦異焉。故必以十有二聲爲之齊。

凡和樂亦如之。

和，謂調其故器也。或曰上所言制器之灋也。器成而和衆聲以爲樂，仍以十有二律爲之數度，以十有二聲爲之齊量。

磬師，掌教擊磬、擊編鍾。

磬亦編，獨于鍾言之者，鍾有不編，不編者鍾師掌之。○劉原父曰：「宫縣有特磬十二，鎛鍾十二，皆依辰次陳之，以應其方之律，磬師于磬則兼教之。」

教縵樂、燕樂之鍾磬。及祭祀，奏縵樂。

燕樂，房中之樂。縵樂，疑即琴瑟别爲縵樂者。衆音皆合奏以成樂，而琴瑟可獨奏也。若雜聲，則不宜用之祭祀。○或曰弦歌，或曰縵樂，豈與詩相和者爲弦歌，如清廟之瑟。有聲而無詩者則曰縵樂與？

鍾師，掌金奏。

金奏，擊金以爲奏樂之節也。

凡樂事，以鍾鼓奏九夏：王夏、肆夏、昭夏、納夏、章夏、齊夏、族夏、祴夏、驁夏。

以鍾鼓者，九夏之奏，惟以鍾鼓爲節，不比以他音也。夏，大也，樂之大歌有九。春秋傳「穆叔如晉，晉侯享之，金奏肆夏之三。穆叔曰：三夏，天子所以享元侯也」。國語曰「金奏肆夏、繁遏、渠、王夏、肆夏」，昭夏之奏，見大司樂職。舊説四方賓來奏納夏，臣有功奏章夏，夫人祭奏齊夏，族人侍奏族夏，客醉而出奏祴夏，公出入奏驁夏。義並無考。

凡祭祀、饗食，奏燕樂。凡射：王，奏騶虞；諸侯，奏貍首；卿大夫，奏采蘋；士，奏采蘩。

皆以鍾鼓奏之。射之歌節，已具射人職，復見此者，若泛云凡射掌金奏，則似別有射之金奏而不見，其即以爲騶虞、貍首、采蘋、采蘩之歌節矣。猶六摯已具宗伯職，復見于射人，明以射而朝，則各有摯也。

掌鼜，鼓縵樂。

鼓,如春秋傳「莊王鼓之」之鼓,謂磬師奏縵樂時擊鼜以和之。鼜之聲讙,軍中所以令鼓也。投壺禮命弦者曰「間若一」,豈射之歌奏以琴瑟節之,而又以鼜和,此獨承上而言射節與?

笙師,掌教龡竽、笙、塤、籥、簫、篪、篴、管、舂牘、應、雅,以教祴樂。

教眂瞭也。竽三十六簧,宮管在中,長四尺二寸。笙長四尺,十三簧,宮管在左。籥如笛,三孔,其中則中聲;其上下二孔,則聲之清、濁所由生也。篪,長尺四寸,圍三寸,七孔,一孔上出,徑三分,凡八孔,横吹之。篴,長三尺四寸,六孔。舂牘,以竹,大五六寸,長七尺;短者一二尺,其端有兩空,髹畫,以兩手築地。應,亦以竹,長六尺五寸,其中有椎。雅,狀如漆筒而弇口,大二圍,長五尺六寸,以羊韋鞔之,有兩紐,疏畫。祴樂,祴夏之樂。牘、應、雅,教其舂者,謂以築地。塤、簫、管,小師教之。復列是職者,豈祴樂中三器之音節與凡樂異與?

凡祭祀、饗、射,共其鍾笙之樂,燕樂亦如之。

與鍾聲相應之笙。

大喪,廞其樂器;及葬,奉而藏之。

惟笙師、鏄師、籥師、司干職有奉葬器之文。蓋笙師所掌竹匏土木之音備矣，鏄師掌金奏之鼓、金革之音備矣，籥師所掌文舞之器備矣，司干所掌武舞之器備矣，絲石獨無文者，眂瞭兼爲瞽矇廞樂器，則絃、磬、編鍾、鼗鼓皆備矣。喪事弛縣，凡廞皆明器也。眂瞭職無奉而藏之之文者，眂瞭卑賤，爲諸官陳之，而奉則非其事也。

大旅，則陳之。

注疏並釋以喪禮，非也。蓋國有故，旅上帝及四望則陳所掌教樂器。其不莅縣，以莅縣者大師也。

鏄師，掌金奏之鼓。凡祭祀，鼓其金奏之樂；，饗食、賓射，亦如之。軍大獻，則鼓其愷樂。凡軍之夜三鼜，皆鼓之；，守鼜亦如之。

守鼜，常時國中之夜鼓也。鏄師所掌，即鼓人所教，而別爲二職，何也？鼓人所鼓，軍旅、田役，以及祭祀百物之神，皆地官之事也。鏄師所鼓，祭祀、饗食、賓射、大獻，皆禮官之事也。惟鼓鼜二職並列，然鏄師鼓愷樂、守鼜，而鼓人無之，則知鏄師所掌，皆王朝之事。其夜鼜，惟王親在行則然。若鼓人，則凡軍旅，通掌其鼓與鼜也。○鍾師所掌者，金奏之節；，鏄師所掌者，金奏之鼓節；而擊之者則眡瞭。眡瞭職「賓射皆奏其鼓鍾鼜，愷獻亦如之」是也。如二師自奏，則賓射、鼜、愷之鼓，既列職于鎛師，復列職于眡瞭，不可通矣。二師無教擊鍾、擊鎛之文者，磬師職曰「教擊磬、擊編鍾」，則特縣之鍾鍾師教之，特縣之鎛鎛師教之，不必言矣。郊廟、朝廷之樂事，鼓人不與。故金奏之鼓，鎛師兼掌之，從所便也。故金奏掌于鍾師、鎛師，而四金師田所用，則鼓人兼掌之。○或曰，眡瞭所奏者，凡樂之鼓鍾也。鍾師所掌，獨金奏之鍾。鎛師所掌，獨金奏之鼓。皆自擊之。鎛師職「凡祭祀，鼓其金奏之樂」，則非金奏不鼓可知矣。但于賓射、鼜愷，二職並列，終不可通。

大喪，廞其樂器，奉而藏之。

韎師，掌教韎樂。祭祀，則帥其屬而舞之；大饗亦如之。

大饗亦如之，明小賓客之饗食及燕射皆不用也。于大朝覲會同奏之，以示王化所被之遠。致此之難，蓋君與臣交警之也。

旄人，掌教舞散樂、舞夷樂。凡四方之以舞仕者屬焉。

散樂，方隅土風所成之樂，王朝亦備之，以知民風也。四方以舞仕，即能舞是樂者，以屬旄人。選舞人，或于中取之

凡祭祀、賓客，舞其燕樂。

作燕樂時，乃舞及四方、四夷之樂。

籥師，掌教國子舞羽龡籥。

文舞有持羽龡籥者，所謂籥舞也。禮記「秋冬學羽籥」，詩云「左手執籥，右手秉翟」。

祭祀，則鼓羽籥之舞；賓客、饗食，則亦如之。大喪，廞其樂器，奉而藏之。

鼓無專掌，九夏之鼓，鍾師掌之；縵樂之鼙亦屬焉。金奏愷樂之鼓，鎛師掌之。夜鼜之鼓，鼓人、鎛師分掌之。祭祀、饗食、樂事之鼓，大司樂、樂師令之。籥師所鼓，獨羽籥之舞耳。

籥章，掌土鼓、豳籥。

土鼓，以瓦爲匡，革被二面。豳籥，豳人吹籥之聲章。明堂位曰「土鼓、蕢桴、葦籥，伊耆氏之

樂也。」

中春，晝擊土鼓，歈豳詩，以逆暑。中秋，夜迎寒，亦如之。

豳，詩豳風七月也。歈之者，以籥爲之聲。七月言寒暑之事，故迎氣則歌之。

凡國祈年于田祖，歈豳雅，擊土鼓，以樂田畯。

田祖，始耕田者，謂神農也。豳雅，亦七月也。其詩有「于耜舉趾，饁彼南畝」，故祈年則歌之。謂之雅者，以其言男女之正也。田畯，古司嗇也。

國祭蜡，則歈豳頌，擊土鼓，以息老物。

郊特牲「天子大蜡八，伊耆氏始爲蜡，歲十二月合聚萬物而索饗之也。」萬物至是而老，故祀以息之，而國亦養老焉。豳頌亦七月也，其詩有「穫稻作酒，躋堂稱兕」，故祭蜡息老物則歌之。謂之頌者，以其言歲終人功之成也。豳詩，王業之本而不陳于宗廟，何也？所言乃田家之事，不可與六代之樂並，又不可與燕樂、縵樂、夷樂雜陳，用以逆暑迎寒，索饗萬物，協天時，勸民事，其義精而載芟、良耜，或其類也。朱子曰：「一詩不宜析爲雅、頌。雅之甫田、大田，頌之教溥矣。二南，女婦之事，以爲燕樂而用之于祭祀者，后夫人即事于宗廟，故歌以勸焉。

鞮鞻氏，掌四夷之樂與其聲歌。祭祀，則歙而歌之；燕亦如之。

四夷之樂：東方曰韎，南方曰任，西方曰侏儺，北方曰禁。王者用四夷之樂一天下也。下言與其聲歌，則上云樂者主于舞。

典庸器，掌藏樂器、庸器。及祭祀，帥其屬而設筍虡、陳庸器；饗食、賓射亦如之。大喪，廞筍虡。

庸器，伐國所獲之器，若崇鼎、貫鼎，胤之舞衣，密須氏之鼓，及以其兵物所鑄銘也。此職設筍虡，眡瞭乃縣，横者爲筍，從者爲虡。禮記明器有鍾磬而無筍虡，或異代之制，或有而不縣也。

司干，掌舞器。祭祀，舞者既陳，則授舞器；既舞則受之。賓、饗亦如之。大喪，廞舞器；及葬，奉而藏之。

舞器，干、戚之屬，凡武舞所用者。

大卜，掌三兆之灋，一曰玉兆，二曰瓦兆，三曰原兆。

兆者，灼龜發于火，其形可占者，其象似玉瓦原之璺罅，用是名之。原，田也。杜子春云：玉兆，帝顓頊之兆。瓦兆，帝堯之兆。原兆，有周之兆。

其經兆之體，皆百有二十，其頌皆千有二百。

頌，謂繇也。龜兆五，而其體百有二十者，舊説兆别分爲二十四分，蓋以木火土金水與春夏秋冬相乘，一歲有二十四氣，五行運于其間，各有死生，以此視其衰死，王相以決吉凶。○清溪李氏曰：「自五而乘之，再倍爲二十五，又倍爲一百二十五，其中有五純體焉。體純則無生，克而不占，故止于百有二十。頌千有二百者，每體以十日占之。」

掌三易之灋，一曰連山，二曰歸藏，三曰周易。

易者，揲蓍求卦以占也。連山，首艮。歸藏，首坤。杜子春曰：「連山，宓戲。歸藏，黄帝，或曰夏、殷之易也。洪範『卜五占用二』，蓋卜以五行，筮以陰陽。」

其經卦皆八，其别皆六十有四。

掌三夢之灋：一曰致夢，二曰觭夢，三曰咸陟。

晝所思，爲夜則成夢，出于有因，故曰致。角一仰一俯爲觭。觭夢，蓋反覆異常者。無心感物，謂之咸。陟，升也。精神感而上通與鬼神合，其吉凶夢之變，盡于此三者矣。

其經運十，其別九十。

占夢之術雖亡，但眡祲別爲一職，所掌十煇與占夢全無交涉，注恐誤。

以邦事作龜之八命，一曰征，二曰象，三曰與，四曰謀，五曰果，六曰至，七曰雨，八曰瘳。

命者，命龜之辭也。征，謂征伐。巡狩亦曰征，春秋傳「先王卜征五年而歲習其祥」是也。象，謂災變雲物，易曰「天垂象」，春秋傳曰「天事恒象」。與，所與共事也。謀，有所謀爲也。果，事成與否也。至，行者歸期也。詩曰「卜筮偕止，會言近止」。雨，因旱而卜也。瘳，問疾愈否也。

以八命者贊三兆、三易、三夢之占，以觀國家之吉凶，以詔救政。

如孔子贊易之贊。蓋掌三兆、三易、三夢者，各獻其占，而大卜則發揮其所以然之理，而宣著之。

凡國大貞，卜立君，卜大卦，則眡高作龜。

大封，封國也。視高，以龜骨高者可灼處示宗伯也。卜用龜之腹骨，骨近足者其部高。春灼後左，夏灼前左，秋灼前右，冬灼後右。作龜，謂以火灼之。凡卜法，在禰廟廟門，閾外闑西，西面，有席，先陳龜于廟門外之西塾上，次正龜于閾外席上，又有莅卜命龜，視高作龜六節。尊者宜逸，卑者宜勞，從下向上差之，作龜視高勞事，以大貞，故大卜親之，大宗伯莅卜，其餘貞龜、陳龜，皆小宗伯爲之。士喪禮「宗人受卜人龜，示高，莅卜受視反之。」又曰「卜人坐作龜」。

大祭祀，則眡高命龜。凡小事，莅卜。

命龜，告以所卜之事也。士喪禮「宗人即席，西面坐，命龜」。小事既大卜莅卜，則陳龜、貞龜、命龜、視高，皆卜師爲之。其作龜，則卜人也。

國大遷、大師，則貞龜。

正龜于卜位。士喪禮「卜人抱龜燋，先奠龜，西面」是也。輕于大祭祀，故不親命龜、貞龜。上有莅卜，亦大宗伯爲之。陳龜，亦宜小宗伯也。其視高、命龜，卜師。作龜，卜人。

凡旅，陳龜。

陳龜，士喪禮「卜人先奠龜于西塾上，南首」是也。輕于大遷、大師，故不親。貞龜、涖卜，仍大宗伯。貞龜、命龜、視高，皆卜師。作龜，亦卜人。

凡喪事，命龜。

重喪禮，次大祭祀也。命龜以上有陳龜、貞龜，亦小宗伯。涖卜，仍大宗伯。視高、作龜，卜人也。知小事而外，涖卜皆大宗伯者，宗伯職「凡祀大神、享大鬼、祭大示，帥執事而卜日」，則喪事、大師、大遷、大封、立君、涖卜，不待言矣。

卜師，掌開龜之四兆，一曰方兆，二曰功兆，三曰義兆，四曰弓兆。

名義俱未聞。

凡卜事，眡高。揚火以作龜，致其墨。

大卜不視高者，皆卜師視高。致其墨者，爇灼之，明其兆。○李耜卿曰：「卜有龜焦者，有不食墨者，皆不待兆成而知其凶。夫墨，水也；燋契，火也；火過而陽則焦，水過而陰則不食墨。」

凡卜，辨龜之上下、左右、陰陽，以授命龜者而詔相之。

上，仰者。下，俯者。左，左倪也。右，右倪也。陰，後弇也。陽，前弇也。詔相，告以其辭及威儀。

龜人，掌六龜之屬，各有名物。天龜曰靈屬，地龜曰繹屬，東龜曰果屬，西龜曰靁屬，南龜曰獵屬，北龜曰若屬。各以其方之色與其體辨之。

色，謂天龜玄，地龜黄，東龜青，西龜白，南龜赤，北龜黑。龜俯者靈，仰者繹，前弇果，後弇獵，左倪靁，右倪若，是其體也。東龜、南龜長，前後在陽，象經也。西龜北龜長，左右在陰，象緯也。天龜俯，地龜仰，東龜前，南龜却，西龜左，北龜右，各從其耦也。杜子春讀「果」爲「贏」。

凡取龜用秋時，攻龜用春時，各以其物入于龜室。

六龜各異室，秋取龜及萬物成也。攻，治也，治龜骨以春，是時乾解不發傷。

上春釁龜，祭祀先卜。

釁者，殺牲以血之。世本「巫咸作筮」。卜，未聞其人。

若有祭祀，則奉龜以往；旅亦如之，喪亦如之。

菙氏，掌共燋契，以待卜事。

士喪禮曰「楚焞置于燋，在龜東」。楚焞，即契所用灼龜也。燋，炬也。

凡卜，以明火爇燋，遂歙其焌契，以授卜師，遂役之。

明火，以陽燧取火于日。焌者，契之鋭頭。以契之鋭頭柱燋火而歙之也。役之，爲卜師共揚火、致墨等役。

占人，掌占龜，以八簭占八頌，以八卦占簭之八故，以眡吉凶。

古者重卜，先筮而後卜，故筮人不必知卜，而卜人必兼通于筮。既得八事之頌，猶恐于龜象未審，復以筮義參決其吉凶，所謂以八筮占八頌也。然筮辭之吉凶，各有其故，皆原于八卦之象與德，其或筮龜，從違各異，則又恐筮人之占未審，故復以八卦之象與德究切其義，所謂以八卦占筮之八故也。不曰占筮之故，而曰八故者，八卦之象與德因事而異，吉凶于八事各有所近也。

凡卜簭，君占體，大夫占色，史占墨，卜人占坼。

體，兆之象也。色，兆氣也。墨，兆廣也。坼，兆璺也。體有吉凶，色有善惡，墨有大小，坼有微明，尊者視兆象而已，卑者以次詳其餘也。周公卜武王，占之曰「體，王其罔害」。凡卜象吉，色善，墨大，坼明，則逢吉。此已下皆據卜言，兼云筮者，凡卜皆先筮，故連言之。體，謂兆之墨縱横，其形體象似金、木、水、火、土也。龜之四隅，依四時而灼之，其兆直上向背者爲木兆，直下向足者爲水兆，邪向背者爲火兆，邪向下者爲金兆，横者爲土兆。色，兆中氣色，似有雨及雨止之等。墨，據兆之正璺處。坼，就正墨傍有奇璺罅者。

凡卜簭，既事，則繫幣以比其命。歲終，則計其占之中否。

既卜筮，史必書其命龜之事及兆于策，繫其禮神之幣而藏焉。書曰「王與大夫盡弁以啓金縢之書，乃得周公所自以爲功代武王之説」，正命龜書也。

簭人，掌三易以辨九簭之名，一曰連山，二曰歸藏，三曰周易。九簭之名，一曰巫更，二曰巫咸，三曰巫式，四曰巫目，五曰巫易，六曰巫比，七曰巫祠，八曰巫參，九曰巫環。以辨吉凶。

此九「巫」皆當爲「筮」，字之誤也。更，謂筮遷都邑也。咸，猶僉也，謂筮衆心歡否也。式，謂筮制作灋式也。目，猶事衆。易，謂筮所改易。比，謂筮與民和比。祠，謂筮牲與日。參，謂筮御與右。環，謂筮可致師否也。○劉公是曰：「此乃前世通占者九人，其遺灋可傳者。古者，占筮之工通謂之巫，更、咸、式、目等，皆其名也。巫咸見于他書多矣。『易』，疑爲『昜』，古『陽』字，所謂巫陽也。其他雖未聞，不害其有。」○李耜卿曰：「漢書郊祀志晉巫所祀，有巫祠之名，亦其一徵。」

凡國之大事，先簭而後卜。上春，相簭。凡國事，共簭。

相，謂更選擇其蓍也。

占夢，掌其歲時，觀天地之會，辨陰陽之氣。

天地之會，建、厭所處之日辰。陰陽之氣，休王前後。建謂斗柄所指，謂之陽建，故左旋于天。厭，謂日前一次，謂之陰建，故右旋于天。堪輿天老曰「假令正月，陽建于寅，陰建于戌」。

以日月星辰占六夢之吉凶，

謂日月之行及合辰所在。春秋傳昭三十一年十二月辛亥朔，日有食之。是夜也，晉趙簡子夢童子倮而轉以歌，旦而日食。占諸史墨，對曰：六年及此月也，吴其入郢乎？終亦弗克入郢。必以庚辰，日月在辰尾。庚午之日，日始有適火勝金，故弗克。此以日月星辰占夢者，史記衛平爲宋元君占夢，亦然。然世術家有八會，其遺象也。用占夢，則亡。

一曰正夢，二曰噩夢，三曰思夢，四曰寤夢，五曰喜夢，六曰懼夢。

正，謂無所感動而自夢。噩，驚愕也。思，覺時所思念也。寤，寐覺也，謂如覺所見而實夢也。如狐突遇申生之類。或曰，疾而迷，及寤而有夢，傳所傳秦穆公、趙簡子之夢是也。

季冬，聘王夢，獻吉夢于王，王拜而受之。

聘，問也。平時王有夢，或占或不占。季冬則數將終，歲更始，王有夢，必發幣而占之，故曰聘也。獻群下之吉夢于王，則王夢有凶，必因占而詔以修省可知矣。詩云「牧人乃夢，衆維魚矣。旐維旟矣」，乃所獻吉夢與？

乃舍萌于四方，以贈惡夢，遂令始難歐疫。

舍萌，猶釋菜也。菜始生曰萌。贈，送也。季冬大難以歐疫，方相氏掌之。

眡祲，掌十煇之灋，以觀妖祥、辨吉凶。

煇，日光炁也。

一曰祲，二曰象，三曰鑴，四曰監，五曰闇，六曰瞢，七曰彌，八曰叙，九曰隮，十曰想。

祲，陰陽氣相侵也。象，春秋傳「有雲如衆赤鳥」之類。鑴，如童子佩觽之觽，謂日旁氣刺日也。監，雲氣臨日，或曰冠珥也。彌者，白虹彌天。叙者，雲有次序，如山在日上。隮，虹也，詩曰「朝隮于西」。想者，雜氣有似可形想。

掌安宅叙降。正歲則行事，歲終則弊其事。

宅，居也。降，下也。人見妖祥則不安其居，此官安之；又次叙凶禍所降之事與其地，使早爲之備。行事，謂候氣占象也。弊，斷也，謂計所占中否、多少，並稽召譴之淺深，以驗挽回補救之力大小、遲速也。

大祝，掌六祝之辭，以事鬼神示，祈福祥，求永貞。一曰順祝，二曰年祝，三曰吉祝，四曰化祝，五曰瑞祝，六曰筴祝。

永，長也。貞，正也。謂求多歷年得正命也。六祝，舊説俱未安。以義測之，順祝，天地宗廟之常祝也。祭統曰「備者百順之名」，禮器曰「禮時爲大，順次之」，天地之祭、宗廟之事順也。年祝，祈年之祝也。吉祝，冠、婚嘉禮之祝也。化祝，天地有異裁而祝其消化也。瑞祝，嘉祥見而告于天地、宗廟也。筴祝，册封諸侯而告于祖廟也。此六祝，皆國政之大者。若弭災兵、遠辠疾，則小祝掌之。

掌六祈以同鬼神示，一曰類，二曰造，三曰禬，四曰禜，五曰攻，六曰説。

鬼神不與人同心，災厲乃作，故以祈禮同之。非時而祭于上帝曰類，非時而祭于祖曰造。禬，如都家宗人職所謂「以禬國之凶荒、民之札喪也」。攻，如救日伐鼓以兵之類。説，則以辭責，如變置社稷，則必以辭責之。董子救日食，祝曰「炤炤大明，瀸滅無光，奈何以陰侵陽，以卑侵尊」。或曰，如湯之禱旱，以六事自責，以説于天也。類、造、禬、禜皆有牲，攻、説用幣。禜，見鬯人職。

作六辭以通上下、親疏、遠近，一曰祠，二曰命，三曰誥，四曰會，五曰禱，六曰誄。

六祝之辭，典祀所常用也。此六辭，因事而特告也。上下，天神、地示也。親疏，由禰至祧墠也。遠近，四望、五祀之類。命、誥、會，皆質神之辭。命者，命龜之辭。誥者，尚書「逸祝册惟告周公其後」是也。會者，昭衆神而要言，春秋傳所謂「司慎、司盟、名山、名川、群神、群祀、先王、先公七姓十二國之祖，明神殛之」是也。誄者，至于南郊稱天而誄之。

辨六號，一曰神號，二曰鬼號，三曰示號，四曰牲號，五曰齍號，六曰幣號。

神號，若昊天上帝。鬼號，若皇祖伯某。示號，若后土地示。幣號，若玉曰嘉玉，幣曰量幣。牲號，若牛曰一元大武之類。齍號，若黍曰薌合之類。

辨九祭，一曰命祭，二曰衍祭，三曰炮祭，四曰周祭，五曰振祭，六曰擩祭，七曰絶祭，八曰繚祭，九曰共祭。

九祭皆食祭也。命祭者，玉藻「君若賜之食而君客之，則命之祭，然後祭」是也。衍，當爲「延」；「炮」，當爲「包」：聲誤也。延祭者，曲禮「主人延客祭」是也。包，猶兼也。兼祭者，有司徹「宰夫贊者取白黑以授尸，尸受，兼祭于豆間」是也。周，猶徧也。徧祭者，曲禮「殽之序徧祭之」是也。振祭、擩祭本同，所以異者，尸未食，以菹擩于醢，祭于豆間，是謂擩祭；尸將食，取肝擩于鹽，振祭，嚌之，加于肵俎。蓋振者，先擩復振，而擩者則不振也。絶祭、繚祭本同，所以異者，繚祭以手從肺本循之，至于末乃絶以祭；絶祭則不循其本，直絶肺以祭。禮多者繚祭，禮略者絶祭。共，授也。王祭食，宰夫授祭。○李耜卿曰：「凡此九祭，祭祀及生人飲酒皆有焉。命祭，以祭祀言之，特牲所謂『尸坐，祝命挼祭』是也。衍祭者，尸卒食，主人酳而尸祭，注云『酳猶衍也，在生人則養老執爵而酳』是也。兼祭，以生人言之，公食大夫禮「賓之兼祭庶羞」是也。偏祭，以祭祀言之，少牢尸十一飯所舉、所祭周矣。命、衍、炮、周，祭食之式，其別有四也。振、擩、絶、繚，祭食之儀，亦有四者之別也。共祭，則凡祭皆有之，故終焉。」

辨九𢷎，一曰稽首，二曰頓首，三曰空首，四曰振動，五曰吉𢷎，六曰凶𢷎，七曰奇𢷎，八曰褒𢷎，九曰肅𢷎，以享右祭祀。

稽首，首至地，稽留，然後舉也。頓首，頓地即舉。空首，先以兩手拱至地，乃頭至手，以不至地，故名空首也。振動，戰慄變動之拜。吉拜，拜而後稽顙。齊衰不杖以下，喪拜也。此殷之凶拜，周以與頓首相近，故謂之吉。凶拜，稽顙而後拜，三年喪拜也。奇拜，一拜也。或曰先屈一膝，如漢時雅拜。褒，讀爲報，再拜也。肅拜，但俯下手，類後世揖，惟軍中有此，在婦人爲正拜。臣拜君，稽首。敵者，頓首。君答臣下，空首，所謂拜手也。一拜，答臣下。再拜，拜神與尸。享，獻也，謂朝獻、饋獻。「右」，讀爲「侑」，勸尸食也。九拜不專爲祭祀，以祭祀重，故舉以言。

凡大禋祀、肆享、祭示，則執明水火而號祝。

明水火，司烜所取于日月者，執以號祝，明主人圭潔之德。

隋釁，逆牲逆尸，令鍾鼓；右亦如之。

「右」，亦當讀爲「侑」。○李耜卿曰：「逆尸乃逆牲，牲殺乃薦血。釁，薦血也。薦血之後乃有膟膋隋于主前之禮。蓋以自下向上爲言之序。」

來瞽，令皋舞。相尸禮。既祭，令徹。

歌與舞必依祭節。故大祝告以樂入之節，而後樂師詔來瞽，大祝告以舞之節，而後樂師皋舞也。

大喪，始崩，以肆鬯涚尸，相飯，贊斂，徹奠，陳鬯以浴尸也。不言相含者，大宰贊含玉也。冬官主歛事，大祝贊之。奠，始死及大小歛之奠。

言甸人讀禱；

言，語也。甸人喪事代王受眚災，大祝爲禱辭語之。

付、練、祥，掌國事。

「付」，當爲「祔」。凡事皆國事也。他職皆掌事，此獨曰掌國事者，未葬，宗廟之祭不行；既祔，主各返廟，則時祭皆行，特嗣王不親而大祝掌其事，故特稱國事，以別白之也。喪三年不祭，惟祭天地、社稷，越紼而行事，則宗廟之祭及群祀嗣王不親明矣。曾子問五祀，既葬而行祝畢獻，則祔以後七廟之祭畢舉可知矣。量人有宰祭之文，必宰攝也。主親祭，則掌事者冢宰、宗伯，宰攝則祝掌事，示別也。五祀祝自獻，祀卑，故無攝主也。練祥以後，則凡祀王皆親之，祝自共其職事，而不得曰掌國事矣。

國有大故、天烖，彌祀社稷，禱祠。

大故，兵寇也。彌，徧也。徧祀社稷及諸所禱，既則祠以報焉。

大師，宜于社，造于祖，設軍社，類上帝，國將有事于四望，及軍歸獻于社，則前祝。

鄭剛中曰："大師，必載社主及遷廟主以行，故有宜社、造祖之祭。此二者國内之禮，駐軍必設軍社于其地，以其事類告上帝。此二者國外之禮。"○前四事皆君舉而祝從，惟至所征之地，將有事于四望及軍歸獻社，則大祝獨前行致告也。曰國將有事者，君不親也。知然者，宗伯職有司將事于四望，則君不親明矣。下經過大山川則用事焉，君親之也。故異文焉。

大會同，造于廟，宜于社，過大山川，則用事焉；反行，舍奠。

反行、舍奠，凡前所告，皆奠也。非時而祭曰奠。或曰，其禮略也。

建邦國，先告后土，用牲幣。

禁督逆祀命者。頒祭號于邦國都鄙。

王光遠曰："非所命而祀則禁之，命之祀而不祀則督之。"

小祝，掌小祭祀將事侯、禳、禱、祠之祝號，以祈福祥，順豐年，逆時雨，寧風旱，彌裁兵，遠辠疾。「侯」，當作「候」。候嘉慶、祈福祥之屬。禳，禳却凶咎，寧風旱之屬。「彌」，讀曰「敉」，安也。周官于候禳禱祠之事甚詳，蓋人心冥頑，惟遇疾病裁危，窮而反本，易警發其善心。故聖人以神道設教，使恐懼修省以思救政，則所益多矣。

大祭祀，逆齍盛，遂逆尸，沃尸盥，贊隋，贊徹，贊奠。隋，尸之祭也。奠，奠爵也。○李耜卿曰：「論禮之先後，則逆齍盛當在沃尸盥之後，贊奠當在贊隋之上。此或文錯。至上三者小祝專職，下三者則贊爲之，各以其類，不可以後先言矣。」

凡事佐大祝。大喪，贊渳，設熬，置銘；及葬，設道齎之奠，分禱五祀。銘，書死者名于旌。士喪禮：爲銘各以其物，亡則以緇，長半幅，赬末長終幅，廣三寸，書名于末，曰「某氏某之柩」。重木置于中庭，取銘置于重。齎猶送也，送道之奠謂遣奠也。分其牲體以禱五祀，告王去此宮。王七祀不及司命、大厲者，平生出入不以告也。

大師，掌釁祈號祝。有寇戎之事，則保郊，祀于社。

釁，釁鼓也。春秋傳：君以軍行，祓社、釁鼓，祝奉以從。○王氏曰：「保郊，保神壝之在郊者。社不在郊，無所事，保祀之而已。保郊所以防患，祀社所以弭兵也。」

凡外内小祭祀、小喪紀、小會同、小軍旅，掌事焉。

喪祝，掌大喪勸防之事。及辟，令啓。及朝，御匶，乃奠。

勸防，引柩也。勸，勗勉前引者。防，備傾側。辟，開殯也。令啓，謂命役人開之。朝，謂將葬，朝于祖考之廟而後行。御匶，謂發殯宫，輴車載至廟，執纛居前以御正匶也。奠，即朝廟之奠。侵夜啓殯，昧爽朝廟。

及祖，飾棺，乃載，遂御。及葬，御匶出宫，乃代。及壙，説載除飾。小喪，亦如之。

祖，謂將葬設祭于庭，象生時出則祖也。飾棺，設柳池紐之屬。代，謂喪祝二人相與更。或曰至于外則鄉師、遂師代之。

掌喪祭祝號。王弔，則與巫前。

喪祭，虞也。檀弓君臨臣喪，以巫祝桃茢執戈。

掌勝國邑之社稷之祝號，以祭祀禱祠焉。

若亳社是也。存之者，重神也。勝國之社稷，禱祠行焉。且作其祝號，則記所稱喪國之社屋之，不受天陽，非禮意也。亳社北牖，特以別于時王之社鄉明焉耳。

凡卿、大夫之喪，掌事而斂飾棺焉。

掌事，掌弔臨、含贈之事也。其餘惟掌斂與飾棺，他不與。

甸祝，掌四時之田表貉之祝號。舍奠于祖廟，禰亦如之。

「貉」，或讀爲「百」，或爲「禡」，兵祭也。祭于立表之處，故曰表貉。釋奠，告將田也。七廟皆告，故言祖及禰。

師甸，致禽于虞中，乃屬禽；及郊，饁獸，舍奠于祖禰，乃斂禽。禂牲、禂馬，皆掌其祝號。

王大田獵，則六師皆作，故曰師田，以別于小田獵也。致禽于虞中，使獲者各致于所表虞旗之中。屬禽，別其種類。饁獸，即小宗伯職所謂帥有司而饁獸于郊也。入以奠于祖禰，薦且告反也。歛禽，謂取三十入腊人。禂，禱也。禂牲，禱田多獲禽牲，禂馬無疾。

詛祝，掌盟、詛、類、造、攻、説、禬、禜之祝號。

大事曰盟，小事曰詛，皆要誓于神。秋官司盟掌盟載之法，不掌祝號與辭。類、造、禬、禜、攻、説，大祝所掌也。復列此職者，大祝掌其禮，詛祝薦其辭。

作盟詛之載辭，以叙國之信用，以質邦國之劑信。

載辭，載書之辭也。國，王國、邦國、侯國也。信用者，示所要之必用也。叙者，次其事之大小也。叙國之信用，如魯盟東門氏、叔孫僑如之類。質，邦國之劑信，如成王賜周公、太公以盟之類。

司巫，掌群巫之政令。若國大旱，則帥巫而舞雩。

雩，旱祭，天子于上帝，諸侯于上公之神。

國有大烖，則帥巫而造巫恒。

帥巫官之屬，會常處以待命也。

祭祀，則共匰主及道布及蒩館。

主，木主。匰，承主器也。主要廟，藏于石室，合祭則以匰承而至。道布，爲神所設巾，中霤禮以功布爲道布屬于几是也。蒩，所以藉祭食。館，所以承蒩。

凡祭事，守瘞。凡喪事，掌巫隆之禮。

瘞，若祭地示埋牲玉也。守者待禮畢然後退。降，下也。巫下神之禮，後世既歛，就巫下禓，其遺法與？

男巫，掌望祀，望衍授號，旁招以茅。

注「望祀，謂有牲粢盛者」。「衍」，讀爲「延」，進也。謂但用幣致其神。疏「望祀者，類造禬禜遥望而祀之。望衍者，攻説之禮。遥望延其神，以言語責之」，義並無考。授號，授奉祭者以神之號，使知爲某神之至也。神來無方，故曰「旁招」。

冬堂贈，無方無算。春招弭，以除疾病。王弔，則與祝前。

贈，送也。歲終，以禮送不祥。無方，無定向也。無算，道里無數也。招，招福也。弭如彌兵之彌，除凶禍。○李耜卿曰：「方者，如兆山川丘陵等，各因其方。此不祥之氣，非可以方拘也。算者，秩祀之神，名號有數。不祥之氣，非可以數計也。」

女巫，掌歲時祓除、釁浴。旱暵則舞雩。

祓除，如三月上巳如水上之類。釁浴，謂以香薰草藥沐浴。使女巫舞旱祭，崇陰也。

若王后弔，則與祝前。凡邦之大烖，歌哭而請。

與天官女祝前后歌者，憂愁之歌，若雲漢之詩是也。

大史，掌建邦之六典，以逆邦國之治。掌灋以逆官府之治，掌則以逆都鄙之治。凡辨灋者考焉，不信者刑之。

曰建者，廢興、損益，得與大宰共酌定也。灋則不言建者，該于六典也。辨灋，以灋争訟者。

凡邦國都鄙及萬民之有約劑者，藏焉，以貳六官，六官之所登。

約劑，要盟之載辭及券書也。「六官」二字衍。

若約劑亂，則辟灋，不信者刑之。

辟，開也，謂有抵冒盟誓者，則啓視約劑，徵其然否。

正歲年以序事，頒之于官府及都鄙，

鄭剛中曰：「周建子，而四時之事有仍用夏正者。用建寅謂之歲，用建子謂之年。」

頒告朔于邦國。

不曰頒朔而曰頒告朔者，并每月所行之政令布告于臣民也。先儒以告于廟爲告朔，于侯國言之猶可，于頒朔言之則贅矣。春秋閏月不告月，猶朝于廟。既朝于廟而曰不告月，則爲以是月之政令告于臣民審矣。

閏月，詔王居門終月。

門，謂路寢門也。明堂、路寢及宗廟，皆五室、十二堂、四門。十二月聽朔于十二堂，閏月各于時之門，故于文，王在門爲閏。

大祭祀，與執事卜日。戒及宿之日，與群執事讀禮書而協事。

執事，大卜之屬。與之者，當視墨。戒，謂散齋七日。宿，謂致齋三日。

祭之日，執書以次位常，

位常，謂所常居之處。

辨事者考焉，不信者誅之。

謂抵冒其職事者。

大會同、朝覲，以書協禮事。及將幣之日，執書以詔王。

大師，抱天時，與大師同車。

天時，謂時日、支干、孤虛、王相及星辰變動，軍衆用以行止者，國語曰「吾非瞽史，焉知天道？」大師，瞽官之長也。

大遷國，抱灋以前。大喪，執灋以涖勸防；遣之日，讀誄。凡喪事考焉。

瞽史知天意，故王崩，累其行至于南郊，稱天以誄之而作謚，然後于遣奠之時讀焉。

小喪，賜謚。

周官小喪，皆主王宮言之。卿大夫之喪，小史賜謚讀誄，則此謂賜群王子謚也。

凡射事，飾中，舍算，執其禮事。

中，所以盛算。舍，釋也。射中則釋一算。鄉射禮曰「君國中射則皮豎中，于郊則閭中，于竟則虎中。天子之中未聞。」

小史，掌邦國之志，奠繫世，辨昭穆。若有事，則詔王之忌諱。

志，記也。繫世，帝繫諸侯、卿大夫世本之屬。奠，定也。先王死日爲忌，名爲諱。舊說有事專以宗廟言，恐未安。古者大夫歿，君不舉其名。王時巡舍于諸侯之祖廟，亦當有忌諱。記所謂以禮籍入正，小史之事也。○李耜卿曰：「鄭剛中謂外史掌四方之志，乃周志、鄭志之類；小史則專志天子諸侯所出之繫世，又辨其廟祧之昭穆是也。詔忌諱，如男女辨姓，東郭偃所謂『君出自丁，臣出自桓』，如此類皆所當詔。」

大祭祀，讀禮灋，史以書敘昭穆之俎簋。

大史與群執事既讀禮灋，則小史命屬史以書敘群廟之俎簋。

大喪、大賓客、大會同、大軍旅，佐大史。凡國事之用禮灋者，掌其小事。卿大夫之喪，賜謚，讀誄。

馮相氏，掌十有二歲、十有二月、十有二辰、十日、二十有八星之位，辨其叙事，以會天位。

歲，謂太歲。歲星者，東方蒼龍之宿，在天右行十二歲一周天。太歲者，歲星之神，與歲星相應而行，亦十二歲一周于地。十有二月，謂斗柄月建一辰，十二月而周也。十有二辰，謂子、丑、寅、卯等也。十日，謂甲、乙、丙、丁等也。二十八星，謂東方角、亢等二十八次也。叙事，若仲春辨秩東作、仲夏辨秩南譌、仲秋辨秩西成、仲冬辨在朔易。天位，若星鳥正仲春、星火正仲夏、星昴正仲秋、星虚正仲冬之類，其在天各有所居之位，必辨其叙事，乃能與天位相合也。

冬夏致日，春秋致月，以辨四時之叙。

冬至，日在牽牛，景丈三尺。夏至，日在東井，景尺五寸。此長短之極，極則氣至。春分，日在婁，秋分，日在角。而月弦于牽牛東井，亦以其景知氣至否。春秋冬夏氣皆至，則四時之叙正。

保章氏，掌天星，以志星辰日月之變動，以觀天下之遷，辨其吉凶。

星，謂五星。辰，謂日月所會。五星有贏縮圜角，日有薄食、暈珥，月有盈虧、朓側匿之變。七者右行列舍，天下禍福變移，所在皆見焉。○志星辰日月之變動，察天象之順逆也。觀天下之遷，考人事之轉移也，必參以人事，然後吉凶可判。如鄭不復災、熒惑退度遠宋之類。先星辰于日月者，所掌天星也。致日致月者，馮相氏；掌十煇之瀀者，眂祲；而保章氏兼掌其變動，何也？凡日月之變動，必以所歷分星之度爲占。

以星土辨九州之地，所封封域皆有分星，以觀妖祥。

星土，星所主土也。封域皆有分星，春秋傳「參爲晉星」，「商主大火」，國語「歲之所在則我有周之分野」之屬是也。以大界言，則曰九州。而州中諸國之封域，于星亦有分焉，其書亡矣。可言者獨十二次之分，星紀，吴、越也；玄枵，齊也；娵訾，衛也；降婁，魯也；大梁，趙也；實沈，晉也；鶉首，秦也；鶉火，周也；鶉尾，楚也；壽星，鄭也；大火，宋也；析木，燕也。分野之妖祥，主用客星，彗孛之氣爲象。○薛氏曰：「十二次之星麗于九州，則爲星土。諸侯之封域在此州者，即爲其國分星。」

以十有二歲之相，觀天下之妖祥。

歲星與日同次之月，斗所建之辰也。大歲所在，即歲星所居。歲星明光潤澤，赤而角，則其國昌；赤黄而沉，其野大穰。故以其色相觀妖祥。春秋傳曰「越得歲而吴伐之，必受其凶」，又曰「歲在顓頊之墟，居其鶉首，而有妖星，告邑姜也。」

以五雲之物辨吉凶、水旱，降豐荒之祲象。

物，色也。視日旁雲氣之色降下也。以二至二分觀雲，色青爲蟲，白爲喪，赤爲兵荒，黑爲水，黄爲豐。春秋傳曰「凡分至啓閉，必書雲物，爲備故也。」○辨吉凶斷句，水旱斷句。辨吉凶，兼天災人禍。人禍之修救，則下經所云救政序事具之矣。若水旱，則必預降豐荒之祲象，使吏民得早爲之備。並降豐象者，知何方豐，何方凶，然後可移用其民而均其食也。

以十有二風，察天地之和、命乖别之妖祥。

十有二辰皆有風，吹其律以知和否。春秋傳師曠曰「吾驟歌北風，又歌南風，南風不競，多死聲。」艮爲條風，震爲明庶風，巽爲清明風，離爲景風，坤爲涼風，兑爲閶闔風，乾爲不周風，坎爲廣莫風。四維之風主兩月，乖微異也。别相反，或全不與時應也」。○李耜卿曰：「日月星辰居常，而有變動則天下之大異也。星土之妖祥，占在一國。歲之相，占在一歲。五雲之物，占在一時。十有二風，月可占，蓋以大小久近爲序。」

凡此五物者，以詔救政，訪序事。

春秋傳：梁山崩，晉侯召伯宗，伯宗問于重人而得其禮，所謂訪序事也。

内史，掌王之八枋之灋，以詔王治，一曰爵，二曰禄，三曰廢，四曰置，五曰殺，六曰生，七曰予，八曰奪。

大宰、内史所掌八柄，其次第各異，何也？太宰職曰「以八柄詔王馭群臣」，言所以用此八柄之道也。故爵禄之後首曰「予，以馭其幸」，示不可假以爵禄也；次曰「置，以馭其行」，必論定而後官也。其當官不職者，則或宥以生，或奪其禄，或廢其身，或誥其過，乃用此八柄之次第也。内史職曰「掌王之八柄之灋以詔王治」，則守成灋以待用而已。故爵禄之後繼以廢置，用舍明而後天位、天禄無曠也。廢置之後繼以生殺予奪，賞罰行而後所廢所置競勸也。先生殺而後予奪者，輕重之倫也，此八柄自然之次第也。大宰所詔無殺者，古者刑不上大夫，所以示禮下之誠也。然曰生以馭其福，則不宥以生者，該此矣。内史所掌無誅者。古所謂誅，誥責譴呵而已，非灋之所及也。

執國灋及國令之貳，以考政事，以逆會計。

灋，一定之灋也。令，一時之令也。

掌敘事之灋，受納訪，以詔王聽治。

敘，大小之事、受百官之獻納與王之諮訪，以詔王聽治也。

凡命諸侯及孤卿、大夫，則策命之。

謂以簡策書王命。春秋傳「王命内史叔興父策命晉侯爲侯伯」，不及士者，豈士卑且衆，王不能一一親命，或命而不以策與？詩曰「韓侯受命，王親命之」，則命有不親者矣。

凡四方之事書，内史讀之。

諸侯書奏也。或曰，若萬民之利害爲一書，禮俗、政事、治教、刑禁之逆順爲一書，悖逆、暴亂、作慝、猶犯令者爲一書，札喪、凶荒、厄貧爲一書，康樂、和親、安平爲一書。小行人獻其書，而内史于暇日讀之，使王習察于四方之事也。不曰讀四方之事書，而曰凡四方之事書，内史讀之者曰讀四方之事書，則似内史自讀之；曰凡四方之事書内史讀之，則知内史之讀，爲王之聽之矣。

王制禄，則贊爲之，以方出之；賞賜，亦如之。

贊爲之辭也。方，版也。

内史掌書王命，遂貳之。

凡王之命皆書，且副寫藏之也。若專言上所書爵禄之命，則曰掌貳王命可矣。覆舉内史，見親其事而非付之屬史也。小史職「大祭祀讀禮法，史以書叙昭穆之俎簋」，則其屬史也。王之命内史親受而書之且貳之，則矯假以爲不信者，孰敢萌其慮哉？漢、唐以後，中侍口銜天憲以亂國常，則内史之職廢也。

外史，掌書外令，掌四方之志，掌三皇五帝之書，

外令，王令下畿外者。四方之志，若魯之春秋，晉之乘，楚之檮杌。三皇五帝之書，若春秋傳所謂三墳、五典。

掌達書名于四方。

古謂字曰名。使四方，知書之文字能讀之。

若以書使于四方，則書其令。

凡聘頫之常不皆有書，或命以事，或有所訪詰而後有書，故書其令使後有考也。不覆舉外史，此令輕，異于王命之必内史親書也。不貳之，亦以所令輕也。虎賁職奉書以使于四方。

御史，掌邦國、都鄙及萬民之治令，以贊冢宰。凡治者受灋令焉。
治令之出，冢宰贊王，復設御史以贊冢宰，惟恐有偏側缺失，得以補察也。令已定，則皆于御史受之。曰受灋令者，凡冢宰所掌一定之灋，施于邦國、都鄙、萬民者，亦御史布之也。

掌贊書。
注「贊爲辭，若尚書作誥文」，吴氏曰：「内史書王命，外史書外令，御史爲二官之屬，則贊二官之書。」魏氏曰：「御史所贊，冢宰治令，書寫藏其副。」

凡數從政者。
凡，總計之也。數又一一分數之，謂計公卿以下至胥徒，現在空缺者。

巾車，掌公車之政令，辨其用與其旗物而等叙之，以治其出入。
自五路至役車，皆典于公，而非私車也，故謂之公車。

王之五路：一曰玉路，鍚，樊纓十有再就，建大常，十有二斿，以祀；

王在焉曰路。玉路，以玉飾諸末。錫，馬面飾當盧，額刻金爲之，詩所謂「鏤錫」也。「樊」，讀如鞶帶之「鞶」，馬大帶也。纓，當胸，以革爲之。或曰夾馬頸者，即鞅也。自玉路至象路，其樊及纓，皆以五采罽飾之而就異焉。大常，九旗之畫日月者，正幅爲縿，斿則屬焉。

金路，鉤，樊纓九就，建大旂，以賓，同姓以封；

金路，以金飾諸末。鉤，婁頷之鉤也，詩曰「鉤膺」，則宜在膺前。金路無錫有鉤，亦以金爲之。大旂，九旗之畫交龍者。以賓，以會賓客。

象路，朱，樊纓七就，建大赤，以朝，異姓以封；

象路，以象飾諸末。象路無鉤，以朱飾勒而已。大赤，九旗之通帛。異姓，王甥舅。

革路，龍勒，條纓五就，建大白，以即戎，以封四衛；

革路，鞔之以革而漆之，無他飾。龍，駹也，以白黑飾韋爲勒，其色雜，故曰駹。「條」，讀爲「條」，其樊及纓皆以條絲飾之。不言樊，字脱也。以此言條，知上三路飾樊及纓，皆不用金、玉、象矣。大白，殷之旗。四衛，蠻服以内庶姓諸侯守衛王室者。司馬職「仲秋治兵，王載大常」，與此異者，田獵爲祭祀，故建祭祀之旗物以表敬，非即戎比也。

木路，前樊鵠纓，建大麾，以田，以封蕃國。

木路，不鞔以革，漆之而已。「前」，讀爲緇翦之「翦」，淺黑也。以淺黑飾韋爲樊，鵠色飾韋爲纓。不言就數，飾與革路同。大麾不在九旗之列，色黑，夏后氏所建。蕃國，謂九州之外，夷服、鎮服、蕃服。田所建與司馬職異者，豈出入在途及列陣皆載大常，而圍禁則建大麾與？或曰，同姓以封，異姓以封。或曰，以封四衛，以封蕃國，何也？金路不獨以封同姓，而同姓之封爲多；象路不獨以封異姓，而異姓之封爲多；故不得爲必然之辭。若革路，則惟以封四衛，木路則惟以封蕃國也。

王后之五路：重翟，鍚面朱總；厭翟，勒面繢總；安車，彫面鷖總；皆有容蓋。

重翟，重翟雉之羽爲車前蔽也，此后從王祭祀所乘。厭翟，鱗次翟羽，使相厭也，此從王賓饗諸侯所乘。安車，朝見于王所乘，以在宫中，故無前蔽。凡婦人車，皆坐乘。獨此名安車者，以他車有重翟、厭翟等名，此無異物可稱也。勒面，謂以如王龍勒之韋爲馬面飾也。彫者，畫之，不龍其韋。總，著馬勒直兩耳與兩鑣，以繒爲之。鷖，青黑色。容車帷施于旁者，一名裳幃，一名潼容，皆有容蓋，故知重翟、厭翟謂前蔽也。詩曰「翟茀以朝」，豈夫人始歸，得攝盛與？

翟車，貝面組總，有握；

翟車，不重、不厭，以翟飾車之側爾。貝面，以貝飾勒之當面也。握，帷幕也。曰有握，則無蓋矣。此車后乘以桑。

輦車，組輓，有翣，羽蓋。

輦車不言飾，后宮中從容所乘，但漆之而已。組所以輓車也。爲輇，輪人輓之而行，有翣以禦風塵，以羽作小蓋，翳日也。

王之喪車五乘：木車，蒲蔽，犬複、尾櫜，疏飾，小服皆疏；

木車不漆者，以蒲爲蔽，以犬皮爲覆笭。又以其尾爲戈戟之弢。疏飾，謂以麤布爲二物之緣也。小服，刀劍短兵之衣。此始遭喪所乘。

素車，棼蔽，犬𧜵、素飾，小服皆素；

素車，以白土堊車也。「棼」，讀爲「蕡」。蕡麻以爲蔽。其𧜵服以素繒爲緣，此卒哭所乘。

藻車，藻蔽，鹿淺𧜵、革飾；

藻，水草蒼色。以蒼土堊車，以蒼繒爲蔽，以鹿夏皮毛淺者爲覆笭，又以治去其毛者緣之。此既練所乘。〇明齋王氏曰：「下駹車始以葦爲蔽，若用麻布與蒼繒，則反精矣。蓋即編蕡麻與水草以爲蔽耳。」

駹車，萑蔽，然𧜵、髤飾；

駹車，邊側有漆飾也。以萑爲蔽者，漆則成藩，即吉也。然，果然也，猿屬。髤，赤多黑少之韋也，此大祥所乘。

漆車，藩蔽，豻𧜵、雀飾。

漆車，黑車也。藩，漆席也。豻，胡犬。雀，黑多赤少之色韋也。此禫所乘。舊説下經大夫乘墨車即漆車。然喪車無等，不應士庶人在喪轉得乘大夫之車。或車雖漆，而與大夫之漆車異

制。或墨車別有謂，而非漆之謂也

服車五乘：孤乘夏篆，卿乘夏縵，大夫乘墨車，士乘棧車，庶人乘役車。

服車，服事者之車。考工記「陳篆必正」，夏篆五采，畫轂約也。夏縵冒紘，具五采也。墨車漆而不畫。棧車不革鞔而漆之。役車方箱，可載任器以共役。后之車別見。而孤卿以下不見婦人車者，與夫同也。○鄭剛中曰：「庶人指府、史、胥、徒，非在官者，亦徒行耳。」○王氏曰：「周官不載三公之車服，下同于孤也。」

凡良車、散車不在等者，其用無常。

不在等者，不在服車五乘之等列也。作之有精粗，故有良散之名，此以給遊燕及恩惠之賜。

凡車之出入，歲終則會之，凡賜闕之；

凡授車，必會其入。賜則其人得私有之。故去其籍也。

毀折，入齎于職幣。

齎，財也。乘官車毁折者，入財以償繕治之直。

大喪，飾遺車，遂廞之，行之；

遣車，見内豎職。飾，謂設其紘冒茵襮之類。舊説以金象革飾之，乃造車之事。

及葬，執蓋從車，持旌；

蜃車既設帷荒，不得設蓋，是以執而隨之。旌，銘旌也。于從車後别言持旌，明旌在車前也。

及墓，嘑啓關，陳車。

關，墓門也。車，貳車也。

小喪，共匶路與其飾。

匶路，載匶車。飾，棺飾。注「大喪謂王小喪兼后與世子」，非也。春秋傳「晉荀躒如周葬穆后，叔向曰，王一歲而有三年之喪二焉」，「魯齊歸薨，叔向曰，君有大喪，國不廢蒐」，則后、世子不得爲小喪明矣。蓋謂群王子、三夫人以下路車以賜諸侯，則群王子、夫人、嬪婦得稱匶路明矣。

歲時更續，共其弊車。

更者，易其舊。續者，雖未經久而破壞，以新車續之。其弊車，以共車人材，或有中别用之。

大祭祀，鳴鈴以應雞人。

典路，掌王及后之五路，辨其名物與其用説。

説，謂舍車。王后之五路，巾車掌之，此又掌之者，專掌駕脱之節，陳列之次也。

若有大祭祀，則出路，贊駕説。大喪、大賓客，亦如之。

祭祀出路，王當乘之也。喪、賓，則陳之。

凡會同、軍旅、弔于四方，以路從。

王乘一路，餘路悉從。○易彦祥曰：「謂因會同、軍旅而行弔事。」

車僕，掌戎路之萃、廣車之萃、闕車之萃、苹車之萃、輕車之萃。

萃，猶副也。五者皆兵車，所謂五戎也。戎路，王在軍所乘也。廣車，横陣之車也。闕車，所用補闕之車也。苹，猶屏也，所用對敵自隱蔽之車也。輕車，馳敵致師之車也。春秋傳曰「公喪戎路」，又曰「其君之戎分爲二廣」，又曰「帥斿闕四十乘」。孫子「八陣」有苹車，又曰「馳車千乘」。五者之制及萃數未盡聞。五戎之正不言所掌者，巾車所掌革路即戎路也。其下四戎之正，亦巾車掌之。

凡師，共革車，各以其萃；會同，亦如之。

巡守及兵車之會，王乘戎路。乘車之會，王雖乘金路，猶共以從，不失備也。

大喪，廞革車。

遣備革車，則金、玉、象、木不必言矣。言廞革車，則不徒戎路，廣闕、苹輕皆有焉。

大射，共三乏。

乏，一名容，持旌告獲者所以自蔽也。王大射張三侯，侯後一乏。革車用皮，乏亦用皮，故因使共之。賓射、燕射別無共乏者，賜車僕兼共之明矣，而獨舉大射何也？按司裘，王大射則共虎侯、熊侯、豹侯。諸侯則共熊侯、豹侯，是熊侯諸侯所射，豹侯卿大夫士所射也。惟大射，朝覲之諸侯、王朝卿大夫士皆與，乃張三侯、共三乏。若賓射御大夫不與，則惟共虎侯、熊侯。燕射諸侯不與，則惟共虎侯、豹侯也。司裘共侯所掌皮也，車僕共乏所掌革也。

司常，掌九旗之物名，各有屬，以待國事。日月爲常，交龍爲旂，通帛爲旜，雜帛爲物，熊虎爲旗，鳥隼爲旟，龜蛇爲旐，全羽爲旞，析羽爲旌。

物名者，物異則名異也。屬，舊説謂徽識小旗也。或曰，各屬于其官府、師都、州里而藏之，以待用也。通帛，謂大赤，從周正色，無飾。雜帛者，以帛素飾其側。白，殷之正色。全羽、析羽，皆五采繫之于旞旌之上，所謂「注旄于干首」也。凡旗之帛皆用絳，干首皆有旄，惟全羽、析羽無帛。

及國之大閲，贊司馬頒旗物：王建大常，諸侯建旂，孤卿建旜，大夫、士建物，師都建旗，州里建旟，縣鄙建旐，道車載旞，斿車載旌。

仲冬教大閲，司馬主其禮。王之旗畫日月，象天明也。諸侯畫交龍，一象其升朝，一象其下復也。孤卿不畫，言奉王之政教而已。大夫士雜帛，言以先王正道佐職也。師都，六鄉六遂大夫也。謂之師都，都，民所聚也。畫熊虎者，鄉遂出軍賦，象其守猛莫敢犯也。州里、縣鄙乃鄉遂之官，蓋互約言之。鳥隼象其勇健也，龜蛇象其扞難辟害也。道車，象路也，王以朝夕燕出入。斿車，木路也，王以田以鄙。全羽、析羽，五色象其文德也。大閱，王乘戎路，建大常，而道車、斿車並從者，如宣王會諸侯于東都而田于甫草，必不廢視朝，所謂視四方之聽朝是也。道車在朝則建大赤。此載旞者，朝夕燕出入也。斿車正田時建大麾，此載旌者，小田及巡行縣鄙也。○鄭剛中曰：「此旗物，司常與大司馬或頒之，或辨之，然王與諸侯或建或載，不出乎大常與旂。至于旜，則孤卿建之矣。師都又載之物，則大夫士建之矣。鄉遂又載之旗，則師都建之矣。軍吏又載之旟，則州里建之矣。百官又載之旐，則縣鄙建之矣。郊野又載之，何也？蓋軍吏也、孤卿也、師都也，三者不同名，考其實則皆孤卿而已。平日爲孤卿，有事則爲軍將，在朝爲孤卿，食采則在師都，故所互建者，旗也、旜也，所迭載者亦旗也、旜也。鄉遂也、大夫士也、百官也、州里也，四者不同名，考其實皆大夫士而已。判而言之，則曰大夫、曰士，合而言之，則曰百官。鄉則有州，遂則有里。曰鄉遂者，總名也。曰州里者，各舉其一以名之，故所互建者物也、旟也，所迭載者亦物也、旟也。郊野也、縣鄙也，二者不同名，考其實，皆公邑之吏而已。鄉遂餘地，與夫封王子弟之餘地，謂之公邑，亦謂之閒田，自其地言之，名曰郊野；自天子使吏治言之，名曰縣鄙，故所互建者旐也，所迭載者亦旐也。」○王氏曰：「旞旌言載，在車故也。其餘言建，不必皆在車。覲禮『上介皆奉其君之旂置于宫，皆就其旂而立』是也。」

皆畫其象焉，官府各象其事，州里各象其名，家各象其號。

杜子春云：「『畫』當爲『書』。」鄭康成曰：「畫雲氣也。」○注云「三者旌旗之細」，又云「徽識之書，則云某某之事、某某之名、某某之號」，非也。蓋官府各有事，州里各有名，家各有號，並書于旌旗之上耳。所謂象者，即旌旗也。如孤卿同建旜，大夫士同建物，而所書則别之曰某司徒之旜，某司空之旜，某大夫士之物，所謂官府各象其事也。州里之吏同建旟，則書某州之旟、某里之旟。所謂州里各象其名也。如魯三家同建旗，則書季氏之旗、孟氏之旗，所謂家各象其號也。各象其事者，各書其事于象也，名號亦然。古文簡奥多如此。觀司馬職「王載大常，諸侯載旂，軍吏載旗，師都載旜，張遂載物，郊野載旐，百官載旟，各書其事與號焉」，則此經之義顯然矣。○州里，鄉遂也，于鄉舉大，于遂舉細也。縣鄙，公邑也，知然者，司馬職「中夏教茇舍曰縣鄙，各以其名」，而又曰「鄉以州名，野以邑名」，則縣鄙爲公邑明矣。此不言縣鄙者，各象其名如州里無疑也。

凡祭祀，各建其旗，會同、賓客亦如之；置旌門。

項平甫曰：「各建其旗，所以屬衆。諸侯助祭，百官執事者各有之。此官共旌，掌舍設之。」

大喪，共銘旌，建廞車之旌；及葬，亦如之。

銘旌，王則大常。葬時建之，則在途解脱之可知矣。

凡軍事，建旌旗；及致民，置旗，弊之。甸，亦如之。

始置旗以致民。民至，仆之，誅後至者。

凡射，共獲旌。

獲旌，告獲者所持，大射服不氏唱獲。

歲時共更旌。

取舊予新。

都宗人，掌都祭祀之禮。凡都祭祀，致福于國。

都或有山川，及因國無主，九皇六十四民之祀，及王子弟自祭其祖，皆歸脈于王。舊説王子弟立祖王之廟，非也。鄭祖厲王，魯有文王之廟，乃僭禮逆祀耳。楚公子圍之强横，其娶於鄭曰「告於莊、共之廟」，則周之舊典可徵矣。

正都禮與其服。若有寇戎之事，則保群神之壝。國有大故，則令禱祠；既祭，反命于國。

令，令都有司也。

家宗人，掌家祭祀之禮。凡祭祀，致福。

大夫采地所祀與都同。若王近屬，則自祭其祖，亦歸脈于王。

國有大故，則令禱祠，反命；祭亦如之。掌家禮與其衣服、宫室、車旗之禁令。

都宗人職「令禱祠反命于國」，而此于反命下特起「祭亦如之」之文，注謂「王又命祭」，非也。禱，求也。祠，報也。無緣又命祭，蓋王國有大故而命禱祠于都家者，以其域内有群神之壝也。上所謂都宗祀、家祭祀之禮，祖廟、社稷、五祀之常祀也。都家各以其時用事，不復待命于王，若群神之壝則或主分星，或主山川，或主因國，帝王、賢聖，非都家所得擅祀也。故不獨有故禱祠，即每歲常祭，至期必以王命令之，祭畢，必反命于家。乃備言之者，于都言之，或疑家之禮有異也；于家言之，則都可知矣。猶都曰正都禮與其服，而家則條舉衣服、宮室、車旗也。有寇戎保神壝，則于都言之者，不先舉群神之壝，則不知其爲禱祠于群神也。

凡以神仕者，掌三辰之灋，以猶鬼神示之居，辨其名物。以冬日至致天神人鬼，以夏日至致地示物鬽，以禬國之凶荒、民之札喪。

此言以神仕都家者，蓋都宗人、家宗人皆官于王朝，以制都家之祀事。其私邑必各有巫祝，若王朝以神仕者，則大祝、司巫之屬具矣。猶鬼神示之居，亦都家之鬼神示也。若國之神位，則小宗伯建之矣。都家之地或爲分星所在，則其神也；山川陵麓，則其示也；因國之無主後者，則其鬼也。其壇兆所宜，必圖度而後定，所謂猶其居也。必掌三辰之法，然後可以猶鬼神示之居者，如春秋傳所載，實沈爲參神，神降于莘，曰其至之日亦其物，戊子逢公以登，而知妖星，爲告邑姜也。王國天神、地示、人鬼之祭，時地各異，而此以冬日至致天神人鬼，夏日至致地示物鬽，則爲都家之祭明矣。曰禬國之凶荒者，示都家之統于王國，而異于外諸侯也。

李耜卿曰：「宗伯掌邦禮，雖兼治神人，而事神爲重。故其設官先後，皆以神事次之。小宗伯立鬼神示之位，肆師掌其玉帛牲牷，所以貳大宗伯也。祭莫先于祼，故首以鬱人、鬯人，司尊彝鋪筵，設同几，爲依神也。故司几筵次之，陳其宗器。故天府次之，禮之以玉。故典瑞又次之。祭有尊卑，服有等差，故次司服。先雞人于司尊彝者，明禴、祠、烝、嘗，欲及時事也。先典命于司服者，古者于禘發爵賜服，所謂祭有十倫，此其一也。次典祀、守祧，未祭守之，當祭巡之也。次世婦至外宗，贊王后内事也。祭以追遠，喪以慎終，故冢人至職喪次之。禮交動乎上，樂交應乎下，故大司樂至司干二十官次之。貞之夢卜，以知其情，故有大卜八官，假于祝巫，以薦其信，故有祝巫八官。然後有大史四官，詳于天道；内史三官，謹于人治，而莫不有祭祀之聯事。祭必乘大路、載大常，故繼以自巾車至司常四職。都宗人、家宗人，祭有賜禽，有事命禱，故附見焉。雖其間名分之嚴，教育之方，凶、賓、軍、嘉之禮莫不備舉，而無非推仁孝誠敬之心，以及于天下默契天親之理，以順其秩叙命討之公，此天道之至教，聖人之至德也。」

周官集注卷七

夏官司馬第四

夏，于時爲火，于卦爲離。離爲甲胄，爲戈兵。離上之象曰「王用出征」，詩曰「如火烈烈，則莫我敢曷」。蓋非威明之極，不能用兵，以正天下，故司馬爲夏官，主兵。而以馬名官，軍政莫重于馬也。

惟王建國，辨方正位，體國經野，設官分職，以爲民極。乃立夏官司馬，使帥其屬而掌邦政，以佐王平邦國。

政，正也。夏后氏命胤侯掌六師，舉政典以示衆。則邦政之掌于司馬，舊矣。凡國事無非政，而獨于司馬言政者，張皇六師，然後禮樂征伐自天子出，而政行于天下也。

政官之屬：大司馬，卿一人。小司馬，中大夫二人。軍司馬，下大夫四人。輿司馬，上士八人。

行司馬，中士十有六人，旅下士三十有二人，府六人，史十有六人，胥三十有二人，徒三百有二十人。

輿，衆也。行，謂軍行列。晉作六軍而有三行，取名于此。輿司馬、行司馬，即用官中之士。特在官府，則曰上士、中士；在軍，則曰輿司馬、行司馬耳。司馬總六軍，軍事繁重，故史、胥、徒獨多。○黄文叔曰：「輿司馬掌車，行司馬掌卒，軍司馬兼掌之。」

凡制軍，萬有二千五百人爲軍。王六軍，大國三軍，次國二軍，小國一軍。軍將皆命卿。二千有五百人爲師，師帥皆中大夫。五百人爲旅，旅帥皆下大夫。百人爲卒，卒長皆上士。二十五人爲兩，兩司馬皆中士。五人爲伍，伍皆有長。

言軍將皆命卿，則以下軍帥不特置，選于六官六鄉之吏，德任者使兼官焉。詩大雅常武「整我六師」，此王六軍之見于經也。春秋傳曰「成國不過半天子之軍」，又「王命曲沃伯以一軍爲晉侯」，又「晉作二軍」，此諸侯軍制之見于傳也。

一軍則二府、六史、胥十人、徒百人。

在軍則置之，罷則已。

司勳，上士二人，下士四人，府二人，史四人，胥二人，徒二十人。

勳，功也。軍無賞不足以作衆，故首司勳。

馬質，中士二人。府一人，史二人，賈四人，徒八人。

質，平也，主買馬以供軍用而平其賈直。地官歲時稽鄉遂、都鄙之牛馬，辨其可任之物，馬之在民者無不足之慮矣。而公馬之缺，則官買之。馬質宜屬校人，今列此者，校人兼掌六馬，而戎馬之用尤多，其事尤急，故先之。

量人，下士二人，府一人，史四人，徒八人。

小子，下士二人，史一人，徒八人。

羊人，下士二人，史一人，賈二人，徒八人。

司爟，下士二人，徒六人。

「爟」，故書爲「燋」。爟者，民間理爨之火也。

掌固，上士二人，下士八人，府二人，史四人，胥四人，徒四十人。

國曰固，野曰險。易曰「王公設險，以守其國」。

司險，中士二人，下士四人，史二人，徒四十人。

掌疆，中士八人，史四人，胥十有六人，徒百有六十人。

候人，上士六人，下士十有二人。史六人，徒百有二十人。

候，迎賓客之來者。詩曰「彼候人兮，何戈與祋」，故列于夏官。其瀍，必每方各上士一人、下士二人，餘六人則掌達于朝，或軍行則從也。

環人，下士六人。史二人，徒十有二人。

以環名官，取巡邏周札之義。在軍則置之，與秋官環人掌迎送之職異。

挈壺氏，下士六人。史二人，徒十有二人。

世主挈壺水以爲漏，軍行必載漏，故屬夏官。

射人，下大夫二人，上士四人，下士八人，府二人，史四人，胥二人，徒二十人。

服不氏，下士一人。徒四人。

服不服之獸。

射鳥氏，下士一人，徒四人。

羅氏，下士一人，徒八人。

掌畜，下士二人，史二人，胥二人，徒二十人。

司士，下大夫二人，中士六人，下士十有二人，府二人，史四人，胥四人，徒四十人。

司士隸夏官，以司馬論辨官材，習察其人，然後用之各當也。

諸子，下大夫二人，中士四人，府二人，史二人，胥二人，徒二十人。

司右，上士二人，下士四人，府四人，史四人，胥八人，徒八十人。

虎賁氏，下大夫二人，中士十有二人，府二人，史八人，胥八十人，虎士八百人。

不言徒而曰虎士，蓋勇而有志行者。

旅賁氏，中士二人，下士十有六人，史二人，徒八人。

以旅名者，言爲王心膂也。夾王車而趨，其地尤近，職尤親，故皆以命士爲之，且世職焉。蓋必材武過人，忠義素厲，而後得與此選。後世逆亂，多由禁旅。使宿衛皆世臣良士，姦宄豈能煽哉？

節服氏，下士八人，徒四人。

節服氏隸夏官，以與諸僕聯事，凡王有行無不從也。

方相氏，狂夫四人。

方相猶言放想，可畏怖之貌。或曰以其相視而攻疫者非一方也。故月令于大難曰「旁磔」。

大僕，下大夫二人。小臣，上士四人。祭僕，中士六人。御僕，下士十有二人。府二人，史四人，胥二人，徒二十人。

隸僕，下士二人，府一人，史二人，胥四人，徒四十人。

弁師，下士二人，工四人，史二人，徒四人。

弁者，古冠之大稱。

司甲，下大夫二人，中士八人，府四人，史八人，胥八人，徒八十人。

司兵，中士四人，府二人，史四人，胥二人，徒二十人。

司戈盾，下士二人，府一人，史二人，徒四人。

司弓矢，下大夫二人，中士八人，府四人，史八人，胥八人，徒八十人。

繕人，上士二人，下士四人，府一人，史二人，胥二人，徒二十人。

稾人，中士四人，府二人，史四人，胥二人，徒二十人。

箭幹謂之稾。

戎右，中大夫二人，上士二人。

右者參乘。此充戎路之右，田獵亦參乘焉。戎右以中大夫，齊右以下大夫，道右以士者，右取其武，故戎右宜尊。賓祭尚嚴，故次之。朝夕視朝，武非所尚也。右以戎兼田，以祀兼賓，而僕各異者，右主捍衛，其事可兼；賓祀、師田、車行異節，必各有專僕，而後事可閑也。

齊右，下大夫二人。

道右，上士二人。

李子華曰：「自戎右而下，無府、史、胥、徒，蓋臨事取之司右，官非特置也。」

大馭，中大夫二人。戎僕，中大夫二人。齊僕，下大夫二人。道僕，上士十有二人。田僕，上士十有二人。馭夫，中士二十人，下士四十人。

王朝朝暮夕賀稅煩，故道僕數最多。田僕亦多者，王田，道車、斿車並從也。據校人職，馭夫當六十三人，此疑脱。○王志長曰：「戎車之馭，與大馭同爲中大夫者，重戎也。而不得同稱馭者，重祀也。」

校人，中大夫二人，上士四人，下士十有六人。府四人，史八人，胥八人，徒八十人。

主馬必校視之，故以名官。

趣馬，下士，皁一人，徒四人。

趣，養馬者，詩「蹶維趣馬」。

巫馬，下士二人，醫四人，府一人，史二人，賈二人，徒二十人。

巫馬，知馬祖、先牧、馬社、馬步之神者，馬疾若有犯焉則知之。

牧師，下士四人，胥四人，徒四十人。

地官牧人掌牧六牲，惟馬之爲牲者則牧焉。餘皆牧師所掌。

廋人，下士，閑二人，史二人，徒二十人。

廋之言數。

圉師，乘一人，徒二人。圉人，良馬匹一人，駑馬麗一人。

養馬者曰圉。四馬爲乘。麗，耦也。

職方氏，中大夫四人，下大夫八人，中士十有六人，府四人，史十有六人，胥十有六人，徒百有六十人。

主四方之貢。

土方氏，上士五人，下士十人，府二人，史五人，胥五人，徒五十人。

懷方氏，中士八人。府四人，史四人，胥四人，徒四十人。

懷，來也。

合方氏，中士八人，府四人，史四人，胥四人，徒四十人。

訓方氏，中士四人，府四人，史四人，胥四人，徒四十人。

形方氏，中士四人，府四人，史四人，胥四人，徒四十人。

山師，中士二人，下士四人。府二人，史四人，胥四人，徒四十人。

王制云「名山大澤不以封」，故天子立山川之師以遥掌之使貢，故與職方連類在此。土方氏、形方氏，及山師、川師、邍師所役，皆司徒之事，而以屬司馬者，示有不稟職方之度而侵敗王略者，則九伐隨之也。

川師，中士二人，下士四人，府二人，史四人，胥四人，徒四十人。

邍師，中士四人，下士八人，府四人，史八人，胥八人，徒八十人。

匡人，中士四人。史四人，徒八人。

擇人，中士四人，史四人，徒八人。

主擇序王志，以語天下。○李泰伯曰：「天下之情欲上達，故訓方氏之職設。人主之志欲下通，故擇人之職設。古者君民一體，上下交孚，而無壅遏之患如此。」

都司馬，每都上士二人，中士四人，下士八人；府二人，史八人，胥八人，徒八十人。

此王臣遥掌都事。

家司馬，各使其臣，以正于公司馬。

卿大夫之采地，王不特置司馬，各自使其家臣爲之，主軍賦以聽政于王之司馬。公司馬，即職文所謂國司馬也。

大司馬之職，掌建邦國之九灋，以佐王平邦國：　制畿封國，以正邦國；設儀辨位，以等邦國；進賢興功，以作邦國；建牧立監，以維邦國；制軍詰禁，以糾邦國；施貢分職，以任邦國；簡稽鄉民，以用邦國；均守平則，以安邦國；比小事大，以和邦國。

獨九灋曰邦國者，四官所建，皆王邦之典，而侯國兼用之九灋，則專爲侯國而設也。制畿，即下經九畿。設儀，即司儀所掌九儀。進賢，謂諸侯有德者加命爲牧伯。興功，謂諸侯有功者加地進律。牧，八州之牧。監，卒正連帥以下相臨臨者。分職，謂王巡狩征伐，大小之國各有所承之職事。春秋傳所謂「各修舊職」是也。均守，即司徒職所謂「均地守」、掌固職所謂「通守政」也。八則者，王國所以治都鄙，而侯國亦用焉。守均而則平，則内和外固，而國無不安矣。五官之典皆備于九灋而以屬司馬，何也？不能四征不庭，則五官之典皆不行于天下。書曰「其克詰爾戎兵，以陟禹之迹」，江漢之詩言「召虎南征，疆土是徹」，蓋率由周公之典灋也。

以九伐之灋正邦國：馮弱犯寡，則眚之；賊賢害民，則伐之；暴内陵外，則壇之；野荒民散，則削之；負固不服，則侵之；賊殺其親，則正之；放弑其君，則殘之；犯令陵政，則杜之；外内亂，鳥獸行，則滅之。

眚，病之也，如貶其爵命，薄其恩禮，披其附庸之類，與削異。野荒民散，不能自治其國邑，故削之。馮弱犯寡，必雄桀驕蹇之侯也。病之，使不能張，則自戢矣。壇，謂出其君，置之空墠之地，而更立賢者。暴内，即上賊賢害民。陵外，即上馮弱犯寡。兼是二者，故奪其位。伐者，聲罪致討。侵者，出其不意而扼其要塞，詩所謂「罙入其阻」也。要荒之國，負恃險阻，非奪其所恃，終不可服，故利用侵正執而治其罪也。殘，殺也。犯令陵政，則叛上之迹已著，杜之者，使鄰國不得交通，環而攻之也。殘止于誅其身，滅則泯其宗社，蓋舍亂人之類，其或先世有元德顯功，則建置族姓可矣。

正月之吉，始和布政于邦國都鄙，乃縣政象之灋于象魏，使萬民觀政象，挾日而斂之。

乃以九畿之籍，施邦國之政職。方千里曰國畿，其外方五百里曰侯畿，又其外方五百里曰甸畿，又其外方五百里曰男畿，又其外方五百里曰采畿，又其外方五百里曰衛畿，又其外方五百里曰蠻畿，又其外方五百里曰夷畿，又其外方五百里曰鎮畿，又其外方五百里曰蕃畿。

籍，其禮差之書也。政職，謂王巡狩、征伐所承之職事。自蠻服以上，乃中國之九州。夷服以下，則大行人所謂蕃國世一見者。○李耜卿曰：「此經即『施貢分職，以任邦國』也。下經即『簡稽鄉民，以用邦國』也。九灋皆經理諸侯，惟此二事乃王之所得于諸侯者，故特詳之。」

凡令賦，以地與民制之。上地食者參之二，其民可用者家三人。中地食者半，其民可用者二家五人。下地食者參之一，其民可用者家二人。

此徵兵邦國之制。○朱子曰：「賦，兵也。古者以田賦出兵，故謂兵爲賦。」覆舉遂人職文者，必知其可任之人數，然後可定徵兵之數也。侯國制畿施職，制地令賦，司徒職已具矣。而復列于司馬者，必司馬董正之，然後疆場不犯，而政令無壅也。

中春，教振旅，司馬以旗致民，平列陳，如戰之陳。

兵者凶事，不可空設，故因蒐狩而習之。凡師出曰治兵，入曰振旅。春教振旅，入而專于農事也。秋教治兵，農事將畢，可出而用之也。

辨鼓鐸鐲鐃之用，王執路鼓，諸侯執賁鼓，軍將執晉鼓，師帥執提，旅帥執鼙，卒長執鐃，兩司馬執鐸，公司馬執鐲，

路鼓、賁鼓、晉鼓、鐸鐲鐃，俱見鼓人職。鼙見鍾師職。提，謂馬上鼓，有曲木提持，立馬髦上者。公司馬，謂伍長。鼓人職以賁鼓鼓軍事，而王執路鼓，軍將執晉鼓者，教戰，非即戎也。諸侯執賁鼓者，教以敵王所愾也。

以教坐作、進退、疾徐、疏數之節。

見下經大閱。

遂以蒐田，有司表貉，誓民；，鼓，遂圍禁；，火弊，獻禽以祭社。

春田曰蒐。甸祝掌四時之田，表禡之祝號，則表貉者甸祝也。鄉師出田灋，致衆庶而治其政令，則誓民者鄉師也。故通謂之有司。記曰「司徒搢扑，北面誓之」。禁者，虞衡守禽之厲禁也。弊，止也。春田主用火，因焚萊除陳草，皆殺而火止。獻禽，衆獻其所獲也。貉，書亦或爲「禡」。

中夏，教茇舍，如振旅之陳。群吏撰車徒，讀書契，辨號名之用，

茇，野宿而草舍也。所戒在夜，故辨號召，使聞聲可别。撰，撰數之也。

帥以門名，縣鄙各以其名；，家以號名，鄉以州名，野以邑名，百官各象其事，以辨軍之夜事。其他皆如振旅。

帥，謂軍將。古者軍將爲營，治于國門。如魯有東門襄仲，宋有桐門右師，皆上卿爲軍將者。縣鄙，謂公邑大夫也。家，謂食采地者之臣也。六鄉以州名，六遂以邑名。百官各象其事，謂各書其職事于旗物，而因以爲號也。夜事，夜中守戰之事。

遂以苗田如蒐之灋，車弊，獻禽以享礿。
夏田爲苗除禽獸之害稼者，主用車，皆殺而車止。礿，宗廟之夏祭也。

中秋，教治兵，如振旅之陳。辨旗物之用：王載大常，諸侯載旂，軍吏載旗，師都載旜，鄉遂載物，郊野載旐，百官載旟，各書其事與其號焉。其他皆如振旅。

師都，孤卿也。治兵所載旗物與司常所建互異，何也？旜與物，無事時所建也，故王朝孤卿大夫士建之。熊虎之旗、鳥隼之旟、龜蛇之旐，軍旅所建也，故師都、鄉遂、公邑之吏合卒伍，簡車輦、兵器建之。及司馬治兵，則師都、鄉遂之吏有莅衆而不列陣者，故所建異也。師都之吏，孤卿也。軍吏，亦孤卿也。既有軍吏，復有師都，而所載各異，何也？孤卿之長師都而爲軍吏者既載旗矣，其王子弟及退居采地之孤卿則載旜也。鄉遂之吏如州長縣正各帥其民而致者，既列陳而作旗矣。其鄉師、遂師、遂大夫、黨正之屬，掌政令刑禁而不帥車徒以驟趨于行陳者，則載物也。惟此經所謂郊野，即司常職所謂縣鄙，而所建所載皆旐。蓋公邑之吏帥民而致，皆身列陳，故旗物無異耳。知然者，縣師掌邦國、都鄙、稍甸、郊里之地，有會同、軍旅、田役，則受灋于司馬，使各帥其車徒而至。鄉之帥而至者州長，遂之帥而至者縣正，則公邑之帥而至者，必其吏也。鄉遂之吏有不列陳者，故所載異。公邑之吏無不列陳者，故所載同也。然則鄉遂之吏列陳者安載，載旜也。知然者，大閱，群吏以旗物各帥其民而致，則鄉遂之吏必仍載旜，與公邑之吏載旐同矣。其曰群吏作旗，群吏弊旗，即謂旜、旐也。惟或載旜，或載旐，故以旗包之也。百官亦載旜，何也？從王而治軍旅，故建軍旅之旗物以示威也。茇舍治兵稱名各異，何也？茇舍，鄉以州名，野以邑名，則野爲遂明矣。故縣鄙爲公邑治兵，鄉遂載物，則郊野必公邑也。其或曰縣鄙，或曰郊野，何也？凡公邑，皆謂之縣，掌于縣師，而其地在四鄙。其曰郊野，又以見遠郊及六遂之餘地，亦間設公邑也。治兵列師都而不及大夫有采者，于百官包之也。茇舍，則以家包孤卿、大夫、王子弟也。列縣鄙于家之前者，公邑也。先公邑與家，而後鄉遂者，茇舍之禮辨號名以習夜事，遠者難辨，故先之；近者易辨，故後之也。○經文鄉遂載物，而謂列陳者仍載旜，何也？以覈其事實而知之也。六卿莅其私邑曰師都，監六鄉曰鄉大夫，而治兵則爲軍吏。鄉大夫既爲軍吏，則載旗矣。州長、縣正以旗物，各帥其民而致，則必載平時所建之旟矣。其載物者，獨鄉遂之吏不列陳者耳。猶司士所掌朝位，三公北面，孤東面，卿大夫西面。而周制常以六卿兼公孤，則卿之兼公者必北面矣，兼孤者必東面矣。其西面者，獨不兼公孤之卿耳。卿師于四時之田，所治者政令、刑禁、争訟也。遂師所掌者，禁令、賞罰也。遂大夫所掌無軍事。黨正以瀍治師田、行役之政事。此四職者皆莅衆而不列陳，則所載旗物必別于列陳者可知矣。惟鄉師職巡前後之屯而戮其犯命者，近于軍事。然曰巡前後之屯，則不與圍禁明矣，蓋仍治其徒庶之政令耳。

遂以獮田如蒐田之灋，羅弊，致禽以祀祊。

獮，殺也。羅，網也。祊，當爲方，秋田主祭四方，報成萬物。詩曰「以社以方」。春、夏曰獻禽，秋、冬曰致禽者，物成而獲多，故屬而聚之，然後取其上殺以獻也。

中冬，教大閱。前期，群吏戒衆庶修戰灋。

春辨鼓鐸鐲鐃，夏辨號名，秋辨旗物，至冬大閱，簡軍實而兼教上三者。群吏，鄉師以下。

虞人萊所田之野，爲表，百步則一，爲三表，又五十步爲一表。田之日，司馬建旗于後表之中，群吏以旗物鼓鐸鐲鐃，各帥其民而致。質明，弊旗，誅後至者；

萊，芟除其草萊，令車徒可列陳也。表，所以識行列也。四表相去僅三百五十步，蓋表太遠則費時多，田狩將不及事矣。質，正也。

乃陳車徒如戰之陳，皆坐。群吏聽誓于陳前，斬牲，以左右徇陳，曰：「不用命者，斬之！」

皆坐當聽誓。群吏，諸軍帥也。車徒當陳于後表之北。記曰「司徒搢扑，北面誓之」。惟陳于後表之北，故誓必北面。誓畢，然後司馬南面令鼓，而車徒以次而前也。

中軍以鼙令鼓，鼓人皆三鼓，司馬振鐸，群吏作旗，車徒皆作。鼓行，鳴鐲，車徒皆行，及表乃止。三鼓，摝鐸，群吏弊旗，車徒皆坐。

中軍，中軍之將也。鼓人，師帥、旅帥也。或曰，鼓人職「軍動則鼓其衆，田役亦如之」。中士六人，各直一軍司馬，兩司馬也。鳴鐲者，伍長也。摝鐸，止行息氣也。以春秋傳考之，君雖在軍中，軍別有主將。蒐狩列職于司馬，則中軍宜司馬也。而太僕職「凡軍旅、田役贊王鼓」，豈王先鼓之，而後司馬以鼙令與？

又三鼓，振鐸作旗，車徒皆作。鼓進，鳴鐲，車驟徒趨，及表乃止，坐作如初。乃鼓，車馳徒走，及表乃止。鼓戒三闋，車三發，徒三刺。乃鼓退，鳴鐃且卻，及表乃止，坐作如初。

鼓戒，若戒攻敵也。鼓一闋，車一發，徒一刺，三而止，象敵服。鐃所以止鼓，車徒皆行，及表乃止，第一表也。車驟徒趨，及表乃止，第二表也。車馳徒走，及表乃止，第三表也。蓋群吏致民于後表之中陳而皆坐，尚未行也。故至第一表，曰「車徒皆行」；由第一表至第二表，象師之進，故曰「鼓進」；由第二表至第三表則極矣，象伐國之附其城，對敵之薄其陳，故車發徒刺而鼓退也。注、疏並誤。凡此坐作、進退、發刺之節，四時所同，而獨于大閱言之者，民事至冬而畢，然後車徒可詳簡也。○注「天子六軍，三三而居，一偏皆中軍自閱」，非也。以理推之，司馬主中軍，監臨群吏。其五軍之帥，亦各閱其屬。每軍各立四表，如中軍之式。諸侯、師都之吏，則各帥其屬分隸六軍，中軍不偏閱也。蓋古者兵車一乘用士七十五人，而大閱之表相去僅百步，必單乘如墻而進，始能容其驟趨馳走，而及表而止，乃得截然齊一，雖各閱其屬，分班鱗次，猶恐難徧，況以中軍偏閱六軍乎？知必分班以進者，每軍萬人，若車徒平列，遠者當在三數里之外，其坐作、進退、發刺之節，雖本軍，耳目不能盡及也。○大閱時，疑徧閱六軍之士而車不盡閱。魯頌「公車千乘」、「公徒三萬」，以瀍考之，三萬人僅充三百餘乘之用。天子萬乘，若盡閱之，則無地以陳，無人以供。傳載，魯人大蒐于紅，自根牟至于商、衛，革車千乘，合魯東西封，略以爲言，則知非盡陳于所蒐之地矣。魯蒐盡陳革車，以三桓變舊制，分公室，各自爲軍，恐數有虛冒，故備陳而數之。先王之世，不料民而知其多寡，況車數乎？蓋鄉遂之吏，歲時校登車輦，其瀍已愁矣。司徒職惟田竭作，蓋更番而教之，雖大閱，豈能盡試鄉遂、都鄙、正羡之卒。謂之大者，惟此備六軍之數。若三時之田，雖六軍，不必備也。

遂以狩田，以旌爲左右和之門，群吏各帥其車徒以叙和出，左右陳車徒，有司平之；旗居卒間以分地，前後有屯百步，有司巡其前後；險野人爲主，易野車爲主。

冬田爲狩。言守取之無所擇也。和之義，當爲面、爲角。國策「見棺之前和凡物皆得稱」，注「軍門曰和」，非也。以叙和出，以次第出左右兩和門也。左右陳車徒以下，皆列陳之事。蓋車徒既出軍門而趨圍禁，則左右陳之，有司平其行列，每百人爲卒則植旗，其間以分所占之地必廣狹如一。古者天子不合圍，故六軍分爲二陣而驅逆之。車當旁禁地之前後，各有屯百步，以待田畢屯車徒，而後各獻其所獲也。有司，謂鄉師也，其職曰「巡前後之屯，而戮其犯命者」。險野人爲主，謂列陳用徒，而以車承其闕也。易野車爲主，謂列陳用車，而以徒承其闕也。

既陳，乃設驅逆之車，有司表貉于陳前。

驅，驅出禽獸使趨田所。逆，逆要令不得出圍也。設此車者田僕。

中軍以鼙令鼓，鼓人皆三鼓，群司馬振鐸，車徒皆作。遂鼓行，徒銜枚而進。大獸公之，小獸私之，獲者取左耳。

群司馬，謂兩司馬也。枚，如箸，銜之，有繣，結項中，軍灋以此止語。獲禽者取左耳以計功。

及所弊，鼓皆駴，車徒皆譟。

及所弊，至田所當止之處也。鼓譟，象克敵而喜。疾擊鼓曰駴。譟，讙也。

徒乃弊，致禽饁獸于郊；入，獻禽以享烝。

徒乃弊，徒止也。致禽饁獸于郊，聚所獲禽，因以祭四方之神于郊。月令「季秋，天子既田，命主祠祭禽于四方」是也。入，又以禽祭宗廟。

及師，大合軍，以行禁令，以救無辜、伐有罪。

師，謂司馬奉王命以征伐也。行禁令，因伐有罪，而明王禁于群侯也。

若大師，則掌其戒令。莅大卜，帥執事莅釁主及軍器。

大師，王出征伐也。主，謂遷廟主及社主。軍器，鼓鐸之屬。

及致，建大常，比軍衆，誅後至者。

稍人帥衆而致于大司馬。王親征，則邦國亦以師從。凡帥衆而至者，大司馬皆以致于王，故建大常。

及戰，巡陳眡事而賞罰。若師有功，則左執律、右秉鉞以先，愷樂獻于社。若師不功，則厭而奉主車。

律，軍灋之書也。易曰「師出以律」，兵事以嚴終，故既勝猶執律秉鉞也。先，猶道也。兵樂曰愷。厭，謂厭冠，喪服也。主車，載遷廟主與社主者。

王弔勞士庶子，則相。

師敗，王親弔士庶子之死者，勞其傷者。

大役，與慮事屬其植，受其要，以待考而賞誅。

大役，築城邑也。慮事者封人，而司馬亦與焉。植，楨幹之屬，所用以分地而築也。屬，謂賦丈尺與所用人數。要，簿書也。

大會同，則帥士庶子而掌其政令。

若大射，則合諸侯之六耦。

疏謂賓射亦六耦，但不用諸侯。恐未安。經于諸侯曰大賓客，因其朝覲、會同而與之射，故謂之賓射。所以別于王臣之燕射也。此經獨舉大射者，明諸侯、公、孤、卿、大夫、士咸與，而司馬所合，獨諸侯之六耦也。若賓射惟諸侯與，則司馬合耦不必言矣。射人職王以六耦射三侯，曰合諸侯之六耦，則公孤卿大夫士耦皆以六可知矣。

大祭祀、饗食，羞牲魚，授其祭。

牲，魚牲及魚也。祭，謂尸賓食祭。

大喪，平士大夫。喪祭，奉詔馬牲。

平者，正其職與位。王喪以馬祭，蓋遺奠也。奉詔者，奉其牲以告于神。

小司馬之職，掌

以下文闕。

凡小祭祀、會同、饗射、師田、喪紀，掌其事，如大司馬之灋。

軍司馬闕

輿司馬闕

行司馬闕

司勳，掌六鄉賞地之灋，以等其功。

賞田在遠郊屬六鄉。等，猶差也。

王功曰勳，國功曰功，民功曰庸，事功曰勞，治功曰力，戰功曰多。

王功，輔成王業。國功，保國全家。民功，灋施于民。事功，盡瘁勤事。治功，制灋成治。戰功，克敵制勝。

凡有功者，銘書于王之大常，祭于大烝，司勳詔之。

報享之禮，冬祭爲盛，故有功者與焉。詔，謂詔司常書之，及烝，則使祝告于廟。

大功，司勳藏其貳。

貳，猶副也。覆出司勳，明銘書者司常也。如曰大功藏其貳，則似銘書以歸于司常，而自藏其貳矣。○李耜卿曰：「既曰凡有功，又曰大功，則統而觀之，六功有大小；析而言之，每功有輕重也。」

掌賞地之政令，凡賞無常，輕重眡功。

凡頒賞地，參之一食，惟加田無國正。

參之一食，歸其二于公也。春秋傳「卑而貢重」者，甸服也。蓋大府職「家稍之賦以待匪頒，邦縣之賦以待幣帛，邦都之賦以待祭祀」，委人職「以稍聚待賓客」，遺人職「縣都之委積以待凶荒」，非歸其二于公用弗給也。故畿内食采者所受之地，與外諸侯同而服物。官吏則每減焉，以所食者參之一也。加田，加賜之田。國正，謂稅也。

馬質，掌質馬。馬量三物，一曰戎馬，二曰田馬，三曰駑馬，皆有物賈。

此三馬皆買以給官府之用者，其用各有等，其材各有宜，故以三物量之。物異則賈從之，故謂之質。

綱惡馬。

綱，謂以縻索縶維而調習之。

凡受馬于有司者，書其齒毛與其賈。馬死，則旬之内更，旬之外入馬耳，以其物更，其外否。

更，償也。旬之内死，如其齒毛及賈而償其馬。旬之外，則以其物償物皮筋骨也。不及價，則附益之。過此，則歸死馬于官而已，入馬耳，防詆僞也。

馬及行，則以任齊其行。若有馬訟，則聽之。

及行，始駕也。量其力所能任及行道遠近，以類相從而閑習之，所謂齊其行也。馬訟，謂買賣之言相負者。

禁原蠶者。

原，再也。天文，辰爲馬。蠶書，蠶爲龍精，月值大火則浴其種。是蠶與馬同氣，物莫能兩大，故禁再蠶，爲傷馬與？○李耜卿曰：「惟牧馬之地及牧者之家不得再蠶也。」

量人，掌建國之灋，以分國爲九州。營國城郭，營后宫，量市朝、道巷、門渠，造都邑亦如之。

以分國爲九州者，周更定九州，析冀以爲幽、并，并徐于青。而豫州之境，西至華山，則虞、夏以來，建國必有舊屬于此、而新屬于彼者，故曰分也。營國以下，專言王國。舊説兼侯國，非也。凡建侯國，大司徒制其域，封人封其四疆而已。城郭、后宫、市朝、道巷、門渠之細，非王官所能及也，其國自有匠人營之。封人中士四人，下士八人，以有出疆之職也。量人下士二人，兼供喪祭。軍旅之役，豈能徧營六服之國邑哉！詩載召伯營申，及于寢廟，乃宣王特厚元舅，非封國常制。

營軍之壘舍，量其市朝、州涂、軍社之所里。

軍壁曰壘。軍有朝者，或王親在行，或主兵者三公及諸侯入爲卿士者。軍有州者，二千五百人爲師，其數如一州之衆。軍有涂者，部曲區分各有道，以相湊也。軍社，社主在軍者。里，所以定分界也。量市朝、州涂、軍社之所届也。詩「瞻印昊天」，云如何里」，亦當訓界。○國語季氏有内外朝，戴記大夫有私朝，疑皆僭禮，記者習而不察。

邦國之地與天下之涂數，皆書而藏之。

書地，謂方圜山川之廣狹書。涂，謂支湊之遠近。

凡祭祀、饗賓，制其從獻脯燔之數量。

祭禮，獻酒以燔從。饗賓，獻有脯從。故總言之。數，多少也。量，長短也。

掌喪祭奠竁之俎實。

竁之俎實，謂所包遣奠。

凡宰祭，與鬱人受斝歷而皆飲之。

冢宰容攝祭。斝，酒器，或曰，讀如嘏尸之嘏。「歷」與「瀝」通。曾子問「宗子有故在他國，攝主不假，不敢受福也」。宰攝祭，故不敢飲福，而神惠不可虚，故量人、鬱人飲之。分絶遠，則無嫌也。周書顧命「大保飲福，嗣君在而亞獻」，故不嫌。

小子，掌祭祀羞羊肆、羊殽、肉豆，

肆，體薦全烝也。殽，體解節折也。豆肉者，切肉也。

而掌珥于社稷、祈于五祀。

凡沈辜、侯禳，飾其牲。

沈，謂祭川，爾雅曰「祭川曰浮沉」。辜，磔牲以祭，即宗伯職所謂「疈辜」也。

釁邦器及軍器。凡師田，斬牲以左右徇陳。

羊性狠，故斬以徇，以警不用命者。

祭祀，贊羞、受徹焉。

若司馬羞牲魚之等，則贊之。及徹，則受之。

羊人，掌羊牲。凡祭祀，飾羔。祭祀，割羊牲，登其首。

羔，稚羊，飾之以繢。登，升也。升首于室，報陽也。未祭之前則飾之，祭之時則割之。于羔曰飾，于羊牲曰割，互見也。

凡祈珥，共其羊牲；賓客，共其瀴羊。

瀴羊，飧饔積膳，瀴當共者。

凡沈、辜、侯禳、釁、積，共其羊牲。

「積」，故書爲「眦」，讀爲「漬」，謂釁國器、漬軍器也。或曰：積，謂積柴之祀。

若牧人無牲，則受布于司馬，使其賈買牲而共之。

牧人無牲，時或耗敗也。

司爟，掌行火之政，令四時變國火，以救時疾。

春取榆柳之火，夏取棗杏之火，季夏取桑柘之火，秋取柞楢之火，冬取槐檀之火。

季春出火，民咸從之；季秋内火，民亦如之。

戴記「季春出火」，爲田也。左傳「火未出而作，火以鑄刑器」。先儒據此，遂謂季春出火以陶冶，季秋内之。其實不然。夏月土潤溽暑，以燒石則粉解，以陶器則燥裂。伐薪爲炭，陶成百物，皆宜于冬春。且冰以火出而畢賦，所以解鬱蒸、救時疾也。而又布火以助盛陽，于天時、人事俱不相應。蓋季春始燠，野則出火于窑，家則出火于室，而不用季秋始肅然後内而用之耳。雍、并、幽、冀之地，民俗臥必以火，始季秋，春盡乃止。此經曰「民咸從之」、「民亦如之」，豈謂此與？

時則施火令。

謂焚萊之時。

凡祭祀，則祭爟。

祭爟，祭先代出火者，禮如祭爨。

凡國失火，野焚萊，則有刑罰焉。

野焚萊有罰者，春田用火，主除陳生新。二月後擅放火，則有罰也。

掌固，掌修城郭、溝池、樹渠之固，頒其士庶子及其衆庶之守；

士庶子，家居或宿衛王宮而番代者，則與于守政。○黄文叔曰：「霍光謂，函谷，京師之固；武庫、精兵所聚。故以丞相弟爲關都尉，子爲武庫令。猶識古以士庶子宿衛王宫及守固之意。」

設其飾器，分其財用，均其稍食，任其萬民，用其材器。

飾器，謂所樹矛戟、干櫓，皆有幡飾也。士庶子、衆庶守者，別給財用。稍食，所以厚下而勸忠也。財用，曰分視地守之劇易，而有多寡也。稍食曰均，計功力之多少，以爲等差也。民之材器謂用，以塹築及爲藩落者。器，民所自具材，就其地取之，然必以當邦賦。

凡守者受灋焉，以通守政。有移甲與其役財用，唯是得通；與國有司帥之，以贊其不足者。

通守政，即均人所謂「均地守，使易劇相通而得其平」，此平時之守灋也。至移甲、役財用，則其地猝有警，掌固必達于司馬，使國中有司持符節以徵之他境，故與帥而贊之。舊説，國有司即掌固，或謂司甲役財用者，皆非也。

晝三巡之，夜亦如之。夜三鼜以號戒。

此立瀍使有地治者巡之，非掌固自巡也。

若造都邑，則治其固，與其守瀍。凡國都之竟，有溝樹之固，郊亦如之。

竟，界也。王國及三等都邑之界也。郊，謂近郊、遠郊，以近國，故阻固之設尤數焉。

民皆有職焉。若有山川，則因之。

民皆有職，勞逸必均也。

司險，掌九州之圖，以周知其山林、川澤之阻，而達其道路。

達道路者，山林之阻則開鑿之，川澤之阻則橋梁之。

設國之五溝、五涂，而樹之林以爲阻固，皆有守禁而達其道路。

五溝、五涂，遂人所治也。而于司險復曰設者，凡井田、溝涂之設，一以盡地利，一以爲阻固，故必使遂人與司險共議其形勢之錯連、水流之輸委、道路之支湊，猶邦之六典，大宰建之，而大史亦與共建也。不言都邑者，曰國之五溝、五涂，則通乎畿内矣。于掌固言都邑者，守瀍之詳，皆具于掌固也。不言侯國者，溝涂之細，非王官所能遥制也，其國自有司險、掌固設而修之。○易曰「王公設險以守其國」，山川、丘陵之險，天作地成，非人力所能設也。周公設司險、掌固之官，所恃惟溝樹耳。每見山澤豪民居阻溝樹，盜賊即不敢犯。井田雖難驟復，苟城邑要塞多設溝樹，則居者有以自固，而戎馬失其利。此爲民長慮者，所宜先務也。

國有故，則藩塞阻路而止行者，以其屬守之，唯有節者達之。

有故，喪災及兵也。掌固所守城郭、溝池、樹渠之固，所在皆有之，故必與士庶子、衆庶同其力。司險所守要害之道，則以其屬足矣。

掌疆闕。

候人，各掌其方之道治與其禁令，以設候人。

道治，道路之治也，其官上士六人，下士十有二人，必每方各以上士一人、下士二人掌之，餘六人則掌達于朝，或軍行則從也。所設候人，即徒百有二十人。

若有方治，則帥而致于朝；及歸，送之于竟。

方治，遠方有事來王國求治者。

環人，掌致師，察軍慝，環四方之故。巡邦國，搏諜賊。訟敵國，揚軍旅，降圍邑。

致師，謂將戰，使勇士犯敵，以致其必戰之志。環四方之故，謂環伺四面，或有掩襲衝突之變故。巡邦國，謂從王敵愾之邦國也。察軍慝，察己國之姦人爲敵間者。搏諜賊，執敵人爲諜者。訟敵國，謂往而喻之以理。揚軍旅，謂揚己國之軍威。降圍邑，謂服者則受之。諸所列，皆臨敵時事。前五者，先爲不可勝。後三者，蓋欲不戰而屈人之師。

挈壺氏，掌挈壺以令軍井，挈轡以令舍，挈畚以令糧。

軍中穿井成，則挈壺縣其上。將舍，則挈轡縣其處。頒糧，則挈畚縣其處，令衆知之。壺，所以盛飲。畚，所以盛糧。轡解則不行，故以爲表。

凡軍事，縣壺以序聚㯈，凡喪。縣壺以代哭者。皆以水火守之，分以日夜。

縣壺爲漏，以次集行，夜者更易。擊㯈，爲守備。代，亦更也。喪禮，未大斂，官代哭。以水守壺者，爲沃漏也。以火守壺者，夜則火視刻數也。分以日夜者，異晝夜漏也。漏之箭，晝夜共百刻，冬夏之閒，有長短焉。

及冬，則以火爨鼎水而沸之，而沃之。

冬，水涷漏不下，故以火炊水沸以沃之，謂沃漏也。

射人，掌國之三公、孤、卿、大夫之位，三公北面，孤東面，卿、大夫西面。其摯，三公執璧，孤執皮帛，卿執羔，大夫雁。

位，將射始入見君之位也。三公北面，正答君也。孤無職，故居西方賓位。卿大夫皆有職，故在東近君，居主位也。六摯，已見宗伯職，復見此者，明因射而朝，則各有摯也。以射而朝則有摯，知日朝而聽事無摯也。不言諸侯之摯者，來朝已有幣獻，故射無摯。

諸侯在朝，則皆北面，詔相其灋。

謂諸侯朝覲未歸，而王與射于朝也。大射在學，此在路門之外朝。舊説，以爲賓射，但謂賓射兼諸侯與王臣，恐未安。此經曰「掌國之三公、孤、卿、大夫之位」，似謂王與朝臣燕射也。記曰「朝不坐，燕不與」，故無士位。復別言諸侯在朝，謂王與諸侯賓射也。若賓射兼諸侯與王臣，則當曰掌賓射之位，三公、諸侯皆北面，孤、卿東面，大夫西面矣。惟大射，三公、諸侯、孤、卿、大夫、士，及諸侯所貢士，皆與。故司裘共侯，軍僕共乏，皆獨舉大射，以其禮爲最盛也。曰諸侯在朝，以別于大射之在郊也。曰在朝皆北面，以別于大詢之東面。又以見大射與王臣列序，不皆北面也。

若有國事，則掌其戒令，詔相其事。掌其治達。

國事，如鄉大夫以鄉射之禮詢衆庶、諸子。春秋合國子之倅于射宫，或王以喪疾不得主祭，而使諸臣會射以選賢也。治者，治其儀灋。達，謂以聞于王也。惟王不親，故有治達。

以射灋治射儀，王以六耦，射三侯，三獲三容，樂以騶虞，九節五正；諸侯以四耦，射二侯，二獲二容，樂以貍首，七節三正；孤、卿、大夫以三耦，射一侯，一獲一容，樂以采蘋，五節二正；士以三耦，射豻侯，一獲一容，樂以采蘩，五節二正。

治射儀，謂肆之也。每侯持旌告獲者一人，故三侯則三獲。容即乏也。據告獲者容身于中，則曰容。據矢至此乏極不過，則曰乏。三侯，虎、熊、豹也。二侯，熊、豹也。一侯，麋也。豻，胡犬也。正，所射也。詩曰「終日射侯，不出正兮」。畫五正之侯，中朱，次白，次蒼，次黄，玄居外。三正，損玄、黄二正，去白、蒼而畫以朱、緑。九節者，先歌五節。七節者，先歌三節。五節者，先歌一節，後四節以爲發矢之度。舊説，燕射三耦，非也。王以六耦射三侯，則凡王射皆六耦可知矣。不言三公之耦，與侯從諸侯可知也。王射三侯者，王一侯，外諸侯一侯，内公、孤、卿、大夫一侯也。諸侯射二侯者，君一侯，卿、大夫、士一侯也。張布謂之侯。侯中謂之鵠。鵠中謂之正，正方二尺。正中謂之槷，方六寸。或曰，謂之質，方四寸。

若王大射，則以貍步張三侯。

貍步，謂一舉足，乃半步也。上經既曰「王以六耦射三侯」，而此復獨舉大射，何也？明上經著王三侯，諸侯二侯，卿、大夫、士一侯之别，然惟王之大射，三公、諸侯、孤、卿、大夫、士咸與，乃張三侯。若王與諸侯賓射，則惟張虎侯、熊侯；與公、孤、卿、大夫燕射，則惟張虎侯、豹侯也。獨舉張三侯而不及六耦，則賓射、燕射皆六耦可知也。特言貍步，則賓射、燕射用全步可知也。惟大射張侯用貍步者，選賢以執祀事，專取其容體比于禮，其節比于樂，而不以及遠爲賢也。

王射，則令去侯，立于後；以矢行告；卒，令取矢。

鄉射禮「司馬命獲者執旌以負侯」，蓋未射時獲者負侯而立，故射則令去侯而居于乏，以避矢也。大射禮「正立于公後，以矢行告于公，下曰留，上曰揚，左右曰方」。卒，射畢也。負侯者，服不氏。取矢者，射鳥氏。

祭侯則爲位。

祭侯，獻服不爲位，爲服不受獻之位也。大射禮「服不侯西北三步，北面，拜受爵」。

與大史數射中。

射中，射者中侯之算也。大史凡射事飾中舍算。

佐司馬治射正。

射正，射之儀灋也。

祭祀，則贊射牲，相孤、卿、大夫之灋儀。

國語曰「郊禘之事，天子必自射其牲」。上古六畜未擾，必射以祭。故後世親射其牲，以存古者始佃之禮。君牽牲，卿大夫序從，故相其瀍儀。

會同、朝覲，作大夫介。凡有爵者。

朝覲、會同，大宗伯爲上相，故所作惟介。凡有爵者，謂命士以上也。

大師，令有爵者乘王之倅車。

王乘戎路，副車十二乘皆行。祥車曠左，故王之所乘，不敢虚其位。

有大賓客，則作卿大夫從，

上所作惟群介。此徧作，卿大夫從王者。

戒大史及大夫介。

大史協禮事，上介佐宗伯，故並戒之。

大喪，與僕人遷尸，作卿大夫掌事，比其廬，不敬者苛罰之。

僕人，大僕也。僕人與射人俱掌王之朝位，故以遷尸。苛罰，見春官世婦職。射人作擯介，習察其德器與儀容。喪事作，卿大夫知其材力所稱也。

服不氏，掌養猛獸而教擾之。

凡祭祀，共猛獸。

共其中膳羞者，如狼臅膏、熊蹯之類。

賓客之事，則抗皮。射則贊張侯，以旌居乏而待獲。

抗，舉也。朝聘布皮帛，主舉而藏之。待獲，謂待射者中舉旌以唱獲。

射鳥氏，掌射鳥。祭祀，以弓矢敺烏鳶；凡賓客、會同、軍旅，亦如之。

射鳥，謂中膳羞者。烏鳶喜鈔盜便污人。

射則取矢；矢在侯高，則以并夾取之。

并夾，鍼，箭具。矢著侯之高處，手所不及，則以并夾取之。

羅氏，掌羅烏鳥。蜡則作羅襦。

烏，卑居，鵲之屬。蜡，蜡祭也。作，用也。「襦」，讀爲「繻」，羅之細密者。○薛氏曰：「記曰羅氏致鹿與女，以戒諸侯曰『好田、好女者，亡其國』，非真以鹿致也，蓋作羅以示之；非真以女致也，作襦以示之。」

中春，羅春鳥，獻鳩以養國老，行羽物。

中春，鷹化爲鳩，故以養老助生氣也。行，謂頒賜。○陳及之曰：「天子所養之老三：獻鳩以養者，國老也；司徒以保息養之者，庶民之老也；司門以財養之者，死政者之老也。若外饔、酒正、槁人所謂『耆老』，則總三者而言之。」

掌畜，掌養鳥，而阜蕃教擾之。

祭祀，共卵鳥。歲時貢鳥物，共膳獻之鳥。

卵鳥，謂其卵可薦者。鶂，鶩之屬也。鳥物，其羽毛可備服飾、器用者。膳，王、后、世子之膳羞也。獻，賓客之禽獸也。于鳥言共膳獻，則六畜不必言矣。故牛人、雞人、羊人、犬人職，皆不列王、后、世子之膳羞。

司士，掌群臣之版，以治其政令。歲登下其損益之數，辨其年歲與其貴賤，周知邦國、都家、縣鄙之數，卿、大夫、士庶子之數，以詔王治。

版，名籍也。損益，謂用功過黜陟者。縣鄙，鄉遂、公邑之屬。曰周知其數，而不曰掌其版者，在朝之群臣則可以詳其名籍，若邦國之卿、大夫、士，都家、縣鄙之小吏，則廢置、黜陟各由其長，其數可周知，而名籍不能徧記也。以詔王治者，詔王以莅官之法，即下「以德詔爵」等。

以德詔爵，以功詔禄，以能詔事，以久奠食，

能者，先試以事，事久而不廢，乃定其稍食。其功既著，然後正授以爵禄。教士以司徒，而爵與事皆詔于司士者，司馬辨論官材，然後文武各當其任也。爵禄事皆言詔，食獨不言詔者，爵禄事必待王命，食則因其職事而定之耳。○易彦祥曰：「以能詔事，以久奠食，謂府、史、胥、徒。」

惟賜無常。

因其功能不若禄食有貴賤、多少常格。

正朝儀之位，辨其貴賤之等。王南鄉，三公北面東上，孤東面北上，卿大夫西面北上；王族故士、虎士在路門之右，南面東上；大僕、大右、大僕從者在路門之左，南面西上。司士擯，

此王日視朝于路門外之位。王族故士，故爲士，晚留宿衛者。未嘗仕，雖同族，不得在王宫。大右，司右也。大僕，從者小臣祭僕、御僕、隸僕也。擯，謂詔王出揖公、卿、大夫以下朝者。

孤卿特揖，大夫以其等旅揖，士旁三揖，王還揖門左，揖門右。大僕前。王入，内朝皆退。

特揖，每人而揖之也。不言三公，不必言也。大夫爵同者，衆揖之。群士東面，故旁三揖。王還，還入路門也。門左，揖大僕、大右、群僕也；門右，揖王族故士、虎士也。此數官之位，逼介路門左右。王始出未揖公、卿，不得先揖卑者，故還入門，而後揖之。大僕前，内朝其所掌也，朝者皆退反其官府治處也。○易彦祥曰：「在王門左右者，其位皆南向，而在王後，故還而揖之。」

掌國中之士治，凡其戒令。
曰掌國中之士治者，不及鄉遂、都鄙也。于群臣之版，則通掌之。于邦國、都家、縣鄙之數，卿大夫、士庶子之數，則周知之。而士治，則獨掌國中也。注疏兼卿大夫，未安。群吏之治，蓋冢宰詔而誅賞之。

掌擯士者，膳其摯。
擯士者，告見初爲士者于王。膳其摯，入于膳人也。

凡祭祀，掌士之戒令，詔相其灋事；
祀五帝及大神示、享先王，百官之戒誓具修，皆冢宰掌之。凡祭祀之戒具，小宰掌之。而司士又掌士之戒令者，士衆且卑，冢宰、小宰不能徧戒也。

及賜爵，呼昭穆而進之。
賜爵，謂祭末旅酬、無筭爵也。祭統曰「凡賜爵，昭與昭齒，穆與穆齒」，凡群有司皆以齒。

帥其屬而割牲，羞俎豆。

内外饔所掌割烹，解全牲而烹之也。既熟，司士割制其體，而後諸子載之于俎。

凡會同，作士從，賓客亦如之。作士適四方使，爲介。大喪，作士掌事，

適四方使者，獨承使事也。春秋傳「天王使石尚來歸脤」，天子之士也。爲介，介，大夫也。會同、朝覲、大賓客、大喪作卿大夫者，皆射人；而士則司士作之者，惟司士能周知群士材性之所宜也。于祭祀曰掌戒令，于喪曰掌事，而會同、賓客第作以從者，不與執事，使之觀禮而已。

作六軍之士執披；凡士之有守者，令哭無去守。

披，所以持棺、防欹側也，以絳帛爲之，其一端結于柳纁戴之中，而出其一端于外，使人引之。曰六軍之士者，皆比長以上有爵者。天子喪用千人，而于六軍擇之，則必作其有爵者可知矣。

國有故，則致士而頒其守。

國有大事，王宮之士庶子則宮伯作之，國子則諸子帥而致之，太子、群士則司士致而頒其守，鄉邑之士庶子則掌固頒其守。古者國之守政，士無不與焉，以其識義理而能爲民之倡，且未

仕而已，教以與國同憂也。

凡邦國，三歲則稽士任，而進退其爵禄。

侯國之卿命于天子，故司士稽其任而進退之。其曰士任者，侯國卿大夫入天子之國，曰某士。春秋傳曰「晉士起歸時事于宰旅」是也。

諸子，掌國子之倅，掌其戒令與其教治，辨其等，正其位。

公卿、大夫、士之適子爲國子，則倅者其衆子也。故以諸子名官。而燕義又曰「庶子」也。等，謂才藝高下。正其位，謂在朝則以父蔭高下爲列，在學則以齒也。

國有大事，則帥國子而致于大子，惟所用之。

李耜卿曰：「凡大兵、大喪，當警備非常。及王出疆、巡守、征伐，皆當令宿。故帥而致于大子，惟所用之，此所謂守曰監國也。」

若有兵甲之事，則授之車甲，合其卒伍，置其有司，以軍灋治之。司馬弗正。

軍灋，百人爲卒，五人爲伍。國子屬大子，司馬雖有軍事，不賦之。○李耜卿曰：「此所謂從曰撫軍也。」

凡國正，弗及。

上司馬弗正，謂軍賦。此謂凡鄉遂之中，甸徒力征皆不及也。

大祭祀，正六牲之體。

正，謂載之于俎。

凡樂事，正舞位，授舞器。

位，謂其綴兆行列。

大喪，正群子之服位。會同、賓客，作群子從。

服者，公、卿、大夫之子爲王服斬衰。曰群子，兼國子與其倅也。知然者，師氏、保氏、大司樂之屬，别無正國子服位、作國子以從之文也。

凡國之政事，國子存游倅，使之修德學道；春合諸學，秋合諸射，以考其藝而進退之。

凡國之政事，謂力役、社田、追胥之類。「國子」，當爲「諸子」，文誤也。曰游倅者，以其無職事，而優游于庠序以學道藝也。學，大學也。射，射宫。凡國之政事存游倅者，國子則司馬弗正，國政不及其倅，則國政不及。而甲兵之事猶聽于司馬，掌固頒士庶子之職與其守是也。進退之者，進則與國子選俊同升于太學，以待辨材授官，退則仍歸于鄉學，或隸于宫正、宫伯以宿衛也。知國子之倅平時不肄業于大學者，諸子職曰「春合諸學，秋合諸射，以考其藝而進退之」。大胥職曰「掌學士之版以待致諸子，春入學舍菜合舞，秋頒學合聲」，則平時修德學道于家塾、鄉學可知矣。○周官掌士庶子之治教者不一，天官則宫正、宫伯也，地官則師氏、保氏也，春官則大司樂、樂師、大胥、小胥也，夏官則諸子也、掌固也，其職之分、事之聯，各有義焉。宫正、宫伯所掌，獨宿衛之士庶子也。師氏、保氏所掌，王同姓及公卿之適子也，其職曰「以教國子弟」，則王之同姓也。曰「凡國之貴游子弟學焉」，則不能偏于大夫士之子明矣。大司樂、樂師、大胥、小胥，則國子、國子之倅及國之選俊皆隸焉，其曰「國子」者，公、卿、大夫、元士之適子也。其曰學士者，兼國之選俊也。其曰「以待致諸子」者，致國子之學于師氏、保氏者及其倅也。諸子所掌，獨國子之倅者，其適子或學于師氏、保氏，或入于成均也。諸子掌國子之倅，而國有大事則帥國子而致于太子，有甲兵之事則治以軍灋者，師氏、保氏、大司樂、樂師所掌者，國子之教也。使師而共祀事、治甲兵，則褻矣。故别以屬諸子也。師氏、保氏會同、喪紀，王举必從而正國子服位、作國子以從。别屬諸子者，其職主于詔王美諫，王惡則無暇及乎其餘矣。

司右，掌群右之政令。

李子華曰：「戎右、齊右、道右，天子乘車之右，皆中大夫、下大夫，非司右之屬也。司右所掌，乃兵車之右，故凡國中有勇力者屬焉。有事，則于是乎取之。」

凡軍旅、會同，合其車之卒伍而比其乘、屬其右。

屬，合也、繫也。凡兵車皆有右，而乘者有貴賤，所當有劇易，則右之材力亦宜有差等，故必比次其乘以屬其右，而後用各稱其材也。

凡國之勇力之士能用五兵者屬焉，掌其政令。

司馬瀍曰：「弓矢圍殳矛守戈戟，助凡五兵，長以衛短，短以救長。」或曰車上之五兵，二矛無弓矢；步卒之五兵，有弓矢而無夷矛。

虎賁氏，掌先後王而趨以卒伍。
虎士八百人，其先後王而趨也。以兵瀍部署，百人爲卒，五人爲伍，各有局分而不亂也。

軍旅、會同，亦如之。舍則守王閑。王在國，則守王宫。
舍，王出所止宿處。閑，梐互也。

國有大故，則守王門；大喪，亦如之，及葬，從遣車而哭。
大故，謂兵災。

適四方使，則從士大夫。若道路不通，有徵事，則奉書以使于四方。
道路不通，謂逢兵寇，若水潦也。徵事，徵師役也。

旅賁氏，掌執戈盾，夾王車而趨，左八人，右八人。車止則持輪。
夾王車者，下士十有六人，中士帥之。

凡祭祀、會同、賓客，則服而趨。

會同、賓客，王齊服服衮冕。則士亦齊服服玄端。或曰，謂服其常服也。

喪紀，則衰葛執戈盾。軍旅，則介而趨。

葛，葛絰也，武士尚輕。

節服氏，掌祭祀、朝覲、衮冕，六人維王之大常。

維，持也。掌祭祀、朝覲衮冕句。六人維王之大常句。蓋掌祭祀、朝覲之衮冕，而以六人持王之大常也。

諸侯則四人，其服亦如之。

其服亦如之，疑注語而誤爲經文也。蓋注家誤以衮冕六人爲句，而疑諸侯四人何以不言所服，妄綴此語，而不知義不可通。衮冕惟上公加賜乃有之，諸侯不得服也。況以諸侯之下士服之乎？古者軍旅同服，或以防姦宄。祭祀、朝覲，無故而亂瀆服之常，義無所取也。

郊祀裘冕，二人執戈，送逆尸從車。

裘，大裘也。郊祀以稷配，故有尸。春秋傳曰「晉祀夏郊，董伯爲尸」。從車，從尸車也。王祭祀、賓客之服，大僕正之。燕服，小臣正之。復設節服氏，蓋朝夕王所而時視衣服之節適者也。列職無此文者，義已具于其官也。獨列祭祀、朝覲之維大常，郊祀之從尸車者，見從王而供別役惟此三事，其餘會同、師田、視朝、巡狩、燕饗、弔臨、視學、養老諸禮事，及燕出入，皆不供。他事而惟節服是司也。

方相氏，掌蒙熊皮、黄金四目、玄衣朱裳、執戈揚盾，帥百隸而時難，以索室敺疫。

時難者，以時而難。月令季春、中秋、季冬皆難是也。索室敺疫者，索于室中而敺其疫癘之鬼也。

大喪，先匶；及墓，入壙，以戈擊四隅，敺方良。

方良，即罔兩，木石之怪也。

周官集注卷八

大僕，掌正王之服位，出入王之大命。掌諸侯之復逆。

周官出入王命及掌諸侯、公卿、吏民之復逆、達窮者與遽令，皆以群僕，而又各分其職，防壅蔽也。凡治，皆決于冢宰，而耳目喉舌則寄之夏官之屬，且分職以徑達于王，而其長亦不與焉，況可得而抑遏乎？後世權臣有遏章奏不得上達者，則知聖人之慮遠矣。

王眡朝，則前正位而退，入亦如之。

入亦如之，謂王退入路寢聽政時，亦前正王位，而後却立其次也。

建路鼓于大寢之門外而掌其政，

大寢，路寢也。政，即下經所列。

以待達窮者與遽令，聞鼓聲，則速逆御僕與御庶子。

窮，謂冤窮失職。遽，傳也。遽令，若後世驛馬，軍書當急聞者。御僕，下士十二人。而別言御庶子者，其直日御于王所者則曰御僕，分守路鼓者則曰御庶子。蓋大僕與御僕常在大寢之門内，而御庶子在門外，故大僕聞鼓聲，則速御僕使迎受御庶子之所達，速御庶子使迎問鼓者所欲達也。肺石所達窮民，不能自直于鄉里之吏，而朝士以達于司寇也。路鼓所達窮者，則不能自直于司寇而大僕以達于王也。王制司寇以獄之成質于王，王命三公參聽之。先王任人不疑，惟于刑獄則惟恐其有蔽壅，而多方以求達民隱如此。曰窮民，乃小民之孤窮者。曰窮者，則庶官群吏皆在其中。○王介甫曰：「先窮者，欲速達，甚于遽令。」

祭祀、賓客、喪紀，正王之服位，詔灋儀，贊王牲事。

王出入，則自左馭而前驅。

曰前驅，則非出入于宮庭也。古者無騎，自士以上皆乘車，而士尚可徒行。虎賁、旅賁前後左右于王以趨是也。大僕不可徒行，故乘車以道引，以乘王之倅車，故不敢曠左，以職主于御，故居左而自馭也。大僕不馭王車者，以大馭、齊僕、道僕、戎僕分掌之也。注謂不參乘爲辟王，非也。記曰「乘君之乘車，不敢曠左，左必式」，則自大僕而外，乘王之倅車，固有不自馭者矣。

凡軍旅、田役，贊王鼓；救日月，亦如之。

軍旅、田役，王執路鼓。將居鼓下，王自擊一面，大僕、戎右各佐擊一面，故二官皆言贊王鼓。日食，陰侵陽，當與鼓神祀同，用雷鼓。月食，當用靈鼓。

大喪，始崩，戒鼓傳達于四方，窆亦如之。

戒鼓，擊鼓以警衆也。

縣喪首服之灋于宮門。

小宗伯所縣，男子之衰冠也。故縣于大寢之門外，以示臣民。大僕所縣，婦人之首服也，故縣于宮門。男子之衰冠，縣其式可也。婦人之首服之式，縣之則褻矣，故不曰式，而曰灋。蓋第書其所用之物材與長短、廣狹之數，而不縣其式也。古者祭設同几而無女尸，義亦如此。

掌三公、孤卿之弔勞。

王有故不親，則使大僕往。

王燕飲，則相其灋。

凡與諸侯、群臣燕，皆是。法，謂獻酬升降之灋。

王射，則贊弓矢。

贊，謂授之、受之。小臣職曰「賓射，掌事如大僕之灋」，則此謂大射也。

王眡燕朝，則正位，掌擯相。王不眡朝，則辭于三公及孤卿。

小臣，掌王之小命，詔相王之小灋儀。掌三公及孤卿之復逆，正王之燕服位。王之燕出入，則前驅。

玉藻曰「王卒食，玄端而居」。燕出入，若遊于苑囿。

大祭祀、朝覲，沃王盥。小祭祀、賓客、饗食、賓射，掌事如大僕之灋。

饗食，小賓客之饗食也。賓射，與諸侯來朝者射。

掌士大夫之弔勞。凡大事，佐大僕。

祭僕，掌受命于王，以眡祭祀，而警戒祭祀有司，糾百官之戒具。

謂王有故不親祭也。

既祭，帥群有司而反命；以王命勞之，誅其不敬者。

大喪，復于小廟。

小廟，二祧及五廟。

凡祭祀，王之所不與，則賜之禽，都家亦如之。

王明齋曰：「祭祀王所不與，謂同姓有服之親，其在都家，則古帝王及名山大川之在其地者。」

凡祭祀致福者，展而受之。

御僕，掌群吏之逆及庶民之復，與其弔勞。

諸侯之復逆，大僕掌之。三公孤卿之復逆，小臣掌之。則御僕所掌，大夫、庶士之復逆也。經所稱群吏，惟小司寇外朝之位，對群臣而言，謂府史外，此皆大夫士也。蓋非常之變，專訊萬民，故府史亦與焉。若平時，則府史以下縱有建白，亦各達于其長耳。周語自公卿至庶人百工皆得達言于王，而不及府史胥徒，以各有長故也。弔勞，承庶民而言。其或府史胥徒有死國政者，則于庶民之弔勞包之矣。

大祭祀，相盥而登。大喪，持翣。

相盥，謂奉槃授巾。登，爲王登牲體于俎，特牲饋食禮「主人降盥，出舉入乃匕載」。

掌王之燕令，以序守路鼓。

燕令，燕居時之令。序，以次而更代也。

隸僕，掌五寢之埽除糞洒之事。

五寢，五廟之寢也。天子七廟，惟二祧無寢。前曰廟，後曰寢。祭在廟，薦在寢。汜埽曰埽，埽席前曰拚。洒，灑也。○黄氏謂，「五」當爲「王」。王東巖謂守祧掌寢廟脩除，此當爲王之小寢，皆非也。宫人掌王六寢之脩。守祧職曰「其廟則有司脩除之」，正謂隸僕耳。

祭祀，脩寢。王行，洗乘石。掌蹕宫中之事。大喪，復于小寢、大寢。

祭祀，王將齊，故脩寢。乘石，王登車所履。

弁師，掌王之五冕，皆玄冕、朱裏、延、紐、

司服載王之六服，而冕則五者，大裘與袞同冕也。下經所載繅玉皆同，而别爲五者，旒數異也。先儒多據禮記謂郊亦服袞，非也。祀天尚質，不宜服袞。袞、裘字形相類，被袞以象天，蓋「裘」字之誤。大裘黑，象天之色也。冕制前低，義取于俛，故爵弁前後平則别名弁也。延者，冕之上覆，以版爲之。紐，小鼻，綴于冕之兩傍，垂之武傍，孔相當，以笄貫之。

五采繅十有二就，皆五采玉十有二，玉笄朱紘。

繅，雜文之名也。合五采絲爲繩，垂于延前，十有二列。就，成也。就皆五采玉十有二，乃各據一繅而言，每一玉以繩一匝而結之，使不相并。十有二玉，則結之十有二匝也。朱紘，以朱紐爲紘也。繫于左笄，繞頤而上，屬于右笄，餘垂之以爲飾。繅不言皆者，惟袞衣之冕繅十有

二列，鷩衣之冕則九列，毳衣之冕則七列，希衣之冕則五列，玄衣之冕則三列也。其玉，天子每列皆十有二，餘各如其命數。

諸侯之繅斿九就，瑉玉三采，其餘如王之事；繅斿皆就，玉瑱玉笄。

「侯」，當爲「公」。「瑉」，故書作「璑」，惡玉也。三采，朱、白、蒼也。其餘，謂延紐皆玄覆朱裏，與王同也。玉瑱，所以塞耳。于王曰五采繅十有二就，皆五采玉十有二。于諸侯，言瑉玉三采，而不言其數，則所謂繅斿九就者，繅以行列言，斿以所綴玉數言也。既曰繅斿九就，又曰繅斿皆就者，上所陳獨諸公繅斿之數，故復出此文，明侯、伯、子、男以下繅之列斿之綴，皆各以命數爲就也。不言侯伯七、子男五者，典命上公以九爲節，其下降殺以兩，而此經復總言諸侯及孤、卿、大夫之冕、韋弁、皮弁，弁經各以其等爲之，則其數不必言矣。孤、卿、大夫之繅斿不復陳者，舉可知也。玉之采自三以下無文者，以繅斿爲等，而瑉玉三采無降也。于諸侯言玉瑱，則王可知矣。

王之皮弁，會五采玉璂，象邸玉笄。

會，縫中也。璂，即綦，結也。皮弁之縫中，每貫結五采玉十二以爲飾，謂之綦。詩曰「會弁如星」，又曰「其弁伊綦」是也。邸，下柢也，謂弁内上頂輳處，以象骨爲之。王之吉服，其弁三，眡朝以皮弁，兵事以韋弁，田獵以冠弁。此特言皮弁之制者，王日眡朝其用尤數也。司服有韋弁、冠弁、服弁，而此職不言者，此職所言，弁之飾也。韋弁、冠弁之飾與皮弁同，服弁則無飾，不必言也。

王之弁絰，弁而加環絰。

弁，如爵弁而素，所謂素冠也。環絰者，大如緦之麻絰，纏而不糾。

諸侯及孤卿大夫之冕，韋弁、皮弁、弁絰，各以其等爲之，而掌其禁令。

各以其等，繅斿、玉璂如其命數也。弁絰之弁，其辟積如繅斿之就，一命之大夫，冕而無旒，士爵弁，制如冕，不前低，故以弁稱其韋弁。皮弁之會無結飾，弁絰之弁不辟積。庶人弔者素委貌。禁令，不得僭逾也。

司甲闕。

司兵，掌五兵五盾，各辨其物與其等，以待軍事。

五盾，干櫓之屬，其名未盡聞。等，謂材與功之高下。

及授兵，從司馬之灋以頒之。及其受兵輸，亦如之。及其用兵，亦如之。

周制，甸出革車一乘，兵器皆具。此所頒，乃卿大夫士從軍旅會同者。兵輸，謂師還各輸所授兵也。用兵，注謂出給守衛，非也。其諸弓矢、斧鉞之賜與？

祭祀，授舞者兵。

司干所授者，羽籥之屬也。此則朱干、玉戚之屬。

大喪，廞五兵。軍事，建車之五兵，會同亦如之。

廞，明器之五兵也。士喪禮有甲冑、干笮。凡建兵于車上，有鐵器屈之在車較及輿，以兵柄插之，故有出先刃、入後刃之制。

司戈盾，掌戈盾之物而頒之。祭祀，授旅賁殳、故士戈盾；授舞者兵亦如之。

故士，王族故士也。戈殳，司兵之所掌也。而復列是職者，盾所以衛，豈擊刺之戈殳，司兵授之；擁衛之戈殳，則與盾而並授與？司兵授舞者兵，則此職亦授之戈盾，故曰亦如之。

軍旅、會同，授貳車戈盾，建乘車之戈盾，授旅賁及虎士戈盾。

乘車，王所乘車也。軍旅則革路，會同則金路。兵車及旅賁虎士之戈，皆以爲衛也，故司戈盾掌之。古書每以干戈並稱，春秋傳「狄卒皆抽戈盾，冒之以入于衛師」，豈戈之用亦可以捍冒與？

及舍，設藩盾，行則斂之。

藩盾，用以藩衛者。

司弓矢，掌六弓四弩八矢之灋，辨其名物，而掌其守藏與其出入。

灋，曲直、長短、强弱之數。

中春獻弓弩，中秋獻矢箙。

箙，盛矢器也，以獸皮爲之。槀人弓弩矢箙，皆春獻素，秋獻成。此中春始獻弓弩，何也？槀人所掌，幹材也。秋合三材，則形制成矣。故書其等而入功于司弓矢。矢箙既成，則工事無所加，故遂獻之。弓之形制雖成，而寒奠體，冰析灂，春被弦，功乃訖，故至仲春始獻之也。槀人職所謂獻者，工獻于槀人也。此所謂獻者，獻于王也。弓弩之工未訖，槀人已試之而行誅賞，何也？形制既成，則可被弦而試之矣。紲檠施漆既試，而後終事焉耳。

及其頒之，王弓、弧弓，以授射甲革、椹質者；夾弓、庾弓，以授射豻侯、鳥獸者；唐弓、大弓，以授學射者、使者、勞者。

六弓異體，見考工記弓人。甲革，革甲也。春秋傳「蹲甲而射之」。或曰，革，謂干盾。質，正也。樹椹以爲射正，甲革、椹質堅而難入，故利用王弧。豻侯侯道五十步，及射鳥獸，皆近射也。故利用夾庾。授使者弓，使自衛也。授勞者，以有勞而賜也。學射者，弓用中，然後可强可弱。自衛與賜人，無取乎偏于强弱，故皆以唐、大也。

其矢箙皆從其弓。

從弓數也。每弓一箙，百矢。

凡弩，夾、庾利攻守，唐、大利車戰、野戰。

攻守相迫近，故用弱弩，利其發之疾也。車戰、野戰，倏進倏退，非强則不及。弩無王弧，以弩恒服弦，强弓久不弛，則送矢不疾。

凡矢，枉矢、絜矢利火射，用諸守城、車戰；殺矢、鍭矢用諸近射、田獵；矰矢、茀矢用諸弋射；恒矢、痺矢用諸散射。

枉矢、殺矢、矰矢、恒矢，弓所用也。絜矢、鍭矢、茀矢、痺矢，弩所用也。枉矢，取名天星，絜矢象焉。二矢前重後微，輕行疾殺，矢言中則死。鍭矢象焉。二矢，前尤重中深而不可遠也。結繳于矢謂之矰，茀矢象焉。二矢前重體微，輕行不能低。恒矢，安居之矢也，痺矢象焉。二矢前後亭均，其行平，八矢之制，見考工記矢人。○王氏詳説曰：「上經四弩用于攻守與戰，此枉矢、絜矢用諸守城車戰，則二矢用之四弩明矣。其餘六矢當六弓之用。上經曰王弧以射甲革椹質。甲革椹質，軍射也。此曰殺矢、鍭矢用于田獵，軍射、田射，一事也。故考工記兵矢、田矢亦同其制，則此二矢以當王弧明矣。上經曰『夾庾以射豻侯鳥獸』，此曰『矰矢茀矢用諸弋射』，即以當夾庾明矣。上經曰『唐、大授學射者使者勞者』，即散射也。此曰『恒矢、痺矢用諸散射』，則以當唐、大明矣。」

天子之弓合九而成規，諸侯合七而成規，大夫合五而成規，士合三而成規；句者謂之弊弓。

皆謂不被弦，反張合而成圜也。

凡祭祀，共射牲之弓矢。澤，共射椹質之弓矢。

澤，澤宫也。大射以貍步，張三侯，不以及遠爲賢也。此用椹質，豈合士于澤宫以考藝，則並校其力之强弱與？

大射、燕射，共弓矢如數并夾。

獨言大射、燕射者，射者多無定數，必如數而共弓矢。若賓射，惟諸侯與耦數有定，所共弓矢有亦有定，故不言也。

大喪，共明弓矢。

明器之弓矢也。

凡師役、會同，頒弓弩各以其物，從授兵甲之儀。

弓矢，有利攻守者，有利車戰、野戰者，有利射豻侯鳥獸者，有利射甲革、椹質者。師，則或攻或守，或車戰或野戰；役，則田獵、會同，則射豻侯、椹質，故各以其物頒之，司兵授兵從司馬之瀍，故頒弓矢從授兵之儀也。

田弋，充籠箙矢，共矰矢。

籠，竹箙也。矰矢不在箙者，爲其相繞亂，將用乃共之。

凡亡矢者，不用則更。

更，償也。用而棄之則不償；若不用而亡之，則償也。

繕人，掌王之用弓、弩、矢、箙、矰、弋、抉、拾，

抉，引弦彄也，著右手巨指，天子以象骨爲之。拾，鞲扞也，著左臂裏，以韋爲之。

掌詔王射，贊王弓矢之事。凡乘車，充其籠箙，載其弓弩。

告王以當射之節也。大僕贊弓矢，此又贊者，繕人掌弓矢，預擇善者付大僕授王。及大僕受

弓于王，繕人又受而藏之也。乘車，王所乘之車。

既射，則斂之，無會計。

槀人，掌受財于職金，以齎其工。

齎其工者，給市材用之直。

弓六物爲三等，弩四物亦如之。矢八物皆三等，箙亦如之。

三等者，上士、中士、下士，各有所宜弓制，見弓人。弩及矢、箙長短之制未聞。

春獻素，秋獻成。書其等以饗工。乘其事，試其弓弩，以下上其食而誅賞。乃入功于司弓矢及繕人。

饗，謂以酒肴勞之也。乘，計也，計其事之成功也。

凡齎財與其出入，皆在槀人，以待會而考之，亡者闕之。

皆在槀人者，所齎工之財及弓、弩、矢、箙，出入其簿書，皆槀人掌之也。闕，除其籍也。

戎右，掌戎車之兵革，使詔贊王鼓，傳王命于陳中。

革，干盾之屬。使，謂使用兵以刺擊，用革以蔽遮也。

會同，充革車。

會同，王雖乘金路，猶以革車從充之者，居左也。或曰，即充革路之右。

盟，則以玉敦辟盟，遂役之。贊牛耳、桃茢。

辟，開也。以玉敦奉血告神，乃開盟載之書。役之者，傳敦血授當插者。助尸盟者，割牛耳取血，及血在敦中，以桃茢拂之，又助之。

齊右，掌祭祀、會同、賓客前齊車，王乘則持馬，行則陪乘。

王未科乘，則前馬；方乘，則持馬；既乘而行，則陪乘也。齊右掌祭祀、會同、賓客，則兼玉路、金路之右也。然則田右不見于經，以戎右兼攝可知矣。

凡有牲事，則前馬。

王見牲則拱而式，居馬前，却行，備驚奔也。不曰王式而曰凡牲事者，齊行不出朝廟、宫庭，舍牲事無式也。于道右曰王式則下，前馬；此不言下者，王乘則持馬，行則陪乘，齊右之職也。有牲事，則王式而車不行，右已下持馬，不必更言下矣。

道右，掌前道車。王出入，則持馬陪乘，如齊車之儀。

道車，象路也。王朝夕燕出入所乘謂之道車，無在而非道也。

自車上諭命于從車，詔王之車儀。

車儀，獨道右詔之者，朝夕燕出入之儀既習，則祭祀、會同、賓客、軍旅加謹焉耳。

王式，則下前馬；王下，則以蓋從。

以蓋，從表尊也。○王志援曰：「戎右略于儀文，主武事也。齊右缺于傳命，則禮法森嚴之地，王其肅穆無言也與？」

大馭，掌馭玉路以祀。及犯軷，王自左馭；馭下祝，登，受轡，犯軷，遂驅之。

山行曰軷。犯之者，封土爲山，以菩芻棘柏爲神主，既祭之，以車轢之而去，喻無險難也。春秋傳曰「跋涉山川」。詩曰：「取羝以軷」，聘禮曰「乃舍軷，飲酒于其側」，蓋將出祖道之祭也。王由左馭，制馬使不行也。此據祭郊壇，故有犯軷之禮。

及祭，酌僕；僕左執轡，右祭兩軹，祭軌，乃飲，

軹謂兩轊。軌當爲軓，謂軾前也。此既祭而酌僕之禮，祭之末。煇庖翟閽皆有賜焉，則不遺僕可知。少儀「酌尸之僕如君之僕。其在車，則左執轡，右受爵，祭左右軌范乃飲」，是祭畢君與尸之僕皆授爵也。

凡馭路，行以肆夏，趨以采薺。

凡馭路，謂馭五路也。行，謂大寢至路門。趨，謂路門至應門。此王步行之節，而車行亦用之也。

凡馭路儀，以鸞和爲節。

戎僕，掌馭戎車。

戎車，謂王自將所乘革路。

掌王倅車之政，正其服。

正乘倅車者之服也。軍事同服，蓋正其不齊者。

犯軷，如玉路之儀。凡巡守及兵車之會亦如之。掌凡戎車之儀。

巡守乘革車，與朝覲會同異者，王出畿則武衛宜嚴也。兵車之會，謂將有討伐。凡戎車之儀，謂王在革車之儀也，行道、按壘、禱戰、誓師、鼓進、受愷，各有儀灋，故以「凡」該之。舊説掌衆兵車步伐止齊之儀，誤矣。

齊僕，掌馭金路以賓。朝覲、宗遇、饗食，皆乘金路，其灋儀各以其等爲車送逆之節。

節，謂王乘車迎賓客及送相去遠近之數，上公九十步，侯伯七十步，子男五十步。司儀職曰車逆拜辱及出車送。春夏受贄于朝，無迎灋，受享則有之。秋冬受享受贄皆于廟，無迎法。此經謂因朝覲宗遇而饗食諸侯于廟，則有乘金路迎送之灋也。

道僕，掌馭象路，以朝夕、燕出入，其灋儀如齊車。掌貳車之政令。

早朝曰朝，暮朝曰夕。春秋傳「百官承事，朝而不夕」，又曰「右尹子革夕」是也。曰朝夕燕出入者，謂朝夕視朝及或以燕遊出入也。大馭、齊僕無掌副車之文，蓋祭祀饗食皆在廟，無所用副車也。朝夕視朝亦不宜有副車，此掌貳車之政令，豈謂燕出入與郊祀宜有副車而不言者。王出宫則副車從，既載犯軷之禮，則以副車從不必言矣。

田僕，掌馭田路，以田以鄙。掌佐車之政，設驅逆之車。

以鄙，謂巡行縣鄙。

令獲者植旌，及獻比禽。

植，樹也。○鄭剛中曰：「山虞、澤虞植虞旌爲屬禽，此則令獲禽者自植以告獲也。」比禽，謂比次所獻禽種，物各相從，且别其上殺、中殺、下殺也。

凡田，王提馬而走，諸侯晉，大夫馳。

提，猶舉也。晉，猶抑也。使人扣而舉之、抑之，皆止奔也。馳，放不扣。○王介甫曰：「提，節之。晉，進之。馳，則亟進之。尊者安舒，卑者戚速。」

馭夫，掌馭貳車、從車、使車，

從車，謂屬車。使車，使者所乘。

分公馬而駕治之。

謂乘六種之馬。

校人，掌王馬之政。辨六馬之屬，種馬一物，戎馬一物，齊馬一物，道馬一物，田馬一物，駑馬一物。

種，謂上善似母者，當以駕玉路。駑馬，則共雜役也。

凡頒良馬而養乘之：乘馬一節四圉，三乘爲皁，皁一趣馬；三皁爲繫，繫一馭夫；六繫爲廄，廄一僕夫；六廄成校，校有左右。駑馬三良馬之數；麗馬一圉，八麗一師；八師一趣馬，八趣馬一馭夫。

四匹爲乘。圉，養馬者。麗，耦也。趣馬下士，馭夫中士，則僕夫上士也。駑馬一物而三良馬之數，以充役事爲多也。領駑馬者止于馭夫，而不屬于僕夫，以不當王之五路也。

天子十有二閑，馬六種；邦國六閑，馬四種；家四閑，馬二種。

每廄爲一閑，舊説諸侯有齊馬、道馬、田馬，大夫有田馬各一閑，其駑馬皆分爲三。但諸侯不應竟無種馬、戎馬，特所畜不多，故合種馬、齊馬爲一種，戎馬、田馬爲一種，家則良駑各一種耳。

凡馬，特居四之一。

特，牡馬也。物同氣則一心，三牝一牡，欲其乘之性相似也。

春祭馬祖，執駒；

馬祖，天駟也。執猶拘也。馬二歲爲駒。春通淫之時，駒弱，血氣未定，慮其乘匹傷之。

夏祭先牧，頒馬攻特；

先牧，始養馬者，其人未聞。攻特，謂騬之使無踶齧也，疑即後世所謂扇馬，然必通淫之後始攻之，亦所以盡物之性。

秋祭馬社，臧僕；

馬社，始乘馬者。世本曰「相士作乘馬」。或曰，牧地所立之社也。僕，馭五路者。臧僕，謂簡馭者，令皆善。

冬祭馬步，獻馬，講馭夫。

馬步，神爲災害者。獻馬，見成馬于王也。馭夫，馭貳車輛、從車、使車者。秋，臧僕擇其善者而用之也。冬講馭夫，教以閑習之瀍。

凡大祭祀、朝覲、會同，毛馬而頒之。

毛馬，齊其色也。頒，授乘以從王者。毛詩傳：「宗廟齊毫，尚純也；戎事齊力，尚强也；田獵齊足，尚疾也。」

飾幣馬，執扑而從之。凡賓客，受其幣馬。

幣馬與幣並將者，聘禮曰「馬則北面奠幣于其前」。

大喪，飾遣車之馬；及葬，埋之。田獵，則帥驅逆之車。

言埋之，則馬乃塗車之芻靈。

凡將事于四海、山川，則飾黄駒。

四海山川，四海内之山川也。王巡守過大山川，有殺駒以祈沈之禮，玉人職宗祝以黄金勺、邊璋前馬是也。

凡國之使者，共其幣馬。

使者所用私覿。王于畿内，亦遣使，故以國别之。

凡軍事，物馬而頒之。

物馬，齊其力。文不承毛馬之後者，自飾幣馬至共幣馬皆齊色也。詩曰「路車乘黄」。書曰：「布乘黄朱」，是幣馬必齊色也。詩曰：「駟鐵孔阜」，又曰「四黄既駕」是田馬亦齊色也。遣車之馬以芻靈，則齊色不必言矣。六月之詩曰比物四驪，謂物既比而色又齊，見馬之盛也。牧野之師用四騵，蓋君所乘，其餘則皆齊力。

等馭夫之禄、宮中之稍食。

馭夫于趣馬、僕夫爲中，舉中以見上下也。宮，官字之誤也。他職但有府史，此更有師圉之屬，故以官中包之。

趣馬，掌贊正良馬，而齊其飲食，簡其六節。

正，質而定之也。校人辨六馬之屬，而趣馬則佐而質定之。簡，差也。節猶量也。差擇王馬以爲六等。○劉執中曰：「目以知其瞻之不驚，口以知其性之不悖，耳以知其力之不殫，鬣以知其血之有餘，毛以知其氣之不暴，蹄以知其行之不跆，六者簡馬之大節也。」○王明齋曰：「六節謂行止進退馳驟之節。」○鄭剛中曰：「趣馬下士，而周公作立政，與任人、準夫、牧並舉。詩刺幽王，與司徒、卿士連言之。其職微而所係則重，近王故也。」

掌駕説之頒。辨四時之居治，以聽馭夫。

頒，其駕説之次第，所以均勞逸也。馬八月以後在廄，二月以後在牧，其治則執駒、攻特、獻馬各有時。以聽馭夫，惟馭夫之所役也。

巫馬，掌養疾馬而乘治之，相醫而藥攻馬疾，受財于校人。

乘，謂步驅以發其疾也，知所疾乃治之。受財，謂共祈具及藥直。

馬死，則使其賈粥之，入其布于校人。

布，泉也。

牧師，掌牧地，皆有厲禁而頒之。孟春焚牧，中春通淫，掌其政令。凡田事，贊焚萊。

牧地非一處，度其年歲水草之宜，與其馬之衆寡而頒之。焚牧地，以除陳草也，中春，陰陽交，萬物生，可以合馬之牝牡。月令「季春乃遊牝于牧」者，秦地寒涼，萬物後動也。焚萊者，山澤之虞贊之，令不得燬其應牧之處。

庾人，掌十有二閑之政教，以阜馬、佚特、教駣、攻駒，及祭馬祖、祭閑之先牧，及執駒、散馬耳、圉馬。

「佚」當爲「逸」。逸特者，不使甚勞，以安其血氣也。馬三歲曰駣，二歲曰駒，教駣，始乘習之也。攻駒，騬其蹄齧者。前經攻特，俟其乘匹而後騬之也。其爲駒而已難馴者，則早騬之。

閑之先牧，謂先牧始制閑者。散馬耳，謂以竹括押其兩耳，頭動摇則括中物，後遂串習不復驚。圉馬，馬既成則圉之也。○鄭剛中曰：「考及字之義，當爲七事。庾人職卑，安得主馬祖之祭？蓋于校人祭馬祖之時，則祭閑之先牧；于校人命執駒之時，則散馬耳、圉馬爾。」

正校人員選。

王氏曰：「馭夫以下，備員于校人；而中其選者，庾人差而正之。」

馬八尺以上爲龍，七尺以上爲騋，六尺以上爲馬。

月令曰「駕蒼龍」，詩曰「騋牝三千」。○王介甫曰：「大小異名，使各從其類，以待乘頒及以爲種。」

圉師，掌教圉人養馬。春除蓐，釁廄，始牧；夏庌馬；冬獻馬。射則充椹質，茨牆則翦闔。

蓐，馬兹也。冬以草藉馬，春則除之，以去其薉也。釁廄，辟去邪氣也。始牧，春草生，始出牧也。庌，廡也，所以庇馬，使涼。椹質，以木爲之，縛草以代侯。充，居也。或曰供也。茨，蓋也。闔，苫也。圉師庌馬，習于苫蓋之事，故因而役之。

圉人，掌養馬芻牧之事，以役圉師。凡賓客、喪紀，牽馬而入陳。廞馬亦如之。

賓客之馬，王所賜予。喪紀之馬，啓殯後所薦。廞馬，遣車之禺馬，人奉之，亦牽而入陳。

職方氏，掌天下之圖，以掌天下之地。辨其邦國、都鄙、四夷、八蠻、七閩、九貉、五戎、六狄之人民，與其財用、九穀、六畜之數要，周知其利害。

東方曰夷，南方曰蠻，西方曰戎，北方曰貉。狄，閩蠻之别也。四、八、七、九、五、六，周所服國數也。必周知其利害，然後可以興之、除之。或曰謂山川江湖之支凑，利于設險與要害之處。

乃辨九州之國，使同貫利。

凡可以生養人者謂之利。貫，事也。事之有條謂之貫。數要利害，雖蠻夷戎狄必周知之。而使同貫利者，不越九州之國也。

東南曰揚州，

易彦祥曰：「禹貢揚州之域，東距海，北據淮。殷人以淮入徐，故揚州止謂江南。周人復以入揚，循禹之舊。」〇周起西北，去東南絶遠，故首列之，以志風教之所暨也。吳、楚有道後服，無禮先强，終周之世，爲禍災于中夏，故職方所記，以險遠爲先。

其山鎮曰會稽，其澤藪曰具區，其川三江，其浸五湖，其利金、錫、竹、箭，其民二男五女，其畜宜鳥獸，其穀宜稻。

鎮者，其山高大，爲一州之望，若能鎮壓之也。水瀰漫而灘淺草盛者曰藪。窪下而鍾水可以爲陂灌溉者曰浸。會稽在浙江紹興府東南。具區即禹貢震澤，今所稱太湖也。三江，岷江、松江、浙江也。岷江雖發源于梁州而入揚州之界，則合安、池、宣、昇、潤、真諸州之水而環其北。松江合嘉、湖、蘇、常諸州之水居其中。浙江合衢、徽、嚴、杭諸州之水在其南。揚州之川，未有大于此者。五湖無考，既列具區，則以太湖旁五湖當之，非也。箭，竹之小者。鳥獸，孔雀、鸞、鵁、鶄、犀、象之屬。

正南曰荆州，

易彦祥曰：「禹貢荆及衡陽惟荆州。殷之荆州，其北境曰漢南。以地志考之，荆山在南郡臨沮縣，漢水又出其北，正屬襄陽。言漢南，則跨荆山之北。至周，復以荆門之北屬豫州，復禹封域。」

其山鎮曰衡山，其澤藪曰雲瞢，其川江、漢，其浸潁、湛，其利丹、銀、齒、革，其民一男二女，其畜宜鳥獸，其穀宜稻。

顧景范曰：「衡山，在湖廣衡州府衡山縣西。雲夢在湖廣德安府城南。江水發原四川成都府茂州西北之岷山，歷梁、荆、揚三州，至今江南揚州府海門縣東入海。漢水發原陝西漢中府沔縣西嶓冢山，至湖廣漢陽府城東北入江。潁水，發源河南府登封縣東陽乾山，至江南鳳陽府潁州潁上縣入淮。湛未詳，今河南汝州境内有湛水。潁、湛本在禹貢豫州之域。」

河南曰豫州，

易彦祥曰：「禹貢『荆河惟豫州』，其封在大河之南，南條荆山之北，故曰荆河。殷之豫州則南境，據漢北境接河，故曰河南。周人于豫州亦曰河南，而南境則仍禹貢之舊。」

其山鎮曰華山，其澤藪曰圃田，其川滎、雒，其浸波、溠，其利林、漆、絲、枲，其民二男三女，其畜宜六擾，其穀宜五種。

華山，在陝西西安府華州華陽縣南十里。圃田，在開封府中牟縣西北。滎，滎澤也，今開封府鄭州滎澤縣是。洛水出陝西西安府商州南冢頂山，至河南府鞏縣北入河。波，舊説讀播，禹貢「滎播既都」，今書亦作波。通典云「出歇馬嶺」，在今汝州魯山縣西北。溠水，春秋傳楚子除道梁溠，營軍臨隨，宜屬荆州，通典云「在今湖廣襄陽府棗陽縣東北」。六擾，馬、牛、羊、豕、犬、雞。五種，黍、稷、菽、麥、稻。

正東曰青州，

易彥祥曰：「殷并青于徐，而徐兼揚州之淮，周復以淮歸揚而并徐于青，正在畿東，故曰正東。」

其山鎮曰沂山，其澤藪曰望諸，其川淮、泗，其浸沂、沭，其利蒲、魚，其民二男二女，其畜宜雞、狗，其穀宜稻、麥。

「淮」，或爲「睢」。「沭」，或爲「洙」。〇顧景范曰：「沂山在青州府臨朐縣南，孟諸在河南歸德府虞城縣，禹貢屬豫州。淮水發原河南南陽府唐縣東南桐柏山，至江南淮安府安東縣東北入海。泗水出兖州府泗水縣東陪尾山，至江南淮安府清河縣南入淮，今名南清河。沂水出青州府莒州沂水縣西北雕厓山，至淮安府邳州南入泗。沭水出臨朐縣沂山，至淮安府安東縣西入淮。」

河東曰兗州，

易彦祥曰：「夏、殷皆言濟河，惟兗州謂東河之東、濟水之北也。周人以青兼徐，而兗州又得越乎濟之東南，故徐之岱山，職方以爲兗之鎮。徐之大野，職方以爲兗之澤藪也。」

其山鎮曰岱山，其澤藪曰大野，其川河、泲，其浸廬、濰，其利蒲、魚，其民二男三女，其畜宜六擾，其穀宜四種。

「廬濰」，當爲「雷雍」。禹貢曰「雷夏既澤，雍沮會同」。四種，黍、稷、稻、麥。○顧景范曰：「岱，泰山也，在濟南府泰安州北。大野，在兗州府濟寧州鉅野縣東。河從西域崑侖山至陝西西寧衛積石山乃入中國，歷雍、豫、冀、兗四州之域，東北入海。今從東南合淮入海，濟水發源河南懷慶府濟源縣西王屋山，至山東濟南府濱州利津縣東入海，亦曰大清河。盧水在濟南府長清縣西廢盧縣境，濰水出青州府莒州西北箕屋山，至萊州府濰縣東北入海，禹貢屬青州。」

正西曰雍州，

易彦祥曰：「禹貢有雍有梁，故梁爲正西，而雍爲西北，殷、周皆省梁入雍，故雍州爲正西。」

其山鎮曰嶽山，其澤藪曰弦蒲，其川涇、汭，其浸渭、洛，其利玉石，其民三男二女，其畜宜牛、馬，其穀宜黍、稷。

「弦」或爲「汧」。「蒲」或爲「浦」。○顧景范曰：「嶽山在陝西鳳翔府隴州南。弦蒲在隴州西。涇水出陝西平涼府城西南笄頭山，至西安府高陵縣西南入渭。汭水出弦蒲藪東北，歷平涼府境，至西安府邠州長武縣而合于涇。渭水出陝西臨洮府渭源縣西鳥鼠山，至西安府華州華陰縣北入大河。洛水出慶陽府城東北廢洛源縣南流，合漆、沮二水，至西安府同州朝邑縣南入渭。通典曰洛即漆、沮也。」

東北曰幽州，

易彦祥曰：「舜十二州本有幽州，水土既平，以冀爲帝都，省幽入冀。殷人南都河南之亳，復設幽州，周人又以幽州兼殷之營州，寓禹貢青州隔海東北之境。」

其山鎮曰醫無閭，其澤藪曰貕養，其川河、泲，其浸菑、時，其利魚、鹽，其民一男三女，其畜宜四擾，其穀宜三種。

四擾，馬、牛、羊、豕。三種，黍、稷、稻。○顧景范曰：「醫無閭山在遼東廣寧衛西。貕養在山東登州府萊陽縣，在禹貢宜屬青州。菑水在濟南府淄川縣東南。時水在青州府臨朐縣西。」

○易彦祥曰：「幽川雖東北跨遼水，而西南實越海，兼有青州之東北境，所以瑯琊郡之豯養澤、泰山郡之淄水、千乘郡之時水，皆在幽州之域。漢光武十三年，以遼東屬青州。二十四年，還屬幽州。」王璜、張揖云：「九河陷海中，是九河未陷之先凡登、萊海岸及濱、滄二州之東境，皆在幽州之地，與兖州東西分界，故二州並曰其川河、泲。」

河内曰冀州，

易彦祥曰：「水土既平，舜省幽、并二州入冀，東西南三面距河，而北境則越常山，今之燕、雲、營、平諸州皆其地也。殷人復以冀之北境爲幽州，而東西南皆禹迹之舊。周人又分冀而復并州。」

其山鎮曰霍山，其澤藪曰楊紆，其川漳，其浸汾、潞，其利松、柏，其民五男三女，其畜宜牛、羊，其穀宜黍、稷。

顧景范曰：「霍山，在今山西平陽府霍州東南之三十里。爾雅秦有楊紆，此屬冀州，未詳。漳水有二：濁漳，出山西潞安府長子縣西發鳩山；清漳，出太原府平定州樂平縣西南少山，至河南彰德府臨漳縣西合焉。其下流復分爲二：或從直隸河間府獻縣合滹沱河，或從山東東昌府館陶縣合衛水。汾水出太原府静樂縣北管涔山，至平陽府蒲州榮河縣西入大河。潞水，闞駰曰即濁漳也。今潞安府城西南二十里濁漳經焉，土人猶呼爲潞水。通典曰『潞河在密雲縣』，即今順天府境内之白河也。」○春秋傳載晉所兼國曰狄、楊、韓、魏，又曰「邘、晉、應、韓，武之穆也」。楊，爲晉所兼，豈邘亦在冀州之域，以音同而誤紆與？

正北曰并州，

易彦祥曰：「以天下之勢言之，冀州在西河之東，雍州在西河之西，并州介雍、冀之間，故曰『正北』。」

其山鎮曰恒山，其澤藪曰昭餘祁，其川虖池、嘔夷，其浸淶、易，其利布帛，其民二男三女，其畜宜五擾，其穀宜五種。

五擾，馬、牛、羊、犬、豕。凡九州及山鎮澤藪言「曰」者，以其非一指，目其大者。職方州界，揚、荆、豫、兖、雍、冀，與禹貢略同。青州則徐州地也，幽則青之北也，并則冀之北也。○顧景范曰：「恒山，在直隸真定府定州曲陽縣西北。昭餘祁，在太原府祁縣東。虖池，水出太原代州繁畤縣東北。秦戲山至直隸河間府静海縣北小直沽入海嘔。夷水，出山西大同府蔚州靈丘縣西北高是山，一名唐河，至直隸保定府安州北合于易水。淶水，在保定府易州淶水縣東北，亦名北易水。易水，在保定府安州城北，名南易水。」〇陳氏曰：「九州山川藪澤各在職方，不屬諸侯之版。觀詩不以圃田係鄭，春秋不以沙麓係晉，略可覩矣。周季，齊幹山海，而桃林之塞、郇瑕氏之地，晉實私之。此諸侯所以僭侈，王室所以衰微也。」

乃辨九服之邦國，方千里曰王畿，其外方五百里曰侯服，又其外方五百里曰甸服，又其外方五百里曰男服，又其外方五百里曰采服，又其外方五百里曰衛服，又其外方五百里曰蠻服，又其外方五百里曰夷服，又其外方五百里曰鎮服，又其外方五百里曰藩服。

服，服事天子也。詩曰「侯服于周」。

凡邦國千里封公，以方五百里，則四公；方四百里，則六侯；方三百里，則七伯；方二百里，則二十五子；方百里，則百男。以周知天下。

約計以方千里封公則可四，封侯則可六，封伯則可十一，封子則可二十五，封男則可百。云七伯者，字之誤也。〇朱子曰：「陳君舉進制度説：『周禮封疆方五百里，是周圍方五百里，徑止百二十五里自奇』，其説與王制等語相合。然本文方千里之地以封公，則四公其地已有定數，此説如何可通？況男國二十五里，則國君即今之一耆長耳，何以爲國？」

凡邦國，大小相維。

大國比小國，小國事大國，各有屬相維聯也。王制云「五國以爲屬，屬有長。十國以爲連，連有帥。三十國以爲卒，卒有正。二百一十國以爲州，州有伯」。

王設其牧，

牧，謂公侯伯子男守土以牧民者。

制其職，各以其所能；

屬長、連帥、卒正、州伯，其能有大小，則職之所任有輕重也。

制其貢，各以其所有。

觀此經，則大行人六服所貢各主一物，乃入見時所貢，而非歲貢之常可知矣。

王將巡狩，則戒于四方，曰：「各修平乃守，考乃職事，無敢不敬戒，國有大刑！」

守，謂其國竟。職事，謂所當共具者。

及王之所行，先道，帥其屬而巡戒令。

先道，前王而行也。

王殷國亦如之。

殷國，即大宗伯職所謂「殷見」也，其戒四方諸侯與巡守同。

土方氏，掌土圭之灋，以致日景，以土地相宅，而建邦國都鄙。

灋見大司徒職。

以辨土宜土化之灋，而授任地者。

土宜，謂九穀稙穉所宜也。土化，地之輕重糞種所宜用也。任地者，載師之屬。○黄文叔曰：「所謂景短多寒，景長多暑，景朝多陰，景夕多風，土宜、土化，由是而有其灋焉。」

王巡守，則樹王舍。

王所止宿，掌舍設梐枑，則此官于外周匝樹藩籬。

懷方氏，掌來遠方之民，致方貢，致遠物，而送逆之，達之以節。

遠方之民，謂四夷也。遠物，九州之外無貢瀝而至者。達民以旌節，達貨以璽節。○李耜卿曰：「遠方之民，非直四夷也。自他州而來者，皆是遠物，非直藩國之貨也。凡貿遷有無者皆是。」

治其委積、館舍、飲食。

委積、館舍、飲食，遺人所掌也。而懷方氏又爲遠人經紀之。

合方氏，掌達天下之道路，通其財利，同其數器，壹其度量，除其怨惡，同其好善。

達天下之道路，謂津梁相湊，不使陷絶。○李耜卿曰：「此官皆柔遠人之事。除其怨惡者，禁土著爲孤客患。同其好善者，彼此地産交，相好善，則貿遷者利其息，故其文承通財、利同、數器、壹度量之後也。上懷方氏來遠方之民，此官達其道路以濟不通也。懷方氏致遠物，此官爲之均平，使樂往來也。」

訓方氏，掌道四方之政事與其上下之志，誦四方之傳道。正歲則布而訓四方，而觀新物。道，猶言也。蓋爲王道之。傳道，所傳説往古之事也。有新物出，則可知其民志所好惡。志淫好辟，則當以政教化正之。司徒之屬有誦訓，而復設此職者，誦訓所掌，獨其國故事，此則周知其國政、人心、俗尚，而使王知所以紀其政教也。誦訓所掌，獨巡狩之事，而此則布訓于四方也。惟此職所誦四方之傳道，即誦訓所道方志。蓋此職采而達之，而後誦訓道之。司徒所布于邦國者，教典之常也。此所布之訓，則因其國政、人心、俗尚之有偏，而矯革、化誘之者也。

形方氏，掌制邦國之地域，而正其封疆，無有華離之地。華，析也。離，麗也。地勢應屬此國而披于他國，則在此國爲華，在彼爲國離，而統攝難，争端起矣，故正之。

使小國事大國，大國比小國。無疆場之争，故小大和。

山師，掌山林之名，辨其物與其利害，而頒之于邦國，使致其珍異之物。

山林之名與物，若岱畎絲枲、嶧陽孤桐之類。利，其物産中人用者。害，毒物及螫噬之蟲獸。○名山大澤不以頒，其餘山林川澤仍頒之于邦國，特使王官遥掌之，而致其珍異之物耳。原師掌辨丘陵、墳衍、原隰之名物以建國邑，與山師、川師之職異，故不言所致之物。

川師，掌川澤之名，辨其物與其利害，而頒之于邦國，使致其珍異之物。

川澤之名與物，若泗濱浮磬、淮夷蠙珠之類。聖王不貴異物，而使致其珍異者，非常之物，可以禦災、療疾。及爲服飾、器用亦有國者，所宜夙儲，非以供玩好也。

邍師，掌四方之地名，辨其丘陵、墳衍、邍隰之名物之可以封邑者。

「辨其丘陵」下十七字爲句，大司徒辨山林、川澤、丘陵、墳衍、原隰之名物，以制邦國、都鄙之畿疆，而制畿、封國，列職于司馬，故原師復掌之，以輔成司徒之事也。封，建國也。邑，制都鄙也。五土獨掌其三者，丘陵、墳衍皆有穀土可計賦。以建國邑，山林、川澤則領于王官而不以頒，非獨制其要塞以爲險固，亦穀土少不足以建國邑耳。

匡人，掌達灋則，匡邦國而觀其慝，使無敢反側，以聽王命。法則，冢宰所建，而使司馬之屬達之，且觀其慝，所以警不聽命者。達灋則，遂足以匡邦國者，使其國之臣皆稟王朝之灋，鄙之吏皆守王朝之則，諸侯雖欲反側，而勢不能行矣。

撢人，掌誦王志，道國之政事，以巡天下之邦國而語之；使萬民和說而正王面。正王面，所謂四面而内鄉也。匡人達灋則，而邦國之臣皆凛承乎王吏。撢人誦王志，而天下之民皆内鄉于京師。此先王養諸侯而兵不試之道也。齊魯之衰，民不知君，而陪臣各固其私，以成篡奪之漸，則知止邪于未形，周官之所慮遠矣。

都司馬，掌都之士庶子及其衆庶、車馬、甲兵之戒令。士，卿大夫士之適子爲學士者。庶子，其支子也。戒令，謂王朝有軍事而徵兵于都鄙也。

以國灋掌其政學，以聽國司馬。政，若諸子、宫伯、掌固之所掌。學，若大司樂之所掌，是即所謂國灋也。都家士庶子之政學，一以王國教胄子之灋治之。以聽國司馬者，有軍事，則聽于諸子；有守政，則聽于掌固也。

家司馬亦如之。

大夫家臣爲司馬者，春秋傳叔孫氏之司馬鬷戾。

李耜卿曰："大司馬掌邦政，統六師，故凡兵甲車馬之政，隸僕御從之官，九州邦國之形勝、阨塞、要害皆屬焉。軍無賞，士不往，故首司勳。軍行以馬，故馬質次之。軍舍有壘，故量人次之。師行以順爲武，故小子斬牲狥陳次之，羊人共羊牲又次之。繼以司爟者，火政兵事之要也。設險守固，制勝于未形，故掌固、司險掌疆，候人次之。譏察非常，簫勺群慝，故環人之察巡，挈壺之序㰦又次之。射以習戰，兵事所急，故射人次之。服不射鳥，羅氏掌畜，四職皆因射而及之也。司馬辨論官材，司士佐之。六官之師旅得其人，則六軍之將帥得其任。諸子之治國子，司右之治戎右，皆此意也。自是以下至圉人數十職，則詳衛王之政。虎賁、旅賁，夾衛王車。節服氏以衛王車而及之也。方相氏以衛室神，而連類及之也。大僕、小臣、祭僕、御僕、隸僕，王之出入，或駟乘，或先後，皆武衛之官，又次之。王車有五路，乘車之冕弁各有宜，故弁師次之。車中甲兵、戈盾、弓矢具，故司甲、司兵、司戈盾、司弓矢、繕人、槀人次之。戎右、齊右、道右爲車右者，所謂勇士也。大馭、戎僕、齊僕、道僕、田僕、馭夫，御車者，所謂僕夫也。馬以駕車，校人、趣馬、巫馬、牧師、廋人、圉師、圉人皆馬官也，不次于馬質之後者，馬質所給者軍馬，此所共者王馬也。職方、土方、懷方、合方、訓方、形方，以及山師、川師、原師、匡人、撢人，皆所以柔遠人、懷諸侯，且秉天下之土地、形勢、山川、林澤、原埜之險易，而遏其僭侈，施訓道匡正之瀍，以釋其悖心，所以銷兵于未形，止亂于未萌也。都家司馬，以國瀍掌其政學，以聽國司馬，故以是終焉。」

周官集注卷九

秋官司寇第五

寇，害也。刑之設，以除民害。天地之氣，春生、秋殺，故司寇爲秋官。

惟王建國，辨方正位，體國經野，設官分職，以爲民極。乃立秋官司寇，使帥其屬而掌邦禁，以佐王刑邦國。

孝經説曰：「刑者，侀也，過出罪施。」王制曰：「侀者，成也，一成而不可變，故君子盡心焉。」

刑官之屬，大司寇，卿一人。小司寇，中大夫二人。士師，下大夫四人。鄉士，上士八人，中士十有六人，旅下士三十有二人，府六人，史十有二人，胥十有二人，徒百有二十人。

士，察也，主察獄訟之事。遂士、縣士、方士，皆别設官。而鄉士即用司寇之屬。士者所受國中之獄訟，其治在國中也。諸官皆上士八人、中士十有六人，以給官中之事。而司寇之屬士，獨兼受國中之獄訟者，諸官之事紛，秋官則所掌惟獄訟，而四郊之獄訟鄉師聽之，而後達于鄉士。遂之獄訟，遂大夫、遂師聽之，而後達于遂士。公邑、都家之獄訟，守土者聽之，而後達于縣士、方士，其獄辭皆已定矣。其上達，則士師察其辭，小司寇附其法，大司寇斷而行其令，故司寇之屬士雖使兼受國中之獄訟，而不患其不暇給也。四官之事，有司分治之，使官中之士兼之則侵官也，則離局也。司寇聽獄訟，群士、司刑皆在，各麗其灋，獻其議，雖他人所上獄訟，亦公聽而共成之。則雖使兼受國中之獄訟，而非侵官、無離局也。且四郊之獄訟，鄉師聽之，必内達于鄉士者，以獄之成，必取決于司寇也。國中之獄訟，無外訴于鄉師之理，故使司寇之屬士受之。觀此類，則聖人精義、致用之學見矣。

遂士，中士十有二人，府六人，史十有二人，胥十有二人，徒百有二十人。

縣士，中士三十有二人，府八人，史十有六人，胥十有六人，徒百有六十人。

方士，中士十有六人，府八人，史十有六人，胥十有六人，徒百有六十人。

訝士，中士八人，府四人，史八人，胥八人，徒八十人。

掌訝乃迎賓客，此迎受四方獄訟，故以士名。

朝士，中士六人，府三人，史六人，胥六人，徒六十人。

司民，中士六人，府三人，史六人，胥三人，徒三十人。

司刑，中士二人，府一人，史二人，胥二人，徒二十人。

司刺，下士二人，府一人，史二人，徒四人。

刺者，探問廉察之意。官主詢察而行赦宥，故以刺名。後世設刺史，亦義取詢察。舊説刺殺，非也。

司約，下士二人，府一人，史二人，徒四人。

薛平仲曰：「或疑司約、司盟非盛世事。然世變益降，使私爲約，私爲盟，以紛紛于下，孰若設官于上以司之，使不可逾乎？盟約不逾，則訟獄可息。此先王之不得已也。」

司盟，下士二人，府一人，史二人，徒四人。

盟者，約辭告神，殺牲歃血，明著其信也。曲禮曰「涖牲曰盟」，書載「苗民罔中于信，以覆詛盟」，則五帝之世已有此事，第苗民覆之，故數以爲罪耳。春秋傳成王勞周公、太公而賜之盟，穀梁子謂「盟詛不及三王」，非也。學者不察，或以周官設司盟，而信何休戰國陰謀之説，誤矣。

職金，上士二人，下士四人，府二人，史四人，胥八人，徒八十人。

司厲，下士二人，史一人，徒十有二人。

犯政爲惡曰厲。

犬人，下士二人，府一人，史二人，賈四人，徒十有六人。

司圜，中士六人，下士十有二人，府三人，史六人，胥十有六人，徒百有六十人。

掌囚，下士十有二人，府六人，史十有二人，徒百有二十人。

掌戮，下士二人，史一人，徒十有二人。

司隸，中士二人，下士十有二人，府五人，史十人，胥二十人，徒二百人。

隸，給勞辱之役者。

罪隸，百有二十人。

蠻隸，百有二十人。

閩隸，百有二十人。

夷隸，百有二十人。

貉隸，百有二十人。

皆征伐所獲也。此選以爲役員者，餘謂之隸民。○王次點曰：「南方曰蠻。閩，東南之別種也。東方曰夷。貉，東北之聚落也。獨不見西戎、北狄之隸者，蓋自文王時，西有昆夷之患，北有玁狁之難，而道化先被于南。至武王通道于九夷、八蠻，其服屬有素，故帥以爲隸。四翟之隸，皆慕義而來，願留中夏者，故因其能而各任以事焉。謂之隸者，王宮宿衛宮伯所掌士庶子也。旅賁皆命士也。虎賁所掌，謂之虎士，必粗知道藝而有異于胥徒者。故于司隸所掌，稱隸以別之。春秋傳人有十等，隸班在六，非甚賤也。盜賊之子亦使班于四隸者，非其身之惡也。不使列于齊民者，恐其習爲匪僻也。」

布憲，中士二人，下士四人，府二人，史四人，胥四人，徒四十人。

禁殺戮，下士二人，史一人，徒十有二人。

禁暴氏，下士六人，史三人，胥六人，徒六十人。

野廬氏，下士六人，胥十有二人，徒百有二十人。

蜡氏，下士四人。徒四十人。

蜡，骨肉腐臭，蠅蟲所蜡也。○蜡祭以息老物，掩骼埋胔，又死者之終也，或取義於此。

雍氏，下士二人，徒八人。

雍，謂隄防止水者。

萍氏，下士二人，徒八人。

萍氏主水禁。萍草無根而浮，義取于不沉溺也。

司寤氏，下士二人，徒八人。

寤，覺也，主夜覺者。

司烜氏，下士六人，徒十有二人。

烜，火也。

條狼氏，下士六人，胥六人，徒六十人。

「條」，當爲「滌」，滌除狼扈道上者。

修閭氏，下士二人，史一人，徒十有二人。

閭，謂里門。

冥氏，下士二人，徒八人。

冥，以繩縻取禽獸之名。蓋攻猛獸，必使冥然不覺，然後可獲。或曰，猛獸旦晝多伏藏，設弧張爲阱擭，每以暮夜昏冥之時而得之。○薛平仲曰：「自修閭達布憲，官十有一，皆先王所以盡乎人也。自冥氏至庭氏，官十有二，皆先王所以盡乎物也。人事之害既除，而物之爲人害者亦消，則先王之用刑通乎天地矣。」○王氏曰：「觀周禮所載，一草木、一鳥獸、一昆蟲，小小利害，必爲民興之除之，而凡興利，則地官主之，凡除害，則秋官主之。」

庶氏，下士一人。徒四人。

「庶」，讀如藥煑之「煑」，驅除毒蠱之言。○鄭剛中曰：「南中爲蠱者，合衆毒蠱于一器，使自相咍，其一獨存，則爲蠱官。以庶名，豈義取于此與？」○劉執中曰：「毒蠱，蠱病人非一種，而僅設下士一人者，蓋掌其方書治禁之灋。」

穴氏，下士一人，徒四人。

翨氏，下士二人，徒八人。

柞氏，下士八人，徒二十人。

柞，除木之名。除木者，必先刊剥之。詩云「載芟載柞」，芟爲除草，則柞爲除木可知。

薙氏，下士二人，徒二十人。

薙，剪草也，或作「夷」，或曰，讀如鬀小兒頭之「鬀」。月令曰「燒薙行水」，謂燒所芟草乃水之。

硩蔟氏，下士一人，徒二人。

「硩」，讀爲「擿」。蔟，謂鳥巢。

剪氏，下士一人，徒二人。

赤犮氏，下士一人，徒二人。

赤犮，猶捇拔，謂除去之也。

蟈氏，下士一人，徒二人。

蟈，蝦蟇也。

壺涿氏，下士一人，徒二人。

壺，謂瓦鼓。涿，擊之也。

庭氏，下士一人，徒二人。

主射妖鳥，令國中潔清如庭内也。

銜枚氏，下士二人，徒八人。

枚，狀如箸，横銜之，爲之繣，結于項，以止言語。

伊耆氏，下士一人，徒二人。

伊耆，古王者號，始爲蜡祭以息老物，此掌共杖函，故以名官。秋物成而養老，故列于秋官。

大行人，中大夫二人。小行人，下大夫四人。司儀，上士八人，中士十有六人。行夫，下士三十有二人，府四人，史八人，胥八人，徒八十人。

環人，中士四人，史四人，胥四人，徒四十人。

象胥，每翟上士一人，中士二人，下士八人，徒二十人。

通四裔之言者，東方曰寄，南方曰象，西方曰狄鞮，北方曰譯。今總名曰象者，周之德，先致南方也。

掌客，上士二人，下士四人，府一人，史二人，胥二人，徒二十人。

掌訝，中士八人，府二人，史四人，胥四人，徒四十人。

掌交，中士八人，府二人，史四人，徒三十有二人。

掌察，四方中士八人，史四人，徒十有六人。

掌貨賄，下士十有六人，史四人，徒三十有二人。

朝大夫，每國上士二人，下士四人，府一人，史二人，庶子八人，徒二十人。

此王之士也。使主都家之治，而命之曰朝大夫，所以尊王朝。庶子在府史之下，蓋其宫長所自辟除也。都家之司馬，既掌其士庶子之政學以聽國司馬，而此職及都則復設庶子者，豈掌鄉八刑以糾都家之民者與？其以庶子稱者，教刑本爲士庶子設，而因以下逮于庶民也。

都則，中士一人，下士二人，府一人，史二人，庶子四人，徒八十人。

都則，主都家之八則者。當言「每都如朝大夫及都司馬」云。易彦祥曰：「八則，都家所同守也。然謂之都則而不言家則，何也？王之大夫四命，雖馭之以八則，而未與賜則之數也。故大宰以八則治都鄙，亦以都爲主。」

都士，中士二人，下士四人，府二人，史四人，胥四人，徒四十人。家士亦如之。

亦當言「每都」。

秋官，卿、大夫、上士共三十三人，而中士、下士四百有二人，蓋位卑則不敢怙勢以枉人職分，乃易于悉心以體物也。

大司寇之職，掌建邦之三典，以佐王刑邦國、詰四方：

刑邦國，即下經用三典于三等之國是也。蓋刑邦國之民，若諸侯之不率者，則九伐施焉，非五刑所及也。既曰刑邦國，又曰詰四方，蓋詰四方邦國之用刑而不率三典者，大宰以刑典詰邦國，即此義也。

一曰刑新國用輕典，二曰刑平國用中典，三曰刑亂國用重典。

新建之國，民未習教，故用法輕。亂國，俗狃于惡，非重灋不足以革之。平國，則但用常行之灋。○王介甫曰：「用輕典以柔乂也，用中典以正直乂也，用重典以剛乂也。故曰惟敬五刑，以成三德。」

以五刑糾萬民：一曰野刑，上功糾力；二曰軍刑，上命糾守；三曰鄉刑，上德糾孝；四曰官刑，上能糾職；五曰國刑，上愿糾暴。

功，功程也。命，將命也。守，部分也。愿，慤慎也。國刑，謂國中之刑。曰野、曰鄉、曰國，非以地別之，以事別之也。水土力役之政，野刑也。故曰「上功糾力」。不孝、不友、不睦、不婣、不任、不恤，鄉刑也。故曰「上德糾孝」。吏之作奸，民之爲暴，勢家之滅義，國刑也。故曰「上愿糾暴」。雖國中、野外之人所犯，鄉刑也，則以鄉刑弊之，易地皆然。

以圜土聚教罷民，凡害人者，寘之圜土而施職事焉，以明刑恥之。

民不愍作勞，故謂之罷。害人，謂爲邪惡，已有過失麗于灋者。○民罷于作業，則必放辟邪侈，而有害于人，寘之圜土，欲其困而悔也，施以職事，欲其勞而思也。

其能改者，反于中國，不齒三年。其不能改而出圜土者，殺。

中國，謂故鄉里也。不齒者，不得以年次列于平民。出，逃亡也。反其鄉里而曰中國者，使終不改，則當屏之遠方也。

以兩造禁民訟，入束矢于朝，然後聽之。

古者一弓百矢。束矢，百矢也。先入百矢，不實則没入官。○注「造，至也。不至，則是自服不直」，非也。無論所訟虚實，未有被訟而不自質辨者。果自知不直而不至，爲吏者當致其人，平其事，而後可以息争。未有置而不聽者。蓋造者，作事之端。兩造者，各陳其致争之由也。書曰「兩造具備」，則不可以「至」訓，明矣。曰禁民訟者，或事端微細，或曲直顯然，則立使解散，而不復致于朝也。

以兩劑禁民獄，入鈞金，三日乃致于朝，然後聽之。

劑，券書也。三十斤爲鈞。訟，是非可立決者也。兩造具備，則曲直可判矣。獄，遲久而後決者也。或負財物，或背婚姻，其約劑有真僞，左證有存亡，未可以一言而決，必致于獄，然後其罪可定，故所入加重，又緩其期，然後聽之。舊說以罪相證，非也。以罪相證，無緣有兩劑。若官司所守，彼此争執，則各于其表訴之，附于刑而後歸于士。

以嘉石平罷民，凡萬民之有罪過而未麗于瀍而害于州里者，桎梏而坐諸嘉石，役諸司空：重罪，旬有三日坐，期役；其次九日坐，九月役；其次七日坐，七月役；其次五日坐，五月役；其下罪三日坐，三月後；使州里任之，則宥而舍之。

嘉石，文石也。樹之外朝門左。平，成也。成之，使入于善。任，保也。此曰未麗于法，則圜土之罷民爲已麗于法者可知矣。圜土之罷民曰害人，是實有被其害之人。此曰害于州里，則頑嚚酗肆爲州里所患苦耳。○李耜卿曰：「過大，内于圜土。過小，坐諸嘉石。刑戮之事，爲類至多。大司寇獨舉此二者，蓋辟以止辟，莫善于此。」

以肺石達窮民，凡遠近惸獨老幼之欲有復于上而其長弗達者，立于肺石，三日，士聽其辭，以告于上而罪其長。

肺石，赤石也。無兄弟曰惸，無子孫曰獨。復，猶報也。

正月之吉，始和布刑于邦國都鄙，乃縣刑象之灋于象魏，使萬民觀刑象，挾日而斂之。

凡邦之大盟約，莅其盟書而登之于天府；大史、内史、司會及六官皆受其貳而藏之。

大盟約，謂因大會同而賜諸侯以盟，或使約誓也。邦之大盟約，有或背之，則征討必行，六官皆有事焉。故並藏其貳，又使邦人及諸侯知所約之必不可犯也。

凡諸侯之獄訟，以邦典定之。凡卿大夫之獄訟，以邦灋斷之。凡庶民之獄訟，以邦成弊之。

邦典，六典也。邦灋，八灋也。邦成，八成也。諸侯之獄訟，如虞芮質成之類，非九伐之灋所及也。故以邦典定之。如疆埸之争，則所犯教典、政典也。婚姻相負，則所犯禮典也。川防之閉縱，則所犯事典也。本無重輕一定之灋，必隨事而酌定之。卿大夫之獄訟以八灋斷之者，官職之不舉，官聯之不會，官常之不修，官成之不守，官灋之不遵，官刑之不當，官計之不實，國有常刑也。若卿大夫而有土地財物之訟，亦當以八成弊之。

大祭祀，奉犬牲。若禋祀五帝，則戒之日，莅誓百官，戒于百族。

戒之日，即卜之日也。百族，王之族姓也。郊特牲獻命庫門之内，戒百官也。大廟之内，戒百姓也。則爲王之族姓明矣。冢宰、司徒職首言「祀五帝」，後皆曰「享先王亦如之」，下此不與也。宗伯職則備言祀大神、享大鬼、祭大示。司馬職總言大祭祀。此既總言大祭祀，又特舉禋祀五帝，豈凡祭祀之戒誓，大宰、小宰掌之，司寇不莅。惟祀五帝即事于郊野，其事尤嚴，故兼使刑官之長莅之。猶朝覲、會同，司寇必前王。大賓客，小司寇前王而辟。王燕出入，士師前驅而辟之，義與小司寇及士師職皆特舉祀五帝。蓋刑官之正貳及考皆從，而蹕者又其屬。聖人慮事之詳如此。○王氏曰：「百族從祭而不預于執事，所以不聽誓而聽戒也。」

及納亨，前王，祭之日亦如之。奉其明水火。

納亨，致牲也，其節在將祭之辰。祭之日，謂旦明也。明火，見春官華氏。以陰鑑取水于月謂之明水。水以配鬱鬯與五齊，火以給爨亨。秋氣清明，日至此而燥烈，月至此而皎潔。故明水火使秋官奉之，以致其清明之德也。

凡朝覲、會同，前王；大喪亦如之。

大喪所前，或嗣王，或時王。

大軍旅，莅戮于社。

社，謂社主在軍者。

凡邦之大事，使其屬蹕。

屬，士師以下也。○王介甫曰：「小司寇『凡國之大事使其屬蹕』，則事在國中而已。大司寇『邦之大事使其屬蹕』，則通國野焉。」

小司寇之職，掌外朝之政，以致萬民而詢焉。一曰詢國危，二曰詢國遷，三曰詢立君。

外朝，在雉門之外。詢，謀也。國危，謂有兵寇之難也。立君，謂無冢適，選于庶也。司徒掌萬民而使刑官致之者，三者皆國之變事，以刑官莅之，則進而陳其憸謀，退而動以浮言者，不禁而自戢矣。其不以大司寇，何也？其職擯而敘進以傳語，王與六卿並聽之，秋官之長不得獨去其列而爲擯也。

其位：王南鄉，三公及州長、百姓北面，群臣西面，群吏東面。經言群吏，即庶官也。惟此經及朝士職群吏爲府、史，以對群臣、群士而言也。百姓北面，荅君也。三公、州長北面，帥民也。群吏在群臣之右，以主于詢萬民也。六鄉之官莫尊于鄉老，其親民事者莫尊于州長，故使帥焉。不及鄉大夫者，鄉大夫六卿也。孤、卿、大夫、士，皆包于群臣。

小司寇擯以叙進而問焉，以衆輔志而弊謀。

叙進，以次而進之使言也。○王介甫曰：「以王志爲主而輔之以衆，以衆謀爲稽而弊之于王。」

以五刑聽萬民之獄訟，附于刑，用情訊之；至于旬乃弊之，讀書則用灋。

五刑，野刑、軍刑、鄉刑、官刑、國刑也。附于刑，墨、劓、宫、刖、殺也。群士、士師所議既附于刑，小司寇復用情訊之。用情者，記所謂悉其聰明，致其忠愛以盡之也。書者，所書犯灋之由，即獄辭也。讀之而囚無不服，衆以爲宜，然後灋可用。

凡命夫命婦，不躬坐獄訟。

不身坐者，使其屬與子弟代之也。春秋傳「王叔之宰與伯輿之大夫禽瑕坐獄于王庭」。

凡王之同族有罪，不即市。

刑于甸師氏。

以五聲聽獄訟，求民情：一曰辭聽，二曰色聽，三曰氣聽，四曰耳聽，五曰目聽。

四者非聲，而要以聲爲本，故總之曰五聲。凡中不直者，其言必煩，其色必赧，其息必喘，其聽必惑，其視必眊。然以是聽之，則可以得其無徵之情。

以八辟麗邦灋，附刑罰：一曰議親之辟，二曰議故之辟，三曰議賢之辟，四曰議能之辟，五曰議功之辟，六曰議貴之辟，七曰議勤之辟，八曰議賓之辟。

麗，附也。賓，謂三恪二代之後。辟，有以法訓者，有以刑訓者。曰以辟麗法，則當以刑訓明矣。既曰麗邦灋，又曰附刑罰者，以八等人之刑當特議者，附著于邦灋之中而用刑罰時，則以是附比之也。特議之者，輕則赦宥，重則末減也。賢而罹于罰者，如僨軍、喪邑之類，或阨于事勢而非其罪也。

以三刺斷庶民獄訟之中：一曰訊群臣，二曰訊群吏，三曰訊萬民。

刺，探取其情實也。中，成獄之書辭也。謂之中者，用刑貴得中也。訊，問也。凡獄訟皆應有刺，獨言庶民者，賤者尚刺，則等而上者可知。

聽民之所刺宥，以施上服、下服之刑。

三訊並用而要以民爲斷者，民所探取，乃其情之實也。蓋民之所刺而以爲可宥者，末減可也。其不可宥者，則權其情罪之輕重，而施上服下服之刑，即呂刑所謂「上刑適輕下服，下刑適重上服」也。司刺言「三刺、三宥、三赦」，而此不言赦者，凡宥必酌于民言，若幼弱、老耄、惷愚之應赦者，不必刺於民，而後得其情也。

及大比，登民數，自生齒以上登于天府。內史、司會、冢宰貳之，以制國用。

大比，三年大數民之衆寡也。人生齒而體備，男八月而生齒，女七月而生齒，國用出于民，故得民數乃制國用。周官登書于天府者四：民數則冢宰，司會貳之者，以制國用也；內史貳之者，執國灋、國令之貳，以逆會計也。賢能之書獨内史貳之者，以詔王廢置、爵禄也；盟約之書六官皆貳者，邦之大盟約若有畔者，則禮樂征伐不行于天下，六官皆有責也。太史、内史、司會復貳之者，太史掌約劑，内史掌八柄，其有會同、征伐則財用計要，司會之所職也。獄訟之登不書其貳者，自鄉遂、都鄙之吏，達于群士，群士達于士師，小司寇訊而弊之，大司寇聽之，士師受中而致于下書之者，不一而足矣。第登中于天府，以示罪皆天討，而無事復書其貳也。

小祭祀，奉犬牲。凡禋祀五帝，實鑊水，納亨亦如之。實鑊水，以滌牲也，及納亨，亦實其水。

大賓客，前王而辟，后、世子之喪亦如之。小師，莅戮。凡國之大事，使其屬蹕。

孟冬，祀司民，獻民數于王，王拜受之，以圖國用而進退之。

司民，星名，軒轅角也。民之夫家、老幼、衆寡，鄉師、遂師、鄉大夫、遂大夫既以歲時登之、稽之，而復設司民于秋官，以登其數。至獻數于王，則不以司徒而以司寇者，必服教而不罹于刑，然後爲天民之良，王始得而有之也。○王氏曰：「民之輕生觸法，皆由于貧。民之貧以國用無節，故必使司寇獻民數而制國用也。」○李耜卿曰：「孟冬獻民數者，一歲之中，或民氣安樂，或荒札間作，因民之登耗，可知生斂之豐匱，賦入之多少，以之圖度國用，量入以爲出也。三年又大比，以制國用者，天道豐凶之數，至此齊矣。公私出入之經，上下可較矣。民之少者則已壯，未老者則既老矣，故大比之。而凡受田、歸田之令，或征或舍之差，耕三餘一之法，可斟酌而更定之矣。蓋圖者隨分而營度，制者總成而經畫，義各有指焉。」○李世美曰：「漢文帝一歲斷獄四百，而武帝時乃數萬。周官司寇主獻民數，使王知生齒不可耗于刑殺，而使民遠罪，宜有道也。」

歲終，則令群士計獄弊訟，登中于天府。

獄已成辭而附于罪者，歲終則總計其數。訟之可立決者，則遂斷之也。必登斷獄之書于天府者，使神監之。

正歲，帥其屬而觀刑象，令以木鐸，曰：「不用灋者，國有常刑！」令群士，乃宣布于四方，憲刑禁。

宣，徧也。「令群士」舊讀屬上，文不可通。蓋使卿士布于鄉，遂士布于遂，縣士布于野，方士布于都家，訝士布于四方也。

乃命其屬入會，乃致事。

會者，用財之計。事者，所承職事。入之、致之，並于冢宰。冢宰職令「百官府各正其治，受其會，聽其致事而詔王廢置」是也。惟地官、秋官有入會致事之文者，惟二官用財紛雜，而纖細必各會之以入于冢宰。若禮官、政官所用之財，則各有經式，冢宰、司徒之屬共之，不必其官自會也。惟二官之職事積日累月而成，其案牘或因于前，其得失有考于後，故歲終致之，而後冢宰聽之。若禮事、軍事，則時過而事畢，無可致也。○李耜卿曰：「此九字當在『登中于天府』之下，蓋小宰、小司徒文皆言考成、受會、致事，方繼以『正歲帥屬』云云，應同。」

士師之職，掌國之五禁之灋，以左右刑罰：一曰宮禁，二曰官禁，三曰國禁，四曰野禁，五曰軍禁。皆以木鐸徇之于朝，書而縣于門閭。

左右，輔也。刑罰，禁民爲非。預施五禁，所以輔之。徇于朝，示貴者。縣于門閭，示賤者。巷門曰閭。

以五戒先後刑罰，毋使罪麗于民：一曰誓，用之于軍旅；二曰誥，用之于會同；三曰禁，用諸田役；四曰糾，用諸國中；五曰憲，用諸都鄙。

誓用于軍旅者，賞罰用命不用命，必出矢言，使知必行也。誥用于會同者，宣諭以禮義也。禁用于田役者，使衆守瀍而不敢逾也。國中用糾者，其民聚可合致而申警之也。都鄙用憲者，其地遠，必分布而表懸之也。曰「用之于」者，以事言也。曰「用諸」者，以地言也。

掌鄉合州黨族閭比之聯與其人民之什伍，使之相安相受，以比追胥之事，以施刑罰慶賞。

每鄉而合其聯與什伍也。合其聯，使之相安、相受也。合其什伍，以比追胥之事也。言鄉，則遂與都鄙、公邑可知矣。追胥之事，司寇所專掌也。因使士師每鄉而合其聯，以簡罷民，又所以清盜賊之原也。其不相安者則不相受，而收之圜土，坐諸嘉石，必能改而州里任之，然後舍之。

掌官中之政令。察獄訟之辭，以詔司寇斷獄弊訟，致邦令。

官中，大司寇之官府中也。獄訟之辭，鄉士、遂士、縣士、方士所議也。諸官之司，惟此掌宫中之政令者，宰夫所掌則通六官之事，鄉師分掌其鄉，肆師則掌禮事之小者，以佐宗伯。惟士師，則獄訟之上察其辭以詔司寇，獄訟之成，致其令以付群士。凡官中之政令，無不待之以定，由之以達者，故特文以著之。

掌士之八成，一曰邦汋，二曰邦賊，三曰邦諜，四曰犯邦令，五曰撟邦令，六曰爲邦盜，七曰爲邦朋，八曰爲邦誣。

士之八成，獄官斷事之成式有此八品也。邦賊，爲逆亂者。邦諜，異國人來反間者，如衛禮至仕邢、晉殺秦諜之類。撟邦令，詐稱以有爲者。爲邦朋，朋黨以亂政者。爲邦誣，誣上以行私者。〇三代盛時，列國分土，君臣同體，無所爲刺探國事者。爾雅「井一有水、一無水曰瀱汋」。集韻「汋，挹取也」。其諸聚斂掊克之臣，浚民之生以虧邦本者與？故列于邦賊、邦諜之上也。

若邦凶荒，則以荒辯之灋治之。

其歲之祲有差等，其地之民有衆寡，其民之困有淺深，其財之用有多寡，其事之施有緩急，故曰「荒辯之灋」。

令移民、通財，糾守、緩刑。

糾守，備盜賊也。移民通財，地官所掌，而又使刑官令之者，移民則慮有顛越不恭、暫過姦宄者，通財而使刑官董之，則富者知必償，而無匿財矣。後世救荒，有使富民出貸而官爲之責者，法古之善也。

凡以財獄訟者，正之以傅別、約劑。

若祭勝國之社稷，則爲之尸。

易彦祥曰：「亳社以陰爲主，故陰訟于是乎聽焉。祭祀以刑官爲尸，從其類也。」

王燕出入，則前驅而辟。

燕出入，偶以遊燕出入也。恐侍御僕從或以邪僻導王，故使刑官糾之，且示王不當數遊燕也。

若宫中，燕出入必從，則無暇理邦之刑禁矣。

祀五帝，則沃尸及王盥，洎鑊水。

洎，謂增其沃汁。按特牲、少牢，尸盥不就洗，入門北面盥以盤匜。則王將獻尸，宜就洗以盥。

鑊水，小司寇實之，故士師增之。小祝職大祭祀沃尸盥，小臣職大祭祀沃王盥，鬱人職凡祼事沃盥。而祀五帝之沃盥，獨以士師共之。凡祭祀，亨人實鑊水。而祀五帝，獨小司寇實之，士師增之，豈以即事于郊野，刑官之正貳及司，皆前後左右于王，以致其嚴，而因使共近王之職事與？○張子曰：「節服氏郊祀有尸，不害爲稷尸。用此推之，凡有尸者，皆人鬼也。此經祀五帝有尸，五人帝之尸也。社稷有尸，柱與稷之尸也。」春秋傳「晉祀夏郊，董伯爲尸」，鯀之尸也。虞夏傳「舜入唐郊，丹朱爲尸」，嚳之尸也。儀禮周公祭泰山，以太公爲尸。古者嶽瀆配公侯，國語「山川之靈足以紀綱天下，其守爲神。汪芒氏之君，守封隅之山者也。」春秋傳「臺駘，汾神也」，則亦爲人鬼之尸明矣。五祀有尸。行神則世傳爲黃帝之子，中霤、門、井、户、竈，必始爲是者也。若迎猫、迎虎，則或以木禺芻靈，記亦未言以人爲尸。由是言之，非人鬼無尸決矣。

凡刉珥，則奉犬牲。

鄭剛中曰：「刉，當爲刲，釁禮也。珥，當爲弭，即小祝之弭兵災。」注曰「羽者爲衈」，此奉犬牲，不宜言羽。

諸侯爲賓，則帥其屬而蹕于王宫；大喪亦如之。

大師，帥其屬而禁逆軍旅者與犯師禁者，而戮之。

逆軍旅，如春秋傳荀吴之嬖人不肯即卒、晉侯之弟揚干亂行于曲梁之類。犯師禁，尚書費誓「寇攘逾垣牆，竊馬牛、誘臣妾」之類。

歲終，則令正要會。正歲，帥其屬而憲禁令于國，及郊野。

士師先令正要會，然後小司寇命入會，小司寇令群士憲刑禁，則士師帥而憲之。易刑禁爲禁令者，懸刑禁，並小司寇之令也。正要會在歲終，憲禁令在正歲，則小司寇職乃命其屬入會乃致事，宜在登中于天府之下益明矣。

鄉士，掌國中。各掌其鄉之民數而糾戒之。

掌國中者，其治所在國中也。四郊之獄訟，鄉師聽之，而後達于鄉士。國中之獄訟，則鄉士自受之，國中四郊之民數則並掌而糾戒之。○注「鄉士八人，言各者四人而各主三鄉」，恐未安。豈二人主國中，而六人各主一鄉，中士則四人主國中，而十二人分主六鄉與？

聽其獄訟，察其辭。辨其獄訟，異其死刑之罪而要之，旬而職聽于朝。

要之，取其獄辭之要者爲斷也。既曰聽其獄訟，又曰辨其獄訟者，聽之以探其情，辨之以附于灋也。凡争訟之附于刑者，歸于士則不附于刑者，鄉師、遂大夫之屬已聽斷，使解散矣。其附于刑者，士又聽之、察之，辨之三日，而後致于司寇，公聽于朝。其死刑則又别異其要加審慎也。職聽于朝者，司寇弊訟斷獄群，士皆在，各麗其法，獻其議。而主六卿之獄訟者，則鄉士也，遂士以下皆然。○春秋傳「使王叔之宰與伯輿合要，王叔氏不能舉其契。」

司寇聽之，斷其獄、弊其訟于朝；群士司刑皆在，各麗其灋以議獄訟。

麗，附也。恐專或有濫，故公聽之，使各以所見，附其灋，獻其議，而後司寇酌度之。

獄訟成，士師受中；協日刑殺，肆之三日。

受中，謂受獄訟之成也。古者司寇行戮，君爲不舉，故必累犯灋者同日而刑殺也。肆，陳其尸也。據死者而言，其生刑即釋之。

若欲免之，則王會其期。

所欲免親故之等，在八議者。會其期，謂司寇聽獄之日，王親往議之也。必王就議于外朝者，刑人于市，與衆棄之，非王所得專也。

大祭祀、大喪紀、大軍旅、大賓客，則各掌其鄉之禁令，帥其屬夾道而蹕。三公若有邦事，則爲之前驅而辟，其喪亦如之。

大祭祀，若祀天、四時迎氣于四郊。喪紀、軍旅、賓客所經殊方，故各掌其鄉之禁令。

凡國有大事，則戮其犯命者。

大事，即上大祭祀、大喪紀、大軍旅、大賓客也。戮，有以刑殺言者，秋官掌戮是也。有以辱言者，司市凡有罪者，撻戮而罰之是也。此戮犯命者，重輕皆有之。舊説誤。

遂士，掌四郊。各掌其遂之民數，而糾其戒令。

遂士掌遂之獄訟，而治所則在四郊也。遠郊乃六鄉之地，而遂士居之者，近于遂，則民隱可聞；不遠于國中，則獄訟易達也。鄉士各掌其鄉之民數而糾戒之者，鄉大夫不與民治，故鄉士自糾戒也。遂士、縣士則各掌其民數而糾其戒令，蓋戒令其民，遂大夫公邑史之職也，遂士、縣士特糾之耳。

聽其獄訟，察其辭。辨其獄訟，異其死刑之罪而要之，二旬而職聽于朝。

去王城漸遠，恐多枉濫，故至二旬，容其反覆也。

司寇聽之，斷其獄，弊其訟于朝；群士司刑皆在，各麗其灋以議獄訟。獄訟成，士師受中；協日就郊而刑殺，各于其遂，肆之三日。

刑殺于郊者，就遂士之治所也。肆各于其遂者，與衆棄之，以懲其末也。

若欲免之，則王令三公會其期。

若邦有大事，聚衆庶，則各掌其遂之禁令，帥其屬而蹕。

黄文叔曰：「大事，即大祭祀、大喪紀、大軍旅、大賓客，鄉詳其目，遂舉其凡也。邦之大事，遂未必盡與，政令及之而聚其衆庶，而掌其禁令。」

六卿若有邦事，則爲之前驅而辟，其喪亦如之。

六鄉近，則使三公。六遂差遠，則使六卿。

凡郊有大事，則戮其犯命者。

遂獄在郊故也。

縣士，掌野。各掌其縣之民數，糾其戒令，

距王城二百里以外至三百里曰野，縣士通掌五百里内公邑，而言掌野者，包内外而言之也。縣士三十二人，豈每方三等公邑各以八人分主之與？

而聽其獄訟，察其辭。辨其獄訟，異其死刑之罪而要之，三旬而職聽于朝。司寇聽之，斷其獄，弊其訟于朝。群士司刑皆在，各麗其灋以議獄訟。獄訟成，士師受中；協日刑殺，各就其縣，肆之三日。若欲免之，則王命六卿會其期。

若邦有大役，聚衆庶，則各掌其縣之禁令。若大夫有邦事，則爲之前驅而辟，其喪亦如之。凡野有大事，則戮其犯命者。

方士，掌都家。

不言掌其民數者，其數自有都士、家士掌之。

聽其獄訟之辭，辨其死刑之罪而要之，三月而上獄訟于國。

鄉士、遂士、縣士皆聽其獄訟、察其辭者，鄉遂公邑之吏，雖以獄辭上，而未成議附法也。故親聽其獄訟而察其所上之辭，都家之獄訟則已成議附灋矣。故第聽其獄訟之辭，而不復親聽其獄訟也。死刑之罪，獨曰「辨」者，以未嘗親聽其獄訟，辨之尤不可以不審也。

司寇聽其成于朝，群士司刑皆在，各麗其灋以議獄訟。獄訟成，士師受中，書其刑殺之成與其聽獄訟者。

不曰聽獄訟而曰聽其成者，鄉師、遂大夫、遂師職皆曰「聽其治訟」，蓋以獄情上達于士，而不自附其灋也，都家各有士以掌獄訟，必與其君定議附灋，而後上于國，故變文言「成」，所以別于鄉遂公邑之未成者。書其獄訟之成與其聽之者，以議成于下，倘失實而有反覆，則罪其人也。疑都家之獄訟質其成，而犯者不與之俱，故方士第聽其辭，司寇第聽其成、書其成而已。蓋民訟以地比正之，慮牽連佐証者因此失業也。

凡都家之大事，聚衆庶，則各掌其方之禁令。

方士十有六人，言各掌其方者四人，而主一方也。

以時修其縣灋，若歲終，則省之而誅賞焉。

縣灋，縣師之灋也。縣師掌邦國、都鄙、稍甸、郊里之地域，而辨其夫家、人民、田萊之數，及其六畜、車輦之稽。方士以四時修此灋，歲終又省之。方士每歲行其誅賞；三年大比，則縣師以考群吏，而詔廢置焉。

凡都家之士所上治，則主之。

所上治，謂獄訟之小事、不附罪者，主之方士自主聽斷。注謂「告于司寇聽平之」，非也。既曰三月而上其獄訟于國，司寇聽其成，而復設此文，何義哉？蓋鄉師、遂師、遂大夫皆王官也，故獄訟之小者俾得自決。都邑小獄訟，雖其君與士共成之，而必取決于王官，然後政有本統也。或謂，上治猶上計；主之謂據所上治，廉察都家士之能否，益誤矣。群吏之治上于冢宰，考之者宰夫，與方士無與也。

訝士，掌四方之獄訟，諭罪刑于邦國。

告曉以麗罪及制刑之本意也。

凡四方之有治于士者，造焉。

士，士師也，謂讞疑辨事，先詣訝士，乃達于士師也。

四方有亂獄，則往而成之。

亂獄，若君臣宣淫、親戚相賊，必往而成之者，就其地，然後可以刺群言、得情實也。

邦有賓客，則與行人送逆之。入于國，則爲之前驅而辟，野亦如之。居館，則率其屬而爲之蹕，誅戮暴客者。客出入則道之，有治則贊之。

凡邦之大事，聚衆庶，則讀其誓禁。

誓禁不及賓客，恐其徒有犯者，故使訝士讀而爲之備。

朝士，掌建邦外朝之灋。左九棘，孤、卿、大夫位焉，群士在其後；右九棘，公、侯、伯、子、男位焉，群吏在其後；面三槐，三公位焉，州長衆庶在其後；右嘉石，平罷民焉；右肺石，達窮民焉。視小司寇職所列，增公、侯、伯、子、男者，諸侯適來朝則與也。

帥其屬而以鞭呼、趨且辟。禁慢朝、錯立、族談者。

呼、趨，呼朝者各趨其位也。錯立，違其位也。族談，群聚而談也。

凡得獲貨賄、人民、六畜者，委于朝，告于士，旬而奉之；大者公之，小者庶民私之。

人民，謂刑人、奴隸逃亡者。大者公之，官收之，以待求索也。若雞、豚、劍、帶之細，過時而不索，則失者已棄置矣，故使得者私之。曰庶民私之者，設士、大夫得獲，亦不私而貯于官也。

凡士之治有期日：國中一旬，郊二旬，野三旬，都三月，邦國期。期内之治聽，期外不聽。

王志長曰：「期外不聽者，謂鄉士、遂士等不能決，及弊而不服赴愬于士者，非鄉士、遂士等所上之獄成也。逾期而獄成不上，則宜誅責有司而速聽之，豈得漫付之不聽哉？」

凡有責者，有判書以治，則聽。

判書，分半而合者，即傅别也。

凡民同貨財者，令以國灋行之；犯令者，刑罰之。

同貨財，即士師職所謂「凶荒令民通財」也。天災流行，令民通貨財以相濟，而以國法行之。爲責其償與其息，則富者樂于出財而民常不困矣。犯令，謂多取息與能償而過期不償者。士師令之，朝士又令之，犯者加刑罰焉。所以使出者無顧惜，而貸者不敢背也。鄭司農謂司市爲節以遣之，凡商賈皆以節行，不必同貨財也。康成謂富人蓄積，乏時出之，價不得過騰躍，平市禁貴價者，司市之職也。二説並誤。

凡屬責者，以其地傅而聽其辭。

謂身亡而親屬執傅别以責者，蓋或妻子軟弱，或族屬疏遠，欺其不知，故抵冒也。若轉責，使人歸之，則必别有契約証者，而無從抵冒矣。地傅，謂傅别有土人佐證者。小司徒聽民訟，所該者廣，獨以其地附近之人，正之，不必有傅别，故曰地比。

凡盜賊軍鄉邑及家人，殺之無罪。

軍，攻也。春秋傳，鄭祭足、原繁、洩駕，以三軍軍其前，使曼伯與子元潛軍軍其後。又羅與盧戎兩軍之。又鄭子罕宵軍之。蓋盜賊攻剽鄉邑及家人，禦而殺之者，無罪也。不曰剽掠，而曰軍者，聚徒有兵，異于劫請之盜也。

凡報仇讎者，書于士，殺之無罪。

若仇在本國，既書于士，則有司者當治之，不宜聽其私殺矣。蓋仇在異國，將往報之，先言其情于本國之士，士覈得其實而書之。他日殺仇于異國而自首其情，則異國之士得訊于本國而釋其罪，此王禁也。通天下而統于王，故有此法。

若邦凶荒、札喪、寇戎之故，則令邦國、都家、縣鄙慮刑貶。

慮，謀也。貶，猶減也。劉迎曰：「凶荒、札喪、寇戎之際，濫不寬減則民滋不安，而盜賊之變起。先儒以爲，減用則非朝士所當慮也。」

司民，掌登萬民之數。自生齒以上，皆書于版。辨其國中與其都鄙及其郊野，異其男女。歲登下其死生。

登，上也。下，去也。

及三年大比，以萬民之數詔司寇。司寇及孟冬祀司民之日，獻其數于王；王拜受之，登於天府；内史、司會、冢宰貳之，以贊王治。

小司寇職曰「内史、司會、冢宰貳之，以制國用」者，以民數之登耗而制國用之多少也。此職曰「以贊王治」者，以民數之登耗而考政治之得失也。

司刑，掌五刑之灋以麗萬民之罪，墨罪五百，劓罪五百，宫罪五百，刖罪五百，殺罪五百。

墨，黥也，先刻其面，以墨窒之。劓，截其鼻也。宫者，丈夫則割其勢，女子閉于宫中。刖，斷足也，周改「臏」作「刖」。殺，死刑也。書傳曰「決關梁、逾城郭而略盜者其刑臏；男女不以義交者，其刑宫；觸易君命，革輿服制度，姦宄盜攘傷人者，其刑劓；非事而事之，出入不以道義而誦不詳之辭者，其刑墨；降畔、寇賊、劫略、奪攘、矯虔者，其罪死。」此二千五百罪之目略也，其刑書則亡。夏刑，大辟二百，臏辟三百，宫辟五百，劓墨各千。周則變焉，至穆王作吕刑，其數又變。漢文帝除墨、劓、刖三刑，宫刑至隋乃除。

若司寇斷獄弊訟，則以五刑之灋詔刑罰，而以辨罪之輕重。

司刺，掌三刺、三宥、三赦之灋，以贊司寇聽獄訟。

宥，少寬之也。赦，全舍之也。

壹刺曰訊群臣，再刺曰訊群吏，三刺曰訊萬民。

必疑獄將行赦宥而後訊于衆也。三訊而後決者，非惟慮其失入，亦慮其失出也。

壹宥曰不識，再宥曰過失，三宥曰遺忘。

李耜卿曰：「不識，謂僻陋之人未識國灋，非下文生而惷愚之比也。過失，謂無心。遺忘，謂疏狂之夫健忘者。」〇凡赦宥，乃誤公事、失官物，及失誤而遺害于人者。注引殺人以證之，非也。凡過而殺傷人物者，乃調人之所掌。

壹赦曰幼弱，再赦曰老耄，三赦曰惷愚。

王介甫曰：「幼而不弱，老而不耄，愚而非惷，則不在所赦。」

以此三灋求民情，斷民中，而施上服、下服之刑，然後刑殺。

三刺所以求民情也，三宥、三赦亦曰以求民情者，求其情，而不在可宥、可赦之列，然後罪無所疑，而中可斷、刑可施。

司約，掌邦國及萬民之約劑。治神之約爲上，治民之約次之，治地之約次之，治功之約次之，治器之約次之，治摯之約次之。

「摯」，當作「贄」。六約，据注疏皆典、灋、則之所頒也，不宜有約劑。約劑者，兩相争而質成于上者也，故書于宗彝丹圖，而有訟則辟藏。神、民、地，邦國之約也。治神之約，如山川爲兩國之望，兩巡狩、柴望所供犧牲玉帛之賦不齊。治民之約，如兩國接壤而相要，毋受逋亡，毋掠邊鄙，故達其約于王室也。治地之約，如春秋傳鄭、宋之間有隙地，爲成而虚之，或江河移徙，壤地或進或蹙，而定其疆植者，功器贄萬民之約也。功，功役也。春秋傳城成周，宋仲幾不受功。如洫、澮、畛、涂，比邑共之而功役不齊；地所産器，比邑皆上供，而爲數不齊，故達其約于官府也。治贄之約，如昏姻既入幣，以死喪遷徙易期，恐後有變而預聞于官。六者，皆事之變也。若典、灋、則之常則何？約劑之有不分邦國、萬民而統言之者，治神之小者，萬民或有之；治功之大者，邦國或有之。

凡大約劑書于宗彝，小約劑書于丹圖。

此經所謂宗彝，與尚書異，蓋宗廟之典册也。約劑至衆，非六彝所能備載。且有訟者則辟藏，數啓宗廟而視祭器，非義所安也。其義與鼎之有銘異。銘祖考之功德于祭器，宜也。邦國萬民之約劑而書于天子祭器，何義乎？況祭器有定數，而約劑日增，將因約劑而别增祭器乎？其不可通明矣。丹圖，如春秋傳「著于丹書」之類，亦册籍也。

若有訟者，則珥而辟藏，其不信者服墨刑。

訟，謂訟所約。如春秋傳宋仲幾、薛宰之争是也。辟藏，開府視約書。「珥」，讀爲「衈」，謂殺雞取血，釁其户。

若大亂，則六官辟藏，其不信者殺。

大亂，謂僭約。凡邦之大盟約，六官皆受其貳，故皆辟藏。

司盟，掌盟載之灋。

載，盟辭也。盟者，載其所要之事于策，謂之載書。加于牲上而埋之。

凡邦國有疑會同，則掌其盟約之載及其禮儀，北面詔明神，既盟，則貳之。有疑，不協也。明神，謂其無不鑒照也。詔，讀載書以告之也。貳之者，寫副，當以授六官。○覲禮設方明之木，著六玉，以依日月山川之神。

盟萬民之犯命者，詛其不信者亦如之。犯命，犯君之教令也。不信，違約也。春秋傳「臧紇犯門斬關以出，乃盟臧氏」，又「鄭伯使卒出豭，行出犬雞，以詛射潁考叔者」。

凡民之有約劑者，其貳在司盟；有獄訟者，則使之盟詛。約劑之貳，乃司約以入于司盟。司約辟藏，不信者服墨刑，而此復使之盟詛，何也？司約所謂不信者，所訟與約劑不符者也。或約劑符而歷年久遠，别有詐僞，則使要言于神以懼之。

凡盟詛，各以其地域之衆庶，共其牲而致焉；既盟，則爲司盟共祈酒脯。祈者，司盟爲之祈明神，使不信者必凶。使其地域之人共牲與酒脯，則或有知其實而相質証者，且使爲變詐者懼，不見直于鄉里，而他日不相保受也。○李耜卿曰：「邦國之間或有讒人交構，小將相惡，大將相暴，欲以王灋正之，則彼此各有其是。欲和之，則終懷猜忌。使詔于明神，則雖有大疑，亦兩釋矣。若夫萬民之獄訟，或情事曖昧，無佐證可成其罪；欲赦之，則受害者不甘；欲罰之，則爲惡者不服。計惟有盟詛對明神而生愧懼，且降祥降殃，理實不爽，乃所以佐王灋之窮，而養民心之直也。」

職金，掌凡金玉、錫石、丹青之戒令。

青，空青也。此數者，同出于山，地官丱人掌之。此又掌之者，彼主取，此主受也。

受其入征者，辯其物之媺惡與其數量，楬而璽之。入其金錫于爲兵器之府，入其玉石、丹青于守藏之府，入其要。

入征，謂采金玉、錫石、丹青者之租稅也。兵，戈劍之屬。器，鍾量之屬。守藏者，玉府、內府。要，凡數也，入之于大府。○鄭剛中曰：「受其入則取諸地，而官所自入者。受其征則取諸民，而官所稅賦者。」

掌受士之金罰、貨罰，入于司兵。

貨，泉貝也。金罰，即入鈞金而理曲遂罰之者。貨罰，或以泉貝代金也。入于司兵，給治兵及工直。

旅于上帝，則共其金版，饗諸侯亦如之。

鉼金謂之版，所施未聞。

凡國有大故而用金石，則掌其令。

主其取之令也。大故，寇戎也。蓋用爲槍雷、椎椁之屬。

司厲，掌盜賊之任器、貨賄。辨其物，皆有數量，賈而楬之，入于司兵。其奴，男子入于罪隸，女子入于舂、稾。

盜賊之妻子没爲奴者，以充罪隸、共舂稾也。古者罪人不孥。謂凡有罪者，盜賊極惡，罪及其男女，所以重累其心，且懲其未也。

凡有爵者與七十者與未齔者，皆不爲奴。

盜賊之親戚，惟三者免爲奴。

犬人，掌犬牲。凡祭祀，共犬牲，用牷物，伏、瘞亦如之。

伏，伏犬，以王車轢之，即軷祭也。聘禮云「其牲用犬羊」。瘞，謂埋祭也，爾雅「祭地曰瘞埋」。

凡幾、珥、沈、辜，用駹可也。

「幾」，讀爲「刉」。「珥」，讀爲「衈」。大宗伯職「以埋沈祭山川林澤，以疈辜祭四方百物」。

凡相犬、牽犬者屬焉，掌其政治。

司圜，掌收教罷民。凡害人者弗使冠飾，而加明刑焉，任之以事而收教之。能改者，上罪三年而舍，中罪二年而舍，下罪一年而舍。其不能改而出圜土者，殺；雖出，三年不齒。

不使冠飾，著墨幪。

凡圜土之刑人也，不虧體；其罰人也，不虧財。

不虧體，疑即掌戮職所謂髡，謂既改而髮仍可蓄也。惟髡，故無冠飾，若但加明刑，不得曰刑人。

掌囚，掌守盜賊凡囚者，上罪梏拲而桎，中罪桎梏，下罪桎，王之同族拲，有爵者桎，以待弊罪。凡囚者，謂非盜賊，以他罪拘者也。在手曰梏，在足曰桎。拲者，兩手共一木也。或曰，梏者校也，在首猶牛之有梏。

及刑殺，告刑于王，奉而適朝士；加明梏，以適市而刑殺之。士，群士也。加明梏，謂書其姓名及罪于梏也。自遂以外，已各著刑殺之所，惟六鄉無文，故特著其適市也。

凡有爵者與王之同族，奉而適甸師氏，以待刑殺。

掌戮，掌斬殺賊諜而搏之。斬以鈇鉞，要斬也。殺，以刀刃斷首領也。「搏」，當爲「膊」，謂去其衣也。春秋傳殺而膊諸城上。言賊，則盗可知矣。

凡殺其親者，焚之；殺王之親者，辜之。

親，有服者。辜，謂磔之。

凡殺人者，踣諸市，肆之三日。刑盗于市。

踣，僵尸也。○李耜卿曰：「殺罪就市。其餘四刑，宫就蠶室，餘刑就屏處，所云五服三就也。若盗，則刑亦于市，異于平人之犯罪者。」

凡罪之麗于灋者，亦如之。惟王之同族與有爵者，殺之于甸師氏。

李耜卿曰：「亦如之者，死者亦踣之刑者，亦各就其處也。殺之于甸師氏者，謂不踣也。踣者，使衆見之也。既刑于隱，故不踣而肆之。」

凡軍旅、田役、斬殺、刑戮亦如之。

黄文叔曰：「注以『戮爲膊焚辜肆』，非也。即下所謂髠者，全其體而戮辱之耳。」

墨者使守門，劓者使守關，宮者使守內，刖者使守囿，髡者使守積。

五刑無髡，或曰公族以髡首代宮刑。但宮降爲髡，而劓刖者不獲減，非所安也。或曰髡當爲完，蓋居作三年不虧體者。觀此經，則公家未嘗不畜刑人，但君子不近耳。

司隸，掌五隸之灋，辨其物而掌其政令。

物，衣服、兵器之屬。

帥其民而搏盜賊，役國中之辱事，爲百官積任器，凡囚執人之事。

曰民者，五隸皆百二十員，員外則民也。任，猶用也。除兵器外，家具之器，皆是積爲之聚也。

邦有祭祀、賓客、喪紀之事，則役其煩辱之事。

士喪禮下篇曰：「隸人涅厠。」

掌帥四翟之隸，使之皆服其邦之服，執其邦之兵，守王宮與野舍之厲禁。

野舍，王行所止舍也。厲，遮列也。翟隸守禁，司隸正掌其事，師氏又使其屬董之。

罪隸，掌役百官府與凡有守者，掌使令之小事。

凡封國若家，牛助爲牽徬。

牛助，謂國以牛助轉徙也。車轅内一牛，前亦一牛，用二隸，前牽而徬御之。

其守王宮與其厲禁者，如蠻隸之事。

王明齋曰：「十四字宜屬閩隸，以文義詳之，不應未言蠻隸而曰如蠻隸之事。」

蠻隸，掌役校人，養馬。其在王宮者，執其國之兵以守王宮；在野外，則守厲禁。

校人職有師圉而不見隸者，蓋給其雜役。

閩隸，掌役畜、養鳥，而阜蕃教擾之。

李耜卿曰：「役畜，謂爲掌畜之役也。」○閩隸所養，非畜鳥也。貉隸所養，非常獸也。珍禽奇獸不育于國，乃列職以養之，何也？一切禁之，則側媚之臣轉得居爲奇貨，以啗其上，故列于六職，以示其物爲無奇。掌于裔隸，以示其役爲甚賤，正所以止邪于未形也。

掌子則取隸焉。

舊説俱不可通，文有闕誤也。三隸皆有守王宮與厲禁如蠻隸之文，而此獨無，則闕誤可知。

夷隸，掌役牧人，養牛馬，與鳥言，其守王宮與其守厲禁者，如蠻隸之事。

春秋傳曰「介葛盧聞牛鳴，曰：『是生三犧皆用之矣』」，其音云。

貉隸，掌役服不氏，而養獸，而教擾之。掌與獸言，其守王宮者與其守厲禁者，如蠻隸之事。

與禽獸言，即所謂教擾之也。能言之鳥，必人與之言而調習之。猛獸媚養已者，命以起伏動躍則應焉。蓋久而習于人言耳。

周官集注卷十

布憲，掌憲邦之刑禁。正月之吉，執旌節以宣布于四方：而憲邦之刑禁，以詰四方邦國及其都鄙，達于四海。

刑，司寇五刑。禁，士師五禁也。再言憲邦之刑禁者，上所言懸于畿内，下所言懸于四方也。曰及其都鄙，謂侯國之都鄙。

凡邦之大事，合衆庶，則以刑禁號令。

大事合衆庶者，謂征伐、巡狩、田獵。

禁殺戮，掌司斬殺戮者，凡傷人見血而不以告者，攘獄者，遏訟者，以告而誅之。

掌司斬殺戮者，謂伺察行刑者，使不得爲姦惡以取利也。近世磔殺、絞縊行刑者，能遲速其死以要賄；主梏朴者，亦能輕重其傷。聖人知周萬物，必早慮及此矣。若吏民相殺，不得云斬戮。攘，猶拒也，謂瀆當獄而攘拒不受捕。遏訟，遏止欲訟者，使不得達也。

禁暴氏，掌禁庶民之亂暴力正者，撟誣犯禁者，作言語而不信者，以告而誅之。

正者，使人慴伏而從已也。亂暴之民，以力求正而不依于理瀌，戰國、秦漢任俠奸人是也。

凡國聚衆庶，則戮其犯禁者以狥。凡奚隸聚而出入者，則司牧之，戮其犯禁者。

男女以國事聚于一所，則必伺察而馴擾之。

野廬氏，掌達國道路，至于四畿；比國郊及野之道路、宿息、井、樹。

國郊，謂近郊、遠郊。野，謂百里外至畿。宿息，謂止宿及暫息之地。井，共飲食。樹，爲蕃蔽。

若有賓客，則令守涂地之人聚欜之，有相翔者則誅之。

掌固修城郭、溝池、樹渠之固，頒其士庶子及其衆庶之守，所謂守涂地之人也。聚欜之聚，擊欜以衛之也。相翔，猶昌翔，謂觀伺也。

凡道路之舟車轚互者，叙而行之。

鑿者，相值而礙也。互者，交互而不行也。

凡有節者及有爵者至，則爲之辟。

亦使守涂地者。

禁野之横行徑逾者。

横行，妄由田中。徑逾，射邪趨疾，越隄渠也。

凡國之大事，比修除道路者。掌凡道禁。

道禁，若漢時絶蒙布巾、持兵杖之類。

邦之大師，則令埽道路，則以幾禁行作不時者、不物者。

國之大事，既修除道路，復特言大師埽道路者，修除特平治之埽，則凡餘糧之棲畝、芻薪之露積、雞豚之布路者，一切埽清之，以絶寇攘争奪之端也。

蜡氏，掌除骴。

骴，死人骨也。月令曰「掩骼埋胔」，胔，骨之尚有肉者，人獸同。

凡國之大祭祀，令州里除不蠲，禁刑者、任人及凶服者，以及郊野；大師、大賓客，亦如之。

蠲，潔也。任人，司圜所收教罷民，任之以事者。言郊及野者，天地壇兆在郊，師、賓則至畿。郊外曰野，總言之也。○李耜卿曰：「此掌其除之事。」

若有死于道路者，則令埋而置楬焉，書其日月焉，縣其衣服、任器于有地之官，以待其人。掌凡國之骴禁。

有地之官，主此地之吏也。骴禁，若孟春掩骼埋胔之屬。○李耜卿曰：「此掌其骴之事。」

雍氏，掌溝瀆澮池之禁，凡害于國稼者。春令爲阱擭溝瀆之利于民者，秋令塞阱杜擭。

瀆，水之竇也。池，陂障之水道也。凡旱而壅水以溉，潦則築隄自固，皆害于他人之稼，故禁之。曰國稼者，溝瀆澮池，本以利通國之稼也。阱，穿地爲塹，以禦禽獸。擭，柞鄂也。地堅阱淺，則設柞鄂于其中，春爲阱擭，防禽獸之害稼也，故秋則塞之杜之。

禁山之爲苑、澤之沈者。

苑，囿也。澤，地水至則陷，未至既過皆可耕種，若規爲洿池，則其地永沉没矣。故同于山之爲苑，而禁之以作無益、害有益也。

萍氏，掌國之水禁。幾酒，謹酒。禁川游者。

水禁，謂水中害人之處，及入水捕魚鼈不時。周制，鄉飲蜡酺，皆有司及時量造，所謂公酒是也。則民間祭祀、冠婚，必及時量造可知矣。老疾，則官給之，所謂秩酒及頒賜之酒是也。幾酒，謂苛察無事作酒及市沽者。謹酒，謂戒毖其因事而多作者。浮水曰游，淺水可浮。川則波洋，卒至，恐至沉溺也。

司寤氏，掌夜時。以星分夜，以詔夜士夜禁。

星見爲夜，没則爲晝。夜士，主行夜徼候者。

禦晨行者，禁宵行者、夜遊者。

晨，先明也。宵，定昏也。晨則門關已啓，故見行者而禦之，宵則遮閉以禁遏而已。

司烜氏，掌以夫遂取明火于日，以鑒取明水于月，以共祭祀之明齍、明燭，共明水。

夫遂，陽遂也。鑒，鏡屬，世謂之方諸。明齍，以明水修滌粢盛、黍稷。明燭，以照陳饌。明水，以配鬱鬯五齊，與玄酒别。玄酒，井水也，以配三酒。然以明水與玄酒對舉則有異，散文通謂之玄酒。

凡邦之大事，共墳燭庭燎。

「墳」，讀爲「蕡」，麻也。或曰，大也。樹于門外曰大燭，于門内曰庭燎。

中春，以木鐸修火禁于國中。軍旅，修火禁。邦若屋誅，則爲明竁焉。

屋誅，不殺于市而以適甸師氏者。凡殺人皆肆之三日，明暴其罪，因不肆諸市而壙埋之，故楬其罪于竁上。或曰，宫刑以下不可以風，故于屋中誅之，即勝國之社屋也。屋中幽暗，恐行刑者難見，故穿屋以霤光，謂之明竁。○南方，火位也，故司爟通掌四時改火，出納火之令，職主于布火之利，而不掌火禁。其曰國失火，野焚萊，則有刑罰焉。蓋因布令而及之，使民知避其害，非火禁也。火禁如用火之地，救火之瀼，以及夏毋燒灰，昆蟲未蟄，不以火田之類，以刑官之屬掌之，使民不敢犯也。軍旅之火禁，以刑官修之者，非軍刑所及也。司烜掌明火，故并共墳燭庭燎，以爲刑官之屬，故并爲屋誅之竄焉。

條狼氏，掌執鞭以趨辟。王出入，則八人夾道，公則六人，侯伯則四人，子男則二人。

趨避，趨而辟行人。序官下士六人，豈文誤與？

凡誓，執鞭以趨于前，且命之。誓僕右曰「殺」，誓馭曰「車轘」，誓大夫曰「敢不關，鞭五百」，誓師曰「三百」，誓邦之大史曰「殺」，誓小史曰「墨」。

前，謂所誓衆之前行也。命之者，有司讀誓辭，則大言其刑，以警所誓也。士師五戒，一曰誓，用之于軍旅，注兼祭祀，非也；祭祀之誓戒，無所用殺轘之列，且大宰掌之，大司徒莅之，非條狼氏所及也。僕右不用命則敗績，故其灋重。既曰僕右，又曰馭，蓋制馭一軍者即軍帥也。發命不衷，出謀不審，則以國予敵，故其刑更重于僕右。大夫則輿帥也，事有當關白而不關者則鞭之，鞭作官刑故也。師，族師以下衆士也。有當關而不關者，灋末減于大夫，太史、小史不掌軍事而其刑殺墨者，古者行軍重天時，覘風雲物色，以卜勝敗，故其責亦重也。曰邦之太史、小史者，恐疑禮官不宜在軍，軍行別有太史、小史，如辟司徒、公司馬之類，故特文出之，以見即邦之太史、小史也。○王介甫以殺與車轘之刑過重，又鞭不宜加于大夫，遂謂此皆誓其屬，不知軍事威克。春秋傳，田于孟諸，楚申無畏抶宋公之僕。戎僕，大夫也。晉侯之弟楊干亂行于曲梁，魏絳戮其僕，辭于晉侯，曰「至于用鉞」，則古者軍刑之重可知矣。

脩閭氏，掌比國中宿互欜者與其國粥，而比其追胥者而賞罰之。

國中，城中也。宿，宿衛也。互，謂行馬，所以障禁止人也。凡吏士皆有常餼，而宿衛守互擊欜者，中夜巡徼閔其勞，故官行糜粥以食之。追胥者，則但比其事行其賞罰而已。行夜者飯之，則非時飲之以酒，則慮其號呶，使自爲粥則擾矣，故官行之。先王之政，所以即人之心而盡物之理也。

禁徑逾者與以兵革趨行者，與馳騁于國中者。

邦有故，則令守其閭互，惟執節者不幾。

令，閭胥、里宰之屬。閭亦有互，王政之周于守禦如此。

冥氏，掌設弧張。爲阱擭以攻猛獸，以靈鼓敺之。

弧張，罿罦之屬，所以扃絹禽獸。或曰，機弩也，敺之使驚趨阱擭。

若得其獸，則獻其皮、革、齒、須、備。

須，謂頤下須。備，謂搔也。

庶氏，掌除毒蠱，以攻説禬之，嘉草攻之。

攻説，祈諸神以求去之也。禬，除也。或曰，宜讀爲「潰」。嘉草，藥物，其狀未聞。或曰，柳宗元白蘘荷詩「庶氏有嘉草，攻説事久泯」〔二〕，豈嘉草即蘘荷與？

凡毆蠱，則令之比之。

此官僅下士一人，故人有能毆蠱者，則令之而比次其術之高下。

穴氏，掌攻蟄獸，各以其物火之。

蟄獸，熊羆之屬，穴居者也。將攻之，必先燒其所食之物，以誘出之，穴伏而必誘取之者，恐其時出而乘人之隙也。

〔二〕「説」，宋刻本河東先生集卷四十三種白蘘荷作「禬」。

以時獻其珍異皮革。

珍異，可備膳羞者，如熊掌之類。

翨氏，掌攻猛鳥，各以其物爲媒而掎之。以時獻其羽翮。

猛鳥，鷹隼之屬，置其所食之物于絹中，鳥下來則掎其脚。或曰，以其類爲招也。蟄獸猛鳥各設官以攻之者，非獨慮其害于人，亦所以安衆鳥獸，而使之生息蕃滋也。

柞氏，掌攻草木及林麓。

「草」字疑衍。或曰，草之與木叢生者，則并除之。柞氏攻木，薙氏攻草，皆主苑囿之官。若畿内林麓欲化爲穀土，或以奠民居，則第掌其政令。下經凡攻木者，掌其政令是也。

夏日至，令刊陽木而火之。冬日至，令剥陰木而水之。

刊、剥，皆謂斫去次地之皮。火之、水之，則其肄不生。〇既斬去其木，而後以水火焚漬其根株也。

若欲其化也，則春秋變其水火。凡攻木者，掌其政令。

化，猶生也，謂時以種穀也。所水，則火之；所火，則水之；則其土和美。○王介甫曰：「先王之于林麓，欲用其材，則爲之厲禁以養之；欲用其地以居民興穡，則刊剥而化之。」此虞衡、柞氏之職所以並設也。○郝京山曰：「謂化木而爲土也。」

薙氏，掌殺草。春始生而萌之，夏日至而夷之，秋繩而芟之，冬日至而耜之。

春草始萌，以鎡基絶之。夏草盛，聚其族而刈之，故曰夷。秋，百穀皆熟，恐以薙草傷穎實，故引繩以遮列而後芟其甽中之草。冬則以耜反其土，草根在上，則春不復生。

若欲其化也，則以水火變之。掌凡殺草之政令。

謂以火燒其所芟之草，已而水之，則其土和美。月令燒薙行水，利以殺草，可以糞田疇、美土疆。○王明齋曰：「掌殺草者，主公家之草，薙氏自爲之。掌凡殺草之政令者，主場圃田疇之草，教民爲之。」

硩蔟氏，掌覆夭鳥之巢。以方書十日之號、十有二辰之號、十有二月之號、十有二歲之號、二十有八星之號，縣其巢上，則去之。

夭鳥，惡鳴之鳥，若鴞鵩。方，版也。○鄭剛中曰：「鵲忌庚，燕避戊己，蝙逢申日則過街，鵲作巢則避太歲，狐潛上伏不越度阡陌，虎豹知衝破。然則夭鳥避此五者，必實有是理也。」○唐子西云：「聖惠方言：『有鳥夜飛，謂之無辜。小兒衣服遭之，輒成疾。』歐陽永叔鬼車詩言『其血污人家，其家必破』。然則聖人設官以驅夭鳥，豈可謂不急之務與？」

翦氏，掌除蠹物，以攻禜攻之，以莽草薰之，

蠹物，穿食人器物者。攻禜，六祈之二。

凡庶蠱之事。

庶氏掌除毒蠱，蠱之病人者也。此職庶蠱，蠱之病物者也。

赤犮氏，掌除牆屋，以蜃炭攻之，以灰洒毒之。

除牆屋，隙罅間之蟲豸也。擣其炭坋之則走，淳之以灑之則死。

凡隙屋，除其貍蟲。

隙屋，人所不居，埋藏之蟲尤易伏，故特言之。貍蟲，䗪肌蛷之屬。

蟈氏，掌去鼃黽，焚牡蘜。以灰洒之，則死。以其烟被之，則凡水蟲無聲。

牡蘜，蘜不華者。齊魯之間謂鼃爲蟈；黽，秋黽也。以烟被者，順風而揚之也。或以灰洒，或以烟被者，郊廟、朝廷、學校，嚴閟之地，乃絶其類。若會同、師田所暫止，則使之無聲可矣。曰凡水蟲，不獨鼃黽也。

壺涿氏，掌除水蟲。以炮土之鼓敺之，以焚石投之。

水蟲，狐蜮之屬。炮土之鼓，瓦鼓也。焚石得水作聲，則驚而避去。○王振聲曰：「黿鼉之屬，穿穴堤防。以焚石投之，則死。」

若欲殺其神，則以牡橭午貫象齒而沈之，則其神死，淵爲陵。

水之神龍罔象。橭，榆木名。午貫者，十字爲之。淵有神而欲殺之，必變見震驚于民者。

庭氏，掌射國中之夭鳥。若不見其鳥獸，則以救日之弓與救月之矢射之。

救日之弓、救月之矢，謂日月食所用弓矢。專言國中者，若山林田野則不必禦也。曰鳥獸者，既不見其形，則不辨其爲鳥與獸也。

若神也，則以大陰之弓與枉矢射之。

神，謂非鳥獸之聲，若春秋傳「或叫于宋大廟，譆譆出出」者。大陰之弓，即救月之弓；枉矢，即救日之矢：互言也。救日用枉矢，則救月以恒矢可知。

銜枚氏，掌司囂。國之大祭祀，令禁無囂。軍旅、田役，令銜枚。

囂，讙也。

禁叫呼歎嗚于國中者，行歌哭于國中之道者。

野外則不必禁，且不能徧也。○劉氏曰：「聲大而急曰叫，聲高而緩曰呼，聲嗟而怨曰歎，聲悲而傷曰嗚。」

伊耆氏，掌國之大祭祀，共其杖咸。

「咸」，讀爲「函」。老臣雖杖于朝，祭祀則去杖，有司函藏之，既事乃授焉。

軍旅，授有爵者杖。

將軍杖鉞，群帥皆執兵。其有事于軍中而不親甲兵者，如小宗伯、肆師、大師、大史、小史、師氏之類，則不論其年齒，皆授以杖，用以别于即戎者，軍中自主將至公司馬，皆各有所統之人、所司之局，故不任軍事，則别之曰有爵者。

共王之齒杖。

王賜老者之杖也。

大行人，掌大賓之禮及大客之儀，以親諸侯。

大賓，要服以内諸侯。大客，其孤卿也。禮必有儀，互言之，且以别尊卑也。

春朝諸侯而圖天下之事，秋覲以比邦國之功，夏宗以陳天下之謨，冬遇以協諸侯之慮。時會以發四方之禁，殷同以施天下之政；

六者皆諸侯入見之禮。謨，謀也。時會，即時見也。禁，謂九伐之灋。殷同，即殷見也。政，謂邦國之九灋。圖事、比功、陳謨、協慮，不宜有一定之期，而分四時以制灋者，亦舉其大略，非截然不相通也。春者，事之方始。秋則功可以成。夏則事既始而功未成，故使陳其謀猷。冬則此歲既終，而來歲更始，百事皆宜計慮。協諸侯之慮，非使諸侯協其慮，謂諸侯所慮，王與之協也。如諸侯慮凶祲，則王爲之議賑發；諸侯慮寇戎，則王爲之計備禦也。

時聘以結諸侯之好，殷覜以除邦國之慝；

此二者，諸侯使其臣入聘之禮。邦國有交相惡者，當衆聘其國卿皆在，故諭使解除。先儒或謂大宗伯職時聘、殷覜，乃諸侯所以事天子，此則天子所以答諸侯，非也。行人掌大賓之禮及大客之儀，若此爲王臣出聘覜，則無所爲大客之儀矣。

間問以諭諸侯之志，歸脤以交諸侯之福，賀慶以贊諸侯之喜，致禬以補諸侯之裁。

此四者，王臣出使之禮也。間問者，間歲一問諸侯，謂存省之屬，諭諸侯之志，使皆曉然于天子之意也。交者，上下同之。天子賜諸侯以脤，而諸侯亦得以致福于天子也。贊，助也。致禬，凶禮之弔禮、禬禮也。補其烖，謂歸以貨財。

以九儀辨諸侯之命，等諸臣之爵，以同邦國之禮而待其賓客。

于諸侯言命，其命尊也。于諸臣言爵，其命微也。諸臣之爵曰等者，有卿、大夫、士之等，又以大國、次國、小國爲之等，使各有所當，而後待之之禮可同也。

上公之禮：執桓圭九寸，繅藉九寸，冕服九章，建常九斿，樊纓九就，貳車九乘，介九人，禮九牢；其朝位，賓主之間九十步，立當車軹；擯者五人；廟中將幣，三享。王禮再祼而酢，饗禮九獻，食禮九舉，出入五積，三問三勞。諸侯之禮：執信圭七寸，繅藉七寸，冕服七章，建常七斿，樊纓七就，貳車七乘，介七人，禮七牢；朝位，賓主之間七十步，立當前疾；擯者四人；廟中將幣，三享。王禮壹祼而酢，饗禮七獻，食禮七舉，出入四積，再問再勞。諸伯執躬圭，其他皆如諸侯之禮。諸子：執穀璧五寸，繅藉五寸，冕服五章，建常五斿，樊纓五就，貳車五乘，介五人，禮五牢；朝位，賓主之間五十步，立當車衡；擯者三人；廟中將幣，三享。王禮壹祼不酢，饗禮五獻，食禮五舉，出入三積，壹問壹勞。諸男執蒲璧，其他皆如諸子之禮。

常，旌旗也。斿，其屬縿垂者。貳，副也。三牲備爲一牢。禮，謂饔餼也。朝位，謂大門外、賓下車，及王車出迎所立之處也。王始立大門内，交擯三辭，乃乘車出迎。軹，轂末也。疾，謂車轅，曲中，在軹之前、衡之後，衡在輈下，當服之領更前于疾。以諸侯所立推之，則王立其當軫與？廟，受命祖之廟也。三享，三獻也，皆束帛加璧。庭實，惟國所有。朝先享，不言朝者，朝禮無等，不必言也。王禮，王以鬱鬯禮賓也。王使宗伯攝酌圭瓚而祼，王拜送爵。又攝酌璋瓚而祼，后拜送爵，是謂再祼。再祼，賓乃酢王一祼，后不祼也。饗，設盛禮以飲賓也，以飲爲主，故以獻爲節。九舉，舉牲體九飯也。以食爲主，故以舉爲節。出入謂從來。訖，去也。每積有牢禮、米禾、芻薪。問，問不恙也。勞，苦倦之也。按覲禮記「偏駕不入王門」，偏駕者，諸侯所受上車，同姓金路，異姓象路，四衛革路，蕃國木路，皆舍于館而乘墨車以朝。蓋覲禮，天子不下堂而見諸侯，故諸侯不敢乘上車。春夏受贄在朝，亦無迎濵，惟朝後行三享在廟，天子乘車出迎，故諸侯並得乘上車，所以有繁纓九就之等也。○服物采章，諸侯之所服也。牢禮、饗食，王所以禮賓也，非各用其命數不可，惟擯者之數，則用其半，以示在天子所，則有所屈也。

凡大國之孤，執皮帛以繼小國之君。出入三積，不問，壹勞。朝位當車前。不交擯，廟中無相。以酒禮之。其他皆眂小國之君。

此以君命來聘也。孤尊既聘享，更自以其贄見，執束帛表以豹皮繼小國之君，言次之也。朝聘之禮，每一國畢乃前。不交擯者，不使介傳辭交于王之擯，而親自對擯也。廟中無相，介皆入門西上而立，不前相禮。酒，齊酒也。以酒禮之，謂不和鬱鬯以裸也。其他，謂貳車及介牢禮賓主之間擯者將幣饗食之數。知此，爲更以贄見者，若正聘，則執瑑圭璋八寸，不得執皮帛也。孤眡小國之君以五爲節，而公之卿乃七介者，卿奉君命故七介，孤自特見，故五介也。孤出入三積一勞，與小國同，而特文見之者，卿亦三積一勞，故不得以視小國該之也。

凡諸侯之卿，其禮各下其君二等以下；及其大夫、士，皆如之。

此亦以君命來聘者。所下其君之禮，介與朝位，賓主之間也。其餘，則自以其爵。聘義曰「上公七介，侯伯五介，子男三介」，謂使卿聘之數也。然則朝位亦以七十步、五十步、三十步爲節與？及其大夫、士皆如之者，大夫又各自下其卿二等也。聘禮曰「小聘使大夫，其禮如爲介」，士無聘之介數，而曰如之者，士雖無介與步數，至于牢禮之等，又降殺大夫。

邦畿方千里。其外方五百里謂之侯服，歲壹見，其貢祀物。又其外方五百里謂之甸服，二歲壹見，其貢嬪物。又其外方五百里謂之男服，三歲壹見，其貢器物。又其外方五百里謂之采服，四歲壹見，其貢服物。又其外方五百里謂之衛服，五歲壹見，其貢材物。又其外方五百里謂之要服，六歲壹見，其貢貨物。

要服，即蠻服也。大司徒職歲之常貢不宜有成器，此職器物則或兼尊彝之屬，材物亦宜兼齒角羽毛之屬也。舊説，虞、夏之制，天子巡狩之明年，諸侯各以其方歲見，四載而徧；此經注其朝貢之歲，四方各四分，趨四時而來；皆非也。果爾，則或一歲而空一方之諸侯，或一歲而空一服之諸侯，其國或大喪、大札、水旱、寇戎，將棄而不理乎？竊意，周制，侯服最近，故每歲一見而徧。甸服地較遠，分國較多，兩歲中各以其時、其事一見而徧。男、采、衛、要地愈遠，分國愈多，則期愈寬，所以順人情、便國事也。虞、夏之制，亦大概類此。成王之崩，事在旬日，而康王之立，太保率西方諸侯入應門左，畢公率東方諸侯入應門右，則六服皆有朝者可知矣。舜典曰覲四岳、群牧，班瑞于群后，則非一方之諸侯可知矣。○尚書「六年五服一朝」，言六年中五服皆朝以徧，非謂僅一朝也。其不言六服者，以徧朝爲言，故侯服每歲一朝者不數也，與周禮本可通。春秋傳叔向所言，乃雜舉古制及文、襄之憲令耳。

九州之外謂之蕃國，世壹見，各以其所貴寶爲贄。

九州之外，夷服、鎮服、蕃服也。世一見，謂父死子立及嗣王即位，乃一來朝。

王之所以撫邦國諸侯者，歲徧存，三歲徧覜，五歲徧省，七歲屬象胥、諭言語、協辭命，九歲屬瞽史、諭書名、聽聲音，十有一歲達瑞節、同度量、成牢禮、同數器、脩灋則，十有二歲王巡守、殷國。

撫，猶安也。曰撫邦國、諸侯者，撫諸侯乃所以撫邦國也。存，問其安否也。覜，視其治效也。省，察其風化也。三者，皆所謂間問也。歲者，巡守之明歲，以爲始也。屬，猶聚也，召其象胥、瞽史，聚于王朝而教習之也。辭命者，畛于鬼及邦交之禮辭也。數器，銓衡也。灋，八灋也。則，八則也。達、同、修，皆謂齎其灋式，行至則齊等之也。成，平也，蓋平其僭逾者。小行人職「適四方，達六節，成六瑞」，則十有一歲前王而巡者，其小行人與？

凡諸侯之王事，辨其位，正其等，協其禮，賓而見之。

若有大喪，則詔相諸侯之禮。

若有四方之大事，則受其幣，聽其辭。

四方之大事，謂國有兵寇來告急也。亦有贄幣，以崇敬也。聘禮曰「若有言，則以束帛如享禮」。

凡諸侯之邦交，歲相問也，殷相聘也，世相朝也。

小聘曰問。殷，中也。中間久無事則大聘。諸侯同方岳，則有相朝之禮，皆所以考禮一德，以尊天子也。大國聘于小國，小國朝于大國，敵國則兩君相朝，故司儀于諸公、諸侯皆言「相爲賓」是也。

小行人，掌邦國賓客之禮籍，以待四方之使者。

通掌其禮籍，而所待獨使臣也。

令諸侯春入貢，秋獻功；王親受之，各以其國之籍禮之。

職貢雖有常而必時，其歲之豐凶以爲贏縮，故往歲之貢至春而後入之。月令制諸侯職貢之數以季秋，蓋農收備入而後數可定也。功，謂治國家之狀，至秋則歲功成、刑獄決，凡治之狀可按驗矣，故獻之。

凡諸侯入王，則逆勞于畿。及郊勞、眡館、將幣，爲承而擯。

入王，朝于王也。春秋傳曰「宋公不王」，又曰「諸侯有王」，王有巡守。眡館，致館也。承，猶丞也。三者，皆爲丞而擯之。賓將幣，大宗伯爲上擯。郊勞，舊說使大行人；眡館，使卿大夫。

凡四方之使者，大客則擯，小客則受其幣而聽其辭。

擯者，擯而見之，王受其幣而聽其辭，則代之入告也。大客，要服以内使臣。小客，蕃國使臣。或曰，孤卿爲大客，大夫爲小客。或曰，以國之大小爲别也。

使適四方，協九儀賓客之禮。朝、覲、宗、遇、會、同，君之禮也。存、規、省、聘、問，臣之禮也。

適，之也。協，合也。○黄文叔曰：「朝覲、宗遇、會同，諸侯所以尊天子也，而通乎兩君之相朝，亦君禮也。存、規、省、聘、問，天子所以撫諸侯也。而邦交之歲相問、殷相聘，亦臣禮也。」

達天下之六節：山國用虎節，土國用人節，澤國用龍節，皆以金爲之。道路用旌節，門關用符節，都鄙用管節，皆以竹爲之。

此謂邦國之節也。達之者，亦齎式瀍以齊等之。虎、人、龍三者，諸侯使臣出聘所執。旌、符、管三者，在國所用。都鄙者，公之子弟及卿、大夫之采地也。凡邦國之民出至他邦，他邦之民來入，門關爲之節。其以徵令及家徙者，鄉、遂大夫及采地之吏爲之節，皆使人執節以將之，有期以反節。此與掌節有異同者，天子使于諸侯，諸侯使于天子，其爲節異則不合；門關、道路節異，則不通。此五節所以同也。天子之都鄙與諸侯之都鄙，守之者爵等懸殊，此管節、角節所以異也。無玉節者，行人所達，惟使節；邦國所守，非所及也。無貨賄之璽節者，國中所用，亦非行人所及也。疏引司關職，謂貨賄同用符節，非也。司關掌國貨之節以聯門市，即璽節也。果同用符節，則璽節何所用乎？

成六瑞，王用瑱圭，公用桓圭，侯用信圭，伯用躬圭，子用穀璧，男用蒲璧。

成，平也。此適四方之事，而首舉王用鎮圭者，典瑞職鎮圭以徵守，則亦應使邦國知其形制也。

合六幣，圭以馬，璋以皮，璧以帛，琮以錦，琥以繡，璜以黼。此六物者，以和諸侯之好故。

合者，兩相配也。五等諸侯享天子並用璧，享后用琮，其大各如其瑞，皆有庭實。惟二王後用圭璋，其于諸侯則用琮璧。子、男之于諸侯則用琥璜。凡二王後、諸侯相享之玉，大小各降其瑞一等。其使卿大夫覜聘亦如之。馬皮非幣，而總于六幣者，謂用之以當幣也。○王光遠曰：「以其通情而來則謂之好，以其因事而來則謂之故。」

若國札喪，則令賻補之。若國凶荒，則令賙委之。若國師役，則令槁禬之。若國有福事，則令慶賀之。若國有禍烖，則令哀弔之。凡此五物者，治其事故。

此五者，其四大宗伯所掌凶禮，其一嘉禮也，復列于此者，設所至之國有此，則令鄰國供具而後以復于王，故其文次于使適四方之後也。蓋凶荒之賙委，師役之犒禬，必待奏請，則緩不及事，即適遇其國札、喪、禍、烖、福事，亦必于常禮有加，禮意乃洽。且札、喪、禍、烖、福，事之小者，或不敢以聞于王朝，而王使適遇之，則不得爲弗聞也者而過之也。治其事故者，酌財用多少之宜、施行緩急之節，以及興發調移之瀍也。不見恤禮，蓋于師役中兼之。○王光遠曰：「所作謂之事，所遭謂之故。」

及其萬民之利害爲一書，其禮俗、政事、教治、刑禁之逆順爲一書，其悖逆、暴亂、作慝、猶犯令者爲一書，其札喪、凶荒、厄貧爲一書，其康樂、和親、安平爲一書。凡此五物者，每國辨異之，以反命于王，以周知天下之故。

慝，惡也，猶圖也。康樂，謂民氣安危。和親，謂鄰國交歡。安平，謂上下寧輯。

司儀，掌九儀之賓客擯相之禮，以詔儀容、辭令、揖讓之節。

出接賓曰擯，入贊禮曰相。以詔者，以禮告王。

將合諸侯，則令爲壇三成，宮，旁一門。

合諸侯，謂有事而會也。爲壇，於國外以命事。三成，三重也。此宮，壝土以爲牆，所謂壇壝宮也。天子春帥諸侯拜日于東郊，則爲壇于國東；夏禮日于南郊，則爲壇于國南；秋禮山川丘陵于西郊，則爲壇于國西；冬禮月四瀆于北郊，則爲壇于國北。既拜，禮而還加方明于壇上而祀焉。所以教尊尊也。覲禮曰「諸侯覲于天子，爲宮方三百步，四門壇十有二尋，深四尺」。王巡守殷國，爲宮應亦如此。令，令封人也。

詔王儀：南鄉見諸侯，土揖庶姓，時揖異姓，天揖同姓。

王既祀方明，諸侯上介皆奉其君之旂置于宮，乃詔王升壇。諸侯皆就其旂而立：諸公，中階之前北面東上；諸侯，東階之東西面北上；諸伯，西階之西東面北上；諸子，門東北面東上；諸男，門西北面東上。王揖之者，定其位也。庶姓，無親者。異姓，昏姻之國也。土揖者，不舉手即向下揖。時揖，則略舉手而後向下。天揖，則高揭手而後向下也。

及其擯之，各以其禮：公於上等，侯、伯於中等，子、男於下等。

謂執玉而前見于王也。擯之各以其禮者，謂擯公者五人，侯、伯四人，子、男三人也。上等、中等、下等，謂奠玉處也。壇三成，深四尺，則每等一尺也。壇十有二尋，方九十六尺，則堂上二丈四尺，每等丈二尺與？諸侯各于其等奠玉，降拜，升成拜，明臣禮也。既，乃升堂授王玉。下云將幣據三享，故知此擯之爲執玉見王。

其將幣亦如之，其禮亦如之。

禮，謂以鬱鬯祼之。亦如之者，皆于其等之上。

王燕，則諸侯毛。

毛，謂不問爵之尊卑，以年齒相先後也。朝事尊尊尚爵，燕則親親尚齒。

凡諸公相爲賓：主國五積，三問；皆三辭，拜受；皆旅擯；再勞；三辭，三揖；登；拜受，拜送。

相爲賓，謂相朝也。賓所停止則積，間闊則問，行道則勞，其禮，皆使卿大夫致之。從來至去，數如此也。積、問不言，登受之于庭也。「旅」，讀如鴻臚之「臚」，謂陳之也。賓之介九人，使者七人，皆陳擯位，不傳辭。賓之上介出請使者則前對。拜送，送使者。據下經主君郊勞，則遠郊及勞于境當使卿。聘禮「宰夫朝服設飧」，致飧于國客之禮也。此諸侯相賓，則飧當使卿。飧積同禮，則積亦當使卿。惟問爲小禮，使卿與大夫無考。

主君郊勞：，交擯，三辭：，車逆，拜辱：，三揖，三辭：，拜受：，車送，三還：，再拜。

交擯者，各陳九介，使傳辭也。前三辭，辭主君之親出也。後三辭，辭郊勞之幣物也。卿大夫聘及郊，主君使卿以束帛勞，夫人使大夫以棗栗勞，則國君相爲賓。郊勞必有幣玉、籩豆之屬，故曰「三辭」、「拜受」也。三還，主君還辭。賓再拜，賓拜送也。

至館亦如之。致飧，如致積之禮。

館，舍也。使大夫授之，君又以禮親致焉。凡云致者，皆有幣以致之。

及將幣，交擯，三辭：，車逆，拜辱：，賓車進，答拜：，三揖，三讓：，每門止一相，及廟，惟上相入：，賓三揖三讓：，登，再拜授幣：，賓拜送幣。每事如初，賓亦如之。及出，車送，三請三進，再拜：，賓三還三辭，告辟。

三揖者，朝位相去九十步，揖之使前也。至而三讓，讓入門也。每門止一相，彌相親也。賓三揖、三讓，讓升也。「賓」亦如之，當爲「儐」，謂以鬱鬯禮賓也。上于下曰禮，敵者曰儐。三請、三進，請賓就車也。每一請，車一進，欲遠送也。三還、三辭者，主君一請，賓亦一還一辭。至三請，賓三辭，則主君再拜以送賓，而賓告已辟去也。注「授幣當爲受幣」，非也。未有置賓之送幣，而先言主君之受幣者，蓋「再拜」句斷，賓三揖三讓而升堂，則主君拜其至也。授幣賓拜送幣，言授幣時賓拜而送之也。授幣非國君所親，必上相授之，而君拜送以致敬耳。每事如初，謂享及有言，主賓皆交拜也。

致饔餼，還圭，饗食，致贈，郊送，皆如將幣之儀。

六禮，皆主君所親，故兩君相見之禮同也。惟饗食速賓，其餘主君親往。

賓之拜禮，拜饔餼，拜饗食。賓繼主君，皆如主國之禮。

拜禮者，拜郊勞之禮也。主君郊勞以禮于賓，次日賓入將幣，所以答主君之禮也。其致饔餼，及饗食之次日，賓亦入拜，蓋主君既親之，則賓無不答也。所謂賓繼主君，即此，謂隨而答其禮也。不言拜還圭者，還圭與致饔餼同時也。不言拜致贈郊送者，賓入辭而主君出，贈送則遂行矣。

諸侯、諸伯、諸子、諸男之相爲賓也，各以其禮；相待也，如諸公之儀。

賓主相待之儀與諸公同。其饔餼饗食之禮，則有降殺。

諸公之臣相爲國客，則三積，皆三辭，拜受。

不言登受者，受之于庭也。注謂侯伯之臣不致積，據聘禮無致積之文。然此經曰「凡侯伯子男之臣相爲客而相禮其儀亦如之」，則不應無積可知矣。豈道路共積無以束帛致積之禮，而記者遂略之與？

及大夫郊勞，旅擯，三辭，拜辱；三讓，登，聽命；下拜，登受；賓使者，如初之儀；及退，拜送。

登，聽命。賓登堂以聽主君之命也。賓使者亦當爲儐。蓋主國以束帛勞，而賓以束錦儐使者也。如初之儀，使者亦三辭而後拜受也。按聘禮，侯、伯之臣受勞于庭，致館亦于庭，此並登聽命，公之臣尊也。

致館，如初之儀。

如郊勞也。按聘禮，致館無束帛，賓亦無儐。不言致飧者，君于聘大夫不致飧也。聘禮曰「飧不致，賓不拜」。

及將幣，旅擯，三辭；拜逆，客辟；三揖；每門止一相，及廟，惟君相入；三讓，客登；拜，客三辟；授幣，下出。每事如初之儀。

三辭，辭主君以大客禮當己也。客辟，不敢答禮也。惟君相入，客相不敢入也。拜，主君拜客至也。客三辟、三退，負序也。三讓客登，與上經賓三揖、三讓登同。拜與上經再拜同。客三辟而後授幣，則未授幣不宜預設受幣之文益明矣。不敢拜送者，奉君命以將事，非己所專也，故私面、私獻皆再拜稽首。

及禮，私面，私獻，皆再拜稽首，君答拜；

禮，以醴禮客也。私面，私覿也。既覿，則或有私獻者。此三者皆于聘之日行之，故并言之。春秋傳「楚公棄疾見鄭伯，以其乘馬私面。」

出，及中門之外，問君；客再拜，對；君拜，客辟而對；君問大夫，客對；君勞客，客再拜稽首；君答拜，客趨辟。

中門之外，即大門之内也。問君，曰：「君不恙乎？」對曰：「使臣之來，寡君命臣于庭。」問大夫，曰：「二三子不恙乎？」對曰：「寡君命使臣于庭。二三子皆在。」勞客，曰：「道路悠遠客甚勞。」勞介，則曰：「二三子甚勞。」既曰「再拜對」，又曰「辟而對」者，前對問不恙，後對或別問君之所爲也。後曰「君答拜」，前第曰「君拜」者，非答客也。聞其君之起居不恙，則如親見而拜以致敬也。必出中門而後問者，諸侯相爲賓，則主君郊勞。今郊勞不親，故出廟而後問，示不敢即安，若欲就客而問之也。或謂廟中禮敬不可及其餘，非也。私面、私獻皆于廟，而反不可問君大夫乎？

致饔餼，如勞之禮。饗食，還圭，如將幣之儀。

注謂「饗食亦君不親，而使大夫以幣致」者，非也。所以如將幣之儀而異于郊勞者，正謂君親饗食，故與將幣見君之儀同耳。若大夫致之，則當如郊勞之禮矣。還圭，主君弗親而亦如將幣之儀者，將幣以圭，則還圭者兩國相答之正禮也。雖大夫致之，若主君之臨，而以不敢答禮焉。故據聘禮迎于門外而不拜，猶將幣時主君拜至，客辟而不敢答拜，異于郊勞之拜辱也。聽命、受圭，負右房而立，猶授幣不拜而下，異于郊勞之聽命下拜登受也。其儀與將幣不同，而曰如將幣之儀，謂不敢答禮如親見主君而受命耳。郊勞曰禮者，有儐使者之幣，故兼儀與物而言之。

君館客，客辟，介受命；遂送，客從拜辱于朝。

君館客者，客將去，就省之也。遂送，君拜以送客也。

明日，客拜禮賜，遂行，如入之積。

客將行，總拜主君之禮賜也。如入之積，亦三積也。

凡侯、伯、子、男之臣，以其國之爵相爲客而相禮，其儀亦如之。

不曰以其爵，而曰以其國之爵者，記曰「次國之上卿，位當大國之中，中當其下，下當其上。大夫，小國之上卿，位當大國之下卿；中當其上大夫，下當其大夫」。

凡四方之賓客，禮儀、辭命、餼牢、賜獻，以二等從其爵而上下之。

二等，謂降殺以兩，即大行人職所謂「諸侯之卿各下其君二等，大夫士亦如之」也。上言爵等同者，相爲賓客之禮。此則言爵等不同者，相爲賓客之禮。

凡賓客，送逆同禮。凡諸侯之交，各稱其邦而爲之幣，以其幣爲之禮。

幣，享幣也，大國則豐，小國則殺。主國如其豐殺而禮之。

凡行人之儀，不朝不夕，不正其主面，亦不背客。

謂擯相傳辭時也。不正東鄉，不正西鄉，常視賓主之前，却得兩鄉之。司儀掌擯相之禮，以詔儀容、辭令、揖讓之節，故行人受儀灋焉。

行夫，掌邦國傳遽之小事、媺惡而無禮者。凡其使也，必以旌節。雖道有難而不時，必達。

傳遽，若後世馳驛而使者。媺，吉事也。惡，凶事也。無禮，禮籍所不載也。道有難，謂遭疾病、他故也。其大事有禮者，有故則介傳命，不嫌不達〇不曰吉凶而曰美惡者，如王小有問勞，雖美而不得謂之吉；小有詰讓，雖惡而不得謂之凶也。

居于其國，則掌行人之勞辱事焉；使則介之。

先儒謂使必大、小行人，非也。大行人二人，小行人四人，掌賓客之禮事，豈能供聘覜、存省、問喪、荒弔、禬恤，以及賑播、慶賀之役哉？司士職曰「作士適四方爲介」者，凡國使之介也。

此曰「使則介之」者，惟十有一年，小行人使適四方以協禮事，則行夫爲之介也。居于其國，謂介行人而居所適之國也。不先言介者，文當然也。如曰行人使則介之，居于其國掌行人之勞辱事，則贅矣。

環人，掌送逆邦國之通賓客，以路節達諸四方。舍則授館，令聚欜；有任器，則令環之。凡門關無幾，送逆及疆。

路節，旌節也。四方，圻上也，逆賓于疆，及宿令欜，歸送亦如之，掌訝之職也。而又設環人，所以待過賓于王畿而之列國者，故曰通賓客。又曰以路節達諸四方，又曰門關無幾、送逆及疆，則非止而有事者明矣。曰環人者，環四境而待過賓，以達之于四方也。

象胥，掌蠻夷、閩貉、戎狄之國使，掌傳王之言而諭説焉，以和親之。若以時入賓，則協其禮，與其辭，言傳之。

凡其出入送逆之禮節、幣帛、辭令而賓相之。

幣帛，王所賜予也。辭令，告諭之辭也。賓相，爲擯而相侑其禮儀也。

凡國之大喪，詔相國客之禮儀而正其位。凡軍旅、會同，受國客幣而賓禮之。凡作事：王之大事，諸侯；次事，卿；次事，大夫；次事，上士；下事，庶子。

「凡國之大喪」以下，乃掌客職錯簡，蓋象胥之職，前所列已備矣，而掌客未及大喪詔相國客儀位，軍旅、會同、受幣、賓禮國客，則職事有缺也。卿、大夫、士、庶子，謂從諸侯而來賓者。喪紀、軍旅、會同之大事，使諸侯。次事、小事，并及諸侯之卿、大夫、士、庶子，使觀禮，且周事也。諸子職會同、賓客，士庶子必從。春秋傳「同盟于戲，六卿及大夫門子皆從」，鄭伯則于王事可知矣。若王朝之卿、大夫、士，則贊王命而戒之者，冢宰王朝之士庶子則作之者，諸子非掌客所及也。既曰凡作事，又曰王之大事者，正以見所作卿、大夫、士皆侯國之人，而事則王朝之事耳。○惟諸侯之從者，故所任止上士，若王臣則中下士，與事者多矣。

掌客，掌四方賓客之牢禮、餼獻、飲食之等數與其政治。

政治，邦新殺禮之屬。

王合諸侯而饗禮，則具十有二牢，庶具百物備；諸侯長，十有再獻。

大合諸侯，則其長必二王之後也，故備天子儀物，示賓而不臣。

王巡守、殷國，則國君膳以牲犢，令百官百牲皆具，從者三公眡上公之禮，卿眡侯伯之禮，大夫眡子男之禮，士眡諸侯之卿禮，庶子壹眡其大夫之禮。

犢，角繭栗者。牲孕則天子不食。令者，掌客令主國也。大行人職曰「十有二歲王巡守殷國」，此職又曰「王巡守殷國」，而下載諸侯膳王之禮，則殷同即巡守而會諸侯于方岳，所謂施天下之政者，即尚書、王制所載巡守諸大政。舊説王不巡守而六服盡朝，非也。春秋傳曰：「先王卜征，五年而歲其祥，祥習則行，不習則增修德而改卜。」設王當巡守之歲，以喪疾不行，自可于疾已喪畢之後行之，不宜更曠其期，至十有二年之久。且王果喪疾，又不應日覲四方之諸侯也，況巡守者巡所守也。豈可以諸侯之朝代哉！六服之君，無歲不朝，以圖事比功，而又一歲而徧召之。義無所取，當以經文正之。不曰諸侯膳以牲犢，而曰國君者，惟所至之國然也。

凡諸侯之禮：上公五積，皆眡飧牽，三問皆脩。群介、行人、宰、史皆有牢。飧五牢，食四十，簠十，豆四十，鉶四十有二，壺四十，鼎、簋十有二，牲三十有六，皆陳。饔餼九牢，其死牢如飧之陳。牽四牢，米百有二十筥，醯醢百有二十罋，車皆陳。車米眡生牢，牢十車，車秉有五籔；車禾眡死牢，牢十車，車三秅；芻薪倍禾：皆陳。乘禽日九十雙，殷膳大牢；以及歸，三饗、三食、三燕；若弗酌，則以幣致之。凡介、行人、宰、史，皆有飧、饔餼，以其爵等爲之牢禮之陳數，唯上介有禽獻。夫人致禮：八壺、八豆、八籩，膳大牢，致饗大牢，食大牢。卿皆見以羔，膳大牢。侯伯四積，皆眡飧牽，再問皆脩。飧四牢，食三十有二，簠八，豆三十有二，鉶二十有八，壺三十有二，鼎、簋十有二，腥二十有七，皆陳。饔餼七牢，其死牢如飧之陳。牽三牢，米百筥，醯醢百甕，皆陳。米三十車，禾四十車，芻薪倍禾，皆陳。乘禽日七十雙，殷膳大牢，三饗、再食、再燕。凡介、行人、宰、史，皆有飧、饔餼，以其爵等爲之禮，唯上介有禽獻。夫人致禮：八壺、八豆、八籩，膳大牢，致饗大牢。卿皆見以羔，膳特牛。子男三積，皆眡飧牽，壹問以脩。飧三牢，食二十有四，簠六，豆二十有四，鉶十有八，壺二十有四，鼎、簋十有二，牲十有八，皆陳。饔餼五牢，其死牢如飧之陳。牽二牢，米八十筥，醯醢八十甕，皆陳。米二十車，禾三十車，芻薪倍禾，皆陳。乘禽日五十雙，壹饗，壹食，壹燕。凡介、行人、宰、史，皆有飧、饔餼，以其爵等爲之禮，唯上介有禽獻。夫人致禮：六壺、六豆、六籩，膳眡致饗。親見卿，皆膳特牛。

積皆視飧牽，謂所共如飧，而牽牲以往，不殺也。生而致之，以一夕還次，不盡用也。不殺，則無鉶鼎簠簋之實。其米，實于筐。豆實，實于甕。壺之有無，未聞。脩，脯也。飧客始至，致小禮也。公、侯、伯、子、男飧，皆飪一牢，其餘牢則腥。食，謂庶羞，美可食者。簠，稻粱器也。豆，菹醢器也。鉶，羹器也。禮之大數，鉶少于豆。公鉶宜三十八，侯伯二十八，子男十八。

壺，酒器也。鼎，牲器也。簋，黍稷器也。合言鼎簋者，牲與黍稷乃食之主也，故公、侯、伯、子男，其數皆十有二，無加損焉。「牲」，當作「腥」，謂腥鼎也。于侯伯云腥二十有七，乃本字也。諸侯禮盛，腥鼎有鮮魚、鮮腊，每牢皆九爲列。公，腥鼎三十六，腥四牢也。侯伯二十七，腥三牢也。子男十八，腥二牢也。皆陳，皆陳列也。凡此，皆飧門内之實也。其車，米禾、芻薪則陳于門外。饔、餼既相見，致大禮也。死牢，如飧之陳，亦飪一牢。餘腥牽，生牢也。車皆陳，「車」字衍。米車，載米之車也。聘禮曰「十斗曰斛，十六斗曰籔，十籔曰秉」，每車秉有五籔，則二十四斛也。禾，稾實并刈者。聘禮曰「四秉曰筥，十筥曰稯，十稯曰秅」，每車三秅，則三十稯也。稯，猶束也。米禾之秉筥，字同數異，禾之秉，手把耳。「筥」，讀爲棟梠之「梠」，謂一稍也。乘禽，乘行群處之禽，謂雉、雁之屬，于禮，以雙爲數。殷，中也。中又致膳，亦念賓也。若弗酌，謂君有故，不親饗食燕也。不饗，則以酬幣致之。不食，則以侑幣致之。凡介，行人、宰、史、衆臣從賓者也。以其爵等爲其牢禮之陳數，大行人職所謂諸侯之卿，各下其君二等，及其大夫士亦如之也。夫人致禮，助君養賓也。致之，皆使下大夫。于子男曰膳視致饗，則是不復饗也。卿皆見者，見于賓也。既見之又膳之，亦助君養賓也。于子男曰親見卿皆膳特牛，見卿于小國之君，有不特造館見者，其造見者乃致膳也。此經獨言諸侯相朝、主國待賓之禮者，天子待諸侯之禮亦然，故舉下以包上也。飧禮不言米禾芻薪者，以積視飧牽，則飧有米禾、芻薪不必言矣。」○疏謂「君用脩，臣用牢，非禮，疑有誤」，非也。群介，行人、宰史皆有。牢，致積之牢也，其文係于「三問皆脩」之下者，問君以脩則不疑于牢爲臣之問也。不曰皆有積，何也？曰有牢則致積可知。曰有積，則嫌于君之積有牢，而臣之積無牢也。曰群介、行人、宰史皆有飧饔餼，又曰各以其爵等爲牢禮之陳數，亦此義也。注謂「諸臣牢禮之數，惟以爵不以命數」，亦非也。果爾，則子男之卿陳數與君同矣。注牢禮陳設之位與數，皆約聘禮言之，他無所見。

凡諸侯之卿、大夫、士爲國客，則如其介之禮以待之。

謂特來聘問，待之如爲介之禮也。

凡禮賓客，國新殺禮，凶荒殺禮，札喪殺禮，禍烖殺禮，在野在外殺禮。

環人職「凡國之大喪」節，應次此節下。

凡賓客死，致禮以喪用。賓客有喪，惟芻稍之受。

死則主人爲之具而殯矣。喪用者，饋尊之物。賓客有喪，謂父母或君死也。芻，給馬牛稍人廩也。

遭主國之喪，不受饗食，受牲禮。

　牲禮，腥致者。饗食，則全不受。飧、饔、餼，亦止受腥牢，有喪不忍煎烹也。禮不當受，則主人不以熟致，非致而不受。

掌訝，掌邦國之等籍，以待賓客。

若將有國賓客至，則戒官脩委積，與士逆賓于疆，爲前驅而入。

　士，訝士也。

及宿，則令聚欜。及委，則致積。至于國，賓入館：，次于舍門外，待事于客。及將幣，爲前驅。至于朝，詔其位：，入復：，及退，亦如之。

　入復，入告王以客至也。退亦如之，仍爲前驅也。

凡賓客之治，令訝，訝治之。

　注謂「賓客之治，爲正貢賦理國事」，非也。邦國之貢，冢宰制之：，其典，冢宰施之：，地灋，司徒頒之：，禮事，宗伯令之：，獄訟，司寇定之：，而又使司馬兼董焉，非訝士所得治明矣。訝士掌四方之獄訟，邦有賓客，則誅戮暴客者；客出入則導之，有治則贊之。蓋或賓客之僕隸、廝輿與邦人有争，或賓客之屬自犯灋禁，其在王朝皆不敢自治，而以歸于掌訝，掌訝使訝士治之。訝士職曰「有治則贊之」者，即贊掌訝也。晉人執宋仲幾于京師，春秋以爲非常而志之，則周之舊典可知矣。

凡從者出，則使人道之。及歸，送亦如之。

從者，凡介以下也。人，其屬胥徒也。送至于境，如其前驅、聚欜、待事之屬。

凡賓客，諸侯有卿訝，卿有大夫訝，大夫有士訝，士皆有訝。

此謂朝覲聘問之日，王所使迎賓客于館之訝也。不曰「則」而曰「有」者，大國之君有卿訝，而小國之君則大夫訝。大國之卿有大夫訝，而小國之卿則士訝。若小國之大夫及列國之士，則雖有訝者，而非命士矣。知然者，列國之士，天子無使命士往訝之義也。司士職「會同、賓客作士從」，諸子職「會同、賓客作群子從」，則訝列國之士者，其諸王朝未授職之士與庶子與？

凡訝者，賓客至而往，詔相其事，而掌其治令。

凡訝者，謂上所云卿、大夫、士，皆待賓客至館而後往，非若掌訝之逆于疆也。掌訝惟至于朝詔其位而已。此訝者則詔相其禮事，掌訝及退爲之前驅而已。若賓有治，王有令于賓，則此訝者通掌之。

掌交，掌以節與幣巡邦國之諸侯及其萬民之所聚者，道王之德意志慮，使咸知王之好惡，辟行之。

萬民之所聚者，謂大都會也。「辟」，讀如辟忌之「辟」，謂使知王之所好者而爲之，知王之所惡者辟而不爲。列職八人，而能徧巡邦國者，各主其方，而不限以程期也。

使和諸侯之好，達萬民之説。

説，所喜也。達者，達之于王若其國君。

掌邦國之通事而結其交好，

注「通事，謂朝覲、聘問」，非也。朝覲、聘問，禮有常經，無爲別設官以掌之。蓋非朝聘之期，而鄰國有事欲相通，則因王官之巡行而達其意也。其事如通防、交糴、聯婚姻、詰逋逃之類。

以諭九稅之利、九禮之親、九牧之維、九禁之難、九戎之威。

九稅，司徒所掌也。九禮，宗伯所頒也。九牧，冢宰所建也。九禁、九戎，司馬所專也。而使刑官之屬諭之者，蓋邦國不能率由典常，則刑禁及之。刑禁不能施，則兵戎詰之。與司馬九灋兼備五官之職，其義略同。獨無冬官之灋者，居四民，時地利，惟始立國用之。建國之後，未有無故而變冬官之灋者，故不之及也。

掌察闕。

掌貨賄闕。

朝大夫，掌都家之國治。日朝，以聽國事故，以告其君長。

序官曰「每國上士二，人下士二人」，則國治即都家之治也。

國有政令，則令其朝大夫。

李耜卿曰：「上文國事故，乃天子日所施爲者，聽之以告其君長，使知王之所好惡而辟行之也。此政令乃當施于都家者。」

凡都家之治于國者，必因其朝大夫，然後聽之；惟大事弗因。

都家所有治事上王國，必因朝大夫以通，然後受而聽之。若大事，如寇戎、荒喪之類，則直達。

凡都家之治有不及者，則誅其朝大夫；在軍旅，則誅其有司。

不及，謂有稽滯。有司，都司馬、家司馬也。

都則闕。

都士闕。

家士闕。

李耜卿曰：「自大司寇、小司寇、士師而下，鄉士主國獄，遂士主郊縣，士主野，方士主都家、畿內也，訝士主四方畿外也。次以朝士者，斷獄、弊訟，皆于外朝也。次以司民者，見民者天之所司，王之所敬，刑罰不可以不中也。獄訟既弊，有五刑以麗其辟，故次司刑。有刺宥以議其輕重，故次司刺。有大亂獄，則故府之藏可覆視，故次司約。有疑獄不決，則明神可鑒，故次司盟。于是罪輕而贖刑者，則職金受其入。罪重而孥戮者，則司厲執其澷。稍重而未麗于澷者，則司圜主收教之。已在刑者，則囚而刑殺，故掌囚、掌戮又次之。從坐者恕其死，因任以事，故司隸、罪隸又次之。征伐四夷所得蠻、閩、夷、貉四隸又次之。繼犬人于司厲者，司厲治盜，犬能逐盜者也。雖然，刑非得已也，禁于未發，則民安而上不煩，故布憲禁于天下。禁殺戮，禁暴民禁于國中。野廬氏、蜡氏、雍氏、萍氏、司寤氏所以使行者無害。死者有主陸走者無險阻，水浮者不没溺。時其宵晝行止以節，皆道路之禁也。司烜氏、條狼氏、脩閭氏皆祭祀、軍旅之禁也。自冥氏至庭氏十二職，草木鳥獸爲民害者驅而除之，義之盡也。繼以銜枚氏、司囂者，無端歌哭，雜氣妖聲，不祥也。于是刑事畢矣。次以伊耆氏者，秋養耆老故也。次以大行人、小行人諸職者，賓位于西北，天地之義氣也。又儀禮凡諸侯朝覲、會同，禮畢則降，而肉袒請刑，故以屬刑官。賓客見王則有儀，故司儀次之，而行夫掌小事，環人掌送逆，象胥掌四夷國，使以類屬焉。賓客朝見既畢，有饔飧牢禮之歸，故掌客次之。賓客自來至去皆有訝，故掌訝次之。掌交，所以喻王志于天下之邦國也。朝大夫，所以達王事于畿内之都家也。故以是終焉。其掌察、掌貨賄，都則都士、家士，文闕，義無所考。」

周官集注卷十一

周官司空之篇亡，漢興，購之千金不得。河間獻王以考工記續之，不知作者何代、何人。然大抵秦以前書也。司空名冬官者，四時之有冬，積於空虛不用之地，而度地居民、立城邑、治溝洫川梁，於農事既畢爲宜。司空者，蓋主於空虛不用之時，而使民有興事任力之實用也。冬日之閉凍也不固，則春夏之長草木也不茂，此天道之以虛爲實也。事典不行，則三時之利不能盡，四民之業無所基，此聖人之以虛爲實也。故官以司空名，而其職則曰「以富邦國，以養萬民，以生百物」。○司空之職，居四民，時地利，工事其末耳。今其大經大灋無一存者，而所記惟工事，何也？蓋諸侯惡其害己也，而皆去其籍，惟工事則民生所習用，百工世守之，故猶可傳述耳。匠人營國爲溝洫，僅具高闊廣衺之度，而所以建立城邑，分處四民，因山川形勢以辨井牧、别疆潦、規偃豬、町原防者，無一及焉。蓋記者僅得之工師之傳述，而未見故府之典籍故也。○李廣卿曰：「考工記雖言治器粗迹，而每有盡性至命之文。」

國有六職，百工與居一焉。

司空掌營城郭、都邑，立宗廟、社稷，造宫室、車服、器械，故百工屬焉。六職，即下所列。

或坐而論道，或作而行之，或審曲面埶，以飭五材，以辨民器，或通四方之珍異以資之，或飭力以長地財，或治絲麻以成之。

作，起也。辨，猶具也，或曰辨其所宜也。資，以資民用也。審曲面埶者，審察五材曲直、方面形埶之宜，及陰陽之背面也。五材，五方之材也。

坐而論道，謂之王公。作而行之，謂之士大夫。審曲面埶，以飭五材，以辨民器，謂之百工。通四方之珍異以資之，謂之商旅。飭力以長地財，謂之農夫。治絲麻以成之，謂之婦功。

粤無鎛，燕無函，秦無廬，胡無弓車。

此四地者，不置是工也。鎛，田器，詩云「痔乃錢鎛」，又曰「其鎛斯掮」。函，鎧也。廬，謂矛戟柄。

粤之無鎛也，非無鎛也，夫人而能爲鎛也。燕之無函也，非無函也，夫人而能爲函也。秦之無廬也，非無廬也，夫人而能爲廬也。胡之無弓車也，非無弓車也，夫人而能爲弓車也。

秦多細木，善作矜秘。燕近强胡，習作甲冑。粵地塗泥多草薉，而山出金錫，鑄冶之業，田器尤多。胡無屋宅，田獵、畜牧，逐水草而居，皆知爲弓車。

父子世以相教。

知者創物，巧者述之，守之世，謂之工。

百工之事，皆聖人之作也。爍金以爲刃，凝土以爲器，作車以行陸，作舟以行水，此皆聖人之所作也。

天有時，地有氣，材有美，工有巧。合此四者，然後可以爲良。

時，寒温也。氣，剛柔也。良，善也。

材美工巧，然而不良，則不時、不得地氣也。

劉執中曰：「不言不得天時地氣，而曰不時不得地氣者，東西南北地氣不均，故器有遷乎其地而不能爲良者，以於地氣有得有不得也。若天時，則四方所同，非有不能得於天，而爲之不以其時，人之過也。」

橘逾淮而北爲枳，鸜鵒不逾濟，貉逾汶則死，此地氣然也。
春秋傳昭二十五年「有鸜鵒來巢」，傳曰「書所無也」。貉，或爲貈。汶水，在魯北。

鄭之刀，宋之斤，魯之削，吴、粵之劍，遷乎其地而弗能爲良，地氣然也。
去此地而作之，雖用其材與工，不能使良。

燕之角，荆之幹，妢胡之笴，吴、粤之金錫，此材之美者也。
荆，荆州也。幹，柘也，可以爲弓弩之幹。妢胡，胡子之國，在楚旁。笴，矢幹也，禹貢荆州貢杶、榦、栝、柏，及箘、簵、楛。

天有時以生，有時以殺；草木有時以生，有時以死；石有時以泐；水有時以凝，有時以澤；此天時也。
石有時以泐，謂盛夏易解散，不可燒爲灰。若久而剥落，則非天時使然也。澤，潤澤也。冰將解，必先見潤澤，然後化而爲水。

凡攻木之工七，攻金之工六，攻皮之工五，設色之工五，刮摩之工五，摶埴之工二。

攻，猶治也。摶之言拍也。埴，黏土也。故書「七」爲「十」，「刮」作「捖」。

攻木之工，輪、輿、弓、廬、匠、車、梓。攻金之工，築、冶、鳧、㮚、段、桃。攻皮之工，函、鮑、韗、韋、裘。設色之工，畫、繢、鍾、筐、㡆。刮摩之工，玉、楖、雕、矢、磬。摶埴之工，陶、旊。

梓，榎屬也。「鮑」，書或爲「鞄」，蒼頡篇有「鞄莞」。凡工曰某人者，若匠人、梓人、韗人、鮑人之類，以其事名也。曰某氏者義有二：或官有世功爲氏，若韋氏、裘氏、冶氏之類；或族有世業以氏名官，若鳧氏、㮚氏之類。

有虞氏上陶，夏后氏上匠，殷人上梓，周人上輿。

虞氏至質，故貴陶。器，甒、泰、瓦棺是也。夏后氏始治溝洫，故上匠。殷敬鬼神，重禮樂之器，故上梓。周貴貴，尚文，以車辨爵等禮儀，故上輿。

故一器而工聚焉者，車爲多。

易氏曰：「攻木之工七，弓、廬、梓、匠各居其一，而輪人、輿人、車人乃居其三，乃有輈人爲輈，此一器而工多，惟車爲最。」○陳君舉曰：「車制用在輪，故察車自輪始。輪之外輮爲圍，圍之中直指湊轂者爲輻，輻之所蓄而利轉者謂之轂。轂裹之大穿謂之賢，轂外之小穿謂之軹，轂中空處謂之藪。轂上横通通載者謂之軸，軸末以防輪而固謂之牵，軸上横伏而納輈者謂之轐，轐上所載三面材謂之任正。任正之上謂之軫輿，前掩軓版謂之陰。輿深謂之隧，植于輿兩旁謂之輢，蔽風塵謂之茀，横于兩輢而爲人所憑者謂之式。中系驂馬内轡處謂之軜。式下之植從者謂之轛，兩輢之上出于式者謂之較，較之下從者謂之軹。以革輓式，以皮覆式謂之鞼。以箄衣式謂之車軓。納轡之環謂之轙，著車之衆環謂之指。有曲轐而出，從前稍曲而上謂之輈。輈前持衡者謂之頸，頸下衡者謂之衡，衡下兩馬謂之服，服外兩馬謂之驂，兩服之四轡、兩驂之四轡謂之八轡。兩驂之内轡系于式，其在手者外轡，與服馬之四轡謂之六轡，前系于衡，後系于軫，以防驂馬之入者謂之脅驅。驂馬之系車四條謂之靷，内兩條納于陰者謂之陰靷，外系于軸者謂之外靷，拘二靷以絆其背者謂之韅，背爲環以管外内轡謂之游環。削革三就，當胸謂之繁纓，纓金以當盧謂之鍚，著鈴于兩鑣謂之鸞，置鈴于式謂之和，兩驂内轡謂之勒，車上之覆則有蓋，蓋之斗謂之部，蓋上撩謂之弓。蓋之小柄謂之達常，大扛長八尺謂之桯，此車之通制也。」

車有六等之數，

車有天地之象，人在其中，六等之數，灋易之三才六畫。

車軫四尺，謂之一等；戈柲六尺有六寸，既建而迆，崇于軫四尺，謂之二等；人長八尺，崇于戈四尺，謂之三等。殳長尋有四尺，崇于人四尺，謂之四等。車戟常，崇于殳四尺，謂之五等。酋矛常有四尺，崇于戟四尺，謂之六等。

此所謂兵車也。軫，輿後横木。崇，高也。八尺曰尋，倍尋曰常。建，樹也。戈、殳、戟、矛皆插車輢。迆謂邪倚也。矛有二，一曰酋，一曰夷。○楊謹仲曰：「此以軫爲輿後横木，注以軫爲輿，故學者惑焉。軫，正是輿之名，蓋四畔各以木，加于輿上，以閑其所載，詩所謂「俴收」也。其四方則象地，故曰軫方象地。車廣六尺六寸六分，其廣以一爲軫圍，則是輿後横木圍一尺一寸，徑三寸三分寸之二。軹高三尺三寸並後軫與轐七寸，共高四尺，故指後横木爲高之度。軫之義，不止後横木也。」

車謂之六等之數。

上文曰「車有六等之數」，似車之制有六等，故申明之。見後五等雖非車之數，而人在車中。

戈、殳、戟、矛建于車上，故并謂之車之等數也。

凡察車之道，必自載于地者始也，是故察車自輪始。

李耜卿曰：「凡車材皆載于輪上，惟輪載于地。」

凡察車之道，欲其樸屬而微至。不樸屬，無以爲完久也。不微至，無以爲戚速也。

樸屬，附著堅固貌。戚，疾也，齊人語也。微至，謂至地者少，輪圜甚則著地者微而易轉，故不微至無以爲戚速。○屬，附著無間也。凡功粗，必待膠漆塗飾而後無間。方其爲樸而已無間，則固可知。行山之輪侔，則至地者不能少，蓋言其功之細緻也。功細緻，則行戚速矣。

輪已崇，則人不有登也。輪已庳，則于馬終古登阤也。

已，太也，甚也。庳，卑也，齊人言終古猶言常。阤，阪也。輪卑則難引。

故兵車之輪六尺有六寸，田車之輪六尺有三寸，乘車之輪六尺有六寸。

此以馬大小爲節也。兵車，革路也。田車，木路也。乘車，玉路、金路、象路也。兵車、乘車駕國馬，田車駕田馬。

六尺有六寸之輪，軹崇三尺有三寸也；加軫與轐焉，四尺也；人長八尺，登下以爲節。

軹，轂末也。軫，輿也。轐，伏兔也，伏于軸上以納輈而承軫。軫與轐共七寸，田車宜減焉。

斬之。

輪人爲輪。斬三材，必以其時。

三材所以爲轂、輻、牙也。轂宜榆，輻宜檀，牙宜橿。其木在陽則于仲冬斬之，在陰則于仲夏斬之。

三材既具，巧者和之。

轂也者，以爲利轉也。輻也者，以爲直指也。牙也者，以爲固抱也。

「牙」，讀爲「訝」，謂輪之週遭輮木也，俗謂之罔。

輪敝，三材不失議，謂之完。

敝盡而轂、輻、牙不動。

望而眡其輪，欲其幎爾而下迆也。進而眡之，欲其微至也。無所取之，取諸圜也。

輪謂牙也。幎，均致貌。望，遠視也。進，迫近也。曰望而眡者，稍遠而視之，所以別于甚遠也。○以幎覆物，必中窮四週迆而下。輪之中央近轂處向内，其四週近牙處向外，亦如幎之覆物，中穹四週迆而下也。曰下迆者，輻之菑近轂，常在上，爪近牙，常在下也。

望其輻，欲其掣爾而纖也。進而眡之，欲其肉稱也。無所取之，取諸易直也。

掣，纖殺小貌。肉，謂幹材之豐殺，稱豐殺之度如一也。易，治之孰而滑易也。輻與轂第曰望者，蒙上省文。

望其轂，欲其眼也。進而眡之，欲其幬之廉也。無所取之，取諸急也。

眼，突出貌，就牙輪側視轂，須略見突出。或曰轂中虚而容軸以轉動，有似于眼也。幬，幔轂之革也。革之裹木急，則廉隅見。

眡其綆，欲其蚤之正也。察其菑蚤不齵，則輪雖敝不匡。

今時車牙外以鐵葉裹之，綆之制，疑類此。謂之綆者，形若繩也。「蚤」讀爲「爪」，謂輻入牙中者。蚤之正以綆視者，按今輻爪每間一鑿而穿牙施綆，則疏數左右之度均齊與否，不能掩矣。菑謂輻入轂中者，齒牙參差謂之齵。匡，矯而正之也。菑與爪不相佹，則輪雖敝不至于偏挺，而無所用其匡。

凡斬轂之道，必矩其陰陽。

矩，謂刻識之也。木之向日者爲陽，背日者爲陰。木之體圜，中分其陰陽，以繩墨引之，則方而如矩。

陽也者，稹理而堅。陰也者，疏理而柔。是故以火養其陰，而齊諸其陽，則輪雖敝不蔽。

稹，密致也。理，謂木之文理。火養其陰，炙而堅之也。「蔽」，當作「秏」。或曰蔽，暴也。疏理而柔者不以火養之，久之必削減而幬革暴起。

轂小而長，則柞；大而短，則摯。

「柞」，讀爲迫唶之「唶」，謂輻間柞狹也。「摯」，讀爲「槷」，謂輻危槷也。或曰小而長則菑中弱，大而短則轂末不堅。或曰柞、窄通。摯，揑機也。○車人云「行澤欲短轂，行山欲長轂」。

大車轂長半柯，其圍一柯有半，是轂短則圍必小也。柏車轂長一柯，其圍二柯，是轂長則圍必大也。若轂長而圍小，小轂短而圍大，則制不稱而不利于行。

是故六分其輪崇，以其一爲之牙圍；

六尺六寸之輪，牙圍尺一寸。

參分其牙圍而漆其二，椁其漆内而中詘之，以爲之轂長，以其長爲之圍，

不漆其踐地者也。漆者七寸三分寸之一，不漆者三寸三分寸之二。令牙厚一寸三分寸之二，則内外面不漆者各一寸也。椁者，度兩漆之内相距之尺寸也。六尺六寸之輪，不漆者兩畔，共減去二寸，則漆内止六尺四寸，中屈而得半，則轂長三尺二寸，圍三徑一，則圍徑一尺三分寸之二也。○史記平準書「更鑄五銖錢，周郭其下，令不可磨取鋊」，蓋古語以週遭爲郭，而郭、椁義並同。

以其圍之防捎其藪；

防，與王制祭用數之仂同，蓋十分之一也。捎，除也。藪者，衆輻入轂，三十孔叢聚處也。注

疏謂轂徑一尺三分寸之二，三分取一以爲藪，得三寸九分寸之五。果爾，是以徑之防計不當曰圍之防矣。蓋圍三尺二寸，其防三寸二分，圍徑一尺三分寸之二，除三寸二分爲藪之深，其中爲内穿。

五分其轂之長，去一以爲賢，去三以爲軹。

此轂長謂徑也。轂長有以圍徑言者，車人「轂長半柯，其圍一柯有半」是也。賢，内穿。軹，外穿。「去一」當爲「去二」，去二則得六寸五分寸之二。凡内穿外穿，皆用金爲之。設金厚一寸，則内穿内徑當四寸五分寸之二，外穿内徑二寸十五分寸之四。如是，乃與藪相稱。外穿小于内穿者，内穿不大，則軸之承軫而運轂也無力；外穿不小，則軸之末必突而出。

容轂必直，陳篆必正，施膠必厚，施筋必數，幬必負幹。

容轂者，輻菑齊入相抱，而轂居其中央也。必直者，衆輻左右正相對也。篆，轂約也。陳，設也。幬，負幹者。革轂相應，無贏不足。

既摩，革色青白，謂之轂之善。

鄭剛中曰：「以革縵轂訖，以骨丸之，既乾，以石摩之，然後漆焉。青者，東方之陽。白者，西方之陰。革色青白，則剛柔適中，所以善。」

參分其轂長，二在外，一在内，以置其輻。

轂長三尺二寸者，令輻廣三寸半，則輻内九寸半，輻外一尺九寸。

凡輻，量其鑿深以爲輻廣。輻廣而鑿淺，則是以大扤，雖有良工，莫之能固。鑿深而輻小，則是固有餘而强不足也。

扤，摇動也。凡柄之廣狹，未有不與鑿相得者。而輻之廣狹，亦必與鑿之淺深相稱。鑿有淺深，以轂之圍有大小也。大車之轂，其圍一柯有半。柏車之轂，其圍二柯。使圍小鑿淺而輻廣，則鑿之銜輻不固；圍大鑿深而輻小，則輻之支轂不强。大車任重而轂短圍小，何也？牛駕行平地，無馳騁頓撼也。

故竑其輻廣以爲之弱，則雖有重任，轂不折。

竑，謂度之。蒲本在水中者爲弱。此弱謂菑之入轂深處以漸而殺者，度其輻廣以殺其菑之端，則轂中肉好相稱而完固。否則，鑿内受菑處礴薄加重，任必折矣。「折」，當作「坼」，轂不應有折也。

參分其輻之長而殺其一，則雖有深泥，亦弗之溓也。

殺，其向牙者。「溓」，讀爲「黏」，謂泥不黏著輻也。

參分其股圍，去一以爲骹圍。

謂殺輻之數也。股，謂近轂者。骹，謂近牙者。人脛近足者細于股，謂之骹，羊脛亦然。

揉輻必齊，平沈必均。

舊説以火揉其曲，非也。輻長不及三尺，不宜有曲。亦謂以火養其陰而齊諸其陽也。蓋木之陰陽有偏，久之，其力不齊，故揉而齊之。平沈，試輻材也。已爲輻，則骹股異圍，必不能平矣。或曰，已合爲輪而沉之也。下文「水之以視其平沉之均」，又合兩輪而試之也。

直以指牙，牙得，則無槷而固；不得，則有槷，必足見也。

集韻「槷，木楔也」。輻與牙之鑿枘不相得，雖加楔，久之，楔之端必突而出。曰足見者，以槷施于爪之下而言也。

六尺有六寸之輪，綆參分寸之二，謂之輪之固。

三分寸之二，綆之廣也。輪有杼有侔，而綆皆不及寸者，牙侔而綆狹，于行無不利也。綆廣，則于杼者不可施矣。或謂三分六寸之二，知不然者，大車之綆寸，則凡車必較狹可知矣。曰綆三分寸之二，謂之輪之固，足矣。而冠以六尺有六寸之輪者，前言六分其輪崇，以其一爲之牙圍，而未著輪崇之度，故因綆而及之，且知徑崇，則知其圍三之而綆長竟圍，故于綆言廣而不言長也。又大車之綆寸，田車之輪六尺有三寸，其綆必較狹。綆三分寸之二者，惟六尺有六寸之輪耳。

凡爲輪，行澤者欲杼，行山者欲侔。

杼，謂削薄其踐地者。侔，上下等。

杼以行澤，則是刀以割塗也，是故塗不附。侔以行山，則是摶以行石也，是故輪雖敝，不甐于鑿。

附，著也。搏，圜厚也。甐亦敝也。牙不下迆，則近地處厚，雖爲石所齧，僅甐其兩旁，而不能甐中央之鑿。

凡揉牙，外不廉而内不挫，旁不腫，謂之用火之善。

古之車輞屈一木爲之。凡屈木，多外廉絶理，内挫折中，旁腫負起。無此三疾，是用火之善也。○李廣卿曰：「輪所以固者，在揉牙之工，使外不失理，筍簴相入而不挫，旁無負起，逐段相接，皆資火力。謂以全木爲輪，無是理也。」

是故規之以眡其圜也，萬之以眡其匡也，

以規合之，固可以求圜，而運矩于輪中。其四方四角有不圜處，亦可因矩以驗之，而矯正其偏挺處也。或曰，既設軸，兩輪相對，用矩以度其四面相去之分，稍偏挺則分不均，必矯而正之。

縣之以眡其輻之直也，

三十輻上下相直，中繩，則鑿正輻直。

水之以眂其平沉之均也，量其藪以黍，以眂其同也，權之以眂其輕重之侔也。故可規、可萬、可水、可縣、可量、可權也，謂之國工。

輪人爲蓋，

輪輻三十，蓋弓二十有八，器類相似，故因使輪人造蓋。

達常圍三寸。桯圍倍之，六寸。

達常，斗柄下入杠中者。桯，杠也。圍倍故足以含達常。○王光遠曰「蓋之制，上爲部，中爲達常，下爲桯，旁爲弓。達常小于桯，桯小于部，故非部無以納弓于其旁，非桯無以含達常于其中。」

信其桯圍以外部廣，部廣六寸。

部，蓋斗也。四面鑿孔以納弓。廣，謂徑也。

部長二尺。

此部即達常，以入部中，遂名部。○「部長」，當作「達常」，文誤也。

桯長倍之四尺者二。

杠長八尺，謂達常以下也。加達常二尺，則蓋高一丈，立乘也。

十分寸之一謂之枚。部尊一枚。

尊，高也。蓋斗上隆高，高一分。

弓鑿廣四枚，鑿上二枚，鑿下四枚。

弓，傘骨也。漢世名爲蓋橑。廣當以鑿之上下相去言。部高一寸，故鑿之，上下相去可容四枚。部周圍二十八弓，若左右相去四枚，則好廣而肉薄，不能固矣。廣爲横，而曰以上下言者，部之體圜，周迴而鑿之，則上下似横也。

鑿深二寸有半，下直二枚，鑿端一枚。

部徑六寸。鑿深二面相對，共五寸，是以不傷達常也。鑿上二枚，鑿下四枚，不均。下直二枚，則近上内畔二枚不鑿，而鑿上亦四枚矣。蓋必如此，而後上下之固同也。端，内題也。鑿端一枚者，部之體圜，弓鑿非以漸而狹不能容也。

弓長六尺謂之庇軹，五尺謂之庇輪，四尺謂之庇軫。

庇，覆也。軹，轂末也。輿廣六尺六寸，兩轂并六尺四寸。旁減軌内七寸，則兩軹之廣凡丈一尺六寸也。六尺之弓倍之，加部廣，凡丈二尺六寸，有宇曲之減，可覆軹。

參分弓長而揉其一。

其穹者二尺，下者二尺，揉而曲者，自高趨下之二尺也。

參分其股圍，去一以爲蚤圍。

「蚤」，當爲「爪」。近部者謂之股，宇曲之末謂之爪。弓鑿廣四枚，設以方圍計之，四四十六，則股圍一寸六分也。三分去一，則爪圍一寸十五分之一。

參分弓長，以其一爲之尊。

六尺之弓，則以二尺近部爲高。

上欲尊而宇欲卑。上尊而宇卑，則吐水疾而霤遠。

上，近部平者。隤下曰宇。蓋，主爲雨設，乘車無蓋。禮所謂潦車，其蓋車與？○鄭剛中曰：「道右掌前道車，王下車以蓋從，似不專爲雨。巾車不言蓋者，豈所辨者旗物，當建旗之時，無所用蓋，故不言與？」

蓋已崇則難爲門也，蓋已卑，是蔽目也，是故蓋崇十尺。

蓋十尺，宇二尺，而人長八尺。卑于此，則蔽人目。

良蓋弗冒弗紘，殷畝而弛不隊，謂之國工。

隊，落也。弗冒以衣，弗繫以紘，中畝横馳而弓不落，則其入鑿者固也。

輿人爲車。輪崇，車廣，衡長，參如一，謂之參稱。

車，輿也。指輿爲車者，輿乃車之正體。軸、轂、輪、輈，皆爲輿而設也。衡，兩服所駕。

參分車廣，去一以爲隧。參分其隧，一在前，二在後，以揉其式。

隧，謂輿之縱也。兵車之隧，四尺四寸，植于輿之兩旁者爲輢，横于輢間當車前而爲人所憑者爲式，矯揉所以檠木材也。輢陷于隧間，式關于輢間而不可動摇，故亦曰揉。

以其廣之半，爲之式崇。以其隧之半，爲之較崇。

兵車之式高三尺三寸。較，兩輢上出式者。兵車自較以下凡五尺五寸。○林鬳齋曰：「吕和叔解詩『重較』云：『車箱長四尺四寸，以三分之，前一後二。横設一木，下云車床三尺三寸謂之式，又于式上二尺二寸横設一木謂之較，古人立乘，平常憑較。敬則落手下憑式，而頭得俯較出式上，故云重較。』較崇自式以上計之，式崇自車床以上計之也。」

六分其廣，以一爲之軫圍。參分軫圍，去一以爲式圍。參分式圍，去一以爲較圍。參分較圍，去一以爲軹圍。參分軹圍，去一以爲轛圍。

此軹，謂較下直豎者及較下衡者，非轂末也。轛，式之植者衡者也。兵車，軫圍尺一寸，式圍七寸三分寸之一，較圍四寸九分寸之八，軹圍三寸二十七分寸之七，轛圍二寸八十一分寸之十四。○兩輢者，較式之所託也。不宜詳言輿制而獨遺輢，又不宜較間之木與轂末同名，疑軹即輢字剥蝕而誤也。疏謂較式之下别有植木横木，未知何據。較式宜貫于輢，或陷置輢間，不宜别有植木。較式之下，亦不宜别有横木也。疑轛即輢之末上出于較而相對者。毛氏謂輈人所謂任正即軫，其圍尺有四寸，與此不同；此言田車之軫，非也。無爲舍乘車、兵車而獨言田車，又不明著其爲田車也。鄭康成謂軫爲輿後木，任正爲輿下三面材，蓋軫之圍殺于前及左右三面，材凡三寸，且軫去人立處遠，不用力，非任正三面材之比也。

圜者中規，方者中矩，立者中縣，衡者中水，直者生焉；繼者如附焉。

如生，如水從地生。如附，如附枝之弘殺也。

凡居材，大與小無并。大倚小則摧，引之則絶。

上言治材，此乃言居材也。居，積也。生木，初斬不可用，其置之也，必大小各從其類。若合并之，而以大倚小，則小者必摧而曲。及材乾，欲引而直之，其理必絶。

棧車欲弇。飾車欲侈。

士乘棧車，無革鞔，易坼壞，故車箱微向内爲之，所謂弇也。大夫以上加飾，以革鞔，故向外，所謂侈也。輿六尺有六寸，縱橫、深廣一定不移。惟箱版當旁者，可微向内外耳。

輈人爲輈。

輈，車轅也。于三十工無輈人之官，但車事是難，故車官别主此職也。

輈有三度，軸有三理。

軸待輈而後運，輈待軸而後行，其勢相資，故兼掌之。

國馬之輈，深四尺有七寸。田馬之輈，深四尺。駑馬之輈，深三尺有三寸。

深，謂轅曲中。輈之形，自軓以前稍曲而上，至衡又下，其頸以持衡，其形穹隆如屋之梁，故詩曰「五楘梁輈」。國馬，謂種馬、戎馬、齊馬、道馬也。國馬高八尺。兵車、乘車軹崇三尺有三寸，加軫與轐七寸，又并此輈深，衡高八尺七寸也。除馬之高，則餘七寸爲衡頸之間。田車軹崇三尺一寸半，加軫與轐五寸半，并此輈深，衡高七尺七寸。田馬高七尺，則衡頸之間亦七寸，輪軹與軫轐大小之減率寸半。駑馬之車，軹崇三尺，加軫與轐四寸，并此輈深，衡高六尺七寸。駑馬高六尺，則衡頸之間亦七寸。

軸有三理，一者以爲媺也，二者以爲久也，三者以爲利也。

無節目則美，堅刃則久，滑密則利。

軓前十尺而策半之。

軓，謂式前也，書或作「軺」。策，所以馭也。○趙氏曰：「據下文『軓中有灂』，則輿上置隧處乃是軓，正在隧之下，式之前。蓋輈身一丈四尺四寸，入輿隧下，隧以前只十尺。」

凡任木，任正者，十分其輈之長，以其一爲之圍。衡任者，五分其長，以其一爲之圍。小于度，謂之無任。

凡任木，統下任正與衡任也。任者，用力持載。人在車立憑式，故輿下前及左右三面材爲任正，以力持輿之正載處也。曰衡任者，負輈而引車衡之力也。輈長丈四尺四寸，則任正之圍尺四寸五分寸之二，五分其長，謂衡之長也。兵車、乘車，衡長六尺有六寸，則衡圍尺三寸五分寸之一。無任，言不勝也。

五分其軫間，以其一爲之軸圍。

軫間，即輿廣則軸圍一尺三寸五分寸之一也。

十分其輈之長，以其一爲之當兔之圍。

輈當伏兔者，亦圍尺四寸五分寸之二。

參分其兔圍，去一以爲頸圍，五分其頸圍，去一以爲踵圍。

頸，前下持衡者，其圍九寸十五分寸之九。踵，後承軫者，其圍七寸七十五分寸之五十一。

凡揉輈，欲其孫而無弧深。

孫，順木之理也。輈之曲不得如弓之深，如弓則太曲矣。

今夫大車之轅摯，其登又難；既克其登，其覆車也必易。此無故，惟轅直且無橈也。

大車，牛車也。「摯」，亦當作「直」，以音近而誤也。登，上阪也。克，能也。既曰轅直，又曰且無橈者，直，言其無穹而上者也。無橈，言其無曲而下以持衡者也。

是故大車平地既節軒摯之任，及其登阤，不伏其轅，必縊其牛。此無故，惟轅直且無橈也。軒，言其高而上干。摯，言其輊而下至。既節軒摯之任者，所載前後適相稱，則高下適中也。阤，阪也。上經言大車不利于登，此言大車雖行平地時多，而亦有不能不登阤之時，故必使人抑制而伏其轅。如不伏其轅，則車後仰，而牛之吭膺間束絆者，必若絞縊矣。

故登阤者，倍任者也，猶能以登；及其下阤也，不援其邸，必緧其牛後。此無故，惟轅直且無橈也。

倍任，謂視行平地，所任如加倍也。此言下阤尤難，必手援輿底之向前者，以輕其任，然後無崩奔之患。若不援其底，則任重勢猛，其下若崩，而緧其牛後矣。知舊説不可通者，倘人不可輔，則制必有宜而不當任其轅之直矣。

是故輈欲頎典。輈深則折，淺則負。輈注則利準，利準則久，和則安。

此以下仍言四馬車轅。頎典，堅刃貌。駟馬之轅，率尺所一縛，頎典似謂此也。輈太深則易折，淺則若負于馬背而前引無力，惟形如注星，則利。注，張星也。○注，水之管中穹而兩端策下，輈之不淺不深似之，則馬之引之也利。而車行如準之平久者，言輈之難敝也。安者，言車之無傾也。和，即利準之謂。

輈欲弧而無折，經而無絶；

上言凡揉輈，欲其孫而無弧深。此申明之，言其形亦近于弧，但不可太深而折。欲其孫必循木之經，而毋絶其理也。

進則與馬謀，退則與人謀；

謀，謂與人馬之意相應也。車之進，以馬行爲主，故曰與馬謀。車之退，則人馭之而使然，故曰與人謀。

終日馳騁，左不楗；行數千里，馬不契需；終歲御，衣衽不敝。此唯輈之和也。

「楗」，讀爲「蹇」。輈調善，則馬不蹇。或曰，書或作「券」，今「倦」字也。乘車，尊者居左。輈和則久馳騁，而居左者不罷倦。契，謂蹄不傷也。需，謂行道濡滯也。衽，謂裳也。輈和則乘者安于輿，馬安于駕，僕安于馭，故無是數者之病。○鄭剛中曰：「契者，停而相合也。需者，遲而相待也。輈若不和，則馬必拘閡而相契，或前後而相需。」

勸登馬力，馬力既竭，輈猶能一取焉。

登，進也。馬止，輈猶能一前取道，所謂勸登也。

良輈環灂，自伏兔不至軓七寸，軓中有灂，謂之國輈。

環灂，週遭皆漆也。凡物之漆者，中必被以筋膠，故以環灂爲良。伏兔至軓，蓋如式深。式深尺四寸三分寸之二，灂下至軓七寸，則是軓中亦有灂也。此下應有脱文，不應以此一節而謂之國輈。

軫之方也，以象地也。蓋之圜也，以象天也。輪輻三十，以象日月也。蓋弓二十有八，以象星也。

輪象日月者，以其運行也。日月三十日而合宿。

龍旂九斿，以象大火也。

交龍爲旂，諸侯之所建也。大火，蒼龍宿之心，其屬有尾。尾九星，車上皆建旌旂，故並陳其義。

鳥旟七斿，以象鶉火也。

鳥隼爲旟，州里所建。鶉火，朱鳥宿之柳，其屬有星，星七星。

熊旗六斿，以象伐也。

熊虎爲旗，師都所建。伐，屬白虎宿，與參連體而六星。

龜蛇四斿，以象營室也。

龜蛇爲旐，縣鄙所建。營室，元武宿，與東壁連體而四星。

弧旌枉矢，以象弧也。

覲禮曰「侯氏載龍旂弧韣」，則旌旗之屬皆有弧也。弧以張縿之幅，有衣謂之韣。又畫枉矢焉，象弧星之有矢也。枉矢，妖星，蛇行有尾。

攻金之工，築氏執下齊，冶氏執上齊，鳧氏爲聲，㮚氏爲量，段氏爲鏄器，桃氏爲丸。

多錫爲下齊，少錫爲上齊。鏄器，田器、錢鏄之屬。據下文六等言之，四分以上爲上齊，三分以下爲下齊，則梟氏宜入上齊，桃氏入下齊，其㮚氏、段氏，亦當入上齊中。

金有六齊。六分其金而錫居一，謂之鍾鼎之齊。五分其金而錫居一，謂之斧斤之齊。四分其金而錫居一，謂之戈戟之齊。參分其金而錫居一，謂之大刃之齊。五分其金而錫居二，謂之削殺矢之齊。金錫半，謂之鑒燧之齊。

大刃，刀劍之屬，所以別于削也。鑒燧，即司烜職所謂夫遂及鑒也。凡金多錫，則刃白且明。○鄭剛中曰：「攻金之工獨無爲鼎、爲斧斤、爲鑒燧者，鼎亦鍾之屬，可附于梟氏；斧斤亦上齊，可附于戈戟；鑒燧無可附，意者，自有其官，而記者亡之耳。」○鍾、量、戈戟皆有度數，惟鼎與斧斤大小輕重無常，故不見其制。鑒燧，則其用至少，爲官府之守，器一成之，則不復更造，故無其官。

築氏爲削。長尺博寸，合六而成規。

削，書刀也。秦時蒙恬造筆，漢時蔡倫造紙。古者未有紙筆，以削刻字。至漢，則兼用刀書削之，體偃曲，若弓之反張，故合六而成規也。

欲新而無窮，敝盡而無惡。

常如新而無窮已，謂其利也。其金如一，雖至鋒鍔敝盡，無瑕惡。

冶氏爲殺矢。刃長寸，圍寸，鋌十之，重三垸。

殺矢與戈戟異齊而同其工，似脱誤在此。鋌，箭足入稾中者。垸，量名。五矢獨舉殺矢者，殺矢尚用下齊，則餘不必言矣。○李耜卿曰：「『殺矢』一十三字，當屬上桌氏『敝盡無惡』之下，蓋削、殺矢皆下齊，桌氏所執，觀上序可見。」○李廣卿曰：「『殺矢』一十三字，當在桌氏『爲削合六而成規』下。欲新而無窮，謂殺矢也。刃常如新而不繡澀，則利而能入。敝盡而無惡，謂削也，鋒鍔敝盡而無惡敗，則其用可久。『冶氏爲』三字，當移置『戈廣二寸』戈字上。」○削時砥淬無事以常新言，矢刃又不宜以敝盡言，廣卿此説不可易也。

戈廣二寸，内倍之，胡三之，援四之。

戈，漢時謂之句孑戟。胡，謂矛之旁出者。援，直上尖頭刺刃也。内，謂胡以内下接柲處，蓋鐵筒納木柄者。戈廣二寸，總内與援與胡，三者皆徑廣二寸也。内倍之，其長四寸；胡三之，長六寸；援四之，長八寸。

已倨則不入，已句則不決。長内則折前，短内則不疾。戈之制，進則用其鋒以刺，退則用其斜勢以句。胡太直，則其體横而刺難入。胡太曲，則其鋒直前無斜勢，而以句則不決，句必穿所敵之衣甲，而後固鋒直前。而以句，則不能決穿其衣甲矣。胡之句，用力與援分，内長，則胡之折處太近前，與援同向而句無力。胡之刺，貴與援並入。内短，則胡之去援遠，其入緩，而人易避矣。

是故倨句外博。重三鋝。

倨，謂胡之上。句，謂胡之下。胡上下近本處皆增之，使博自然合于磬折，而無四者之病也。鋝，量名，説文云「鍰也」，鍰重六兩。〇倨句，謂其形微倨、微句而不過也。胡之下爲内，則外謂其上近援處。故本近援處加廣，則無折傷。

戟廣寸有半寸，内三之，胡四之，援五之。倨句中矩，與刺重三鋝。

戟三鋒並直前，胡之横貫者與直前者同度，其形正方，故中矩也。既中矩而又曰倨句者，援長于胡，循胡之末至援之末，弦之則倨句也。鄭司農謂「刺即援」，非也。既曰援五之，不應復曰與援。康成謂「著柲直前如鐏者」，亦非也。戟三鋒直前，不應又有物直前如鐏。蓋戟，句兵也。

如圖所載三鋒直前，則可刺而不可句，豈鋒刃旁有横而句物者，其名爲刺而後世失其制與？

桃氏爲劍。

臘，謂兩刃。臘廣二寸有半寸，兩從半之。兩從，半之，謂自脊分斷，一邊廣一寸四分寸之一也。脊之廣，必半于刃，而特設此文者，明脊之居中而無偏倚也。脊直上至劍末，故曰從。

以其臘廣爲之莖圍，長倍之。

莖，謂劍之鋌入夾中者，人所把握。謂之夾者，穿其中以夾鋌也。

中其莖，設其後。

中其莖者，外包以革木也。設其後者，于後設鐔也。

參分其臘廣，去一以爲首廣而圍之。

劍把接刃處有盤形隋圜，疑劍首即謂此。圍之，謂環于劍外也，週遭距劍身皆一寸三分寸之二。

身長五其莖長，重九鋝，謂之上制，上士服之。身長四其莖長，重七鋝，謂之中制，中士服之。身長三其莖長，重五鋝，謂之下制，下士服之。

服，佩之也。

鳧氏爲鍾。兩欒謂之銑，

銑，鍾口兩角也。古者應律之鍾不圜，狀如後世之鈴，故有兩角。

銑間謂之于，于上謂之鼓，鼓上謂之鉦，鉦上謂之舞，

此四名者，鍾之正體也。于，鍾口兩間之中央也。鼓，所擊處。

舞上謂之甬，甬上謂之衡。

此二者，鍾柄之名也。

鍾縣謂之旋，旋蟲謂之幹。

旋，繫鍾柄以縣者。旋蟲，旋上作蟲形爲飾也。○若旋上爲蟲形，不宜别名爲幹。疑旋蟲乃

著于簴以爲固者。旋則下繫鍾柄而上結于旋蟲。

鍾帶謂之篆，篆間謂之枚，枚謂之景。

鍾有銑、有于、有鼓、有鉦、有舞，其名不可辨，乃爲之帶以介之。凡四名之曰篆，每篆處有乳各九，名之曰枚。枚、景，一物而二名，猶欒、銑也。

于上之攠謂之隧。

攠，所擊之處。隧在鼓中，窐而生光，有似夫燧。

十分其銑，去二以爲鉦，以其鉦爲之銑間，去二分以爲之鼓間。以其鼓間爲之舞脩，去二分以爲舞廣。

此言鉦之徑居銑徑之八，而銑間與鉦之徑相應。鼓間又居銑徑之六，與舞脩相應。舞脩，舞徑也。舞上下促以横爲脩，從爲廣。鍾之大數以律爲度，廣長與圍徑假設之耳。銑間與上銑間謂之于異，止謂兩銑之中央，此謂銑與鼓相去之分也。鼓間，鼓與鉦相去之分也。舞廣，舞與鉦相去之分也。銑間、鼓間、舞廣，皆以從度上下相去言，惟舞脩以横度左右相去言，獨無鼓徑者，介于鉦銑間，不必言也。○李耜卿曰：「鍾有三層：銑至鼓爲一層，鼓至鉦爲一層，鉦至舞爲一層。假如銑徑一尺，則鉦徑八寸，舞徑六寸，鍾弇上侈下，故其分如此。」

以其鉦之長爲之甬長，

并衡之數言之。

以其甬長爲之圍。參分其圍，去一以爲衡圍。

甬之圍，乃環其外而計之，非除其内空而計三方之圍也。去一以爲衡圍，亦環其外而計之也。若除内空而計三方之圍，則衡圍小于左右甬圍，視甬體必校薄，于下文「三分甬長二在上一在下以設其旋」，不可通矣。甬中設旋，向衡處得三分之二，不宜反薄于左右二方。

參分其甬長，二在上，一在下，以設其旋。

鍾之縣以甬，而用力尤在衡。一在下，甬之附于鍾者雖少薄，無虞也；二在上，乃衡之横于甬上者，非倍其厚，則力不强而易至崩折矣。

薄厚之所震動，清濁之所由出，侈弇之所由興，有説。

説，即下文已厚、已薄、侈弇之説也。厚薄言其體，侈弇言其形，清濁言其聲，謂體之厚薄所震動，乃聲之清濁所由出。而聲之清濁，又或興于形之侈弇，故必厚薄、侈弇適其宜，而後清濁得其分也。下文言薄厚、侈弇而不及清濁以此。

鍾已厚則石，已薄則播，侈則柞，弇則鬱，長甬則震。

大厚則聲不發，大薄則聲散。柞，讀爲咋，聲外大也。鬱，聲不舒揚也。震，掉也，言其動摇不定也。○李耜卿曰：「大鍾宜厚，小鍾宜薄。上宜狹，下宜寬。但過則爲病，不言清濁者，不外于此也。」

是故大鍾十分其鼓間，以其一爲之厚；小鍾十分其鉦間，以其一爲之厚。

據上文，鼓間、鉦間分數同，豈「鼓間」乃「銑間」之誤與？

鍾大而短，則其聲疾而短聞；鍾小而長，則其聲舒而遠聞。

淺則躁，躁易竭。深則安，安難息。上文自銑至衡，長短詳矣，故惟言其不合者以爲戒。

爲遂，六分其厚，以其一爲之深而圜之。

厚，鍾厚也。深，謂窐之也。其窐圜。或曰，隧，燧，通鍾受擊處爲圜形，微起光明，似鏡深高也，猶覲禮「爲壇深四尺」之深。

㮚氏爲量，改煎金錫則不耗，

「㮚」，古文或作「歷」。改煎者，煎而又煎也。消湅之精，故不復減量，當與鍾鼎同齊而異工者，大器也。

不耗然後權之，權之然後準之，準之然後量之。

準，擊平正之，又當齊大小。量，謂鑄之于法中也。○準之，謂定其厚薄之分也。金錫既不耗，然後權取一鈞。按鬴身及臀耳之尺度形制，計其厚薄，則厚薄之制有準矣。量之，謂爲模範也。厚薄有準，然後可爲模範。

量之以爲鬴，深尺，内方尺而圜其外，其實一鬴。

四升爲豆，四豆曰區，四區曰鬴，受六斗四升，其内四方，每方一尺，而其外則爲圜形也。方

尺，積千寸。漢書律歷志自龠而斛，皆以十計之，殆倍半于周量之數，未可與㮚氏同論也

其臀一寸，其實一豆。其耳一寸，其實一升。重一鈞。其聲中黄鍾之宫。

臀一寸，謂覆之其底深一寸也。耳在旁，所用以舉也。不曰中黄鍾之聲，而曰之宫聲，黄鍾之管本具宫、商、角、徵、羽五聲，所中者特宫聲耳。

概而不稅。

官鑄鬴使爲量者，概取則焉。又禁取稅俾典司者，不得借以牟利也。

其銘曰：「時文思索，允臻其極。嘉量既成，以觀四國。永啓厥後，兹器維則。」

銘，刻之也。時，是也。允，信也。臻，至也。極，中也。觀，示也。則，法也。言是文德之君，思求可以爲民立法者，而作此量，信至于道之中，故以觀示四國，永爲後世所取則也。㮚氏所鑄鬴，必藏于王府，頒之邦國，而副在司市，使凡爲量者皆取則焉。爲升者，以耳爲則。爲斗者，以臀爲則，非以給市肆之用也。古人既知以木爲鼓穹，則民間通用之量，亦或以木爲之。若必以金錫，則鬴重一鈞，而實六斗四升，難爲運矣。

凡鑄金之狀：金與錫，黑濁之氣竭，黃白次之；黃白之氣竭，青白次之；青白之氣竭，青氣次之。然後可鑄也。

鑄金之狀，不列于梟氏而列于㮚氏者，金石之樂，皆天子所賜，而量民間所通用，故使衆著于鑄之之狀也。

段氏闕。

函人爲甲。犀甲七屬，兕甲六屬，合甲五屬。

合甲，削革之裹而合其表也。不言其物，即合犀兕而爲之也。七屬、六屬、五屬，謂札葉相續之數。

犀甲壽百年，兕甲壽二百年，合甲壽三百年。

凡爲甲，必先爲容，然後制革。

凡造衣甲，必先稱服者，形容長短、豐瘠而爲之，然後制札之廣袤。

權其上旅與其下旅，而重若一。

上旅，謂衣。下旅，謂裳。春秋傳「得其甲裳」，謂之旅者，以札葉衆多也。重若一者，長短、廣狹不能一也。

以其長爲之圍。

注「圍謂札要廣厚」，蓋以一札葉言之。然文承「權其上旅、下旅」之後，必通計上旅、下旅之長也。甲裳之下尚有脛繳，則甲裳當下被于膝。自肩及膝之長，圍之，正與腰身相稱。鄭剛中謂「取一旅之長以爲之圍」，誤矣。

凡甲，鍛不摯則不堅，已敝則橈。

鍛，鍛革也。摯，謂熟之極至也。已敝，謂熟之過而傷其質也。橈，柔而易曲也。

凡察革之道，眡其鑽空，欲其惌也；眡其裏，欲其易也；眡其朕，欲其直也；櫜之，欲其約也；舉而眡之，欲其豐也；衣之，欲其無齘也。

惌，小孔貌。易者，治之精而無敗蔑也。朕，謂革制即線縫處也。櫜，甲衣也，櫜之謂卷，置櫜中。齘，人齒參參貌，故以喻札葉。

眂其鑽空而宛，則革堅也。眂其裏而易，則材更也。眂其朕而直，則制善也。櫜之而約，則周也。舉之而豐，則明也。衣之無齘，則變也。

更，變化也。治革，功粗則堅强，變而熟易，則其材化矣。制，裁制也。周，密致也。明，有光耀。或曰，札葉相續處，分明可觀也。變，隨人身便利。

鮑人之事：望而眂之，欲其荼白也；進而握之，欲其柔而滑也；卷而摶之，欲其無迆也；眂其著，欲其淺也；察其綫，欲其藏也。

荼，茅莠也，白色。握，以手煩擱之也。摶，謂迫卷之也。迆，斜也。若革有厚薄，則迫卷之必斜迆而不正。著，謂革内皴起如絮者。著淺則治之熟而筋膜盡矣，故曰「則革信」也。綫，謂革縫之縷。

革欲其荼白，而疾澣之，則堅；

革不宜久居水中。○趙氏曰：「甲用生皮，鮑人乃熟皮，當是爲轂約、矢箙、韠舄之類，必柔白皮方可用。韋氏似主穿縛皮條，及爲韋弁等物。」

欲其柔滑，而腥脂之，則需。

「腥」，讀如沾渥之「渥」。需如薄其帑則需之。需，謂柔緩也。厚脂之，則革柔緩。

引而信之，欲其直也。信之而直，則取材正也。信之而枉，則是一方緩、一方急也。若苟一方緩、一方急，則及其用之也，必自其急者先裂，若苟自急者先裂，則是以博爲帴也。

帴，狹也。覆釋上文而别出此節者，水澣脂柔之後，正當引而信之也。取材正而無緩急則用之，無先裂之患而卷而摶之，亦不弛矣。

卷而摶之而不弛，則厚薄序也。眡其著而淺，則革信也。察其線而藏，則雖敝不甐。

序，舒也，謂厚薄均也。信，無縮緩也。「甐」，讀爲磨而不磷之「磷」，謂縫縷藏于韋革之中，則革雖敝而縷不傷。

韗人爲皋陶。長六尺有六寸，左右端廣六寸，中尺，厚三寸。

鞞，書或爲鞠，皋陶，鼓木也。版中廣兩端狹，爲穹隆也。

穹者三之一。

鼓腹穹隆者，居鼓面三分之一。則其鼓四尺者，版穹一尺三寸三分寸之一也。倍之，爲二尺六寸三分寸之二，加鼓四尺，則穹之徑六尺六寸三分寸之二也。此鼓言版之廣狹，下二鼓言面徑，互見也。合版之廣狹與面徑計之，此鼓應二十版。

上三正。

此鼓版長六尺六寸，中央穹者二尺二寸，兩端各二尺二寸，其長短無偏，所謂三正也。上謂穹而上者，舉中以該兩端也。

鼓長八尺，鼓四尺，中圍加三之一，謂之鼖鼓。

面徑四尺，其圍十二尺，加以三分之一四尺，則中圍十六尺，徑五尺三寸三分寸之一也。此鼓亦合二十版，一相版穹六寸三分寸之二耳。大鼓謂之鼖，以鼖鼓鼓軍事，上穹者三之一，據一相之穹，此則于面四尺，總加三分之一也。

爲皋鼓，長尋有四尺，鼓四尺，倨句，磬折。

以皋鼓鼓役事。磬折者，觕處近上，中曲之，不三正也。○趙氏曰：「凡磬之折，股爲二，則在上者大而短。鼓爲三，則在下者小而長。此鼓大有二尺，則自四尺而上曲而大，自八尺而下直而小。」○舊說，長六尺有六寸者乃晉鼓。以鼓人六鼓，四面、六面、八面者，乃祀神之鼓，非凡事所通用，故不載其制。此記下列鼖鼓、鼛鼓之制，則首所言必晉鼓也。但考工不皆周制，或六尺六寸者爲上下通用之鼓，故于後獨舉鼖、鼛，以明異制耳。于鼛鼓曰倨句磬折，則上三正兼上二鼓可知矣。于鼖鼓曰「中圍加三之一」，則鼛鼓視此矣。穹者三之一，知爲一相者所言鼓木之版也。必合二相乃與中尺之圍合也。曰中圍加三之一，則計圍之共數可知矣。厚三寸乃三鼓之所同，故鼖鼛不復言厚也。

凡冒鼓，必以啓蟄之日。

啓蟄，孟春之中也，蟄蟲始聞雷聲而動。鼓所以取象也。冒，蒙鼓以革也。

良鼓瑕如積環。

瑕者，漆之文理也。冒鼓之革，苟調而急則漆之也，其瑕如累積玉環然。○瑕，隙紋也，謂鼓木合縫處。鼓二十版，兩端狹而中穹，取材正直，則縫之左右相值者，合而視之如環。如積環，謂梟版之輻輳也，惟良鼓爲然。若材偏斜而工拙，則左右縫不相值，而望之不如環矣。

鼓大而短，則其聲疾而短聞。鼓小而長，則其聲舒而遠聞。大小、長短得宜，如上三鼓之制，則無此病。

韋氏闕。

裘氏闕。

畫繢之事，雜五色。

下有六色，而此第云五色者，元與墨類也。畫繢，見司几筵。

東方謂之青，南方謂之赤，西方謂之白，北方謂之黑，天謂之玄，地謂之黄。青與白相次也，赤與黑相次也，玄與黄相次也。

此言畫繢六色所象，及布采之次第。○趙氏曰：注謂「此繢于衣者」，其説恐拘。蓋木者金之配，故青與白相次。火者水之配，故赤與黑相次。地者天之配，故元與黄相次。凡布采時，必以此二色相對耳。

青與赤謂之文，赤與白謂之章，白與黑謂之黼，黑與青謂之黻，五采備謂之繡。

此言刺繡采所用，繡以爲裳。凡繡，亦須畫乃刺之，故畫、繡二工共職。上言六采之相對者，此又以四時相續之義次之。○易彦祥曰：「書言六章之裳，宗彝、藻、火、粉米、黼、黻、絺繡。言藻而繼之以火，青與赤之文也。言火而繼之以粉米，赤與白之章也。言粉米而繼之以黼，白與黑之黼也。言黼而繼之以黻，青與黑之黻也。惟黄之色無所見，而宗彝繡以虎蜼，則亦以黄爲色，兹實五采備之證。」

土以黄，其象方，天時變。

上言天謂之元，地謂之黄，此獨言黄，且變地而言土者，明黄爲中央之色也。不言元者，元與黑類也。其象方天時變爲句，方與「方物出謀發慮」之「方」同，蓋承上文言青赤白黑爲四方之色，而黄爲中央之色，其象則依仿天時而變，如月令四時各服其方色，而中央土服黄是也。

火以圜；山以章；水以龍；鳥，獸，蛇。

火以其象，水以其物，惟山則明章其本質而已，蓋即畫爲山也。鳥、獸、蛇，其毛鱗有文采者，所謂華蟲也。火在裳，餘皆在衣。

雜四時五色之位以章之，謂之巧。

章，明也。四時所用車服旗章，色各有主，而以他時之色間雜成文，所謂雜四時五色之位以章之也。禮記「五色六章十二衣，還相爲質」，即謂此。蓋如春三月，雖衣青衣，而其繡繢則雜四采耳。

凡畫繢之事，後素功。

素，白采也。後，布之，爲其易漬污也。不言繡，繡以絲也。

鍾氏染羽。以朱湛丹秫，三月而熾之，

湛，漬也。朱，硃砂也。丹秫，赤粟也。熾，炊也。染羽以飾旌旗及王后之車。

淳而漬之。三入爲纁，五入爲緅，七入爲緇。

淳，沃也。湯沃所熾之秫，烝之以漬羽也。纁，赤黄色也。緅，爵頭色，赤多黑少，與紺相類。爾雅曰：「一染謂之縓，再染謂之竀，三染謂之纁。」凡元色在緅緇之間，其六入者與？獨言纁、緅、緇者，豈羽可染者，獨此三色與？○鄭剛中曰：「設色之工五，畫、繢、鍾、筐、㡃，今以天官染人考之，春暴練者，其㡃氏與？夏纁元者，其鍾氏與？若夫染夏，雖不見于考工，而經有『五采備』之文，其筐人之職乎？」

筐人闕。

㡃氏湅絲，以涗水漚其絲，七日，去地尺暴之。

涗水，灰所泲水也。漚，漸之也。楚人曰漚，齊人曰涹。

晝暴諸日，夜宿諸井，七日七夜，是謂水湅。

宿諸井，謂縣井中。

湅帛，以欄爲灰，渥淳其帛，實諸澤器，淫之以蜃。

欄，木名，似白槿而細，黄華。渥，漬之厚也。澤器，謂滑澤之器。蜃，謂灰也。「淫」，當爲「涅」，書亦或爲「湛」。

清其灰而盝之，而揮之；

清，澄也。盝，晞之也。晞而揮去蜃灰。

而沃之，而盝之；而塗之，而宿之。

沃之，沃以清水也。塗之，更塗以蜃灰也。宿，謂經宿。

明日，沃而盝之。晝暴諸日，夜宿諸井，七日七夜，是謂水湅。

周官集注卷十二

玉人之事，

王氏詳説曰：「玉人一職，與典瑞同。典瑞言其名以及其用，玉人言其名及所制之尺寸。然文多缺誤，不若典瑞之文有倫理也。」

鎮圭尺有二寸，天子守之。命圭九寸，謂之桓圭，公守之。命圭七寸，謂之信圭，侯守之。命圭七寸，謂之躬圭，伯守之。

命圭者，王所命之圭也，朝覲執焉，居則守之；子守穀璧，男守蒲璧，不言者，闕文也。故書或云，命圭五寸謂之躬圭。杜子春云「當爲七寸」，康成謂「五寸者，璧文之闕亂存焉」。

天子執冒，四寸，以朝諸侯。

趙氏曰：「冒，所以冒諸侯圭，以齊信瑞，方四寸，其形方正而邪刻其下。諸侯來朝，則輯而合之，故諸侯瑞圭邪鋭其首，以合天子之冒也。」

天子用全，上公用龍，侯用瓚，伯用將。

鄭剛中曰：「凡祼器，前有龍口以流注，中有瓚如盤以盛鬯，後有柄以執持，用圭爲之，謂之將。天子則三者用一玉成之，故謂之全。上公之祼器，惟龍得如天子用玉，其瓚、其將皆石之似玉者。侯之祼器，惟瓚得如天子用玉，其龍、其將皆石之似玉也。伯之祼器，惟將得如天子用玉，其龍、其瓚皆石之似玉者。」

繼子男，執皮帛。

鄭剛中曰：「有天子之孤，有公之孤。大宗伯曰『孤執皮帛』，天子之孤也。典命曰『公之孤四命，以皮帛視小國之君』。二者皆執皮帛，但天子之孤飾以虎皮，公之孤飾以豹皮耳。天子之孤不當繼子男之後，故注謂此公之孤。然典命又有諸侯適子『未誓，則以皮帛繼子男』之文，此文獨立上無所承意，故斷簡失次也。」

天子圭中必。

「必」，讀如鹿車縪之「縪」，謂以組約其中央也。聘禮記五等諸侯及聘使所執圭璋，皆有繅藉及絇組。絇組所以約圭中央，以備失墜。若然，圭之中必尊卑皆有。此獨言天子，舉上以明下也。蓋群下皆執圭以將事，而天子端拱于上。舉諸侯以下，則疑于天子之不必。然天子且用繅，則執以將事者不必言矣。

四圭尺有二寸，以祀天。

趙氏曰：「典瑞疏謂，用一大玉琢出中央爲璧形，亦肉倍好，四面琢出四圭，各尺二寸，與鎮圭同其璧爲邸，徑六寸，總三尺，與大圭三尺等，皆一玉俱成。兩圭祀地者亦然。據此，則四圭是就璧平出非植起者，邸則于璧中琢成寓穴。」

大圭長三尺，杼上終葵首，天子服之。

王所搢大圭也，或謂之珽。服之者，搢于衣帶間也。杼，殺也。終葵，椎也。圭首六寸，方正如椎，六寸下則兩畔各減殺以下，復方正。○以文義推之，似大圭三尺自下而上漸殺，而所殺至葵首而終。葵首，謂上端不殺之六寸也。据注疏，終葵爲椎，則文義俱不可通。

土圭尺有五寸，以致日，以土地。

祼圭尺有二寸，有瓚，以祀廟。

惟人道用祼，故獨云祀廟。

琬圭九寸而繅，以象德。

琰圭九寸，判規，以除慝，以易行。

趙氏曰：「琰之爲言剡也。規，圜也。半其圜而剡之，故曰判規。」

璧羨度尺，好三寸，以爲度。

好，璧孔也。爾雅曰：「肉倍好謂之璧，好倍肉謂之瑗，肉好若一謂之環。」餘見典瑞職。

圭璧五寸，以祀日月星辰。

璧琮九寸，諸侯以享天子。

聘禮享君以璧，享夫人以琮。此不言后者，統于尊也。此據上公九命，若侯伯當七寸，子男當五寸。

穀圭七寸，天子以聘女。

大璋、中璋九寸，邊璋七寸。射四寸，厚寸。黄金勺，青金外，朱中。鼻寸，衡四寸。有繅。天子以巡狩，宗祝以前馬。

裸圭之盛鬯者謂之瓚，璋之盛鬯者謂之勺，其形略同。射四寸，剡之以貫勺也。邊，所雕飾惟邊旁也。鼻，以前注如瓚之龍口。朱中，謂鼻内通流處，以朱漆飾之也。衡，横也。勺如盤，横于中央，故謂之衡。天子巡狩過大山川，用事則以大璋灌焉。中山川用中璋，小山川用邊璋，其牲用馬。宗祝執勺以先之，校人職曰：「將事于四海山川，則飾黄駒。」

大璋亦如之，諸侯以聘女。

陳用之曰：「以文考之，當繼天子以聘女之後。亦如之者，如穀圭之七寸也。蓋聘女，天子以圭，諸侯以璋。以是爲降殺之等，若以繼邊璋之後，則邊璋有勺，用酌以灌，以加于聘女之束帛，何義哉？」

瑑圭璋八寸，璧琮八寸，以頫、聘。

以瑑圭聘于王而享用璧，以瑑璋聘后而享用琮。制八寸者，上公之臣所執也。其自相聘亦然，侯伯之臣宜用六寸，子男之臣宜用四寸。或曰，既以瑑異其制，不嫌于皆以八寸也。天子之下聘，諸侯之上交，同用之。

牙璋、中璋七寸，射二寸，厚寸，以起軍旅，以治兵守。

二璋皆有鉏牙之飾于剡側，但牙璋文飾多，故得牙名。典瑞文無中璋，以大小等，故不見也。軍多用牙璋，軍少用中璋。

駔琮五寸，宗后以爲權。

「駔」，讀爲「組」，以組繫之，因名焉。權，稱錘也。

大琮十有二寸，射四寸，厚寸，是謂内鎮，宗后守之。

如王之鎮圭也。琮本八寸，兩旁各射二寸，故十有二寸。宗，尊也。天子繼世，故尊無與並。若后，則有尊、有卑。惟祭祀、賓客，夫婦親之，必時王之后。若宫中内治，王之母若祖母在焉，則卑者不敢專也。故内鎮必宗后守之，而駔琮以爲權，亦稱宗后焉。

駔琮七寸，鼻寸有半寸，天子以爲權。

以爲權，故有鼻也。后權不言鼻者，見于此，則彼可知也。琮或五寸，或七寸，皆可以爲權者，以斤兩分寸決于衡也。

兩圭五寸，有邸，以祀地，以旅四望。

瑑琮八寸，諸侯以享夫人。

獻于所朝聘君之夫人也。不言瑑璧以享君，文略可知也。諸侯享后，以琮九寸，則享夫人降用八寸而瑑焉，宜也。此亦據上公、侯、伯當六寸，子男則用琥璜四寸。若其臣聘瑑圭璋璧琮，亦皆降一等，而寸數則與君同。○漿人職主之夫人有致飲于賓客之禮，則諸侯亦宜有享夫人之禮，三夫人視三公，其亦用瑑琮享與？

案十有二寸，棗、㮚十有二列，諸侯純九，大夫純五，夫人以勞諸侯。

案，以玉飾案也。十有二寸，高廣之數也。棗㮚十有二列，總該果實之數，每列用一案，非一案之上具十一列，亦非十二案皆列棗㮚也。純，皆也。夫人，諸侯之夫人，舉下以該上也。曰后以勞諸侯，則似夫人之禮異，舉夫人則后可知矣。知后無異禮者，上物不過十二，無以加也。王合諸侯具十有二牢，諸侯之長十有再獻，蓋二王之後不敢以臣禮待也。凡勞，以賓客之爵命爲等。故諸侯之相勞，其數同于王夫人之勞諸侯，其數同于后。三夫人之勞諸侯亦然。

璋邸射，素功，以祀山川，以致稍餼。素功，無瑑飾也。

楖人闕。

雕人闕。

磬氏爲磬。倨句一矩有半。必先度一矩爲句，一矩爲股，而求其弦。既而以一矩有半觸其弦，則磬之倨句也。磬之大小各以律制，此假矩以定倨句，非用其度也。○俞氏曰：「上曲者爲句，下直者爲倨。句即股也，倨即鼓也。股在上，廣而短。鼓在下，狹而長。以長掩短，則鼓長于股者半矩，是倨得一矩有半也。以廣掩長，則股廣于鼓者亦半矩，是句得一矩有半也。」

其博爲一，股爲二，鼓爲三。

博，謂股之廣也，其長則倍于廣，故曰「股爲二」，鼓之長又加一焉。

參分其股博。去一以爲鼓博。參分其鼓博，以其一爲之厚。

已上則摩其旁，已下則摩其耑。

太上，聲清也，摩其旁則漸薄而就濁。太下，聲濁也，摩其耑則漸短而就清。

矢人爲矢。鍭矢參分，茀矢參分，一在前，二在後。

參訂之而平者，前有鐵重也。據司弓矢職，「茀」當爲「殺」。○易彥祥曰：「三分其稾之三尺，則一尺在前，二尺在後。後二尺之重，與前一尺等，則稾前之鐵極重，故其發遲而近射用焉。」

兵矢、田矢五分，二在前，三在後。

鐵差短小也。兵矢，謂枉矢、絜矢也，此二矢亦可以田。田矢謂矰矢。○易彥祥曰：「稾前之鐵，比殺矢短小，故其發遠而火射用焉。」

綢矢七分，三在前，四在後。

鐵又差短小也。司弓矢職，「殺」當爲「茀」。不言矰矢者，與茀矢同制也。○易彦祥曰：「稾前之鐵，比兵矢又短小，故其發高而弋射用焉。」不言恒矢、庳矢者，亦與茀矢同也。鏃之輕，至茀矢而極矣。

參分其長而綢其一，五分其長而羽其一，

矢稾長三尺，殺其前一尺，令趣鏃也。

以其笴厚爲之羽深。

「笴」，讀爲「稾」，謂矢幹，古文假借字。厚之數未聞。

水之，以辨其陰陽。夾其陰陽以設其比，夾其比以設其羽，

辨，正也。陰沉陽浮，就其浮沉而刻記之。比，謂括也。蓋箭受弦處，就陰陽之中間，設比，則兩畔各有陰陽而其分均。否則，陰陽各居一偏，而矢行不直矣。弓矢比在稾兩旁，弩矢比在上下，其設羽于四角同。

參分其羽以設其刃，則雖有疾風，亦弗之能憚矣。

羽六寸，則刃二寸。矢之輕重及羽刃皆相稱，則其發不可禦。弗之能憚，言不畏風之震撼也。

刃長寸，圍寸，鋌十之，重三垸。

趙氏曰：「上文三分其羽以設其刃，當二寸，意者一寸刃也。二寸，則併鋌之出于稾外者言之。」

前弱則俛，後弱則翔；中弱則紆，中强則揚；羽豐則遲，羽殺則趮。

俛，低也。翔，迴旋也。紆，曲也。揚，高飄也。趮，旁掉也。上言其瀀，此又言其不中瀀之狀。

是故夾而摇之，以眂其豐殺之節也；橈之，以眂其鴻殺之稱也。

趙氏曰：「以指夾而摇之，則羽豐殺之節可見。橈其幹而屈之，則强弱之稱可知。羽欲有節，故于豐殺言節。笴體欲相稱，故于鴻殺言稱。」

凡相笱，欲生而摶；同摶，欲重；同重，節欲疏；同疏，欲㮚。

相，猶擇也。摶，如摶黍之摶，謂圜也。生而摶其圜，出于自然也。欲重者，貴其材之實也。節欲疏者，密則輕重不等也。㮚，謂縝密而堅也。

陶人爲甗，實二鬴，厚半寸，脣寸。

甗，無底甑也。脣寸，口邊加厚也。

盆，實二鬴，厚半寸，脣寸。

毛氏曰：「盆以盛物，亦以爲量。」荀子曰：「畝數盆。」

甑，實二鬴，厚半寸，脣寸，七穿。

穿其底，使氣上蒸，以熟物也。然則，甗亦必以他物爲底，如今竹箄之類與？

鬲，實五觳，厚半寸，脣寸。庾，實二觳，厚半寸，脣寸。

鬲盛水于下，甑加于上，炊以熟物。「觳」，讀爲「斛」，受三斗。或曰，豆實三而成觳，受斗二升。十六斗曰庾。

旊人爲簋，實一觳，崇尺，厚半寸，脣寸。豆實三而成觳，崇尺。

崇，高也。豆實四升。祭宗廟皆用木簋，此瓦簋，蓋祭天地尚質，器用陶匏，或外小祀亦用之也。

凡陶旊之事，髻墾薜暴不入市，

爲其不任用也。「髻」，讀爲「刮」，或讀爲「跀」，謂器不正，攲邪也。墾，有傷也。薜，破裂也。暴，墳起不堅致也。

器中䏣，豆中縣。䏣崇四尺，方四寸。

「䏣」，讀如車軨之「軨」。既拊泥而轉其均，尌䏣其側以擬度，端其器也。縣，縣繩以正豆之柄。䏣崇四尺，以正其高也。方四寸謂垺。拊四畔各一寸，以正其厚也。凡器高于此，則垺不能勝；厚于此，則火起不交，因取式焉。此言高與厚之所極。其卑者、薄者，分有減殺，皆可就此以擬度也。

梓人爲筍虡。

樂器所縣，横曰筍，植曰虡。

天下之大獸五，脂者，膏者，贏者，羽者，鱗者。

脂，牛羊屬。膏，豕屬。贏，虎、豹、貔、貍，淺毛者之屬。羽，鳥屬。鱗，龍蛇之屬。凝者爲脂，釋者爲膏。

宗廟之事，脂者、膏者以爲牲，贏者、羽者、鱗者以爲筍虡。外骨、内骨，郤行、仄行，連行、紆行，以脰鳴者，以注鳴者，以旁鳴者，以翼鳴者，以股鳴者，以胸鳴者，謂之小蟲之屬，以爲雕琢。

刻畫祭器，博庶物也。外骨，龜屬。内骨，鱉屬。郤行，螾衍之屬。仄行，蟹屬。連行，魚屬。紆行，蛇屬。脰鳴，鼃黽屬。注鳴，精列屬。旁鳴，蜩蜺屬。翼鳴，發皇屬。股鳴，蚣蝑動股屬。胸鳴，榮原屬。「注」，當作「咮」，蟲喙也。

厚脣弇口，出目短耳，大胸燿後，大體短脰，若是者謂之贏屬，恒有力而不能走，其聲大而宏。有力而不能走，則于任重宜；大聲而宏，則于鍾宜。若是者以爲鍾虡，是故擊其所縣而由其虡鳴。

耀，讀爲「哨」，頎小也。哨亦細小之義。凡猛獸有力者，皆前麄後細。由，自也。

鋭喙決吻，數目顧脰，小體騫腹，若是者謂之羽屬，恒無力而輕，其聲清陽而遠聞。無力而輕，則于任輕宜；其聲清陽而遠聞，于磬宜。若是者以爲磬虡，故擊其所縣，而由其虡鳴。

吻，口脃也。鳥喙長，食物時，則以近喙本決之，故云決吻。數目，目數開閉也。顧，長脰貌。莊子曰「其脰肩肩」，肩，小體，股脛細也。騫，騰而上也。凡羽物，胸腹多向上。

小首而長，摶身而鴻，若是者謂之鱗屬，以爲筍。

言身圜且鉅也。

凡攫閷、援簭之類，必深其爪，出其目，作其鱗之而。

攫閷者，攫著則殺之。援簭者，援攬則噬之也。之而，頰頷也。作，猶起也。

深其爪，出其目，作其鱗之而，則于眡必撥爾而怒。苟撥爾而怒，則于任重宜，且其匪色必似鳴矣。

匪，采貌，與「斐」通。

爪不深，目不出，鱗之而不作，則必穨爾如委矣。苟穨爾如委，則加任焉，同必如將廢措，其匪色必似不鳴矣。

措，頓也。

梓人爲飲器。勺一升，爵一升，觚三升。獻以爵而酬以觚。一獻而三酬，則一豆矣。

勺，所以酌酒也。「觚」，當爲「觶」，「豆」，當爲「斗」。劉氏曰：「一獻而三酬者，獻以一升，酬以三升也。并而計之，則四升爲豆。豆雖非飲器，其計數則然。」

食一豆肉，飲一豆酒，中人之食也。

一豆酒，亦當爲「斗」。

凡試梓，飲器鄉衡而實不盡，梓師罪之。

衡，平也，謂平爵鄉口而酒不盡也。

梓人爲侯。廣與崇方，參分其廣，而鵠居一焉。

崇，高也。方猶等也。高、廣等者，謂侯中也。天子射禮，以九爲節，侯道九十弓，弓二寸爲侯中，則丈八尺。諸侯于其國亦然。鵠，以皮爲之，居侯中三分之一。則侯中丈八尺者，鵠方六尺。餘仿此。

上兩个與其身三，下兩个半之。

「个」，讀若齊人搚幹之「幹」。上个、下个皆爲舌也。身，躬也。鄉射禮記曰：「倍中以爲躬，倍躬以爲左右舌。下舌半上舌。」然則九節之侯，身三丈六尺，上个七丈二尺，下个五丈四尺。其制，身夾中，个夾身，在上下各一幅，函之身與个齊焉。个或謂之舌者，取其出而左右也。侯制上廣下狹，蓋取象于人也。張臂八尺，張足六尺，是取象率焉。

上綱與下綱出舌尋，縜寸焉。

綱，持侯繩所以繫于植也。縜，所以聯侯而繫于綱也。

張皮侯而棲鵠，則春以功。

皮侯，以皮飾者。司裘職曰「王大射，則共虎侯、熊侯、豹侯，設其鵠。」蓋各以其皮爲鵠也。詩曰「射夫既同，獻爾發功。」曰春以功者，春祭擇士用此，則夏秋冬不必言矣。

張五采之侯，則遠國屬。

五采之侯，謂以五采畫正，射人所謂「五正之侯」也。遠國屬者，若諸侯朝會，王與之射，則張此侯，所謂賓射也。正之方外如鵠，内二尺。五采者，内朱，白次之，蒼次之，黄次之，黑次之。此九十弓之侯。若七十弓者，則三正。五十弓者，則二正。遠國，對畿内諸侯爲遠也。

張獸侯，則王以息燕。

獸侯，畫獸之侯也。鄉射記曰：「凡侯：天子熊侯，白質；諸侯麋侯，赤質；大夫布侯，畫以虎豹；士布侯，畫以鹿豕。凡畫者，丹質。」息者，休農息老物也。燕，謂勞使臣，若與群臣飲酒而射。

祭侯之禮，以酒、脯、醢。

謂司馬實爵，而獻獲者于侯。薦脯醢，折俎，獲者執以祭侯。三等射皆同。

其辭曰：「惟若寧侯。毋或若女不寧侯不屬于王所，故抗而射女。强飲强食，詒女曾孫諸侯百福。」

寧，安也。若，如也。屬，繫也。抗，舉而張之也。詒，遺也。此假祭侯以警諸侯也。祭侯，祭先有功德之侯。若射侯，則射不寧侯，故兩言之。

廬人爲廬器。戈柲六尺有六寸。殳長尋有四尺。車戟常。酋矛常有四尺，夷矛三尋。

柲，猶柄也。酋矛差短，夷矛極長，故異名以别之。五兵長短皆通，柄與刃爲尺數。于戟獨曰車者，步卒所用，止戈殳爲便，自戟以上，長用于車上爲多也。

凡兵無過三其身，過三其身，弗能用也；而無已，又以害人。

人長八尺，故兵之長，極于三尋。無已，不但已也。害人，害于用之者。

故攻國之兵欲短，守國之兵欲長。攻國之人衆，行地遠，食飲饑，且涉山林之阻，是故兵欲短。守國之人寡，食飲飽，行地不遠，且不涉山林之阻，是故兵欲長。

按司馬法云：「弓矢圍，殳矛守，戈戟助。」

凡兵，句兵欲無彈，刺兵欲無蜎。是故句兵椑，刺兵摶。

句兵，戈戟屬。刺兵，矛屬。或曰，句兵謂矛，刺兵謂戈戟也。彈，謂掉也。蜎，謂橈也。齊人謂斧柄爲椑，則椑爲隋圜也。○彈丸圜而滑易，詩曰「蜎蜎者蠋」，蓋蠕動之貌，皆以物喻也。句兵握之固，然後傅人無轉移，故以彈爲病。椑則不慮其彈矣。刺兵摶則體圜而力强，不慮其蜎矣。

殳兵同强，舉圍欲細，細則校。刺兵同强，舉圍欲重，重欲傅人；傅人則密，是故侵之。

同强，上下同也。舉，手所操也。校，疾也。傅，近也。密，審也，正也。操細以擊，則運之便而勢疾；操重以刺，則審而正。侵之義，如陰陽之道，侵謂其分偏勝也。舉圍欲重，則必增其分，使偏强。

凡爲殳，五分其長，以其一爲之被而圍之。參分其圍，去一以爲晉圍。五分其晉圍，去一以爲首圍。凡爲酋矛，參分其長，二在前、一在後而圍之。五分其圍，去一以爲晉圍。參分其晉圍，去一以爲刺圍。

被，把中也。圍之，圜之也。殳柲八稜，惟把中則圜。晉，謂柲下銅鐏，所以插地及建車上者。

首，殳上鐏也。刺，矛刃胸也。○爲之被者，以物裹之也。凡兵，把中必圜而以物裹之，乃與手相得。所握不過數寸，而被圜五分之一者，以漸而殺乃堅固，而無折傷也。殳之舉圜在下端，而矛之舉圜在一分二分之間者，殳，毄兵也，執其下端，乃便于毄矛句兵也。其長二丈，舉圜必近中，乃便于運矛。不言被圜之長短，必與殳同也。柲身則短者必粗，長者必細。蓋柲圜與刃廣必相稱，戈柲六尺有六寸，刃廣二寸，則短者必粗可知矣。戟常刃廣寸有半寸，則長者必細可知矣。殳長于戈，則柲必細于戈；矛長于戟，則柲必細于戟，然後人力可勝。經不明著其圍徑者，上士、中士、下士，力各有所勝，故柲之長短可制，而粗細不可制也。不言舉圜之徑，亦以人所握爲度也。殳去三分之一以爲晉圍者，其柲圜較粗也。矛去五分之一以爲晉圍者，其柲圜本細也，更細則過弱而不可建矣。

凡試廬事，置而摇之，以眡其蜎也；灸諸牆，以眡其橈之均也；横而摇之，以眡其勁也。

置，猶樹也，竪于地上，以手摇之，以視其蜎蜎然均否。灸，猶柱也，以柱兩牆之間，輓而内之，本末勝負可知也。横而摇之，謂横置于膝上，以手握其兩端而摇之，以視其堅勁與否。○句兵欲無蜎，而此又視其蜎者，彼言用以直刺，此言樹而摇之也。用以直刺，則慮其太弱。而橈横摇之而蜎，則知其材堅忍，而上下强弱之分均矣。

六建既備，車不反覆，謂之國工。

六建，五兵與人也。車不反覆，謂兵之建于車上者，馳騁動揺，而其柄無偏挺曲橈也。

匠人建國，水地以縣。

欲造國城，必先以器貯水，平置地上，然后于四角立四柱，縣繩以正柱，以水遥望，其高下定，其則以平地。地既平，乃可施視景正方之事。○毛氏曰：「謂環地之四邊爲溝而注水，高下以水爲平，依水縣繩以爲準，水雖乾，繩可正也。」

置槷以縣，眡以景。

置槷，立表也。于所平之地中央立八尺之表，縣繩以正之。視以景者，視東西南北方位，皆以此表之景也。

爲規，識日出之景與日入之景。

河間王氏曰：「爲規畫圜于表周也。自日出以至日入，記景端于圜周，弦其兩端，則東西正分。中作線以指表，則南北亦正。」

晝參諸日中之景，夜考之極星，以正朝夕。

河間王氏曰：「日中之景，最短者也。按景作線，即南北之正。極，北辰也。北辰無星，測近極之星，以得北辰之位，則南北亦可正。」司儀「凡行人之儀，不朝不夕」，朝夕即東西也。不曰東西而曰朝夕者，示不獨東西方位可正，即日之出入，晝夜之永短，皆可正也。○易彦祥曰：「以日出入之景與日中之景三者相參，故曰參。復以日中之景與極星之度兩者相考，故曰考。」

匠人營國。方九里，旁三門。

每方九里，而四旁各有三門也。舊説此公之城制，非也。下經内有九室，九嬪居之；外有九室，九卿朝焉。又曰宮隅之制以爲諸侯之城制，環涂以爲諸侯經涂，則言王城之制明矣。方九里者，以徑言其週遭，則三十六里。○王氏曰：「匠人既曰建國，又曰營國，蓋作而立之謂之建，言其始也。周圍而治之，以定其宮室涂巷之制，而興造焉，謂之營，言其終也。」

國中九經、九緯，經涂九軌。

經、緯，謂涂也。軌，謂轍廣。乘車六尺六寸，兩旁各加七寸，凡八尺，是謂轍廣九軌，積七十二尺，則此涂十二步也。不言緯涂者，與經同也。下經經涂九軌，環涂七軌，野涂五軌，而不及緯涂，則與經同可知矣。

左祖右社，面朝後市。

王宮所居也。祖，宗廟。面，猶向也。王宮當中經之涂。

市朝一夫。

方各百步。○或疑一夫地隘，不足以容市朝之衆。然市有三市者，各有所主，易期而入，則無壅矣。大朝雖曰諸侯萬民咸在，然不過適來朝之諸侯，萬民必耆德爲鄉邑之望者，然後致而詢之，非必徧致萬民也。惟大合諸侯，朝廟不足以容，然後爲壇三成，則四時朝覲、宗遇無不能容之患明矣。

夏后氏世室，堂修二七，廣四修一。

世室，宗廟也。修，南北之深也。夏度以步，如堂修十四步，其廣益以四分修之一，則堂廣十七步半。

五室，三四步，四三尺。

堂上爲五室，象五行也。三四步，室方也。四三尺，以益廣也。木室于東北，火室于東南，金室于西南，水室于西北，其方皆三步，其廣益三尺。土室于中央，方四步，其廣益四尺，此五室居堂，南北六丈，東西七丈。倒其文曰四三尺者，接上三四步，明四步者廣益四尺，三步者廣益三尺也。脩餘四步爲堂之前後檐階，廣餘五步六分步之五，爲堂之東西屋翼。堂之廣過于脩，故室所餘廣亦過于脩。

九階。四旁兩夾，窻白盛。

九階，南面三，三面各二。明堂位「三公，中階之前，北面東上。諸侯之位，阼階之東，西面北上。諸伯之國，西階之西，東面北上。」故知南面三階也。窻，助户爲明，每室四户八窻。白盛，蜃灰也。盛之言成也，以蜃灰堊牆，所以飾成宮室。

門堂，三之二；室，三之一。

門堂，門側之堂。正堂如上制，則門堂南北九步二尺，東西十一步四尺。室三之一者，兩室與門各居一分。爾雅「門側之堂謂之塾。」〇門堂得正堂三之二，而門之左右各隔其半以爲室，廠其半以爲堂，則室所占與門與堂校，又居三之一也。

殷人重屋，堂修七尋，堂崇三尺，四阿，重屋。

重屋者，王宫正堂，若大寢也。四阿，四面皆注霤也。重屋，重檐也。或曰，四面皆重檐，不言廣者，準夏制之廣，四修一也。周制南北七筵，東西九筵，則不止于四之一矣。故特著之。

周人明堂，度九尺之筵，東西九筵，南北七筵，堂崇一筵。五室，凡室二筵。

明堂者，明政教之堂。于三代，或舉宗廟，或舉王寢，或舉明堂，明一代三者皆同制也。曰凡室二筵者，夏制三四步、四三尺，中央室較深廣。周則五室皆同也。不言東西廣者，準以堂之廣也。舊説，四室在四隅。按月令四時中月皆居大廟，而餘月居左右个，則四室當在四面之中。今堂深七筵，而南北中央三室已占六筵，所餘一筵爲前後檐階，尚苦其狹，豈周之五室竟連接爲之，而中央室之四面即用四室之户牖與？殷周制加備，而堂室修廣轉約于夏，未審何故？

室中度以几，堂上度以筵，室中度以尋，野度以步，涂度以軌。

此記據周而作，故詳于周，以下皆周制也。室中坐時憑几，堂上行禮用筵。宫中合院之内無几無筵，故用手之尋也。在野論里數皆以步，故用步。涂有三道，車從中央，故用車之軌。

廟門容大扃七个，闈門容小扃參个，路門不容乘車之五个，應門二徹參个。

大扃，牛鼎之扃，長三尺。廟中之門曰闈門。小扃，膷鼎之扃，長二尺。乘車，廣六尺六寸。言不容者，兩門乃容之五个，三丈三尺。此門半之，丈六尺五寸也。或曰，曰不容五个，則自四个以上之數，惟所取之。但其數大廣，理不宜然。豈五字乃三之誤與？二徹之内八尺，參个，二丈四尺。二門以乘車爲度者，王乘五路所出入也。于廟門度以鼎扃，于朝門度以乘車，皆因物宜而爲之數也。

内有九室，九嬪居之。外有九室，九卿朝焉。

内，路寢之裏也。外，路門之表也。外九室爲朝堂治事處，則内九室亦九嬪治事處也。六卿、三孤爲九卿。

九分其國以爲九分，九卿治之。

以九職任萬民，各爲一類，故曰九分。三孤，佐三公論道。六卿，治六官之屬。

王宫門阿之制五雉，宫隅之制七雉，城隅之制九雉。

雉長三丈，高一丈。阿，謂門之屋脊。隅者，浮思，謂小樓也。浮思，蓋刻畫雲氣并蟲獸者，城隅及闕皆有之。五雉、七雉、九雉，皆言高也，兼廣則不可通。

經涂九軌，環涂七軌，野涂五軌。

環涂，謂環城之道。國外謂之野。

門阿之制，以爲都城之制。宫隅之制，以爲諸侯之城制。環涂以爲諸侯經涂，野涂以爲都經涂。

古周禮説：「天子城高七雉，隅高九雉。公之城高五雉，隅高七雉。侯伯之城高三雉，隅高五雉。都城之高，皆如子男之城高。」據此經，都城之制與侯伯等，則子男之城不應降于都，亦宜與侯伯等。然此經所言，獨上公之城制也。

匠人爲溝洫。耜廣五寸。二耜爲耦。一耦之伐，廣尺深尺謂之甽。田首倍之，廣二尺、深二尺謂之隧。

古者耜一金，兩人併發之。其壟中曰甽，甽上曰伐。伐之言發也。甽，畎也，田中水所流也。後世之耜岐頭，兩金，象古之耦也。田首，一夫百畝之畔。

九夫爲井。井間廣四尺、深四尺，謂之溝。方十里爲成。成間廣八尺、深八尺，謂之洫。方百里爲同。同間廣二尋、深二仞，謂之澮。專達于川，各載其名。

載其名者，識水所從出。先儒謂遂人、匠人之法不同，蓋以遂人百夫有洫，而匠人成間謂之洫，乃九百夫之地也。遂人千夫有澮，而匠人同間謂之澮，乃九萬夫之地也。不知百夫有洫，而九百夫之地不過爲洫者八，其外始有澮環之千夫有澮。而九千夫之地不過爲澮者八，其外始有川環之積，至于九萬夫之地，亦不過爲澮者七十有二，環澮之川九而已。其環于百里之外者，即環于三十里外之川也。同間之澮，積數雖多，而其實即千夫之澮，同間之澮所達之川，即千夫之澮所達之川。然則遂人、匠人之法實一而已。曰專達于川者，溝洫必由澮以達澮則直達于川，而無或旁行側注于溝洫也。

凡天下之地埶，兩山之間必有川焉，大川之上必有涂焉。

遂人萬夫有川，人力所爲之川也。此經兩山之間必有川，天作地成之川也。天作地成之川，或數百里而後有之，以人爲之川通焉，然後尺寸之流皆距四海，而無壅漲之患矣。

凡溝逆地阞，謂之不行；水屬不理孫，謂之不行。

阞，謂脉理。「屬」，讀爲「注」。孫，順也。既曰逆地阞，又曰水屬不理孫者，或强障遏，使水注焉，而非理之所順，終必決溢也。曰凡溝，凡造溝瀆以引水者皆是也。

梢溝三十里而廣倍。

稍，謂水漱齧之。溝，水行漱齧，下流必廣。

凡行奠水，磬折以參五。

奠，定也。磬折以參五，謂溝形當如磬，直行三、折行五也。凡行水，欲其行，又欲其定。太疾則易衝決，故必紆曲，使少停，以定其勢也。

欲爲淵，則句于矩。

大曲則流轉，流轉則其下成淵。

凡溝必因水埶，防必因地埶，善溝者水漱之，善防者水淫之。

漱，猶齧也。淫，謂侵淫，使泥沙淤積，助防之厚也。

凡爲防，廣與崇方，其𦋺參分去一。大防外𦋺。

崇，高也。方，猶等也。𦋺者，薄其上。外𦋺，謂三分去一之外更去也。或曰，非更𦋺其上，乃益厚其下也。下愈厚，則上愈𦋺矣。

凡溝防，必一日先深之以爲式，

欲造溝築防，先按一日所作尺數，後則以此程功，賦其丈尺步數。防言高而亦曰深之者，自上以視下也。與聘禮「壇十二尋，深四尺」義同。

里爲式然後可以傅衆力。

傅，附合也。既以一日所作爲式，而又以一里爲式者，人力有强弱，功作有久暫，以一里爲式，則所用非一人，所積非一日，可以度衆力所能任，附合以就功役也。

凡任，索約大汲其版，謂之無任。

任，用也。索，繩也。約，縮也。汲，引也。築防若牆者，用繩縮其版，引之大急，則版撓而鼓，土不堅矣。詩曰「縮版以載」，又曰「約之閣閣」。

葺屋參分，瓦屋四分。

葺屋，草屋也。三分屋之南北深，以其一爲屋脊，高四分亦然。草之去水遲，瓦之去水疾，故其峻之勢宜有差也。

囷窌倉城，逆牆六分。

囷，圜倉。穿地曰窌。逆，卻也。築此四者，六分其厚，卻一分以爲殺。窌入地中，亦爲此殺者，雖入地，口宜寬，則牢固也。

堂涂十有二分。

堂涂，堂前磚甃之道也。爾雅曰「堂涂謂之陳」。于兩旁之廣十分取二，以爲中央之峻，則水旁瀉。

竇，其崇三尺。

宫中水道。

牆厚三尺，崇三之。

高厚以是爲率，足以相勝。

車人之事，半矩謂之宣，一宣有半謂之欘，一欘有半謂之柯，一柯有半謂之磬折。

矩，法也。所法者，人也。人長八尺，而大節三：頭也、腹也、脛也。以三通率之，則矩二尺六寸三分寸之二，頭髮皓落曰宣，尺三寸三分寸之一，人頭之長也。欘，斲斤柄，長二尺，伐木之柯柄，長三尺，人帶以下四尺五寸。磬折立，則上俛。以下造耒云磬折，故先列其名。

車人爲耒，疪長尺有一寸，中直者三尺有三寸，上句者二尺有二寸。

庛，謂耒下前曲接耜者。句，謂人手所執處。庛上句下爲中直。以金刺土者曰耨耜。前接于耨，易曰「斲木爲耜」，豈上古以木爲之，後世乃接以金，而謂之耨與？

自其庛緣其外，以至于首，以弦其內，六尺有六寸，與步相中也。

緣外六尺有六寸，而內弦則六尺，應一步之尺數。弦其內，謂據庛面至句下直量之，耕者以田器爲度。耜異材，故不在數中。

堅地欲直庛，柔地欲句庛。直庛則利推，句庛則利發。倨句磬折，謂之中地。

推者，推而前也。發者，舉而起也。中地之耒，其庛與直者如磬折，則調矣。調則弦六尺。

車人爲車，柯長三尺，博三寸，厚一寸有半。五分其長，以其一爲之首。

首，謂金刃。柯，其柄也。凡造作用斧因以量物，故先論斧柄長短，及其刃之大小。

轂長半柯，其圍一柯有半。輻長一柯有半，其博三寸，厚三之一。渠三柯者三。

大車，轂徑尺五寸。渠，車罔也，其徑九尺渠二丈七尺，輻長一柯有半，亦大概言之。轂徑九尺，尚有轂空壺中輻，不應有四尺五寸也。

行澤者欲短轂，行山者欲長轂；短轂則利，長轂則安。

澤泥，苦其遲重；山險，慮其傾搖。

行澤者反輮，行山者仄輮，反輮則易，仄輮則完。

反輮，使木心在外也。行澤者，杼轥地處薄，必用木心乃堅久。行山者侔，可順面執之，所向而爲之矣。曰仄者，輪材必用曲木，因其斜仄之勢而輮之也。

六分其輪崇，以其一爲之牙圍。

輪崇，輪徑也。此大車之輪，宜在渠三柯者三之下。

柏車轂長一柯，其圍二柯，其輻一柯，其渠二柯者三。五分其輪崇，以其一爲之牙圍。

柏車，山車也。兩輻相對，六尺。渠圍丈八尺，亦通轂空壺中并數而言。不言柏車輪崇之度者，大車輻長一柯有半，而柏車長一柯，大車之渠三柯者三，而柏車二柯者三，則輪崇六尺不待言矣。

大車崇三柯，綆寸，牝服二柯有參分柯之二。

大車，平地任載之車，轂長半柯者也。牝服，見山虞職。乘車崇六尺有六寸，綆三分寸之二。大車輪加崇，故綆加廣也。羊車、柏車不言綆度者，凡車之綆，皆三分寸之二，獨大車較廣耳。乘車之軫六尺有六寸，又三分去一以爲隧者，御與左右並乘，必衡廣乃能容，而從不必長也。大車徹廣六尺，而牝服則八尺者，衡狹而從長，然後載物多而車行安也。

羊車二柯有參分柯之一。柏車二柯。

羊，善也。羊車，漢時謂之定張車，宫中所用，較長七尺。羊車不言輪者，與柏車無異也。

凡爲轅，三其輪崇。參分其長，二在前，一在後，以鑿其鉤。

鉤轅之鉤，心也。就其中而鑿之，以鉤車箱也。

徹廣六尺。鬲長六尺。

鬲，謂輈端厭牛領者。牛車兩轅，一牛在轅内，故鬲狹也。不言四馬車之徹軏者，輪崇、車廣、衡長參如一，已見于輿人職也。

弓人爲弓。取六材必以其時。六材既聚，巧者和之。

取幹以冬，取角以秋，絲漆以夏，筋膠未聞。

幹也者，以爲遠也。角也者，以爲疾也。筋也者，以爲深也。膠也者，以爲和也。絲也者，以爲固也。漆也者，以爲受霜露也。

王光遠曰：「弓所以及遠者，其力在幹，所以疾發者，其勢在角。角幹資筋以爲堅忍，以射則中深。三者得膠然後相合，結而固之在絲，飾而堅之在漆。」

凡取幹之道七：柘爲上，檍次之，檿桑次之，橘次之，木瓜次之，荆次之，竹爲下。

爾雅曰：「杻檍，又曰檿桑、山桑。」國語曰「檿弧箕箙」。○李耜卿曰：「檍，梓屬，葉似杏而尖。木瓜，狀如柰。」

凡相幹，欲赤黑而陽聲，赤黑則鄉心，陽聲則遠根。

陽聲，清聲也。

凡析幹，射遠者用埶，射深者用直。

埶，謂用木之曲埶，反之以爲弓也。曲埶則宜薄，薄則力少。直則可厚，厚則力多。

居幹之道，菑栗不迆，則弓不發。

菑栗，謂以鋸副析幹也。迆，謂邪行絶理者。發，起也，有發起處則損動。〇居，居積也。「菑」，當作「椔」，木之立死者。栗，堅栗也。冬析幹而秋合之，待其槁也。木有生而心不直，文理皆邪者，初析不覺，久槁則必偏挺。居幹之道，必待槁燥，如立枯之木，堅栗而不邪迆，然後合之，永不發動，正與下「苟有賤工，必因幹之濕以爲柔，善于外而動于内」反對。如舊説，乃析幹必倫之義，非居幹之道也。

凡相角，秋閷者厚，春閷者薄；稺牛之角直而澤，老牛之角紾而昔；

澤，潤氣也。紾，絞纏之紋也，「昔」，讀爲「錯」，謂其紋絞纏而交錯也。

疢疾，險中；瘠牛之角無澤。

險，傷也。中，角裏。

角欲青白而豐末。夫角之本，蹙于刲而休于氣，是故柔；柔故欲其埶也。白也者，埶之徵也。

蹙，近也。「休」，讀爲「煦」。欲其埶者，欲其形之自曲，可反以爲弓也。○春秋傳「而或噢休之」，蓋煦養之義，不必易讀。

夫角之中，恒當弓之畏；畏也者，必橈，橈故欲其堅也。青也者，堅之徵也。

「畏」，讀爲「隈」，弓淵也。

夫角之末，遠于刲而不休于氣，是故脃；脃故欲其柔也。豐末也者，柔之徵也。

末之大者，必腦氣及煦之。

角長二尺有五寸，三色不失理，謂之牛戴牛。

三色：本白，中青，末豐也。牛戴牛，謂角直一牛。

凡相膠，欲朱色而昔。昔也者，深瑕而澤，紾而摶廉。
郝仲輿曰：「色欲其朱，文欲其錯。其紋瑕深透光澤，其質紾密團結，廉隅堅利，此膠之善也。」

鹿膠青白，馬膠赤白，牛膠火赤，鼠膠黑，魚膠餌，犀膠黄。凡昵之類不能方。
皆煑其皮爲之，或用角。餌，粉餅也。説文言其堅潔若玉珥，魚膠近之。昵，粘也。方，比也。凡昵之類，雖或可用以粘，而不能比方六者。

凡相筋，欲小簡而長，大結而澤。小簡而長，大結而澤，則其爲獸必剽；以爲弓，則豈異于其獸？
竹簡一條爲一札，謂筋條之直相似也。結，謂細聚而不散。筋之小者，貴乎條直而長。筋之大者，貴乎積密而潤。剽，疾也。

筋欲敝之敝。
嚼之當熟。

漆欲測，

測，測度也。漆有真僞，測之者挹而下注，其細如絲而不斷，乃無滓穢之雜。

絲欲沈。

如在水中時色。

得此六材之全，然後可以爲良。

凡爲弓，冬析幹而春液角，夏治筋，秋合三材，寒奠體，冰析灂。

液，漬也。三材，謂膠、絲、漆。奠，定也。至冬膠堅，内之檠中，定往來體。冰凝之時，下弓于檠，辨析其漆之堅完與否，而復内之。

冬析幹則易，春液角則合，夏治筋則不煩，秋合三材則合，寒奠體則張不流，冰析灂則審環，春被弦則一年之事。

易，理滑致也。以春和之時液角，則其氣浹洽。夏則筋緩散，故治之不煩。流，猶移也。體既定，則張之不至流移。審環，義未詳。舊説，審，定也，其漆之灂環，則定後不鼓動。或曰，回環而審定之也。

析幹必倫。析角無邪。斲目必荼。

倫，謂木之理也。「荼」，讀爲「舒徐」也。目幹之節，目荼之義，猶莊子所謂「斲輪徐」也。蓋木之節目强斲之，使其分少寬，乃不與筋相摩。

斲木不荼，則及其大修也，筋代之受病。夫目也者必强，强者在内而摩其筋，夫筋之所由幨恒由此作。

修，猶久也。幨，絶起也。

故角三液而幹再液，

凡木材，先以水漬，而後乾之，則調適而不偏挺。先儒多謂以火出其液，非也。蓋液之再三，所以伸其材，達其性也。將合之，而微有偏挺，然後以火撟之，下經撟角撟幹之法是也。

厚其帤則木堅，薄其帤則需，

帤，謂弓中裨。幹雖用整木，仍以木片細副之，故厚薄有節。

是故厚其液而節其帤。約之不皆約，疏數必侔。

厚，猶多也。節，適中也。約，謂以絲横纏之。不皆約，謂有間也，疏數必侔，其相間之分必均也。

斲摯必中，膠之必均。

摯之言致也。中，謂上下如一。均，謂厚薄無偏。

斲摯不中，膠之不均，則及其大脩也，角代之受病。夫懷膠于内而摩其角，夫角之所由挫恒由此作。

挫，蹵折也。前以不中、不均並列，而後獨言懷膠者，明斲幹雖中，而施膠不均，亦能摩角而使之挫也。

凡居角，長者以次需。

注疏「弓隈謂之需，長者當弓之隈，短者居簫」，非也。角介于柎，而上不達于簫，兩畔各一角，無所謂長者、短者。所謂居角，亦以居積言，蓋弓有上中下三制，故居角取其長者，以次排列而待用也。

恒角而短，是謂逆橈。引之則縱，釋之則不校。

「恒」，讀爲「栖」，竟也。竟其角而短于淵幹，引之，角縱不用力，若欲反橈然。釋，放弦也。校，疾也。○橈，曲也。柎角長短、强弱得宜，然後引之，以漸而曲，其體如環，順也。角短，則柎必長。柎太長，則中央强直，而畏之曲也如折，是謂逆橈。惟畏過曲而如折，是以引之則縱，釋之則不校也。

恒角而達，譬如終紲，非弓之利也。

注疏謂「達于簫頭」，非也。簫與幹異材而逆傳，角雖長，無上達于簫之理，蓋謂直通挺臂也。弓之制，柎强畏弱，兩端微弱，然後張如流水。若角長直通挺臂則中弱，挽之則中央先曲，而畏與末反直挺而不應弦，如紲于韣。近世有通角弓，試之良然。

今夫茭解中有變焉，故校；于挺臂中有柎焉，故剽。恒角而達，引如終紲，非弓之利。

茭解，謂隈與簫相接之處。變，謂簫臂用力異也。引之則臂中用力，放矢則簫用力。用力異，故校挺直也。直臂，謂人所把握處。柎，側骨也。把處兩畔有側骨，助爲力，故剽疾。○校，言其勢之疾。剽，言其力之勁。舉是二者，正釋「恒角而達，引如終紲」之義也。蓋角之力，兩端不達于簫，中央不達于柎，乃調順而能助幹以爲疾。若角達于簫，而茭解中無變，則送矢不疾，角通于敝而挺，臂中無柎則負幹無力，轉爲不利于弓矣。再言角長之不利者，角短不足用，凡工能辨之，其或貪角材之長而用之，不得其節，尤可惜也。○舊説，中有變，謂簫與臂用力異。果爾，則辭不足以指事矣。蓋抗弦送矢，全力在簫，所謂末應也。彈弓無簫，故引之常縱弓幹盡處。忽以簫逆插幹間，勾而向前，其形制有變，故抗弦有力，而送矢疾也。茭，從交，弓幹之端析爲兩岐，而以簫剚入，故曰茭。簫别一木，雖以筋膠合于弓幹，而體本兩判，故曰解。

撟幹欲孰于火而無贏，撟角欲孰于火而無燂，引筋欲盡而無傷其力，鬻膠欲角而水火相得，然則居旱亦不動，居濕亦不動。

贏，過孰也。燂，炙爛也。

苟有賤工，必因角幹之濕以爲之柔，善者在外，動者在内；雖善于外，必動于内，雖善亦弗可以爲良矣。

濕，生用之也。

凡爲弓，方其峻而高其柎，長其畏而薄其敝；宛之無已應。

峻，謂簫也。敝，即把握處。宛，引之也。無已應，謂引之不休止，常應弦不能需也。○峻，疑當簫隈之中而拄弦者，以其隆起，故謂之峻。簫狹而長，不得云方也。高其柎，謂于挺臂中置骨，穹而隆起也。「宛」，疑當作「挽」，以音同而誤也。無已應，謂引之過度，而其體能應不至于折傷也。○趙氏曰：「柎與敝，人往往不能分別。嘗見造弓把處稍細，把處上下皆堆起稍高。攙接角面，蓋敝即把處稍細者，柎乃把處兩頭兩側畔稍高接角隈者。敝以正面言，故于薄。柎則置于兩側，側目視之，故不言厚而言高。」

下柎之弓，末應將興。

末，即簫也。興，謂把握中摇撼也。柎下力弱，則簫應弦而動。把握中必摇撼。

爲柎而發，必動于𦀚。弓而羽𦀚，末應將發。

𦀚，即接中。「羽」，讀爲「扈」，緩也。接中動則緩，簫末應之，角幹必至發傷。○發，即興也。興者，動于内，發則暴裂于外也。𦀚，當爲角之接柎者。舊説以爲茭解，茭解發動，則末已發動不應。又云，末應將發矣。蓋柎既摇撼，則角之接柎者必發動。角之接柎者既發動，則弦偏斜而簫必應之而反脱也。羽𦀚者，角之兩旁甚薄，其暴起有似于羽。

弓有六材焉，維幹强之，張如流水。

幹强而又能張如流水者，質堅而柔忍也。

維體防之，引之中參。

體，謂内之檠中，定其體。防，謂淺深所止，若王弧之弓，往體寡，來體多。弛之五寸，張之則一尺五寸。夾庾之弓，往體多，來體寡，弛之一尺五寸，張之則五寸。唐弓，大弓，往來體若一，弛之一尺，張之亦一尺，體雖不同，及其引之，皆三尺，以矢長三尺，須滿故也。

維角党之，欲宛而無負弦。引之如環，釋之無失體，如環。

角用反勢，以掌拄于柎與峻之間，故曰覍之。負弦，謂不應弦也。釋之無失句，失謂反脱也。弓不調，則釋矢時多反脱。體如環，謂既弛之後。

材美，工巧，爲之時，謂之參均。角不勝幹，幹不勝筋，謂之參均。量其力有三均，均者三，謂之九和。

「有」，讀爲「又」。量其力又三均者，謂若幹勝一石，加角而勝二石，被筋而勝三石。引之中三尺。弛其弦，以繩緩擐之，每加物一石，則張一尺。

九和之弓，角與幹權，筋三侔，膠三鋝，絲三邸，漆三斞。上工以有餘，下工以不足。

權，平也。侔，猶等也。角幹既平，筋三而又與角幹等也。邸、斞，輕重未聞。

爲天子之弓，合九而成規。爲諸侯之弓，合七而成規。大夫之弓，合五而成規。士之弓，合三而成規。

材良則句少也。此據弓體之不張者言。

弓長六尺有六寸，謂之上制，上士服之。弓長六尺有三寸，謂之中制，中士服之。弓長六尺，謂之下制，下士服之。凡爲弓，各因其君之躬志慮血氣。

躬有長短，血氣有强弱，志慮有緩急。豐肉而短，骨直以立，躬與血氣之異也。寬緩以荼，忿執以奔，志慮之異也。

豐肉而短，寬緩以荼，若是者爲之危弓，危弓爲之安矢。骨直以立，忿執以奔，若是者爲之安弓，安弓爲之危矢。

骨直，謂强毅。忿執以奔，謂執若有忿而奔赴，狀其急也。隈狹而簫甚曲者，謂之危弓，以其易反脱也。隈廣而簫微曲則安。笴弱而羽殺者謂之危矢，以其飄摇難定也。笴强而羽豐則安。

其人安，其弓安，其矢安，則莫能以速中，且不深。其人危，其弓危，其矢危，則莫能以愿中。

愿，慤也。三舒則矢行常不及，故不能疾中，中又不能深，三疾則矢行常過，故不能確然必中。

往體多，來體寡，謂之夾庾之屬，利射侯與弋。

弛之則弓體往，張之則弓體來。來，庾弓之弱者也。豻侯與弋皆近射也。司弓矢職「夾弓、庾弓，以授射豻侯、鳥獸者」，弋，繳射也。

往體寡，來體多，謂之王弓之屬，利射革與質。

射深者用直。王弓合九而成規，則直之極于射堅宜也。司弓矢職「王弓、弧弓以授射甲、革椹質者」，此不言弧弓，與王弓同也。被弦之度有定，而以多寡言者，以往體之多而見爲寡也，以往體之寡而見爲多也。

往體、來體若一，謂之唐弓之屬，利射深。

射深用直。唐弓，合七而成規，大弓亦然。

大和無瀳，其次筋角皆有瀳而深，其次有瀳而疏，其次角無瀳。

大和，尤良者也。筋在背，角在隈。深，謂瀳在中央，而兩邊無有也。疏謂兩邊皆有瀳，而所用薄也。角無瀳，則簫及背皆有之。